번역학과 국어학의 대화

이 저서는 2015년 정부(교육부)의 재원으로 한국연구재단의 지원을 받아
수행된 연구입니다(NRF-2015S1A6A4A01009976).

"*The Dialogue* 번역학과 *between Translation Studies and* 국어학의 대화 *Korean Linguistics*"

경남대학교출판부

번역학과 국어학의 대화

펴낸이 박재규
펴낸곳 경남대학교출판부
지은이 김정우

초판 인쇄 2018년 10월 22일
초판 발행 2018년 10월 31일

출판등록 제1974-100001호

주소 경남 창원시 마산합포구 경남대학로 7 (월영동)
대표전화 055-249-2074 팩스 0505-999-2115
전자우편 ko10@kyungnam.ac.kr
홈페이지 www.kyungnam.ac.kr/press

ISBN 978-89-8421-516-0 93700

머리말

고향. 그리운 단어이다. 내 학문의 고향은 국어학이다. 물론 학부 과정에서 언어학 이론을 접하지 않은 것은 아니지만 그것은 제대로 된 학문적 탐구라기보다는 약간의 흥미를 보인 정도에 지나지 않고, 본격적인 학문 연구는 대학원에 진학하여 국어학을 배우면서 시작되었다. 훌륭한 선생님들께 귀중한 가르침을 받았음에도 여태껏 이렇다 할 국어학의 연구 성과를 내지 못한 것은 온전히 나의 게으른 천성과 부족한 능력 탓이다. 그러면서 나의 학문적 관심은 중도에 번역학으로 방향을 바꾸게 되었다. 그것은 아마도 공부와 별개로 나에게 축적되어 있던 번역의 경험이 부지불식간에 작용한 결과가 아니었던가 싶다. 비유가 허락된다면 내 학문의 본적은 국어학이고, 현주소는 번역학이라고 말할 수 있을지 모른다. 그렇지만 돌이켜 보면 번역학을 연구하는 동안에도 내내 국어학에서 닦은 학문적 기반은 내 곁을 떠나지 않고 나를 지켜주면서 나의 연구 활동에 큰 도움을 주었다. 이 책은 미흡하나마 그렇게 양쪽 학문 사이에서 경계인으로 살아가면서 본적지와 주소지를 넘나들던 그동안의 연구에 대한 작은 결산이다.

앞서도 언급했듯이 나의 학문적 관심을 한마디로 요약한다면, 바로 이 책의 제목 '번역학과 국어학의 대화'가 될 것이다. 차례에 기술되어 있듯이 이 책의 내용 역시 번역학과 국어학의 접경에서 양쪽의 공통분모를 논의한 주제들이 주를 이루는 것으로 보면 틀림이 없지만, 해당 주제에 관심을 갖게 된 연구의 배경은 개인적인 정리라는 측면에서도 소개할 필요가 있을 듯하다.

첫 번째 주제인 '영어와 한국어의 대조문법'은 한국번역학회에 가입하여 학회 활동을 하면서 처음으로 접한 내용이었다. 그 당시의 학회는 영어영문학의 배경을 가진 연구자들이 본격적인 통번역학을 전공한 연구자들보다 수적으로 우세한 분위기였던 것으로 기억된다. 사실, 번역학이 제도권 학문의 영역에서 논의된 것도 연륜이 그리 오래지 않았으니, 그 당시 연구자들이 언어학적 기반에서 번역학에 접근한 것도 어쩌면 자연스러운 흐름이었을 것이다.

두 번째 주제인 '번역 보편소와 번역투'에 대한 관심은 시기적으로 두 단계에 걸쳐 이루어졌다. 먼저 번역투 문제에 대한 관심은 2000년대 초반 국립국어연구원에서 의뢰받은 초등학교와 중등학교 국어 교과서의 번역투 용례 조사 분석 사업에서 비롯되었다. 조사된 용례를 검토하는 과정에서 국어 교과서에까지 번역투 문장이 그렇게 많이 나온다는 사실에 놀랐던 기억이 지금도 거의 그대로 남아 있다. 그 사업을 계기로 번역투 문제 전반에 대해 공부하면서 그 극복 방안에 대해 미약하나마 나 나름의 해결책을 내놓을 수 있었던 것을 작은 보람으로 생각한다. 다음의 번역 보편소 문제는 2008년에 고려대 국문과에 제출된 박사학위 논문 한 편을 심사하면서 관심을 갖게 되었다. 그 동안에 직관과 경험을 통해 어렴풋이 지각하고 있던 영-한 번역문의 특징을 대규모 말뭉치를 통해 계량적으로 입증한 실증적 연구에 깊은 인상을 받았던 기억이 생생하다. 한편 번역투와 번역 보편소의 관련성에 대해 생각하게 된 것은 2015년 일본어학회의 발표문 준비 과정이 계기가 되었다.

세 번째 주제인 '한국 번역사와 국어사'는 2002년에 숙명여대에서 개최된 <숙명 번역학 국제학술대회>에서 '한국 번역사 정리를 위한 초고'라는 발표를 들으면서 관심을 가지게 되었다. 내가 가진 국어학의 기반과 번역의 경험 및 번역학 이론을 조화롭게 활용할 수 있는 분야라는 생각이 들었던 것이다. 학문적 관심과 연구의 여건이 유지되는 한, 한국 번역사 연구와 특히 그 중에서도 번역가들에 대한 연구는 계속적으로 수행하고 싶다.

기타 '번역의 관점에서 본 외래어 표기법과 로마자 표기법'은 국어 어문규범을 강의하는 번역학 연구자로서 그냥 지나칠 수 없는 주제였다. 국어의 어문규범 중에서도 유독 논란이 심한 이 두 가지 문제에 번역이라는 변수를 도입하면 문제의 출구가 보일지도 모른다는 소박한 생각이 연구의 출발점이었다. 그리고 '전문용어의 번역'은 2000년대의 4,5년에 걸쳐 강연자로 참여한 한국정신분석학회의 의학 교과서 집필 준비 세미나의 원고 준비 과정에서 관심을 갖게 된 주제였다. 하지만 전문용어 전반에 대한 심화된 연구로 발전시키지 못한 것은 아쉬움으로 남아 있다.

나는 가끔씩 'odyssey'라는 영어 단어가 던지는 묘한 매력이 이끌리곤 한다. 고유명사로는 '그리스의 시인 호메로스가 쓴 대서사시'를 가리키지만, 보통명사로는 '방랑'과 '모험'이라는 두 가지 뜻을 갖는다고 한다. 이제 와 생각해 보면, 내 학문의 여정은 '방랑'과 '모험' 사이에서 줄타기를 했다는 느낌이 들기도 한다. 아직은 자신이 없지만, 남은 기간 내 학문이 '모험'이었다고 자평할 수 있도록 최선을 다하고 싶다. 그때까지는 '방랑'이라는 꼬리표를 달아야겠지만, 과거는 바꿀 수 없으니 스스로 감내해야 할 몫이리라.

연구의 기회를 마련해준 한국연구재단과 품격 있는 책으로 간행해준 경남대출판부에도 심심한 감사의 말씀을 드린다.

2018년 9월
김정우

차례

제**1**장

총론: 번역, 번역과 모국어, 번역학과 국어학

제**2**장

원천언어와 목표언어의 대조문법론

제3장 한국어 문체로서의 한국어 번역문

제**4**장
한국 번역사와 국어사

제5장 기타

제1장

총론;
번역, 번역과 모국어, 번역학과 국어학

1.1 번역과 번역 문화

지금부터 80여 년 전, 당대 조선에서 저명한 수필가요, 독문학자, 번역가로 활약했던 김진섭(金晉燮, 1908-?)은 한 일간지에 다음과 같은 글을 기고했다.[1]

> 세계 문화는 오늘날 번역의 민활한 전달 기능을 더욱 예찬치 아니하면 아니 될 터이니, 우리가 뜻하는 바 있어 기차, 기선, 비행기에 몸을 싣기만 하면 세계 어느 나라이고 못 갈 곳이 없는 것보다도 더 훨씬 용이하게, 번역의 문화적 기능은 우리로 하여금 우리의 방에 앉은 채 세계 문화의 각 양상을 원전 그대로 볼 수 있게 해 준다. 이와 같은 생활의 국제화, 이와 같은 문화적 관계에 있어서, 이미 된 것은 말할 것도 없고, 모든 새로이 되고 있는 것도 드디어는 곧 우리의 소유로 오고 우리말에 들어오는 것이니, '세계가 이제 오직 하나의 문명어를 가지려는' 인류의 절실한 요구는, 번역이라는 문화적 교량에 의지하여 우리의 모국어를 잃음이 없고 어려운 외국어를 배움이 없이, 충분히 만족되어 가고 있다. 이제는 벌써 세계 각국어로 번역되지 아니한 인류의 모든 종류의 성전(聖典)을 발견하기가 도리어 곤란한 지경이니, 만일에 한 권의 서적이란 것이 문화의 중개에 중대한 의의와 사명을 갖는 것이라면, 이 서적을 국어화시키는 번역의 가치가 얼마나 중대한 것인가를 부정치 못할 것이다.

---

1 이 글은 <조선중앙일보>에 1935년 4월 17일부터 5월 5일까지 '번역과 문화'라는 제목으로 14회에 걸쳐 연재되었는데, 여기서 다룬 내용은 번역의 필요성, 번역의 가치, 번역가의 문화사적 사명, 번역 기술, 번역 문학, 조선과 번역 문화 등이다. (본문의 표기법은 현대의 규범을 따랐고, 일부 예스러운 표현도 현대적으로 손을 보았다.)

그렇다면 이 글은 새로 21세기를 맞이하여 그 전반기를 살아가고 있는 오늘의 우리에게도 과연 '참'일까? 다시 말해 현대에도 대략 백 년 전과 견주어 번역의 가치와 역할이 퇴색하지 않았다고 말할 수 있을까? 이 질문에 대한 답변을 마련하기 위해 주어진 문제를 두 가지 측면으로 나누어 생각해 보기로 한다.

우선 번역 자체에 대한 전망이다. 새로운 세기가 열린 지금, 번역에 대한 수요는 지구촌 곳곳에서 더욱 더 늘어나고 있다. 이는 어떤 논리에 따른 추론의 결과가 아니라 직접 눈으로 확인할 수 있는 '현상적인' 상황 전개이다. 일례로 대륙 전체의 정치·경제적 통합을 지향하는 유럽 연합의 전체 예산 가운데 상당액(10억 유로, 2011년 기준)이 자체 회의와 관련된 번역과 통역 비용으로 편성된다고 한다. 이와 같은 번역의 현실과 아울러 세계의 모든 국가가 모국어를 자국 문화의 핵심으로 지키고 가꾸려는 시대의 흐름이 극적으로 역전되지 않는 한, 다시 말해서 세계의 모든 국가가 앞 다투어 자신의 모국어를 버리고 맹목적인 세계화의 물결에 스스로 휩쓸리고자 하지 않는 이상, 앞으로 우리가 목격하게 될 번역의 가치와 역할은 역사상 그 어느 때보다도 한층 크고 중요해질 것이다.

다음으로 번역가[2]의 미래에 대한 전망은 어떠한가? 사실, 오늘날 번역가의 장래에 대해 비관적인 시선을 던지는 사람들이 적지 않다. 이들의 논리적 근거는 바로 '기계 번역'의 비약적인 발달이다. 즉, 인

---

2 직업상의 개념으로는 '번역사'라는 표현이 적절하고, 학문적 개념으로는 '번역자'라는 표현이 적절하지만 여기서는 통상적인 관례에 따라 '번역가'라는 표현을 사용하기로 한다.

공지능(AI)에 기반을 둔 기계 번역 기술의 발달이 번역가의 역할을 점점 더 축소시켜, 마침내 기계 번역 프로그램이 아예 번역가의 번역 작업을 대체하는 상황이 올 날이 멀지 않았다는 것이다. 과연 그럴까? 하지만 그러한 전망은 사태를 정확하게 파악하고 있다고 볼 수 없다. 우리 인간이 언어의 작동 기제를 하나도 남김없이 파악하여 그 내용을 공학 기술에 완벽하게 접목하는 상황이 벌어지지 않는다면, 기계 번역 프로그램도 결코 인간 번역가가 할 '일'을 빼앗아갈 수 없을 것이다. 인간의 두뇌는 아직까지 기계보다 훨씬 똑똑하기 때문이다. 결과적으로 인간에게만 존재하는 고유한 본능인 언어와 관련된 모든 비밀이 풀리지 않는 한, 기계 번역 프로그램은 결코 숙련된 유능한 번역가를 앞지를 수 없는 것이다.[3]

이상의 간단한 현상적 진단을 통해서 우리는 번역이 분명히 오늘의 우리에게도 없어서는 안 될 중요한 문화 코드임을 알 수 있다. 이제, 이와 같은 현상적 판단을 논리적 근거로 삼아 앞서 던졌던 질문에 대한 답변을 마련해 보기로 하자.

번역이란 말만 나오면, 다들 한마디씩 거든다. 이런 목소리에 귀를 좀 기울여 무슨 내용인가 들어보면, 번역이 썩 잘 됐다는 칭찬은 별로 없고 하나같이 잘못을 들춰내는 냉소적인 비판 일색이다. 번역에 한쪽 다리라도 걸치고 있는 사람이라면, 모두 다 나름대로는 할 말이 있

3 현재 널리 사용되고 있는 구글 번역기나 파파고 등에서 실행된 실제 번역의 결과를 차분하게 살펴본다면, 아직 기계 번역이 가야 할 길이 남아 있다는 진술에 수긍하지 않을 수 없을 것이다. 물론 기계 번역의 성공률이 고도화된다고 해도 기계 번역으로 산출된 번역에 대한 사후 처리에 번역가의 역할이 필요하다.

다는 기세이니, 이쯤 되면 번역가들로서도 참으로 말도 많고 탈도 많은 번역을 왜 굳이 해야만 하느냐는 볼멘소리가 나올 법도 하다. 그러니 아예 골치 아픈 번역 따위는 하지 말고, 전문지식이 필요한 사람은 어학 실력을 키워서 그냥 원서로 읽으면 되지 않겠느냐는 이야기도 들린다. 이런 항변의 이면에는 어차피 번역은 누가 해도 조금씩은 틀리기 마련이니, 너무 그렇게들 따지지 말라는 다소 감정적인 태도도 어느 정도 담겨 있는 듯하다. 그러고 보면 번역의 불가능성을 주장하는 비관론의 역사도 번역의 역사만큼이나 유구하다. 흔히들 인용하는 '번역은 반역'이라는 경구를 생각해 보자. 이 '유명한' 경구는 르네상스 시대의 인문주의자들이 히브리어와 그리스어 원전 번역에서 드러난 자기네 선배 학자들의 오역을 비판한 데서부터 비롯되었다고 하는데, 우리나라에서도 배경은 다르지만 결과적으로 번역을 별반 달갑지 않게 여기는 풍토는 이와 비슷했다.[4] 그리하여 일본을 통해 이루어진 근대화도 바람직한 번역 문화의 창달에는 별반 도움이 되지 못했으니, 어찌 보면 우리의 번역 문화는 나라의 운명 내지 나랏글의 운명과 흥망을 함께 한 것처럼 생각된다. 국운이 한창 융성했던 조선 초기에 창제된 한글을 이용하여 많은 경전이 번역되어 읽히다가 그 이후로는 영·정조 때를 제외하면 이렇다 할 국운의 융성과 한글 문화, 번역 문화의 중흥을 목격할 수 없으니 말이다.

---

4 물론 불교 경전과 유교 경전 등의 번역(언해) 작업이 활발하게 이루어졌던 15세기와 16세기 어름은 그야말로 번역 문화의 황금기였다고 할 수 있다. 그러나 그 직후부터 시작된 번역 문화의 암흑기는 근대를 마무리 짓는 19세기 말엽까지도 그대로 이어졌다.

그렇지만 어느 시대 어느 민족이든지 번역을 통하지 않고 자기네 문화만으로 흡족하게 생활을 영위하는 사례는 일찍이 없었고 지금도 없고 앞으로도 없을 것이다. 세계 여러 지역의 문화는 그 나름대로 갖는 특수성과 다양성이 있기 때문이다. 그런데 이처럼 개성적이고 다양한 여러 문화는 자국어를 통해서 표현되므로, 특정 문화에 접근하려면 무엇보다도 먼저 그 문화의 핵심인 언어를 알지 않으면 안 된다. 그렇다고 해서 모든 사람들이 필요한 외국어를 일일이 배워서 가까이하고 싶은 문화에 다가갈 수는 없는 일이다. 그도 그럴 것이 중요한 외국어만 해도 대여섯 종류가 넘고, 외국어란 것이 하나만이라도 제대로 배우려면 실로 막대한 시간과 노력이 요구되는 대상이기 때문이다. 이런 간단한 사실을 확인하려고 굳이 멀리 눈을 돌릴 필요도 없다. 평생을 배워도 못 배우는 한자와 한문의 무게에 눌려 과학과 기술문명을 제때에 받아들이지 못한 불행한 우리의 과거 역사가 이를 웅변해 주고 있지 않은가! 바로 여기서 번역의 불가피성과 아울러, 번역 작업을 담당하는 번역가의 역할이 중요하게 부각되는 것이다. 우리의 고유한 문화와 전통만 가지고도 만족스러운 문화생활을 영위할 수 있다면 모르거니와, 그렇지 않다면 번역을 통한 외래문화의 수입과 그 창조적 변용 과정이 반드시 필요한 것이 엄연한 사실이다. 그러므로 번역은 남의 문화를 가져오는 일차적 관문이기에 뭔가 찜찜하고 못마땅하면서도 그렇다고 전혀 무시하고 살아갈 수도 없는, 말하자면 일종의 '필요악'과도 같은 존재이다.

사실, '번역의 필요성'은 동서고금의 역사를 통해서 이미 입증이 된 명제라고 말할 수 있다. 우선 동양을 보자. 인도에서 일어난 불교가 중국에서 크게 발전한 것은 일차적으로 산스크리트어와 팔리어로 된 불교 경전을 한문으로 옮긴 번역의 공로였다고 할 수 있는데, 이 경전 번역, 즉 역경(譯經) 사업을 처음에 담당한 사람이 바로 인도 쿠차 왕국에서 중국으로 건너온 구마라즙(344~413)이다. 그로부터 대략 300년 이후에 활약한 현장과 함께 불경 번역의 양대 산맥이라 일컫는 구마라즙의 역경 활동 이후로 중국 불교는 엄청난 비약을 하게 된다. 중국 불교를 '문자 불교'라고 부를 만큼 역경 사업의 영향력은 가히 절대적이었다고 할 수 있겠다. 이번에는 눈을 서양으로 돌려 보자. 우리가 역사 시간에 들어서 익히 알고 있듯이, 문예부흥(르네상스)의 태동 역시 헬라어와 히브리어 원전을 이탈리아어 등 당시의 언어로 번역한 데서부터 시작이 된다. 게르만족의 대이동으로 파괴되었던 유럽의 문화가 이때부터 문자 그대로 '소생'한 것이니, 여기서도 번역의 엄청난 문화적 위력을 실감할 수 있다. 이제 마지막으로 다시 눈을 가까운 이웃, 그것도 19세기 말엽으로 돌리면, 일본의 근대화 과정에 결정적으로 기여하는 번역의 역할을 생생하게 목격할 수 있다.[5]

그렇다면 이제 우리의 관심사는 한결 분명해졌다. 번역은 안 할 수 없고 해야 하는데, 제대로 하지 않으면 엄청난 문화적 피해를 입으므로, 어떻게 하면 번역을 효과적으로 수행할 수 있는가 하는 명제가 바로 그것이다. 물론 다원화된 지구촌 시대를 살고 있는 현대 사회에서는 이러한 번역의 역방향, 즉 우리 문화를 외국에 소개하기 위한 외국

---

5 일본의 근대화와 번역의 상관관계에 대해서는 『번역과 일본의 근대』(마루야마 마사오·가토 슈이치 지음, 임성모 옮김, 도서출판 이산, 2000)라는 책이 좋은 참고가 될 것이다.

어 번역(A→B)도 중요한 의미를 갖는다. 20세기의 핵심 단어가 '경제'였다면, 다가오는 21세기의 핵심 단어는 바로 '문화'이다. 문화가 국가의 경쟁력이 되는 미래 시대에 우리의 문화를 세계에 널리 알리는 외국어 번역이야말로 적극적인 의미의 생존 전략이 될 수 있을 것이다.[6]

1.2. 한국의 번역 문화

바람직한 번역의 실체에 접근하기 위하여 우선 번역의 본질에 대하여 간단하게나마 살펴보기로 하자. 물론 번역을 정의하는 여러 가지 이론과 개념이 있지만, 가장 소박하게 말해서 번역이란 한 언어로 표현된 생각을 다른 언어를 빌려서 옮기는 일련의 전이 과정이다.[7] 그렇다면 번역이란 무엇보다도 원래의 언어로 표현된 내용을 정확하게 이해하는 작업에서 시작해야 한다. 원문에 대한 올바른 이해가 전제되지 않는 한, 번역은 거기서 한 발짝도 더 나아갈 수 없다. 이러한 원문 이해의 단계가 만족스럽게 이루어지면, 그 다음으로는 이해한 원

---

6 실제로 이 두 가지 방향의 작업, 예컨대 영·한 번역과 한·영 번역을 모두 해 보면 '번역의 기본 능력'이라는 점에서 양자가 서로 보완적인 관계에 있음을 발견하게 된다. 결국 번역이란 외국어를 우리말로 옮기든, 아니면 우리말을 외국어로 옮기든 양쪽 언어 모두에 대한 고도의 언어 감각을 요구한다고 하겠다.

7 여기서 옮겨오기 전의 언어를 원천언어(source language) 또는 출발언어라 부르고, 옮겨오는 언어를 목표언어(target language) 또는 도착언어라고 부른다. 여기서는 그냥 외국어와 모국어로 지칭하거나, 경우에 따라 원문과 번역문으로 간단히 지칭하기로 한다. 한편 북한에서는 원천언어나 출발언어라는 술어 대신 대상언어나 기점언어라는 말을 사용한다.

문의 내용을 모국어로 표현하는 작업을 진행하게 된다. 이 모국어 표현의 단계까지 만족스럽게 이루어져야만 번역의 전체 과정이 성공적으로 끝날 수 있는 것이다.[8] 이 두 단계는 사실상 서로가 서로를 도와주는 상호보완적인 관계에 있기 때문에, 어느 한 단계만 가지고는 절대 번역이라는 말 자체가 성립하지 못한다. 쉽게 이야기해서 외국어 실력이 아무리 좋아도 모국어에 대한 안목이 없으면 훌륭한 번역가가 될 수 없고, 거꾸로 모국어 구사력이 남다르게 뛰어나다 하더라도 외국어 실력이 모자라는 번역가는 상상조차 할 수 없다. 그런데 일반적인 맥락에서 번역이라고 하면 으레 해박한 외국어 실력만을 떠올린다. 모름지기 '번역'이라는 단어에서 묻어나는 이국적인 정취도 이런 분위기의 형성에 한몫 했겠지만, 어쨌든 번역가가 곧 외국어문학자라는 등식이 일반인 수준에서 우리 주위를 감싸고 있는 것이 현실이다. 여기까지는 별 문제가 없다. 사실상 외국어문학을 연구하는 전문가가 그 나라의 언어와 문화에 익숙하므로 이런 경향은 지극히 당연하다고 할 수 있을지 모른다. 그렇지만 외국어문학자가 그 나라의 언어를 번역하는 데 유리한 위치에 있다고 해서 그 여건만으로 번역의 모든 문제가 해결되었다고 생각해서는 안 된다. 문제는 바로 여기에 있다. 유감스럽게도 우리 주변에는 번역에서 차지하는 외국어의 중요성을 강조한 나머지, 모국어의 역할을 상대적으로 과소평가하려는 경향이 없지 않다. 이건 분명히 잘못된 흐름이며, 우리 번역 문화의

---

8 여기서는 논의의 단순화를 위해 번역의 준비 단계와 퇴고 단계 등은 생략했다. 물론 외국어 원문의 이해와 모국어 표현 사이에는 필연적으로 번역 중재 과정이 존재한다.

건강한 발전을 가로막는 장애물이다. 이런 분위기 탓에 우리에게는 번역에 관한 이상한 궤변이 적잖게 먹혀드는지도 모르겠다. 중등학교 시절부터 영어 시간만 되면 "해석은 되는데 뜻은 잘 모르겠다"든가 "어차피 번역문이니까 좀 이상해져도 할 수 없다"는 말을 주변에서 귀에 못이 박히도록 들어오지 않았는가! 해석은 되는데 뜻은 모르겠다고 한다면, 그건 심각한 자기모순의 고백에 불과하다. 해석이 되었다면 이해를 했다는 말인데, 이해는 무엇으로 하는가? 모국어를 통하지 않고 어떻게 이해가 이루어질 수 있는가? 그건 원칙적으로 불가능한 일이다. (물론 제대로 해석을 했는데도 양쪽 언어의 문화적 배경 등 언어 외적인 문제 때문에 이해가 안 되는 상황도 간혹 있을 수 있겠지만, 여기서는 언어적인 이해만을 의미한다.) 또 번역문이라서 이상한 모국어 문장이 되어도 괜찮다면, 모국어 문장에 기원적으로 다른 두 종류의 문장 집합이 존재해야 한다. 이것 역시 불가능한 논리이다. 이런 지적(知的) 분위기는 강단의 번역학 연구자들과 현장의 번역가들이 앞장서서 하루 빨리 고쳐 나가야 한다. 외국어에 대한 이해와 모국어를 통한 표현은 서로 별개가 아니라 서로 불가분의 관계에 있는 통합적인 하나이기 때문이다. 그런 의미에서 번역가도 모국어로 사상과 감정을 표현하는 작가인 만큼 모국어에 대한 각별한 관심과 이해를 가져야 한다.

번역 작업에서 외국어에 대한 지식과 외국 문화에 대한 이해는 기본적이며, 기본적이기 때문에 그만큼 중요하다. 그러나 번역이 온전한 번역이 되려면 모국어에 대한 관심과 이해도 그에 못지않게 중요하다. 논의를 단순화시킨다면, 양자는 각각 내용과 형식의 관계라고 할 수도 있다. 내용이 없는 형식이 있을 수 없듯이, 형식을 갖추지 못한 내용도 스스로를 드러낼 수 없는 것이다. 결국 외국어와 모국어가 번역 과정에서 차지하고 있는 위치에 대한 정당한 자리매김이 이루어져야만, 우리의 번역 문화도 한 단계 더 높아질 수 있을 것이다.

위에서 모국어에 대한 관심의 중요성을 지나치다 싶을 정도로 강조한 것은 사실상 번역의 실제 효용이라는 주제를 꺼내기 위한 사전 정지 작업이었다. 번역이 선진 문화와의 접촉과 이의 창조적 변용을 통한 우리 문화의 다양화에 필요악과 같은 존재라는 원론 수준의 이야기는 이미 앞에서 언급했다. 그렇다면 원론을 떠나서 현실적으로 번역의 효용을 가장 직접적으로 느끼는 주체가 과연 누구인가를 생각해 보자. 그건 일차적으로 번역된 책을 읽는 일반 독자들이다. 이 독자들은 그럼 왜 번역된 책을 읽는가? 여러 가지 이유가 있겠지만, 외국어로 된 원서를 읽는 것보다 시간과 노력을 절약할 수 있다는 점이 가장 커다란 이유일 것이다. 번역서의 독자들 가운데는 외국어를 모르는 사람도 물론 있겠지만, 외국어를 알면서도 우리말로 읽는 것이 쉬워서 번역서를 읽는 사람도 있을 것이다. 어떻든 번역서가 원서보다 '쉽다'는 점이 문제의 핵심이다. 그렇다면 번역이 지향해야 할 목표도 뚜렷해진다. 전문 학자나 외국어 학습자를 위한 특수한 경우를 제외하면[9], 가장 일반적인 상황에서 쉽게 잘 읽히는 번역이 좋은 번역이다. 그러므로 번역의 성패는 결국 번역의 결과, 즉 모국어 표현의 적확성(的確性)과 자연성으로 결정될 수밖에 없다. 여기서 모국어가 번역에

9 외국어 학습에서 해당 외국어의 문법 형식을 습득하기 위해 의도적으로 직역투를 사용하는 것이 그러한 사례이다.

서 차지하는 중요성이 다시 한 번 확인되는 것이다. 이제, 번역의 존재 이유는 분명해졌다. 존재 이유를 망각한 자기발전의 논리는 지향점을 가질 수 없다는 점에서 무의미하다. 이러한 본질적 문제는 언제 어디서든 일차적 중요성을 갖는다. 눈만 좀 크게 뜨면 존재 이유를 무시한 채로 어떤 일이나 상황을 처리하면서 빚어지는 혼란상은 우리 주변에서 얼마든지 찾아볼 수 있다. 지하철이 운영되던 초창기였던 1970년대 중반에 서울의 지하철역에서는 전체 구간에 걸쳐 상당수 구간에서 로마자로 표기된 역명(驛名)의 일부를 대대적으로 수정하는 작은 소동이 일어난 일이 있었다. 사건의 발단은 이러했다. 예를 들어 역명이 '종로 3가'라면 그 아래 적힌 로마자 표기가 처음에 'Chongno 3-ga'처럼 되어 있었다. 이 로마자 표기 중에서 가운데 있는 '3'이라는 숫자를 외국인이 과연 어떻게 읽었을까? 미국이나 영국인이라면 영어 단어 'three'의 발음대로, 프랑스인이라면 자기 말인 프랑스어 단어 'trois'의 발음대로 읽었을 것이다. 그렇다면 로마자 표기의 존재 이유는 무엇인가? 로마자 표기는 누구를 위한 표기인가? 당연히 한글을 모르는 외국인을 위해서 한글의 발음기호 대신으로 적어 놓은 것이 로마자 표기이다. 그런데 아라비아 숫자를 로마자 표기에 그대로 썼다는 것은 로마자 표기의 근본적인 존재 이유를 무시한 처사였다고 할 수밖에 없다.[10] (이와 관련하여 가끔씩 논란이 되곤 하는 외래어 표기 문제는 이와 반대의 입장에서 보아야 한다. 외래어 표기란 표기자의 외국어 실력을 과시하기 위한 것이 아니라, 기본적으로 외국어를 한글로 일관성 있게 표기하자는 취지를 가지고 있다. 다시 말해서

---

10 물론 현재는 2000년 7월 7일에 개정되어 공포된 <국어의 로마자 표기법>에 따라 'Jongno 3(sam)-ga'처럼 표기되어 있다.

외래어 표기법이란 우리 국민의 외래어 표기 및 발음의 통일을 위한 규정이다. 이런 관점에서 보면 외래어 표기법에 대한 논의에서 지나치게 현지 발음을 강조하는 입장은 문제가 있는 것으로 생각된다. 외래어 표기법이 외국어 학습을 위한 규정이 아닐진대 현실 발음과 격차가 있다고 해서 일방적으로 표기법 전체를 비판하는 태도는 지양되어야 한다.)

그렇다면 현재 우리 주변에서 볼 수 있는 번역 문화는 어떤 모습인가? 비록 일부 번역의 경우에 해당하지만, 예전에 지적되던 문제가 아직도 완전히 해결되지 않은 채 그대로 남아 있다. 가장 시급하게 개선되어야 하는 문제는 오역(誤譯)이다. 이는 문자 그대로 잘못된 번역을 뜻하는데, 해방 이후부터만 쳐도 현대적 의미의 번역이 70년이 넘는 역사를 가졌음을 상기해볼 때 진즉에 사라졌어야 할 말이었다. 사실, 극소수의 무책임한 번역자나 출판사의 경우를 제외하면 구조적 오역은 거의 자취를 감췄다는 느낌이다. 물론 번역자의 실수나 이해 부족으로 인한 '우발적' 오역까지 간간이 눈에 뜨이지 않는 바는 아니지만, 요즘의 출판계 분위기는 대단히 고무적이다. 그것은 무엇보다도 오역을 제대로 가려낼 수 있는 예리한 안목을 가진 독자층이 두텁게 형성되고 있다는 데 근거를 둔 판단이다.[11] 이는 그만큼 번역가의 전반적인 외국어 해독 능력도 향상되고, 번역에 따른 사회적 책임에 대한 인식도 상당히 높아졌다는 방증이 될 것이다. 사실, 오역보다 더 큰 문

11 이재호 교수의 글인 "오역의 여왕 'Queen'"을 보면 흥미롭게도 지극히 쉬운 단어나 구문의 번역에서 오히려 오역이 많나고 한다. 그 한 사례가 바로 위의 제목에 나온 'Queen'인데, 원문과 그 배경에 대한 세심한 고증 없이 무심코 '여왕'으로 옮기는 경우가 대부분이라고 지적하고 있다. '여왕'이 맞는지 아니면 '왕비'가 맞는지는 원문의 맥락을 철저하게 따져보아야 한다는 것이다. 번역가의 '원문 읽기' 태도에 관해 많은 암시를 주는 따끔한 일침으로 생각된다. 이 글은 <국립 국어연구원>의 1995년도 국어 문화학교 번역반 교재에 실려 있다.

제는 이른바 악역(惡譯)이다. 번역은 번역인데, 무슨 내용인지 얼른 이해가 되지 않는 번역이 바로 악역이니, 이는 모국어 사용에 결정적인 흠결(欠缺)이 있는 경우이다. 흔히 말하는 직역주의로 인한 모국어 문장의 오염이 대체로 악역에 속한다. 실제 번역서에서 뽑은 다음의 예문을 잠시 살펴보자.

(1) 방어 기제가 불안을 피하기 위해서 위험스러운 본능적 욕구나 초자아의 요구에 대항하여 사용될 경우도 있다.

(2) 자부심들의 요인들이 환자로 하여금 정확하고 정직하게 대답하기를 바라는 의사의 요구를 종종 압도하곤 한다.

(3) 우리가 비현실감을 갖고 있는 환자나 혹은 자신의 행위에 대해 불평을 하는 환자를 만난 때는 상담에 특히 조심해야 한다.

(4) 환자가 왜 화가 났으며, 또 어떻게 자신의 감정을 표현하는가를 아는 것보다 더 중요한 것은 그가 화가 난 원인이 현재에 있는 것이 아니고 과거에 있다는 것을 명심하는 일이다.

완전하게 뜻이 통하지 않는 상태는 아니라는 점에서 오역이라는 비판은 면할 수 있을지 모르지만, 위의 예문은 여러 가지 각도에서 개선의 여지를 남겨 두고 있다. 예문 (1)에서는 주어 '방어 기제'를 받는 서술어(동사)가 문장 말미에 있는 '사용될 경우'의 '사용되다'이기 때문에, 전체적인 뜻이 한 눈에 들어오지 않는다. 주어를 문장 후반부로 이동시켜서 주어와 술어의 거리를 좁혀주면 사정은 훨씬 나아진다. 예문 (2)에서는 부사 '종종'의 위치가 아무래도 한국어답지 않다. 이는 일반 동사 앞에 빈도 부사가 오는 전형적인 영어의 어순 배치인데, 자연스러운 한국어 구문의 존재를 고려하지 않고 기계적으로 어순을 옮겨온 결과인 것으로 생각된다. 그리고 자주 눈에 뜨이는 복수 형태 '-들'의 존재도 거슬린다. 예문 (3)에서는 '비현실감을 갖고 있다'는 어구가 자연스럽지 못하다. 오히려 표현을 뒤집어서 '현실감이 없다'는 어구로 표현하는 것이 훨씬 자연스러워 보인다. 예문 (4)에서는 의존명사 '것'이 무려 네 번이나 나오고 있다. 이처럼 불투명한 의존명사의 반복 출현으로 인해 전체적인 의미가 독자에게 제대로 전달되지 않음은 물론이다. 사정이 이 정도 되고 보면, 악역도 결코 그냥 넘어갈 수 있는 문제가 아니라는 생각이 든다. 그렇다면 이런 악역은 왜 생길까? 넓게 말해서 원문의 간섭에서 비롯된 현상이고[12], 좀 더 분석해 보면 크게 다음과 같은 두 가지 원인이 있을 것으로 생각된다. 첫째는 외국어와 모국어의 문장 구조 차이에 대한 이해의 부족이고, 둘째는 모국어 자체의 구사력 혹은 표현 능력의 부족이다. 이 두 가지 원인은 모두 모국어에 대한 이해 부족과 크고 작은 연관성을 가지고 있다. 우리는 여기서 다시 한 번 번역 과정에서 모국어에 대한 관심과 이해가 차지하는 비중을 실감할 수 있다.

한편 악역의 일종으로 반역(半譯)을 말하기도 한다. 이는 문자 그대로 번역을 반만 해 놓은 상태이니, 독자에게도 의미가 절반밖에 전달이 안 되는 좋지 못한 번역이다. 아직 한국어로 용어가 정착되지 않은 전문 분야에 관련된 번역이라면 반역의 상황이 어느 정도 허용될 수

12 이 '간섭'이라는 용어는 다른 말로 '낱말 대 낱말 번역', '축자역(逐字譯)', '대어역(對語譯)'이라고 불리기도 한다. 한편 이를 본질적인 관점에서 분석하여 '통사 구조의 모사(模寫)'라는 술어로 부르는 경우도 있다. (전성기 저 『불한 번역 대조 분석』, 어문학사, 1996년)

있겠지만[13], 일반적인 상황에서 만일 이런 번역이 나왔다면 외국어를 모르는 독자들을 우롱하는 처사라는 비난을 면키 어려울 것이다. 나아가서 아예 번역을 하지 않고 외국어를 그대로 가져다 발음만 적은 이른바 '번역의 포기'도 영화 제목에 관한 한 여전히 문제로 남아 있다. 이 번역의 포기는 방금 앞에서 지적한 신세대의 '외국 문물 지향성'과 이상하게 맞물려 상황이 개선될 기미가 보이지 않는 것 같아서 안타깝다. 지금 이 시간에도 영화계의 이러한 '외국 바람'은 잠잘 줄을 모른다. 당장 매스컴의 영화 광고를 한번 살펴보면 이러한 분위기가 실감이 날 것이다. 이십여 년 전에 '데드 맨 워킹'이라는 유명하다는 영화 제목을 보고 저 '워킹'이 'walking'일까 아니면 'working'일까, 영화를 볼 때까지 혼자 상상해 본 일이 기억에 새로운데, 오늘도 '매트릭스'라는 영화 제목이 눈에 뜨인다. 과연 적절한 번역어가 없었을까? 이런 '번역의 포기'가 호기심과 궁금증을 유발해서 관람을 유도하는 홍보 전략이라면 관객의 입장에서 딱히 반박할 논리는 궁색해지지만, 전략도 전략 나름이라는 생각이 든다.[14]

---

13 물론 전문 분야라고 해서 이러한 양상이 무조건 허용될 수는 없다. 예컨대 문학 관련 전문 서적이라고 해서 '포스트 모더니즘'에서 유추된 '포스트 구조주의'까지 정당화될 수는 없을 것이다.

14 이와는 좀 다른 각도에서 '남역(濫譯)'과 '중역(重譯)'의 문제도 이들 못지않게 심각하다. 남역은 이것저것 가리지 않고 닥치는 대로 번역을 한다는 뜻이니, 함량 미달 번역서의 범람을 우려하는 지적이다. 굳이 번역을 해서 소개할 만한 가치가 없는 책을 번역하는 작업은 그야말로 문자 공해를 더욱 악화시키는 일밖에 안 된다. 앞서 소개한 김진섭의 "번역과 문화"라는 글에도 이 문제가 지적된 바 있다. "조선에 있어서는 참으로 어떤 책을 번역하여야 될까 하는 문제는 어떤 책을 저술하여야 할까 하는 문제와 같이 혹은 그 이상으로 중대하고 곤란한

것이니 장차 창조될 모든 조선의 문화는 실로 모든 사람 앞에 놓인 바 일(一)의 과제에 속한다.”

중역은 익히 알려진 대로 이미 번역된 책을 저본(底本)으로 해서 다시 2차적으로 번역을 하는 작업이다. 특히 우리는 일본을 통해서 서구 문명을 간접적으로 전달받은 역사를 가지고 있어서 이 중역의 폐해가 자못 심각하다. 근대화 시기에 식민 통치와 어울려 이루어진 이 중역의 폐단은 우리 모국어에 결정적인 손상을 끼쳤을 뿐만 아니라, 독자적인 번역 기술의 축적을 가로막아 우리에게 이중삼중의 피해를 입혔다. 초창기 일본 유학을 경험한 작가들은 아예 일본어로 구상을 한 다음에 우리말로 번역을 해서 작품을 발표할 정도였다고 하니 한국어에 미친 폐해는 이루 말할 수 없었을 것이다. 그 후로도 1950년대 후반에 ‘전집류’ 출판의 붐을 타고 이 중역의 폐단은 다시 한 번 기승을 부렸다고 한다.(“번역 일반론”, 이상섭, 『국어생활』 21호, 1990년, 국어연구소 참고) 당시의 지식인들이 성장기에 일본식 교육을 받았던 역사를 생각해 보면 이해가 아주 안 되는 바도 아니지만 이로 인하여 ‘직역주의’ 청산의 기회는 또 다시 물 건너간 이야기가 되었음은 인정하지 않을 수 없을 것이다. (물론 일본어를 통한 중역만이 직역주의를 조장한 유일한 장본인은 아니다. 1980년대를 전후하여 국내의 정치 상황과 맞물려 엄청난 물량으로 쏟아져 나왔던 사회과학 계통의 번역서에도 일부의 책임이 있다고 하지 않을 수 없다. 당시의 억압된 정치 상황 하에서 대학을 강제로 떠난 학생 엘리트들이 학습의 연장과 생계의 유지를 위하여 사회과학 서적의 번역 작업에 대거 참여했음은 잘 알려진 일이다. 이 학생 엘리트들은 영어나 일본어 등의 해당 외국어를 전문적으로 연마한 전문 번역자가 아니었으므로, 당연히 직역주의를 견지할 수밖에 없었다. 당시에 젊은이 치고 사회과학 서적 한, 두 권쯤 안 읽은 사람이 없을 정도로 사회과학의 대중화에 공헌한 이들의 공적이 폄하되는 일이 있어서는 안 되겠지만, 번역 문화 전반에 미친 영향은 이와 다른 각도에서 객관적으로 평가되어야 할 것으로 생각한다.) 일전에 수학에서 널리 쓰이는 표현 ‘다음 방정식을 만족하는 x의 값을 구하라’에 나타나는 ‘만족하다’라는 동사의 타동사 용법이 일본식 번역의 잔재임을 지적하는 글을 읽고, 이 중역의 폐단이 얼마나 심하게 우리말을 왜곡시켰는가를 새삼 뼈저리게 느낀 일이 있었다.(『새국어생활』 1권 1호, 1991년에 실린 좌담회 기록 “국립 국어연구원이 세워야 할 좌표” 참고)

1.3. 번역과 모국어

앞서도 언급했듯이 특정한 관점이나 이론에 얽매이지 않고 번역에 대한 정의를 내린다면, 번역이란 한 언어의 텍스트를 다른 언어의 텍스트로 변환하는 과정 혹은 그러한 텍스트 간 변환의 결과를 의미한다고 말할 수 있다.[15] (물론 변환되는 양쪽 텍스트의 의미 사이에는 의미의 등가성이 확보되어야 한다.) 편의상 번역자의 모국어를 A 언어라 하고 외국어 혹은 제2 언어를 B 언어라 한다면, 그 방향성에 따라 번역은 B→A 번역과 A→B 번역으로 나눌 수 있을 것이다.[16] 여기서 A 언어에 주목하면 B→A 번역에서는 A 언어가 목표언어가 되고, A→B 번역에서는 A 언어가 원천언어가 된다.[17] 번역 능력이라는 관점에서 이런 상황을 달리 말한다면, B→A 번역에서는 외국어의 독해능력과 모국어의 표현능력(문장력, 글쓰기 능력)이 요구되고, A→B 번역에서는 모국어의 분석능력과 외국어의 표현능력이 요구된다. 그러므로 번역 수행이나 번역 연구에서 모국어에 대한 관심과 이해의 정도는 외국어 구사력 못지않게 중

---

15 통역을 포함하는 번역의 정의에 대해서는 정호정(2007:17-19)를 참고할 수 있다.

16 B→A 번역은 한국어역, 정번역, 들어오는 번역(inbound translation)이라 하고, A→B 번역은 외국어역, 반대번역, 나가는 번역(outbound translation)이라 부르기도 한다. 한편 다른 외국어나 제2 언어들 사이에서 일어나는 번역도 이론상으로 가능하다. Song(1975:6)에서는 이에 대해 'crossover translation'이라는 용어를 사용했는데, 썩 만족스럽지는 않지만 '교차 번역' 정도 말고는 적당한 번역어를 아직 찾아내지 못했다. 이 문제와 관련해서는 Song(1975:5-6)을 참고할 수 있다.

17 원문에서 사용된 언어는 원천언어, 출발언어, 소재언어 등으로 불리고, 번역문에서 사용된 언어는 목표언어, 도착언어, 수용언어 등으로 불린다. 여기서는 원천언어와 목표언어의 용어쌍을 채택하기로 한다.

요한 문제이다. 번역의 기능적 혹은 기술적 측면을 과도하게 강조하는 분위기 하에서는 자칫 화려한 외국어 구사의 그늘에 가려 모국어가 번역 과정의 수행에서 정당한 대우를 받지 못할 우려도 없지 않겠지만, 번역에 조금이라도 경험이 있는 번역자나 전문적으로 번역 과정과 결과물을 연구 대상으로 삼는 연구자들은 번역 과정에서 모국어의 중요성을 일정 부분 강조하는 견해에 별다른 이의를 제기하지 않을 것이다. 여기서도 일차적으로 외국어와 모국어를 동등하게 중요시하는 관점에서 논의를 시작하기로 한다.

1.4. 번역학과 국어학

본고는 영어를 원천언어로, 한국어를 목표언어로 상정해 두고, 원천언어(영어)와 목표언어(한국어)를 넘나드는 몇 가지 언어학적 주제를 번역학자의 시각과 국어학자의 시각으로 탐구하고자 하는 시도이다. 지금까지 물론 영어영문학과 불어불문학 등 외국어문학의 하위 분야로 번역 혹은 번역학(translation studies)과 관련된 논의가 없었던 것은 아니지만, 번역학이 독자적인 학문 연구 분야로 정립되어 스스로가 번역학자라는 정체성을 가진 연구자들에 의해 제도권 학문의 현장에서 활발하게 논의된 것은 1990년대 말부터라고 말할 수 있다.[18] 현재 한국연구재단(NRF)의 연구 분야 분류표를 보면, [인문학-언어학-번역,

18 이 시기를 전후하여 통번역학을 전문적으로 연구하는 학자들의 모임인 한국번역학회, 한국통번역학회, 한국통번역교육학회 등이 창립되었다.

인문학-문학-번역문학, 인문학-영어와 문학-영어통번역학, 인문학-통역번역학-통역번역/통역/번역]으로 되어 있다. 여기서 우리는 번역학이 인문학 중에서 언어학과 문학 및 영어영문학의 하위 갈래로 편제되어 있는 한편으로, 통역번역학이라는 독자적 영역도 확보하고 있음을 알 수 있다. 전자는 번역학의 태생적 기반과 발전 과정을 담고 있는 체제이며, 후자는 번역학도 독자적 연구 영역을 형성할 수 있다는 학문적 자부심이 담긴 비교적 최근의 흐름을 반영한 체제라고 할 수 있다. 여기서 우리는 번역 연구 혹은 번역학이 어떻게 태동되어 어떤 발전 과정을 겪어왔는지를 알 수 있는 동시에, 역으로 인접 학문과의 교섭을 통한 발전의 가능성과 확장의 방향성을 가늠해볼 수 있다. 즉, 번역학은 문학과 언어학의 영역에서 혹은 그 영역 안에 자리 잡은 각종 하위 영역 안에서 적절한 상호 교류를 통해 연구의 자양분을 축적할 수 있는 것이다.

여기서 잠시 번역학이라는 학문의 얼개를 살펴보자. 번역학 연구자들 사이에서 가장 널리 받아들여지고 있는 홈즈(James S. Holmes)의 번역학 체계도는 다음과 같이 구성되어 있다.

(1) 순수 번역학(Pure Translation Studies)
- A. 이론 번역학(Theoretical Translation Studies)
  - a. 종합(General)
  - b. 부분(Partial)
- B. 기술 번역학(Descriptive Translation Studies)
  - a. 번역물 중심(Product Oriented)
    - 가. 매체 연구(Medium Restricted)
    - 나. 지역 연구(Area Restricted)

다. 층위 연구(Rank Restricted)

라. 텍스트 유형 연구(Text Type Restricted)

마. 시대 연구(Time Restricted)

바. 문제 연구(Problem Restricted)

b. 번역 과정 중심(Process Oriented)

c. 번역 기능 중심(Function Oriented)

(2) 응용 번역학(Applied Translation Studies)

A. 번역사 훈련(Translator Training)

B. 번역 지원 도구(Translation Aids)

C. 번역 비평(Translation Criticism)

위의 체계도에서 특히 번역 기법을 다루는 (A) '이론 번역학'과, 번역문으로서의 한국어 텍스트를 다루는 (B-a-라) '텍스트 유형 연구' 및 (B-a-마) '시대 연구' 등을 잘 살펴보면, 국어학과 번역학의 접경지대에서 그리 낯설지 않은 주제들과 만나게 된다. 이러한 주제들에 관한 탐구가 바로 본 연구의 주된 목적이다. 본고에서 다루게 되는 내용의 대강은 다음과 같다.

먼저 제2장은 원천언어인 영어와 목표언어인 한국어의 번역 중재 과정에서 발생하는 제반 언어학적 문제를 다루는 대조문법론이 주된 내용을 이루는데, 구체적인 주제는 주어의 필수성과 수의성, 명사 중심적 언어와 동사 중심적 언어, 시제 문제 등과 관련한 시점(視點)의 변동성, 대명사의 번역과 관련한 표층결속성의 발현 양상, 복수 표현과 관련한 사물 복수와 사건 복수, 경어 표현의 번역, 마지막으로 관사의 번역과 한국어 조사 및 부정사의 번역과 한국어 활용어미 등이다.

다음 제3장은 한국어 문체의 하나로서의 번역문을 다루게 되는데,

영-한 번역문에 나타나는 번역 보편소와 번역투 문제가 주된 논의 대상이다.

다음 제4장은 개별 번역사로서의 한국 번역사를 다루게 되는데, 한국 번역사를 이루는 자료와 시대 구분의 실제, 고대국어 표기법과 번역의 관계, 언해 자료의 번역학적 성격, 전 근대 시기 번역가들의 활동 등이 주된 논의 대상이다.

다음 제5장에서는 국어의 외래어 표기법과 로마자 표기법을 번역과 관련하여 논의해 보고, 전문용어의 번역 문제에 대해 생각해 본다.

결론적으로 본고는 서로 공통의 관심사를 추출할 수 있는 인접 학문들 사이의 소통을 목표로 하는 연구의 일환으로, 구체적으로는 번역학과 국어학의 접점을 탐색해 보고자 하는 시험적 작업이다. 이러한 연구는 번역학의 입장에서 보면, 통역과 번역의 수행을 지향하는 태생적 기능주의의 한계를 한 단계 넘어서서, 튼실한 연구의 내용과 방법론을 갖춘 인문학의 한 분야로 자리매김할 수 있는 계기가 될 수 있으며, 국어학의 입장에서 보면 번역이라는 시각으로 연구 자료를 새롭게 조망하여 기존에 축적된 연구 성과를 발전적으로 살찌울 뿐만 아니라, 연구의 지평을 확대하여 새로운 학문 발전의 동력을 획득하는 계기가 될 수 있다. 다시 말해서 번역학 분야에서는 외국어문학 혹은 비교문학, 언어학의 한 하위갈래라는 종래의 편향된 시각을 딛고 우리 국학의 한 분야로 토착화할 수 있는 힘을 얻을 수 있으며, 국어학 분야에서도 새로운 관점의 도입으로 고유의 연구 범위를 넘어서서 연구의 지평을 확대하는 소기의 성과를 거둘 수 있을 것이다.

제2장

원천언어와 목표언어의 대조문법론

2.0. 연구의 흐름

번역은 오랫동안 문학의 한 분야, 곧 비교문학의 범주에서 논의되어 왔다. 그런 까닭에 번역의 언어학적 측면에 대해서는 고작해야 번역의 기법과 관련된 수사학 내지 문체론의 문제 정도로 인식되어 온 것이 사실이다.[1] 이와 같은 사정의 배후에는 언어학적인 견지에서 한 언어의 작품 혹은 텍스트를 다른 언어의 작품 혹은 텍스트로 '정확하게' 변환한다는 것이 사실상 불가능하다는, 번역에 대한 이른바 '신비주의'가 크게 작용하고 있었음을 부인하기 힘들다. 그리하여 번역은 하나의 과학이라기보다 기술이라는 편견이 굳어져 왔다고 볼 수 있다. 예컨대 태평양 연안에 거주하는 북미 인디언의 언어에는 연어를 가리키는 단어가 무려 60여 개가 넘는데 프랑스어에는 오직 한 개의 단어만 존재한다든가 하는 경우에 이들 양 언어 사이에서는 애초에 '정확한' 번역을 기대할 수 없으리라는 막연한 판단 등이 '신비주의' 혹은 '번역 불가능성'[2]을 뒷받침하는 논거로 제시되었다. 이러한 논의는 또

---

1 김지원(2000)에서는 비교문학의 태생적 기반을 벗어나서 언어학과 의사소통학의 창조적 결합으로 태동한 번역학의 성립 과정에 대해 논의하고 있다.

2 사피어(Edward Sapir)는 언어학의 고전이 된 자신의 저서 「언어」 *Language*에서 이 문제에 대해 다음과 같이 말하고 있다. "그렇다면 문학이라는 예술에는 서로 밀접하게 관련된 두 가지 종류 혹은 차원, 즉 손실이 없이 다른 언어 매체로 전환될 수 있는 일반화된 비언어적 예술과, 전환이 불가능한 특수화된 언어 예술이 공존하는 것일까? <중략> 문학은 매체로서의 언어 속에서 움직이지만 그 매체는 두 가지 층위, 곧 언어의 잠재적 내용물과 주어진 언어의 특정한 구조로 구성되어 있다. 그 자양분을 낮은 차원에서 끌어내는 문학, 예컨대 셰익스피어의 희곡과 같은 문학은 자기 특징의 과다한 손실이 없이도 번역이 가능하다. 만일 문학이 더 높은 차원에서 움직인다면, 예컨대 앨저넌 스윈번(Algenon

한 민족들 사이의 다양한 문화적 특성이나 풍속상의 특성을 반영한 언어적 차이는 무슨 방법으로도 정확히 밝힐 수 없으며, 나아가서 민족어들 사이의 표현적 혹은 정서적 색채나 구조적 특징을 정확히 반영한 번역이란 사실상 불가능하다는 선험적 논리에서 비롯된 것으로 생각된다.

그러나 특정 언어의 극단적 형식미를 강조하는 문학 작품의 경우를 일단 논외로 한다면, 우리가 주변에서 널리 목격하고 있듯이 서로 다른 언어의 텍스트들 사이의 번역은 가능하고 또 실제로 수많은 번역이 이루어지고 있다. 그리하여 실천적 측면에서 본다면, 위에서 언급한 차이들을 극복하고 정확한 번역을 기하기 위한 구체적인 방안들이 탐구되어 적지 않게 이론화된 것도 엄연한 사실이다.[3]

언어학적 관점에서 번역을 논의하고자 할 때, 가장 먼저 만나게 되는 주제는 원천언어와 목표언어의 대조문법이다. 이들 연구는 원천언어(주로 영어)와 목표언어(주로 한국어)의 문법 구조를 비교하여 그 차이를 나타내는 대조문법의 방법론에 기반하여, 문법 구조의 대조 분석에서 드러난 차이를 영-한 번역 과정에 적절하게 반영하는 방안을 다루고 있다. 지금까지 번역학에서 논의된 대조문법 관련 연구들 가운

Swinburne, 영국의 시인, 1837~1907)의 서정시와 같은 문학이라면, 거의 번역이 불가능하다." 김정우 역(2015: 309~310) 참고.

3 1950년대 이후에 와서 번역과 언어학의 밀접한 결합이 실현되면서부터 번역은 언어학과 떼려야 뗄 수 없는 관련을 맺게 되었다. 더욱이 기계번역의 대두는 수학, 논리학, 기술공학과 언어학의 밀접한 연관성을 불가피하게 만들어주고 있다. 최근 들어 인공지능이 다양한 학문 분야에서 주목을 받고 있는데 번역과 통역 분야 역시 예외가 아니다.

데 대표적 성격을 갖는다고 생각되는 것을 두 가지만 들어보기로 한다.[4]

그 하나는 이영옥(2000, 2001, 2002, 2003, 2004, 2012)이고, 다른 하나는 곽성희(2000, 2001, 2002a, 2002b)이다. 전자에서는 영어와 한국어의 문법 구조 차이를, S-V-O 대 S-O-V라는 어순의 차이와 명사-지향성(사물 지배) 대 동사-지향성(행동 지배)이라는 상위 구조의 차이에서 비롯된 것이라는 전제 하에, 양쪽 언어에 존재하는 세부적인 문법상의 차이가 모두 이와 같은 상위 구조의 차이에서부터 파생된다고 설명하고 있다. 이와 같은 맥락에서 이영옥(2000)에서는 한국어에서만 가능한 수동 구문(소재와 연속, 지각 등)과 영어에서만 가능한 수동 구문(감정동사 등)을 구분해서 지적하고 있다. 이영옥(2001)에서는 한국어와 다른 어순을 가지며 주어 자리를 의무적으로 표시해야 하는 영어의 언어 특성이 물건 주어 혹은 무생물 주어 구문의 출현을 초래한 원인으로 보고, 영어의 무생물 주어 구문은 대체로 한국어에서 부사구로 번역되는 것으로 관찰하고 있다. 이러한 논의는 실무 번역 현장에서 무생물 주어의 영-한 번역에 유용하게 적용될 수 있는 의미 있는 성과로 평가된다. 이영옥(2002)에서는 인용문을 대상으로 영어와 한국어의 차이를 분석했는데, 한국어가 종결어미에 의해 발화 상황과 관련된 사회언어학적

---

4 영어와 중국어를 비롯한 외국어와 한국어의 대조문법에 대한 연구는 그 폭도 상당히 광범위하고 깊이 역시 심층적이다. 지금까지 번역학계에서 축적된 소중한 업적을 지면 관계상 일일이 열거할 수 없음이 유감이다. 여기 소개하는 일련의 연구는 시기상으로나 내용상으로 이 분야에서 일종의 상징성을 갖는 것으로 생각된다. 대조문법과 관련한 비교적 상세한 연구사는 김정우(2012: 6~9)를 참고할 수 있다.

관계(청자 대우법)를 드러낸다는 점에 주목하고 있다. 이영옥(2003)에서는 장소 이동 표현을 대상으로 영어와 한국어의 차이를 분석했는데, 영어에서는 단일 동사에 각종 동작 양태에 관한 정보를 집약적으로 담아서 표현하는 반면, 한국어에서는 여러 동사를 순차적으로 나열하는 합성(복합)동사 형식으로 표현한다는 차이점을 지적하고 있다. 이러한 근본적 차이 때문에 한국어에서는 장소 이동을 나타내는 표현에서 양태부사나 의성어, 의태어를 첨가하고 조동사 등을 추가로 사용하게 된다는 것이다. 이영옥(2004)에서는 영어와 한국어의 명사(구) 확장(수식) 방법 차이를 지적하고, 이를 적절하게 반영할 수 있는 번역 방법을 구체적인 용례를 이용해서 설명하고 있다. 이영옥(2012)에서는 영어의 분사파생 부사(예: pointed-ly, surprising-ly)를 한국어로 옮기는 적절한 방안에 대해 논의하고 있다.

후자에서는 텍스트 언어학과 말뭉치 언어학의 이론적 토대 위에서 영어와 한국어의 텍스트성 차이를 분석하고, 양쪽 언어를 넘나드는 번역 전환에서 일어나는 갖가지 변환 양상을 계량화해서 제시하고 있다. 이러한 논의는 영어와 한국어의 구조적 차이에 대해 경험적으로 또 추상적으로 알고 있던 지식을 객관적이고 실증적으로 검증했다는 데서 그 의미를 찾을 수 있다. 곽성희(2000)에서는 영어 원문과 한국어 번역문의 대조를 통해 결속구조와 용인성, 정보성, 상호텍스트성 등의 측면에서 다양한 전환이 일어났음을 지적하고 있다. 곽성희(2001)에서는 번역자가 원천언어권과 목표언어권 독자의 정보성 차이를 조절하기 위하여 구사하는 정보의 확대, 교체, 축소 전략을 논의하고 있는데, 이러한 작업을 원활하게 수행하기 위해서는 번역자가 원천언어권 문화를 충분히 이해하는 독자의 입장에서 원문을 수용하고 목표언어권 문화에 익숙한 독자의 입장에서 재구성해야 한다는 점을 '번역 중재능력'이라는 개념을 도입하여 특히 강조하고 있다. 곽성희(2002a)에서는 7가지 텍스트성 가운데 결속구조에 초점을 맞추고 영-한 번역에서 일어나는 전환 양상을 관찰하고 있다. 그리하여 영문 텍스트에 나타나는 지시 결속구조는 한국어 텍스트에서 동일어휘로 반복되거나 생략되고, 접속 표현은 첨가되는 경우가 많으며, 어휘적 결속구조는 동일어휘의 반복으로 전환된다는 결론을 내리고 있다.

이제 영어를 원천언어로 하고 한국어를 목표언어로 하는 영-한 번역 과정에서 유발되는 대조문법적 주제에 관해 하나씩 논의를 전개하기로 한다.

2.1. 주어의 필수성과 수의성

2.1.1. 주어는 범어적 필수 요소인가?

그리스어와 라틴어 등 서양의 고전어를 기반으로 성립된 형식문법에서는 문장(clause)의 필수 요건으로 하나의 주어와 하나의 서술어(동사)를 상정한다. 이러한 명제는 영어를 관찰 대상으로 할 때 어김없이 참으로 보인다. 영어에서는 다음의 예문 (1)에서 확인하듯이 이른바 비인칭 주어의 존재를 통해 주어의 필수성을 확인할 수 있다.

(1) It is getting warmer and warmer.

그런데 한국어를 관찰 대상으로 할 때 주어의 필수성은 자못 심각한 도전을 받게 된다. 시(詩)의 형식을 빌려 표현된 다음의 두 예문을 보자.

(2) 보리 피리 불며
봄 언덕
고향 그리워
피ㄹ 닐리리.

보리 피리 불며
꽃 청산
어린 때 그리워
피ㄹ 닐리리.

('보리 피리', 한하운)

(3) 그립다
말을 할까
하니 그리워

그냥 갈까
그래도
다시 더 한 번 ……

저 山에도 까마귀, 들에 까마귀
西山에는 해진다고
지저귑니다.

('가는 길', 김소월)

위의 두 예문은 20세기의 전반부에 한국인이 창작한 시이다. 흔히 시에 담긴 내용을 한 언어권 화자들이 가진 심층적 정서의 표현이라고 하지만, 시어 자체도 그 언어의 핵심적 알맹이라고 할 수 있다. 다시 말해서 위의 두 예문은 한국어의 정수를 그대로 표현한다고 해도 과언이 아닌 것이다. 위의 두 예문을 하나씩 분석해 보자. (2)에는 분명히 문장의 그 어디에서도 주어가 보이지 않는다.[5] 반면 (3)을 보면, 앞의 두 연에서는 주어가 보이지 않지만 마지막 연에서는 '까마귀'를 주어로 상정하여 '까마귀가 지저귀다' 정도의 명제문을 만들 수 있다. 그렇다면 우리는 한국어에 대해 주어가 수의적으로 출현하는 언어라고 말할 수 있을 것이다. 이러한 진술은 한국어에 주어가 존재하지 않는다는 진술과는 전혀 다르다. 중요한 것은 문장의 표층에 주어가 나타나지 않을 수도 있다는 점, 즉 수의성 자체이다. 여기서는 일단 한국어에서 주어가 수의적인 성분이라는 점만을 지적하고, 이 문제에 대한 언어철학자의 견해를 잠시 인용해 보자.

한국어에서 주어가 수의적으로 출현한다는 점에 주목한 이규호(2005: 84-90)에서는 이 현상에 대해 이렇게 설명한다. 영어를 비롯한 인도유럽어에는 주어가 필수 성분으로 출현하고 그에 따라 주어를 기준으로 그 주어의 동작과 상태를 서술어(동사)가 표현하기 때문에 모든 현상을 주어 중심으로 해석하는 사고방식을 발전시킨 반면에, 한국어에서는 주어가 수의적 성분으로 출현하고 그에 따라 동작과 상태를 표현하는 서술어(동사)가 중심이 되어 변화하는 양상을 그대로 받아들이고 여기에 자연스럽게 동화하려는 사고방식이 발전되었다는 것이다. 이를 다른 각도에서 말하면 영어를 비롯한 인도유럽어는 서술어(동사)가 나타내는 상황을 그대로 받아들이지 않고 그러한 상황

---

5 혹자는 주어가 생략되었다고 말할지도 모른다. 예문 (2)에서는 생략된 주어로 '내가'를 복원할 수 있지만, 예문 (3)에서는 그러한 시도조차 서술어 '그립다'를 만나면 간단치 않음을 알게 될 것이다. 나아가서 예컨대 '열에서 셋을 빼면 일곱이다.' 혹은 '내일이면 늦으리.' 등과 같은 문장에서 마지막 서술어의 생략된 주어를 복원하는 일이 매우 어려운 과정임은 부인할 수 없다.

을 만든 원인자, 곧 주어를 찾아 올라가게 되므로 인과율적 사고방식을 발전시키게 되는 반면, 한국어는 서술어(동사)가 나타내는 현상을 그대로 받아들여 드러내는 현상학적 사고방식을 발전시키게 된다는 것이다. 그리하여 영어를 비롯한 인도유럽어에서는 이원적(주어와 서술어의 대립, 주체와 세계의 대립) 추론, 논리적 혹은 직선적 추론을 선호하고, 한국어에서는 다원적 추론, 직관적 추론 혹은 곡선적 추론을 선호하는 사고방식의 차이를 낳게 되었다고 말할 수 있다.

이와 같은 언어철학자의 설명을 언어에 초점을 맞추어 다시 해석하자면 대략 다음과 같은 문맥이 될 것이다. 주어(주체)를 중심으로 세계를 해석하는 영어와 같은 언어에서는 추상적이고 논리적인 사고방식이 발달한 반면, 서술어가 표현하는 세계에 순응하는 한국어와 같은 언어에서는 서술어(동사)에 드러난 구체적이고 직관적인 사고방식이 발달하게 되었다. 영어가 세계를 해석하는 언어라는 점은 사물을 주어로 하는 추상적인 물건주어(무생물 주어) 구문이나 비인칭 주어 구문 등이 출현하는 사실로 설명이 가능하다. 반면에, 한국어에서는 비인칭 주어 구문이나 물건주어 구문 등이 출현할 수 없고 오직 자연계에서 일어나는 구체적인 사건만 언어로 표현될 수 있다. 결과적으로 영어는 세계를 해석하는 언어이고 한국어는 세계에 순응하는 언어이다. 한 가지 비유를 들어 이 문제를 좀 더 알기 쉽게 설명해 보자. 길게 뻗은 기찻길이 눈앞에 놓여 있다고 할 때, 우리는 '논리적으로' 기찻길의 두 선로가 적어도 열차가 달릴 수 있는 조건 하에서라면 영영 만나지 않음을 잘 '알고' 있다. 그러나 우리의 시야에는 두 선로가 저 멀리 한 점에서 만나는 것처럼 '보인다'. 이때 세계를 해석하는 언어인 영어식으로 말하면 두 선로는 만나지 않고, 세계에 순응하는 한국어식으로 말하면 두 선로는 일정한 지점에서 만난다는 것이다.

한국어에서 주어의 수의성과 직결되는 문제는 바로 서술어(동사)의 중요성 증대이다. 한국어는 서술어(동사)가 중심이 되기 때문에 여기에 첨가되는 다양한 양태(modality) 표현 형태소가 매우 발달했다. 아래의 예문 (4)를 살펴보자.

(4a) 이제 막 아침 겸 점심을 먹었다.
(4b) 길을 걸어가면서도 책을 읽는다.
(4c) 서쪽 하늘을 보니 소나기라도 한 차례 오겠다.

(5a) 내가 이러는 것은 우리 모두를 위함이다.
(5b) 세상을 살아가기가 편안한 것만은 아니다.

(6a) 지나간 세월을 탓하면 무엇하리오?
(6b) 길을 가는 도중에 만났지요.
(6c) 갈 사람은 가야지.

위의 예문들에는 서술어(동사)에 첨가된 어미가 보인다. (4)에는 일견 시제를 나타내는 선어말어미가 보이고, (5)에는 동사를 명사로 만드는 명사형 전성어미가 보이며, (6)에는 명사를 수식하는 관형사형 전성어미가 보인다. 이들은 일단 모두 문법 범주를 드러내는 형태소로 간주할 수 있다.

먼저 시제와 관련된 것으로 생각했던 선어말어미 (4)의 경우를 살펴보자. 이들 형태소는 차례대로 과거시제, 현재시제, 미래시제를 나타내는 것으로 보이지만, 그것은 피상적인 관찰일 뿐이다. 이들은 잘 따져보면 화자의 심리 상태, 즉 양태를 드러내는 요소로 판단된다. 즉,

'-았/었-'은 [확인], '-는-'은 [과정의 실현], '-겠-'은 [추측]이라는 화자의 심리적 태도를 나타낸다는 것이다. 다시 말해 이들 형태소가 표현하는 문법 기능은 부차적인 것이며, 기본적으로는 화자의 심리 상태를 표현하는 양태 기능이 우선이라는 의미이다. 그렇다면 화자의 심리적 태도를 기본적인 기능으로 보고, 시제를 표시하는 문법 범주를 부차적 기능으로 보았을 때 얻어지는 장점은 무엇인가? 다음 예문은 모두 과거와 현재, 미래 등의 시제 표시 기능만으로는 설명할 수 없는 용례이다.

(7a) "너, 그 돈 다 받았다."
(7b) "그때 저녁 식사를 하는 중이었구나!"
(7c) "지금쯤 서울에도 비가 오겠구나,"

위의 예문 (7a)에서 '-았-'은 분명히 과거시제를 표시하지 않는다. 오히려 실제 사건이 벌어지는 시점(時點)은 미래로 보는 것이 합리적이다. 이 문장에 대해서는 시점(視點)의 이동이 관련되어 있지만[6] 기본적으로 여기서 '-았-'은 말하는 화자가 '돈을 못 받는다'고 확신(확인)하고 있는 상황을 표현한 것으로 이해해야 합리적일 것이다.[7] 예문 (7b)에서 '-는'은 현재를 표시하지 않고, 앞에 나온 부사를 참고하면 사건이 벌어진 때는 과거라고 보아야 한다. 예문 (7c)에서 '-겠-'은 미래시

6 시점의 이동에 대해서는 다음 2.4절에서 다루게 된다.

7 예문 (7a), (7b), (7c)에 나온 [확인] 등의 양태와 시제 사이의 연관성에 대해서는 다음 2.4절에서 다루게 된다. 여기서는 일단 표층에 드러난 문법 범주 표시 기능만이 해당 형태소의 유일한 본질은 아니라는 점만 지적해두기로 한다.

제를 나타내지 않으며, 실제 사건이 발생하는 시점도 앞에 나온 부사로 미루어 현재로 보는 것이 합리적이다.

일반적으로 명사형 전성어미로 알려져 있는 (5)의 '-음'과 '-기'의 경우도 원천적으로 다른 기능, 즉 전자는 [기정(旣定)]이고 후자는 [미정(未定)]의 양태 표시 기능을 한 가지 더 수행하고 있다고 보아야 한다.

(8a) 죽음으로 싸웠다.
(8b) 죽기로 싸웠다.

위의 예문에서 (8a)는 죽었다는 사실([기정]=이미 일어난 사건)이 전제되어 있지만, (8b)는 죽을 각오([미정]=아직 일어나지 않은 사건)로 싸웠다는 뜻을 담고 있다. 이러한 논리는 관형사형 전성어미로 알려져 있는 위의 예문 (6)에 대해서도 동일하게 적용된다. 일반적으로 우리는 (6a), (6b), (6c)에 나타난 어미에 대해 각각 과거시제, 현재시제 및 미래시제와 연관시켜 해석한다. 아래의 예문 (9)만 본다면 각각을 현재, 과거, 미래로 보는 이러한 해석에 큰 무리가 없어 보이기도 한다.

(9a) 뛰는 아이
(9b) 뛴 아이
(9c) 뛸 아이

그러나 다음의 예문 (10)은 이러한 논리로 해석이 불가능하다. 표면상으로 각기 상이한 시제가 서로 충돌하기 때문이다. 즉, (10a)에서는 '지난 시간'이라는 부사구로 표시되는 시간이 분명히 과거인데도 미래를 표시하는 관형사형 어미 '-을'이 출현했고, (10b)에서는 '내일'로 표시되는 시간이 분명히 미래인데도 현재를 표시하는 관형사형 어미

'-는'이 출현하고 있기 때문이다. 이때 우리는 이들 두 어미에 문법적 기능 이외에 관형사형 어미 'ㄴ'에 [기정] 양태 표시 기능 및 '-ㄹ'에 [미정] 양태 표시 기능이 원천적으로 배당되어 있다는 사실을 지적하고자 한다.[8] 이러한 해석을 전제로 하면 (10a)는 과거에 대한 추측이므로 결정되지 않은 미정의 사건이 되고, (10b)는 미래의 결정된 사건에 대한 서술이 되는 것이다.[9]

(10a) 지난 시간에 뛰었을 아이
(10b) 내일 멀리 떠나는 친구

우리는 지금까지 한국어에서 주어 성분이 수의적으로 출현할 수 있다는 사실과 그에 따라 서술어(동사)가 문장의 중심이 되며, 여기에 화자의 심리적 태도를 표시하는 다양한 양태 표시 형태소가 첨가되어 나타날 수 있다는 사실에 대해 논의했다. 이와 같은 한국어의 특징은 주어 성분을 필수적으로 요구하는 영어와 대조적이다. 이러한 차이가 양 언어를 넘나드는 번역 과정에서 어떠한 의미를 함축하는가를 알아보기 위해 아래의 예문을 비교해 보자.[10]

---

8 이러한 체계 하에서 '-는'은 '-느'+ 'ㄴ'이 된다.

9 물론 '내일 떠날 친구'처럼 발할 수도 된다. '떠날'로 할지 '떠나는'으로 할지를 결정하는 것은 오로지 말하는 화자의 심리 혹은 의지에 달려 있다. 여기서도 한국어가 화자의 심리적 태도를 중요시하는 언어라는 점이 두드러진다.

10 이 예문 자료는 유영난(1991:40)에서 가져왔다. 심심한 사의를 표한다. 유영난(1991)은 저자의 학위논문인데, 박완서 작가의 단편 <엄마의 말뚝 I>을 영역하는 과정 전반을 담고 있다.

(11a) 그러나 안집 애하곤 될 수 있는 대로 놀지 말아라. 걔가 먼저 놀자고 하면 놀아주되, 이쪽에서 먼저 놀자고 해선 안 된다. 안집 애하고 싸우면 안 된다. 걔가 먼저 때리면 잘못한 거 없더라도 맞고만 있어야 한다. 안집 애가 장난감을 가지고 놀 때 부러운 눈칠 보여서는 안 된다. 쳐다보지도 말아라. 안집 애가 군것질을 할 때도 쳐다봐선 안 된다. 이런 어려운 엄마의 주문을 순순히 다 들어줄 순 없었다.

(11b) But I couldn't pay attention to all of Mother's orders. Don't play with the landlord's daughter if possible. Of course <u>you</u> should play with her if she asks first, but don't even ask her to play with you. Don't fight with her. If she hits you, don't hit back, even if <u>you</u> don't do anything wrong. When she plays with toy, don't show any interest. Don't even look at her. When she eats snacks, don't look at her.

한국어 텍스트 (11a)와 영어 텍스트 (11b)를 면밀하게 조사해 보면, (11a)에 표시되어 있지 않은 주어가 (11b)의 두 군데에 걸쳐 나타나고 있다. 이와 같은 양상은 영-한 번역과 한-영 번역에서 주어를 어떻게 다루어야 하는가를 잘 알려 준다. 즉, 영-한 번역에서는 문맥의 해석에 지장을 받지 않는 범위에서 영어 원문의 주어를 한국어 번역문에서 정리해야 하고, 거꾸로 한-영 번역에서는 한국어 원문에 드러나지 않은 주어를 영어 번역문에서 적절하게 복원시켜주어야 한다. 실제로 초보 번역자의 영-한 번역문을 보면, 불필요한 주어가 꼬박꼬박 축자적으로 번역되어 오히려 어색한 한국어 텍스트를 생성하게 되는 현상을 심심치 않게 목격할 수 있다. 다음의 예문을 살펴보자.[11]

(12a) "We've got to get medicine," one of the nurses called. She knew there was some back in the van. She stood up from the dust. "I'll go," she said.

We watched as she staggered back, waving her arms. Darting into the van, she grabbed a medical kit. She went back to Lidia, and gave her a shot of an antihistamine. "I don't think she's going to make it," someone said.

(12b) "약을 꺼내와야겠어요." 간호원 한 명이 말했다. 그녀는 차량 뒤쪽에 약이 있다는 것을 알고 있었다. 그녀는 자리에서 일어섰다. "갔다 올게요." 그녀가 말했다.

우리는 그녀가 손을 흔들며 비틀거리는 것을 보았다. 그러더니 쏜살같이 차 쪽으로 달려가 의료 상자를 찾아들고는 리디아 있는 곳으로 되돌아왔다. 그녀는 그 애에게 항독제 주사를 놓았다. "그 애는 무사하지 못할 것 같아요." 누군가 말했다.

위의 예문 (12a)를 번역한 한국어 번역문 (12b)에서 '그녀'라는 주어가 5회 사용되었는데, 적절하게 정리하면 상당수 주어를 문면에 드러내지 않고도 자연스러운 한국어 번역문을 만들어낼 수 있다.[12] 한국어는 발화 상황에 대한 이해가 전제되는 한 주어를 굳이 드러내지 않아도 무방하기 때문이다. 아래 예문 (12c)는 이러한 사정을 감안하여 개선한 예시 번역이다.

---

11 이 예문 자료는 원영희(2003:16~17)에서 가져왔다. 심심한 사의를 표한다.

12 이 대명사 '그녀' 대신에 일반명사 '간호원'을 사용하는 문제는 다른 차원에서 다루어야 할 내용이다. 여기서는 주어의 과도한 축자번역이 어색한 한국어 문장을 생성할 위험성이 있다는 점만 지적하기로 한다.

(12c) "약을 꺼내와야겠어요." 간호사 한 명이 말했다. 차량 뒤쪽에 약이 있다는 것을 알고 있었던, 간호사는 자리에서 일어서며 말했다. "갔다 올게요."
우리는 손을 흔들며 비틀거리는 간호사의 모습을 보았다. 그러더니 쏜살같이 차 쪽으로 달려가 의료 상자를 찾아들고는 리디아 있는 곳으로 되돌아와서, 그 아이에게 항독제 주사를 놓았다. "아이가 무사하지 못할 것 같아요." 누군가 말했다.

2.1.2. 영어와 한국어의 어순과 핵의 위치

주어의 필수적 출현 여부와 함께 주어와 서술어(동사)의 상대적 위치는 언어유형론에서 대단히 중요한 주제이다. 문장에서 핵심이 되는 시제와 상, 부정/긍정, 서법 등 중요 정보가 담긴 서술어(동사)를 핵어라고 부르는데, 이 문제는 이 핵어의 위치가 어디에 있는가에 관한 논의가 되기 때문이다. 문장의 핵이 되는 서술어(동사)가 주어를 기준으로 어디에 위치하는가에 따라 주어를 바로 뒤따라 나오면 핵-첫머리(head-first) 언어가 되고, 주어와 가장 먼 오른쪽에 나타나면 핵-끝머리(head-fianl) 언어가 된다. 이러한 기준에 따르면 영어는 핵-첫머리 언어가 되고, 한국어는 핵-끝머리 언어가 된다. 여기서는 한국어의 어순 문제에 대해 알아보기로 한다.

우리가 흔히 농담 삼아 하는 말로 "한국말은 끝까지 들어봐야 한다."는 우스갯소리가 있다. 이 말은 곧 문장에서 가장 중요한 정보가 담긴 어구가 문장의 끝에 온다는 뜻이며, 조금 다른 각도에서 말하면 문장의 끝에 가서도 그 앞의 내용을 뒤집어 놓을 수 있다는 뜻도 된다. 아래의 예문을 보자.

(13) 이번 기말 고사에서 국어 성적이 아주 좋았지만, 영어 성적은 아주 나빴어.

담임 선생님한테서 '국어 성적이 아주 좋았'까지 들은 학생은 내심 쾌재를 부르고 있었을 테지만, 곧이어 '-지만'이라는 연결어미가 이어지는 바람에 그야말로 '좋았다 만' 결과가 되고 말았다. 한국어의 이러한 특징을 가리켜 '긴장된 대화형'이라는 말로 부르기도 한다.[13] 여기서 우리는 한국어의 두 가지 중요한 특성을 발견할 수 있다. 한국어에서는 일반적으로 문장에서 가장 중요한 서술어(동사)가 문장의 끝에 온다는 사실과, 단어의 끝에 모종의 요소가 첨가되어 문장의 의미에 큰 영향을 미친다는 사실이다. 전자는 문장 안에서 단어들이 배열되는 순서인 어순(word order)에 관련된 사항이고, 후자는 단어의 구성 혹은 조어법과 관련된 사항이다. 우선 전자부터 살펴보자.

앞서 언급했듯이 한국어는 주어 다음에 목적어가 오고 맨 마지막에 가서 서술어(동사)가 오는 S(subject: 주어)-O(object: 목적어)-V(verb: 동사=서술어)의 어순을 갖는 핵-끝머리 언어이다. 한국어에서는 이와 같이 문장 성분 가운데서 가장 중요한 서술어(동사)가 문장의 맨 오른쪽 끝에 오기 때문에 수식 혹은 한정 요소를 덧붙여 문장을 확장하려면 왼쪽으로 늘일 수밖에 없다. 따라서 한국어에서는 수식하는 혹은 한정하는 말이 수식(한정) 받는 말의 앞(=왼쪽)에 오는 좌분지(=왼쪽 가지치기) 구조를 갖는다. 이러한 한국어의 어순은 영어와 비교해 볼 때 정반대의 방향

13 이에 반해 서술어가 바로 주어를 뒤따라 출현하는 언어는 '안정된' 언어라고 불린다. 문장에서 가장 중요한 정보를 담은 핵어인 서술어가 문장의 비교적 전반부에서 출현하기 때문이다.

을 취한다. 영어는 주어 다음에 바로 서술어가 오는 S-V-O의 어순을 가지며, 따라서 핵-첫머리 언어로서 오른쪽으로 문장이 확장되는 우분지(=오른쪽 가지치기) 구조를 갖는다. 이러한 어순의 차이는 번역자가 항상 기억하고 있어야 할 사항이다. 특히 복잡한 문장의 분석에서 미로에 빠져 헤매지 않으려면 이러한 초보적인 사항을 잘 활용해야 한다. 아래의 예문을 통해서 영어와 한국어의 어순 차이를 확인해 보자.

(14a) 테리는 [쥐를 잡은 고양이를 물어뜯은] 개를 토닥여 주었다.

(14b) Terry patted his dog [which bit a cat which caught a rat].

예문 (14a)를 보면, 서술어가 맨 끝에 있고 수식 어구가 딸려서 목적어가 확장된 구조를 가지고 있는데, '고양이'를 꾸며주는 '쥐를 잡은'이라는 구가 '고양이' 앞에 있고 다시 이 어구가 들어간 '고양이를 물어뜯은'이라는 어구가 '개'의 앞에서 '개'를 꾸며주고 있다. 목적어 '개'를 기준으로 하여 수식 어구가 왼쪽으로 확장되고 있음을 확인할 수 있다. 반대로 예문 (14b)를 보면, 우선 서술어 'patted'가 주어 바로 다음에 자리를 잡고 있고, 이 서술어의 목적어인 'his dog'이 역시 서술어 바로 다음에 자리를 잡고 있다. 이 목적어 'his dog'을 꾸며주는 'which' 이하의 관계대명사 절이 그 다음에 이어지고 그 관계대명사 안에 있는 'a cat'을 꾸며주는 또 하나의 관계대명사 절이 다시 뒤에 이어지고 있다. 목적어 'his dog'을 기준으로 하여 수식 어구가 오른쪽으로 확장되고 있음을 확인할 수 있다. 이러한 현상은 한국어의 경우와 정확히 반대가 된다. 다음으로 후자의 경우, 즉 단어의 구조를 살펴보자.

한국어의 단어는 실제 뜻을 가지고 있는 실사(체언과 용언 어간)에 문법적 의미를 가진 허사(조사와 어미)가 붙어야 문장 차원에서 사용될 수 있다. 여기서 동사나 형용사의 어간에 붙는 어미는 대체로 문법적 의미만을 덧붙여 주지만, 조사의 경우는 사정이 좀 다르다. 문법적 의미 말고도 약간의 고유한 의미를 표현하기 때문이다. 따라서 흔히 생각하듯 영어의 전치사와 일 대 일로 대응시켜 번역하면 원문과 상당한 거리가 생길 수도 있다. 정관사의 개입 여부에 따른 의미 대립을 보이는 아래의 예문을 보자. 잘 알려진 바와 같이, (15a)는 '공부하러' 학교에 가는 경우이고 (15b)는 '공부 이외의 목적으로' 학교에 가는 경우이다. 그렇다면 이들 영어 원문에 대응하는 한국어의 문장은 어떻게 옮겨야 할까?

(15a) I go to school.
(15b) I go to <u>the</u> school.

그렇다고 해서 (15a)를 지나치게 풀어서 '공부하러 학교에 간다'고 옮기는 건 아무래도 구차스러워 보인다. 여기서 한국어 조사의 용법에 좀 더 세심한 관심을 기울여야 할 필요가 있다. 아래의 예문을 보자.

(16a) (어디 가니?) 학교 가.
(16b) (어디 가니?) 학교<u>에</u> 가.

조사가 생략된 (16a)는 '수업을 받으러 학교에 가는' 통상적인 상황으로 인식되고, (16b)는 '무언가 다른 일로 학교에 가는' 좀 특수한 상황으로 인식된다. 그래서 (16b)와 같은 대답을 들은 사람은 곧이어 '뭐하러?' 정도로 학교에 가는 목적을 물어보는 장면을 상상해볼 수 있음직하다. 아래의 예문에서도 조사의 변화에 따른 미묘한 의미 차이를 확인할 수 있다.

(17a) 서울 간 친구

(17b) 서울에 간 친구

(17c) 서울로 간 친구

위의 예문 (17a)에서는 무슨 뚜렷한 목적, 예컨대 '돈을 벌러' 갔다는 느낌이 들고, (17b)에서는 '서울이라는 장소에 가 있다'는 느낌이 들고, (17c)에서는 '서울 쪽으로 갔다'는 방향 지시의 느낌이 든다. 따라서 마지막 (17c)에 나오는 친구는 현재 서울에 있는지 아닌지 말하는 사람으로서는 알 수가 없는 상황이다. 결과적으로 영어의 전치사 'to'와 한국어의 조사 '-에', '-로' 등을 기계적으로 대응시키는 번역은 삼가야 한다.

특수조사의 경우는 주격, 목적격, 처소격 등과 같은 격을 표시하는 격조사보다 일정한 의미를 첨가해 주는 역할이 한층 뚜렷하다. 이 특수조사의 용법은 어찌 보면 까다로워 보이지만 잘 관찰해 두면 원문에 담긴 미묘한 어감의 차이를 번역문에서 잘 살려 줄 수 있는 훌륭한 도구가 된다. 엄마와 초등학교 저학년 꼬마의 대화를 옮긴 아래의 예문을 보자.

(18) 엄마: 애, 너 무슨 할 말 있니?

꼬마: 네, 저 ...... 만 원만 주세요.

엄마: 뭐? 만 원이나 달라고? 그 큰돈을 어디다 쓰려고?

꼬마: 일기장 사려고 그래요.

엄마: 일학년짜리가 무슨 그렇게 비싼 일기장을 사니? 오천 원짜리면 충분해.

꼬마: 안 돼요. 요즘에 오천 원짜리가 어딨어요? 칠천 원은 있어야 돼요.

엄마: 엄마가 다 돌아다녀 봤어. 오천 원, 받으려면 받고 싫으면 말고.

꼬마: 알았어요, 엄마. 그거라도 주세요.

위의 예문 (18)에서는 다양한 특수조사의 용법이 대화 참여자의 미묘한 심리 상황까지 잘 드러내 주고 있다. 우선 꼬마의 첫 번째 말에 나오는 '-만'은 은연중에 자기가 요구하는 금액이 엄마에게 많아 보이지 않도록 깎아 내리려는 감정을 덧붙이고 있고, 다음에 나오는 엄마의 말 '-이나'는 꼬마가 달라는 금액이 분수에 지나치게 넘쳐서 깜짝 놀랐다는 의외의 감정을 나타내고 있다. 그리고 다음에 나오는 꼬마의 '-은'은 거기까지가 최소한의 한계임을 나타내고, 마지막 꼬마의 '-라도'는 최선은 아니지만 다른 도리가 없다는 양보와 체념의 감정 상태를 나타내고 있다. 위에서 살펴본 이처럼 다양한 한국어 특수조사의 용법은 상황에 따라서 영어의 비교 표현, 예컨대 'no more than'이나 'no less than' 등의 번역에 유용하게 적용될 수 있다. 이상으로 영-한 번역의 기초적인 전제가 되는 어순과 단어의 구조에 대한 검토를 통해, 한국어와 영어가 어순과 단어의 구조적 측면에서 정반대의 모습을 보인다는 사실을 확인했다. 한국어와 영어는 이 두 가지 사항을 비롯하여 어순과 관련된 다양한 측면에서 상이한 모습을 보인다. 그 내용을 항목별로 정리해 보면 다음과 같다.

(1) 영어는 S-V-O 어순을 보이는 안정된 우분지 언어인 데 반해, 한국어는 S-O-V 어순을 보이는 긴장된 좌분지 언어이다.

(2) 리듬 측면에서 보면 영어는 음운론적 단어의 전반부가 약하고 후반부가 강한 약-강 패턴을 띠지만, 한국어는 음운론적 단어의 전반

부가 강하고 후반부가 약한 강-약 패턴을 띤다.

(3) 텍스트를 구성할 때 영어는 연역적 표현을 선호하고, 한국어는 귀납적 표현을 선호한다.[14]

(4) 사물을 묘사할 때 영어는 근경에서 원경으로 나가고, 한국어는 원경에서 근경으로 들어온다. 아래 예문 (19)에서 시조와 그 영역을 살펴보자.[15]

(19a) 한산섬 달 밝은 밤에 수루에 홀로 앉아
긴 칼 옆에 차고 깊은 시름 하는 차에
어디서 일성호가는 남의 애를 끊나니

(19b) Sitting alone in watchtower, moonlit Hansan Isle,
Crushed with great anxiety, great sword at side
Plaintive notes of a pipe my rend heart.

위의 예문 (19a)의 초장과 이를 영어로 옮긴 (19b)의 첫 행을 비교해 보면, 원근과 관련하여 묘사의 순서가 정반대로 바뀌어 있음을 알 수 있을 것이다.

(5) 위와 동일한 맥락에서 영어에서는 주소를 표기할 때 작은 단위에서 큰 단위로 나아가고, 한국어에서는 작은 단위에서 큰 단위로 나아간다. 이러한 논리는 연월일을 표기할 때도 마찬가지로 적용된다. (예; 서울시 종로구 원서동 7번지 vs. 7 Wonseo-dong, Jongno-gu, Seoul)

14 예문 (11a)와 (11b)에서 잘 확인할 수 있다.

15 예문의 영역은 장인식(2004:152)에서 가져왔다. 심심한 사의를 표한다.

다음은 주어 문제와 관련하여 한국어의 두드러진 두 가지 특징을 논의하기로 한다.

2.1.3. 한국어의 이중주어

앞서 한국어가 주어 성분을 수의적으로 결여한다는 점을 논의했는데, 한국어는 주어가 출현할 때 일견 상반되는 양상으로 비칠 수도 있는 특징을 한 가지 보여준다. 그것은 바로 주어처럼 보이는 성분이 둘 이상 출현하는 이중주어 혹은 다중주어 현상이다. 일단 다음 예문 (20)을 살펴보자.

(20) a. 철수가 머리가 좋다.
b. 철수는 머리가 좋다.
c. 나는 록 음악이 좋다.
d. 철수는 인정이 많다.
e. 그 집은 차가 세 대가 있다.
f. 신세계가 양복의 값이 100원이 싸다.

위의 예문 (20)과 같은 이른바 다중주어가 등장하는 문장을 분석하는 이론에 대해서는 많은 가설이 제안되어 왔다. 이러한 유형이 문법학자들의 관심을 받게 된 것은 전통적인 형식문법에 비춰볼 때 나타나는 파격성 때문이다. 즉, 하나의 단문에는 주어와 서술어(동사)가 각각 하나씩 있어야 하는데, 두 개 또는 그 이상의 주어가 하나의 서술어(동사)와 짝을 이룬다는 것이 파격의 핵심이다. 예컨대 과거에 제안되었던 대주어-소주어설에 의하면, (20a)에서 '철수가'는 '대주어', '머리가'는 '소주어'에 해당된다. 그런데 이런 설명에 따르면 한 문장에 주어가 두 개가 있다는 의미가 되어 형식문법의 요건에 들어맞지 않는다. 학교 문법에서는 서술절을 상정하여 이 문제를 해결한다. 즉, (20a)에서 '머리가 좋다'의 '머리가'가 서술절 속의 주어라는 것이며, 그 앞의 '철수가'는 그 서술절을 다시 서술어로 하는 주어라는 것이다. 이러한 해석에 의하면 (20a)와 같은 문장은 특이한 문장이 되지 못한다. 대주어-소주어설에서 말하는 소주어가 서술절이라는 내포문의 주어에 불과한 것이 되기 때문이다.

한편 초기 생성문법 하에서는 심층의 다른 격이 표층으로 올라오면서 주격으로 변형되었다고 설명한다. 예컨대 (20a)의 경우에 심층에서는 문장 맨 앞에 있는 성분 '철수가'가 '철수의'로 관형격을 취하고 있었다는 것이다. 결과적으로 심층의 관형격이 표층으로 올라오면서 주격으로 변형되었다는 논리이다. 그렇지만 어떤 이론에 기대더라도 영어를 비롯한 인도유럽어에서는 이와 유사한 문장 유형이 존재하지 않으므로, 예문 (20)이 한국어에 특이한 문장 유형이라는 사실은 변함이 없다.[16] 일본어에도 이중주어 현상이 있으므로, 일본어 텍스트를 한국어로 번역하는 데 어려움은 덜 하나, 그렇지 않은 언어, 즉 영어를 비롯한 인도유럽어를 한국어로 옮기는 경우에는 (20)과 같은 문장 유형의 사용에 상당한 주의가 요망된다고 하겠다.[17]

---

16 여기서 (20b), (20c), (20d), (20e) 등은 맨 앞에 있는 성분을 주어가 아닌 주제로 해석하기도 한다.

17 그러나 실제 번역문 텍스트를 조사해 보면, 이중주어를 가진 문장은 거의 나타나지 않는다. 번역문에서는 한국어 고유의 문장 특성이 일정 부분 감소될 수밖에 없다.

위의 예문 (20a)에서 '철수가'는 (20b)와 같이 '철수는'으로도 쓰일 수 있다. 한국어에서 문두에 쓰인 '은/는' 성분을 주제 표지로 해석하는 방식에 의하면, (20b)의 '철수는'을 비롯하여 (20c, 20d)의 문두 성분은 '주제'라고 할 수 있다. 이는 문두의 '은/는' 성분만을 주제로 파악하는 일반 언어학적 입장을 보인 것이다. 연구자에 따라서는 (20a)의 '철수가'나 (20b)의 '철수는'이 어떤 성분을 문장의 주제가 되게 하는 동일한 기능을 수행하는 것으로 보기도 한다. 이러한 관점에서 보면, (20a)의 '철수가'는 동일 위치에 쓰일 수 있는 항목과의 배타적 대립을 나타내는 것으로, (20b)의 '철수는'은 대조적 대립을 나타내는 것으로 해석할 수 있다. 따라서 (20a)의 '철수가'와 (20b)의 '철수는'은 의미 기능의 차이만을 가질 뿐 주제 표지라는 점에 있어서는 같은 기능을 수행하는 셈이 된다. (20f)는 그 동안의 이중주어 논의에 나타난 용례 중에서 비교적 극단적인 것이다.

한국어가 인도유럽어와 다른 문장 구조를 가진다는 점을 인정한다면, 그 차이의 근원에는 한국어 문장이 가지는 특이성이 작용하고 있다고 할 수 있다. 이때 한국어 문장의 특이성은 '주어-서술어(subject-predicate)' 구조가 아닌, '주제-설명(topic-comment)' 구조로 특징지을 수 있다. '주제-설명' 구조를 인정하지 않는 연구자들이 전혀 없는 것은 아니지만, 이러한 논의는 어느 정도 설득력을 가진다. 이러한 논의를 수용한다면 이것은 한국어가 담화-중심적(discourse-oriented) 또는 화용-중심적(pragmatics-oriented) 언어라는 의미가 된다. 이는 한국어 문장의 적절한 의미 해석에 담화 상황 또는 화용 장면에 있는 구체적인 대상(내용)들이 작용하는 측면이 많음을 뜻하는 것이다. 아래 예문을 살펴보자.

(21) a. 나는 짜장면이다.

b. 나는 백두산이 높다.

c. 할머니가 병환 중이시다.

d. *송곳이 나무에 구멍을 뚫었다.(사람이 '송곳'을 가지고 구멍을 뚫은 것일 때)

e. 이곳은 바람이 많이 불어, 바람이 모래 산을 만들었다.

위의 예문 (21a)는 언뜻 들으면 이런 문장이 과연 한국어에서 성립할 수 있는지 의아한 생각이 들기도 한다. 그러나 이 문장은 쓰이는 장면에 따라서 완전히 이해되고 완전한 의미를 가질 수 있으며, 또 실제로 완전한 의미를 가지는 문장이다. 예문 (21a)에 대하여 음식점에서 음식을 주문하는 장면을 생각해 보자. 바로 그와 같은 발화 장면에서 예문 (21a)는 완전한 의미를 가진다. 그런 의미에서 우리는 예문 (21a)에 대해서 다음과 같은 화용적 요소를 복원해 넣을 수 있다.

(22) 나는 [주문하는 것이/먹을 것이] 갈비탕이다.

위의 예문 (22)에서 괄호 속 어구가 생략될 수 있고 그것이 상황과 관련된 요소라는 의미에서 (22)는 한국어 문장의 특이성을 잘 드러내는 사례라고 할 수 있다. 문제는 다음에서 보듯이 예문 (23a)와 (23b)의 상호 변환이 손쉽지 않다는 것이다. 즉, 영문 (23a)가 주어졌을 때 한국어 번역문으로 (23b)를 생성해내거나, 반대로 한국어 문장 (23b)가 주어졌을 때 영문 (23a)를 생성해내기가 쉽지 않다는 데 번역의 난점이 있다. 특히 영-한 번역의 경우에 번역자는 이와 같은 한국어 문장의 특이성을 십분 인지하고 있어야 할 것이다.

(23a) An elephant has a long nose.

(23b) 코끼리는 코가 길다.[18]

위의 예문 (21a)에 이어서 (21b)도 말하는 사람의 '생각'이나 '느낌'이나 '판단' 또는 특정한 상황과 관련되는 의미 요소를 상정하여 해석될 수 있다. 이 역시 한국어가 담화–중심적 언어임을 말해 준다. (21c)도 이와 같은 특성과 관련된다. 서술어 '이다'가 주어–서술어 사이의 등치 관계를 나타내는 것이라면 (21c)는 '할머니=병환'의 관계를 나타내는 것이어야 한다. 그러나 이들 관계는 논리적으로 받아들일 수 없는 것이다. 어쨌든 영어를 비롯한 다른 인도유럽어로는 (21c)와 같은 표현이 일반적인 성립 가능성을 가질 수 없는 것이다.

예문 (21d)는 한국어에서 '송곳'과 같은 무정물이 주어의 자리에 쓰이는 일이 제약되는 현상을 보인 것인데, '송곳'이 자기 스스로 움직여 '구멍'을 내는 것과 같은 느낌을 주게 되어 어색하게 된다. 따라서 사람이 송곳을 가지고 구멍을 뚫는 경우, (21d)와 같이 표현해서는 한국어다운 느낌을 살릴 수 없으며, 이런 문장은 한국어에서 선택 제약을 어긴 비문이 된다. (21e)는 같은 무정물이라도 '바람'과 같이 스스로 무언가를 움직이는 일이 가능한 존재는 그것을 주어로 하는 표현이 성립 가능성을 보인다. 즉, '바람이 모래산을 만드는 일'은 실제 자연계에서 능히 발생할 수 있는 사건이며, 따라서 이 문장도 한국어에서 비문이 아니다. 이는 한국어가 실제로 자연계에서 가능한 사건만을 언어화한다는 점을 잘 보여주고 있다. 지금까지 살펴본 이중주어 문

18 문맥에 따라 '코끼리가 코가 길다'로 번역해야 할 경우도 물론 있을 것이다.

제와 주제 문제는 한국어의 중요한 특징을 이룬다고 할 수 있다.

2.1.4. 요약

우리는 2.1절의 논의를 통해 한국어에서 주어가 필수적으로 출현하는 성분이 아니라 수의적으로 출현하여, 문장 구성에서 주어를 필수적으로 요구하는 영어와 대조된다는 점을 살펴보았다. 이는 영-한 번역을 수행할 때 한국어 번역문에서 적절히 주어를 정리해 주어야 하며, 반대로 한-영 번역을 수행할 때는 문면에 드러나지 않은 주어를 영어 번역문에 복원해 주어야 한다는 의미이다.

주어와 서술어(동사)의 상대적 위치를 볼 때, 영어는 서술어(동사)가 주어를 바로 뒤따르는 S-V-O 형식인 데 비해, 한국어는 서술어(동사)가 문장의 맨 뒤에 위치하는 S-O-V 형식을 보인다. 핵어의 위치를 기준으로 하는 이와 같은 분류는 문장의 수식과 기본 문형의 확장 방향에 직접적인 영향을 미쳐서, 영어가 우분지 언어라면 한국어는 좌분지 언어가 된다.

한국어에는 주어가 수의적으로 출현하는 특성이 있는 반면에, 주어처럼 보이는 성분이 둘 이상 출현하는 주격중출 현상과 아울러 주제 성분이 문두에 오는 현상도 있다. 그러므로 영-한 번역이나 한-영 번역에서 번역자는 목표언어 혹은 원천언어로서의 한국어가 가진 이러한 특징을 십분 고려해야 할 것이다.

2.2. 명사-중심 언어와 동사-중심 언어

보편적 시각으로 언어를 조망하는 연구 관점의 하나로서 각 언어들의 어순을 기준으로 세계의 여러 언어들을 S-V-O 형 언어와 S-O-V 형 언어 혹은 V-S-O 형 언어 등으로 나누거나, 언어의 형태적 특징을 기준으로 굴절어와 교착어, 고립어, 포합어 등으로 나누는 연구 작업을 언어유형론(language typology)이라 부른다. 만일 번역에서 원천언어와 목표언어가 서로 동일한 언어유형이 아닌 상이한 언어유형에 속한다면, 번역 과정에서 번역자가 만나는 구조 변환의 문제는 상대적으로 크게 부각될 것이다.

여기서는 명사-중심성과 동사-중심성이라는 특성을 언어유형론의 수립에 관여하는 하나의 관점으로 보고, 각각의 유형에 속한 언어를 목표언어와 원천언어로 하는 언어 간 번역에서, 이러한 유형적 차이를 적절하게 반영할 수 있는 방안을 논의해 보고자 한다. 다음의 용례를 살펴보자(이희재 2009: 37-38).

(1) The introduction of labour-saving technology has cost many people their jobs.
(2a) 노동 절약 기술이 도입되면서 많은 사람이 일자리를 잃었다.
(2b) 노동 절약 기술의 도입으로 많은 사람이 일자리를 잃었다.
(2c) 노동 절약 기술의 도입은 많은 사람의 일자리를 앗아갔다.

위의 한국어 번역 예문 중에서 (2a)와 (2b)는 원문의 주어인 명사구 'the introduction of labour-saving technology'를 부사 상당 어구(부사절과 부사구)로 처리한 데 비해, 번역 예문 (2c)는 원문의 형식적 구조를 보전하여 원문의 형식과 동일한 명사구로 처리하고 있다.

한국어 화자의 직관으로 세 번역문을 판단한다면, 앞의 두 예문 (2a)와 (2b)가 예문 (2c)보다 자연스럽게 읽히는 것으로 생각된다. 물론 (2c)도 완전한 비문으로 보기는 어렵고 어느 정도의 수용성을 보이는데, 이러한 양상은 이희재(2009: 38)에서 지적했듯이 추상명사가 주어로 사용된 영어 원문을 형식적으로 대응시켜 직역해도 크게 거슬리지 않을 정도로 영문 번역체가 한국어 문체의 일부로 어느 정도 뿌리를 내린 저간의 사정을 반영한 것으로 이해할 수 있다. 어쨌든 현대 한국어로서 예문 (2c)의 수용 가능성을 일부 인정한다 하더라도 앞의 두 예문 (2a)와 (2b)가 보다 한국어다운 문장이라는 사실은 부정할 수 없을 것이다.[19]

우리는 위의 번역 예문들에서 드러나는 이와 같은 가독성의 차이를 영어와 한국어가 지향하는 표현의 선호도(명사중심성 vs. 동사중심성) 차이에서 비롯된 것으로 보고, 그러한 차이가 영-한 번역 과정에 미치는 영향에 대해서 논의해 보고자 한다.

2.2.1. 개념

우리는 앞서 2.1절의 논의를 통해 영어는 주어를 필수적 성분으로 요구하지만 한국어는 주어를 필수적 성분으로 요구하지 않는다는 사실과 함께, <주어중심적-추상적-논리적-객관적> 언어인 영어와 <서술어중심적-구체적-직관적-주관적> 언어인 한국어의 차이점을 확인한 바 있었다. 한국어 주어의 수의성에서 추론한 서술어중심성은 곧

19 두 예문 중에서는 서술어로 풀어준 (2a)가 (2b)보다 가독성에서 우수하다고 생각된다. 물론 표현의 간결성 측면에서는 그 반대가 된다.

바로 우리의 주제인 동사-중심성으로 연결된다. 서술어중심성과 관련된 구체적, 직관적, 주관적 표현이 곧 동사-중심적 표현의 속성이기 때문이다. 이러한 측면에서 한국어와 상반되는 지점에 자리 잡은 영어는 추상적이고 논리적이고 객관적인 명사-중심적 표현의 속성을 갖는다고 말할 수 있다. 이 말은 동일한 의미를 지닌 사건이나 상황을 표현할 때 동사를 사용해서 표현하기를 선호하느냐 아니면 명사를 사용해서 표현하기를 선호하느냐의 문제를 가리킨다.

그러나 우리는 언어철학적 관점에서 추론한 영어의 명사-중심성과 한국어의 동사-중심성에 대한 선언적 진술만으로 논의를 끝내서는 안 된다. 명사-중심성과 동사-중심성이라는 개념은 언어 현상에 대한 관찰에서 귀납되는 경험적 사실이라고 보는 것이 언어학적으로 의미가 있는 보다 신중한 접근 방법이 될 것으로 믿기 때문이다. 그런 의미에서 명사-중심성과 동사-중심성은 어떤 절대적 개념이라기보다 관찰 대상이 되는 언어들에 따라 결과가 달라지는 상대적 개념으로 이해해야 언어학적으로 타당한 기술이 될 것이다. 예를 들어 우리는 위의 예문 (1)과 (2)에서 영어가 한국어보다 명사(구)를 활용한 표현을 선호한다고 말했지만, 영어와 프랑스어를 비교하면 프랑스어에 비해 영어는 동사를 활용한 표현을 선호한다고 말할 수 있다. 다음 예문을 보자(이희재 2009: 37-39).

(3) J'ai faim.

(4a) I am hungry.

(4b) ?I have a hunger.

앞의 예문 (3)과 (4)에서 보듯이, 동일한 명제를 프랑스어에서는 명사(faim)를 활용해서 표현한 반면, 영어에서는 동사[20]를 활용해서 표현하고 있다. 이때 영어에서 (4b)처럼 명사를 활용해서 표현한다면 상당히 부자연스럽고 어색하다. 그러므로 동일한 명제를 언어화하는 데 있어서 프랑스어가 명사-중심적 표현을 선호하고 영어가 동사-중심적 표현을 선호한다고 말하는 것과 마찬가지로, 영어가 명사-중심적 표현을 선호하고 한국어가 동사-중심적 표현을 선호한다는 명제도 상대적 개념으로 이해해야 할 것이다.[21] 즉, 정확하게 말한다면 한국어는 '영어에 비해' 동사-중심적 성격을 갖는다고 기술해야 한다.

사실상 언어에 따라 명사-중심적 표현과 동사-중심적 표현으로 각각의 선호도가 다르다는 것은 해당 언어 사용자의 사고방식과 관련된 문제이며, 그 이상의 인과관계를 밝히려는 작업은 과학적으로 입증이 불가능하다. 그러므로 우리의 관심은 이와 같은 표현 방식의 선호도가 언어로 드러난 현상에 대한 관찰에서 시작하지 않으면 안 된다. 다음에 서술하는 제반 언어 현상은 영어의 명사-중심성과 한국어의 동사-중심성을 잘 드러내준다.

---

20 여기서 말하는 동사는 형용사를 포함한 개념이다.

21 이론상 동일한 언어도 시대에 따라 명사-중심성과 동사-중심성을 번갈아 가질 수 있다. 실제로 후술하듯이, 한국어도 알타이 제어와 동일하게 기원적으로 모든 문장은 명사문이었다고 한다(이기문 1998: 178). 그러나 이미 중세국어 당시에도 많은 문장이 동사문으로 전환되었으며, 일부 의문문 등에만 흔적을 남겼다고 한다. 그렇다면 한국어는 고대국어에서 중세국어로, 중세국어에서 현대국어로 내려오면서 문장이 명사-중심적 성격에서 동사-중심적 성격으로 바뀌어 갔다고 말할 수 있다.

2.2.2. 수식 형식의 선호도

영어와 한국어는 수식을 담당하는 어구의 표현에서도 차이를 보인다. 이것은 이희재(2009:44-48)에서 이른바 형용사-중심 문체와 부사-중심 문체라고 불렀던 내용으로, 영어는 형용사-중심 문체를 선호하고 한국어는 부사-중심 문체를 선호한다. 다음에 제시한 영어 원문과 한국어 번역문을 비교해서 살펴보자.[22]

(5) Like all arts, photography is communication.
(6a) 모든 예술이 그렇지만 사진도 결국은 교감이다.
(6b) 예술이 모두 그렇지만 사진도 결국은 교감이다.

(7) The president had a sudden fall in his popularity.
(8a) 대통령은 지지도의 갑작스러운 하락을 경험했다.
(8b) 대통령의 인기가 뚝 떨어졌다.

영어 원문 (5)를 우리말로 옮긴 (6)의 두 문장 중에서 (6a)는 원문의 형용사-중심 문체 구조를 보전해서 직역한 것이고, (6b)는 이를 부사-중심 문체 구조로 바꾸어서 의역(전위)한 것으로, 밑줄 친 어구가 각각 형용사와 부사로 표현되어 있다. 이어서 영어 원문 (7)을 우리말로 옮긴 한국어 번역 (8) 중에서 (8a)는 영어 원문의 구성을 그대로 따라 형용사가 명사를 수식하는 명사구로 표현한 반면, (8b)는 이를 부사가 동사를 수식하는 동사구로 표현했다. 물론 한국어의 특성 내지 개성에 부합하는 쪽은 두 경우 모두 후자의 번역문으로 판단된다.

---

22 예문은 이희재(2009: 45-46)에서 인용했다. 심심한 사의를 표한다.

영어가 형용사-중심 문체를 선호한다는 기술은 명사-중심 표현을 선호한다는 기술과 언어학적으로 동일한 의미를 갖는다. 명사를 수식하는 성분이 바로 형용사이기 때문이다. 마찬가지 맥락에서 한국어가 부사-중심 문체를 선호한다는 기술은 동사-중심 표현을 선호한다는 기술과 언어학적으로 동일한 의미를 갖는다. 이와 같이 영어와 한국어에 담긴 명사-중심성과 동사-중심성은 각각의 핵심 성분을 수식하는 품사로 형용사와 부사를 취한다는 차이를 보인다.

우리는 이 밖에도 한국어에 나타나는 사건복수의 개념이 동사-중심성과 관련되어 있을 것으로 생각한다.[23] 또한 명사의 유정성(animateness) 여부가 문법적 적격성을 결정하는 데 중요한 역할을 한다는 점도 한국어의 동사-중심성을 방증한다고 할 수 있다.[24] 즉, 여격조사 '-에'와 '-에게'가 명사의 유정성 여부에 따라 교체된다든가, 직접복수의 표지 '-들'이 유정성을 가진 명사에 보다 민감하게 반응한다든가, 유정명사만이 재귀대명사의 선행사가 될 수 있다는 점 등을 그러한 문법현상의 실례로 간주할 수 있다.

2.2.3. 한국어의 동사-중심성과 영-한 번역

여기서는 지금까지 논의한 명사-중심성과 동사-중심성이 각각을 원천언어와 목표언어의 특징으로 갖는 영-한 번역에서 어떠한 의미를

---

23 이에 대해서는 2.5절에서 다시 논의하기로 한다.

24 이 문제의 논리는 역으로 무정물(추상적 개념이나 사물)이 타동사 구문의 주어가 될 수 있는 영어를 생각하면 충분할 것이다.

갖는가를 천착해 보기로 하자.

명사-중심적 표현을 선호하는 영어는 이로 인한 당연한 논리적 결과로 수식어구를 거느린 무거운 명사문이 빈번하게 출현한다. 이 문제는 주진국(2013: 166)에서 (관형격) 조사 '-의'를 빈번하게 사용하는 번역투의 문제로 불렀던 것과 동일한 내용이다. 아래 예문을 살펴보자.

(9) 숲 속의 바람은 쌀쌀했다.

위의 예문 (9)의 밑줄 친 어구를 보면 명사 '숲 속'[25]이 관형격조사 '-의'의 도움을 받아 다음에 오는 명사 '바람'을 수식하는 명사구를 형성하고 있다. 여기서 한국어의 동사-중심적 성격을 살리려면 '숲 속에서 부는(불어오는) 바람' 정도로 표현해야 한다는 것이다. 이러한 문제는 영-한 번역 과정에서 그리 어렵지 않게 만나게 된다. 다음의 예문을 보자(*ibid.*, 170).

(10a) Japan is pondering whether to scrap a currency-swap deal with Seoul.

(10b) ~ 한국과의 통화스와프 협정을 <중략>.

위의 한국어 번역문 (10b)에서도 관형격조사 '-의'로 형성된 명사구를 발견할 수 있는데, 역시 '한국과 맺은 통화스와프 협정' 정도로 서술어를 보완해 주어야 자연스럽다.

이기문(1998: 178)에 따르면 고대 한국어를 포함하는 알타이 제어에서 모든 문장은 기원적으로 명사문(nominal sentence)이었다고 한다. 중세

25 띄어쓰기에도 불구하고 이 단어는 합성명사로 간주된다.

국어의 문장을 분석해 보았을 때, 문장의 서술어로 체언이나 동명사에 첨사가 연결된 구성이 많이 발견된다는 사실도 이러한 추정을 가능하게 해준다.

(11a) 이는 賞가 罰아.
(11b) 이는 상인가 벌인가?

위의 예문 (11a)는 중세국어의 문장인데, 명사(상, 벌) 다음에 바로 첨사('-가')가 연결되어 있다.[26] 그런데 동일한 의미를 갖는 현대국어의 문장으로 다시 쓴 (11b)를 보면 명사와 첨사 사이에 계사('이다')가 개입되어 있음을 알 수 있다. 이것은 한국어가 시대를 내려오면서 동사-중심성을 갖게 되었다는 의미이며, (10b)처럼 서술성을 보완한 번역이 자연스러운 현대 한국어로 받아들여진다는 의미이기도 하다.

2.2.4. 요약

우리는 2.2절의 논의를 통해 품사의 용법에 근거하여 영어는 명사를 활용해서 표현하는 방식을 중시하는 명사-중심적 언어이고 한국어는 동사를 활용해서 표현하는 방식을 중시하는 동사-중심적 언어임을 알아보았다. 그렇지만 이와 같은 명사/동사 중심성은 특정 언어의 특정 발달 단계를 서로 비교 관찰한 상대적 개념으로 이해되어야 하

---

26 (11a)의 '벌' 다음에 보이는 '아'는 설측음 다음의 /ㄱ/ 탈락 현상이 일어난 결과이다. 한편 이러한 명사문은 현대의 경남 방언에서도 간간이 발견되는바, 경남 밀양이 고향인 저자의 동료는 "아직도 이런 멋진 데가 있단 말가?"처럼 명사에 서술격조사를 연결하지 않고 명사에 직접 의문첨사를 결합시켜 발화하고 있었다.

며, 영원불변하는 개별 언어 고유의 특성으로 이해되어서는 안 된다. 이런 관점에서 적어도 현대 한국어는 영어에 비해 동사-중심적이라는 것이다. 이에 따라 영어에서는 명사를 수식하는 형용사의 쓰임새가 중요한 반면, 한국어에서는 동사를 수식하는 부사의 쓰임새가 중요하다고 말할 수 있다. 한국어의 동사-중심적 성향은 복수를 표현하는 사건복수의 개념과 유정성의 적극적 역할에서도 잘 드러난다고 보았다. 그리고 영-한 번역의 경우에 관형격조사로 연결된 명사와 명사를 번역할 때 중간에 서술어 성분을 보완하면 보다 자연스러운 한국어 문장이 된다는 사실을 영-한 번역 용례로 설명했다.

2.3. 대명사의 번역과 관련한 표층결속성의 발현 양상

대명사(pronoun)란 앞에 나온 명사를 대신하는 문법 요소를 말한다.[27] 구체적인 명사를 대신하는 요소이니만큼 대명사는 어느 정도 추상적인 성격을 갖는다.[28] 영어에서는 일반적으로 앞에 나온 명사가 어김없이 대명사로 바뀐다. 이 대명사의 효력은 대체로 한 단락 안에서는 거의 절대적이다.[29] 물론 단락이 바뀌어도 이전 단락에 나온 명사를

---

27 간혹 뒤에 나온 명사를 받기도 한다.

28 명사를 대명사로 바꾸어 주는 문법적인 절차를 대명사화(pronominalization)라고 한다. 이 술어를 도입하면, 영어는 대명사화가 필수적인 언어이고 한국어는 대명사화가 필수적이지 않은 언어라고 말할 수 있다.

29 영어의 대명사에는 인칭대명사, 재귀대명사, 부정(不定)대명사, 관계대명사, 의문대명사 등이 있다. 우선 인칭대명사 체계는 1인칭과 2인칭, 3인칭 각각에

계속해서 대명사로 대신하는 경우도 있지만, 일반적으로 단락이 대명사 출현의 최대 범위라고 할 수 있다. 그렇다면 한국어의 경우는 어떤가? 한국어의 대명사는 영어와 사정이 사뭇 다르다고 할 수 있는데, 그것은 대명사의 용법이 상당히 제약되어 있기 때문이다. 여기서는 인칭대명사와 재귀대명사를 중심으로 한국어와 영어의 대명사 용법 차이를 살펴보고 영-한 번역에서 그 변환 양상을 살펴보기로 한다. 아울러 영어 관계대명사의 한국어 번역 과정에서 발생할 수 있는 문

대하여 단수와 복수 형태가 배당되어 있다. 인칭대명사는 앞에서 미리 언급된 명사 대신 사용된다. 여기서 특기할 것은 2인칭 단수형으로 이따금씩 사용되는 'thou(주격)', 'thy(소유격)', 'thee(목적격)' 등이 현대 영어에서 복수형과 합류되었다는 점이다. 재귀대명사는 자신이 출현하는 문장의 주어를 지시하는데, 행위자의 행위가 자기 자신에게 되돌아감을 나타낸다. 부정(不定)대명사는 막연하거나 일반적인 인상을 전달하고자 할 때 명사 대신 사용하는 대명사이다. 이 부정대명사는 기원적으로 명사로부터 발달했으며, 관사나 수식하는 형용사를 그 앞에 쓸 수 없는데, 만일 그 앞에 관사나 수식하는 형용사가 있다면 그 부정대명사는 명사가 된다.

(1a) He thinks himself <u>a somebody</u>. (대단한 사람)
(1b) Somebody is ringing. (누군가)

관계대명사는 일차적으로 선행 명사를 언급한다는 점에서 대명사의 기능을 수행하는 동시에 종속절을 주절에 연결하는 접속사의 기능도 동시에 수행한다. 그 의미가 막연하거나 너무 일반적이어서 특정한 선행사를 갖지 않는 관계대명사도 있다. (물론 그 기능은 일반적인 관계대명사와 동일하다.) 이 관계대명사라는 문법 요소는 한국어에 없는 것이어서 번역자들에게 일차적인 고민거리로 등장한다. 더욱이 이 관계대명사의 전개 방향이 한국어의 관형문(=관계화문)과 역순이어서, 동시통역 등에서 이러한 고민은 더욱 가중된다. 의문대명사는 정확한 상황을 알고 싶어서 답변을 기대하면서 사용하는 일종의 부정대명사를 가리킨다. 그러므로 기원적으로 부정대명사로부터 발달한 것으로 볼 수 있다. 이밖에도 주어가 지시하는 사람 쪽에서 상호 행위나 관련성을 표현하는 'each other', 'one another'를 상호대명사라 부르기도 한다.

제에 대해 생각해 보기로 한다.

2.3.1. 인칭대명사

앞서 우리는 2.1.3항에서 한국어의 특징으로 '담화 중심성'을 언급했다. 그런데 한국어의 대화문에 나타나는 주어는 흔히 생략이 되는 경우가 많다. 다음의 예문을 보자.

(1a) "(너) 어디 가니?"
(1b) "응, (나) 학교 가."

(2a) "너, 왜 자꾸 그러니?"
(2b) "내가 뭘 어쨌다구?"

위의 예문 (1)을 예컨대 길을 지나간다거나 학교를 가다가 만난 친구 둘의 대화라고 하자. 이때, 주어(인칭대명사)의 사용이 오히려 문장 전체를 어색하게 만들고 있다. 말하자면 굳이 주어를 드러낼 필요가 없고 오히려 주어가 없어야 자연스러운 한국어 문장이 되는 경우이다. 그러므로 여기서는 두 문장의 주어를 모두 생략하는 편이 한국어의 문장으로 어울린다. 하지만 예문 (2)는 사정이 조금 다르다. 한 사람이 상대방을 책망하거나 비난하고, 이를 듣는 사람이 짜증 섞인 목소리로 대답하는 장면을 상정해 보자. 이런 경우에는 (2a)와 (2b)에서 모두 주어가 필요할 것으로 보인다. 실제 말을 발화하는 상황을 가정해 보면, (2a)와 (2b)에서 주어를 발음할 때 보통 때보다 심한 강세가 얹히게 된다. 다음의 예문 (3)을 한국어로 한번 옮겨보자.

(3a) You shall have the money if you are in great need, but I will give it to you and not lend it.

(3b) 형편이 몹시 어려우시면, 그 돈을 쓰도록 하세요. 하지만 그냥 드리는 거지, 빌려 드리는 건 아닙니다.

위의 예문에서 한국어 번역문 (3b)를 보면, 영어 원문 (3a)에 있는 네 개의 대명사가 모조리 자취를 감춘 채 문면에 드러나지 않고 있다. 결국 대화 상황을 기록한 문장에서는 특별히 해당 성분(주어나 목적어 등)을 두드러지게 표현하려는 의도가 없는 한, 일인칭과 이인칭 대명사가 생략되어도 무난한 한국어의 문장으로 성립한다. 이는 2.1절에서 언급한 주어의 수의적 출현 양상과 맞물려 있는 문제로서 영-한 번역에서 반드시 고려해야 할 사항이다. 그러면 삼인칭 대명사는 어떤가?

한국어의 삼인칭 대명사는 비교적 최근에 발달한 범주라고 한다.[30] 그래서 그런지 삼인칭 대명사는 앞에 나온 명사를 대신하는 기능이 현저하게 제약을 받고 있다. 1935년에 『조광』에 발표되었던 다음의 예문이 이러한 사정을 잘 나타내 주고 있다.

(4) "옥희야 그런 걸 받아 오문 안 돼." 하고 말하는 목소리는 몹시 떨렸습니다. 나는 꽃을 그렇게도 좋아하는 어머니가 이 꽃을 받고 그처럼 성을 낼 줄은 참으로 뜻밖이었습니다. 어머니가 그렇

30 「감자」, 「광화사」 등의 단편으로 유명한 소설가 김동인이 이 삼인칭 대명사를 정착시킨 것으로 알려져 있지만, 이는 사실과 다를 가능성이 높다. 실제로 '그'는 원래 중세국어 시절부터 간간이 삼인칭 대명사로 쓰이기 시작하다가 1910년대 이후로 널리 쓰이게 되었다. 만일 김동인이 이 삼인칭 대명사의 보급에 기여했다면, 그것은 영어의 삼인칭 대명사가 일본어로 번역된 '궐자(厥者)', '궐녀(厥女)'를 수입한 간접 차용일 가능성이 높다.

게도 성을 내는 것을 보니까 그 꽃을 내가 가져왔다고 그러지 않고 아저씨가 주더라고 거짓말을 한 것이 참 잘 되었다고 나는 속으로 생각했습니다. 어머니가 성을 내는 까닭을 나는 모르지만 하여튼 성을 낼 바에는 내게 내는 것보다 아저씨에게 내는 것이 내게는 나았기 때문입니다. (「사랑 손님과 어머니」, 주요섭)

위의 예문 (4)를 보면, 삼인칭 대명사의 용법을 어디에서도 목격할 수 없다. 영어의 문장 같으면 적어도 두 번째에 나오는 '어머니'와 '아저씨'는 각각 삼인칭 대명사 'she'와 'him'으로 바뀌어야 할 형편이기 때문이다. 이러한 사정은 현대에 이르러서도 크게 다르지 않다. 아래의 예문을 보자.

(5) 저희 어머님은 올해 마흔두 살이십니다. 어머님의 고향은 강원도의 한 소읍(小邑)이십니다. 어머님은 아홉 살 때까지만 거기서 사시고 그 이후에는 줄곧 서울에서 사셨다 합니다. 이것은 어머님이 열 살 때의 이야기입니다만 ......

만일 위의 예문 (5)에서 두 번째 '어머님'부터 영어식으로 '그녀'로 바꿔서 표현한다면 전혀 한국어답지 못한 문장이 되고 말 것이다. 앞에 나온 명사를 대명사로 대신하는 용법이 의무적인 영어와 비교해 볼 때, 이러한 양상은 분명히 한국어의 중요한 특징이라고 할 수 있다.

여기서 우리는 텍스트 언어학에서 말하는 표층결속성[31]의 개념을 떠올리게 된다. 표층결속성이란 텍스트의 짜임새를 문법 장치에 의

31 응집성(cohesion)과 일관성(coherence)이라는 용어를 표층결속성과 심층결속성이라는 용어 대신에 사용하기도 한다. 전자는 대체로 형식적 짜임새를 가리키고 후자는 내용적 짜임새를 가리키는 개념으로 사용된다.

해 표층에서 실현하는 특성을 말한다. 이 표층결속성 개념을 기준으로 하면 영어는 대명사화라는 문법 장치를 통해서 표층결속성을 발현하고 한국어는 동일 명사를 반복하는 방식에 의해 표층결속성을 발현한다고 말할 수 있다.

한국어 문장에서 삼인칭 대명사가 일반적으로 쓰이는 경우는 입말에서 '얘, 걔, 그이, 이분, 저분, 그분' 정도이다. 특히 영어의 삼인칭 대명사와 흔히 대응시켜 사용하는 '그'와 '그녀'는 대단히 부자연스러운 표현이므로 가급적 한국어 번역문에서 삼가야 한다.[32] 시중에 나와 있는 번역 소설에서 뽑은 아래의 예문은 인칭대명사의 지나친 사용으로 매우 부자연스러운 문장이 되어 버린 경우이다.

(6a) <u>그</u>의 생각은 도리스에 대한 혐오감보다는 <u>그녀</u>에 대한 연민으로 치닫고 있었다.
(6b) 그 자신은 그런 일로는 아무렇지도 않았지만 이상하게도 그런 <u>그녀</u>의 모습을 보는 <u>그</u>의 마음은 유쾌하지 못했다.

위의 예문 (6)에서 삼인칭대명사가 포함된 밑줄 그은 어구의 일부는 생략되는 편이 오히려 자연스러운 문장으로 생각된다. 물론 바로 다음에 언급하겠지만, 다른 인칭대명사도 어쩐지 불안해 보인다. (이에 대한 손질은 바로 다음에 이루어진다.)

위의 예문 (6)에서 확인된 바이지만, 영어라면 대명사가 쓰일 자리에 한국어에서는 동일 명사가 쓰이게 된다. 그러므로 영어를 한국어

32 이 가운데서 남성형 대명사 '그'는 그래도 상대적으로 용법이 안정되어 있고, 여성형 대명사 '그녀'는 여전히 매우 어색하게 느껴진다.

로 옮길 때 인칭대명사는 상당 부분 구체적인 명사로 환원시켜 주어야 한다. 이 구체적 명사는 주로 이름과 같은 고유명사이거나, 대화 상황에서 상대방을 부를 때 사용하는 호칭어, 그리고 객관적으로 누군가를 가리켜 말할 때 사용하는 지칭어, 그 사람의 사회적 지위에 관련된 직위나 직함 등이다. 다음의 예문 (7)을 번역문이라고 할 때, 둘 중에서 어느 것이 자연스러운가를 생각해 보자. 아마도 밑줄 그은 부분을 일반 명사로 환원시켜 준 (7b)가 훨씬 자연스러운 느낌이 들 것이다.

(7a) 그가 그녀를 그녀의 이름 말고 다른 이름으로 부른 적은 없었다.
(7b) 까치가 엄지를 엄지라는 이름 말고 다른 이름으로 부른 적은 없었다.

그런데 영어의 인칭대명사를 구체적인 일반 명사로 환원시켜 주는 작업이 그리 손쉬운 일은 아니다. 예컨대 어떤 대화문에서 같은 대명사 'you'가 여러 번 나온다고 하자. 통상적으로 이 대명사가 다른 인물을 가리키는 경우는 말할 필요도 없이 다른 명사로 옮겨야 하겠지만, 설령 같은 인물을 가리키는 경우라도 한국어 발화 상황에서는 말하는 사람이 누구냐에 따라서, 그러니까 대화 상황에 따라서 각기 다른 호칭어나 지칭어로 옮겨주어야 하기 때문이다. 아래의 예문을 살펴보자.

(8) "It is you who always make trouble."
(9a) "자기가 항상 말썽이야."
(9b) "당신이 항상 말썽이야."
(9c) "임자가 항상 말썽이야."

예컨대 예문 (8)이 부부 사이에서 이루어진 대화라고 하자. 이 대화를 옮긴 한국어의 번역문 (9)를 보면, 원문의 이인칭 대명사에 각기 다른 세 가지 지칭어가 대응되고 있다. 그렇다면 이 세 가지 지칭어를 가늠하는 잣대는 무엇인가? 그것은 바로 각 부부의 세대 내지 연륜 차이이다. 결혼을 한 지 얼마 안 된 신혼 부부 사이라면 (9a)의 지칭어가 적당할 것이고, 중년을 맞은 부부 사이라면 (9b), 그리고 노년에 이른 부부 사이라면 (9c)의 지칭어가 각각 적당할 것이다.[33] 호칭어는 또 어떤가? 동일한 인물을 부른다고 하더라도 부르는 당사자(=화자)가 누구냐에 따라서 역시 매우 다양하게 호칭어가 바뀌게 된다. 문 밖에서 노크를 한 사람이 누구냐고 안에서 묻었을 때, 밖에 있는 사람이 안에 있는 질문자에게 대답하는 장면을 상정해 보자.

(10) "Mark, it's me."
(11a) "자기, 나야."
(11b) "여보, 나예요."
(11c) "영감, 나라고요."
(11d) "삼촌, 나야."
(11e) "도련님, 저예요."

위의 원문 (10)에는 'Mark'라는 고유명사가 쓰였지만, 한국어로 넘어오면 '나'와 상대방의 관계에 따라서 이름 대신 호칭어로 바뀌게 된다. (여기서는 일단 이 이름이 남녀 모두에게 쓰일 수 있다고 가정한다.) 한국어에서는 부부간에 이름을 부르는 경우란 신혼 초에 서먹서먹한 상황에서 이름

33 물론 나이가 들지 않은 부부 사이에서도 노년층의 화법을 선호할 수 있다. 개인 간의 차이나 집안의 가풍 차이도 변수로 작용할 수 있을 것이다.

뒤에 '-씨'를 붙여 부르는 경우 말고는 거의 없다. 비단 부부 사이에서만이 아니라, 호칭이 마련되어 있는 관계라면 이름을 부르는 것보다 해당 호칭어를 사용하는 편이 일반적이다.

위의 예문에서 (11a)는 신혼 초기의 아내가 남편을 부르는 호칭이고, (11b)는 중년의 부부 사이에서 아내가 남편을 부르는 호칭이며, (11c)는 노년의 부부 사이에서 아내가 남편을 부르는 호칭이다. 그리고 (11d)는 조카가 삼촌을 부르는 호칭이고, (11e)는 형수가 결혼 안 한 시동생을 부르는 호칭이다.

이렇게 놓고 보면, 한국어의 호칭이나 지칭 체계가 복잡하게만 느껴질지도 모르지만, 그런 이면에는 편리한 점도 있다. 한국인들은 그처럼 '복잡하게' 보이는 호칭이나 지칭 체계를 가지고 별다른 불편함이 없이 언어생활을 영위하고 있다. 이 말은 거꾸로 일단 상황에 맞는 적당한 호칭어나 지칭어가 문장에 나오면 모든 등장인물 사이의 관계가 일목요연하게 파악된다는 의미이다. 어렸을 때 한 번은 읽었음직한 마크 트웨인(Mark Twain)의 유명한 단편 『톰소여의 모험』을 보면, Aunt Poly라는 인물이 나온다. 어렸을 때 돌아가신 톰의 어머니 대신에 톰을 키워 주는 어머니의 동생이다. 톰이 이 사람을 부를 때, 어떤 호칭을 써야 하겠는가? 여기에 맞는 적당한 우리말 호칭은 당연히 '이모(님)'이다. 이 호칭을 '폴리 아주머니' 식으로 번역해 놓는다면, 주인공과 전혀 인척 관계가 없는 남남처럼 느껴질 것이다. 한국어 번역에서 '이모'라는 호칭을 사용함으로써 두 사람 사이의 관계에 대한 구구한 백 마디 설명이 불필요해진다. 만일 위의 예문에서 다양한 호칭어나 지칭어가 쓰이지 않았다고 가정해 보면, 읽는 사람 입장에서는 오히려 인물들 사이의 관계가 제대로 파악되지 않아서 혼란을 겪게 될 것이다.

이러한 맥락에서 번역자는 일상적으로 널리 사용되는 한국어의 호칭과 지칭 체계를 익히 잘 알고 상황에 맞게 사용할 수 있어야 한다. 사실상 대가족 제도 아래서 생활하던 예전에는 이러한 호칭이나 지칭 체계를 자라면서 힘들이지 않고 생활 속에서 자연스럽게 습득할 수 있었지만, 대가족 제도가 사라지고 핵가족화 경향이 확산되고 있는 지금에 이르러서는 호칭이나 지칭 체계의 구사가 상당한 부담이 되고 있는 실정이다. 적절한 호칭어나 지칭어를 사용할 수 있는 환경 자체가 소멸하고 있기 때문이다. 여기에다가 지방마다 다른 호칭어와 지칭어 체계가 사정을 더욱 어렵게 만들고 있다. 이러한 상황을 겪고 있는 시점에서 <국립국어연구원>(현 <국립국어원>)과 조선일보사가 공동으로 <화법 표준화 사업>을 벌여서 이에 대한 정리를 시도한 결과, 상당한 성과를 거두었다. 실용적인 관점에서 이 <화법 표준화 사업>의 결과는 번역자에게 커다란 도움이 될 것이다.[34]

---

34 1991년에 <국립국어연구원>이 <조선일보사>와 공동으로 벌인 <화법 표준화 사업>의 결과는 『우리말의 예절』(조선일보사 발행)이라는 단행본으로 묶여서 출간되었다. <표준 화법>에서 권장하는 용법이라고 해도 글의 성격을 고려하여 사용해야 하는 경우도 있을 수 있다. 예컨대 장인에 대한 호칭에서 허용하고 있는 요즘 세대의 '아버님'이라는 호칭은 듣기에 따라서 저항감이 느껴질 수도 있다. 아래의 예문과 번역문에서 밑줄 친 부분을 주목해 보라. 보통 '장인어른' 정도로 나타날 어구이다. 그러나 그렇다 하더라도 일부 사람들 사이에서 사용되는 '아버지'는 허용하기 힘들다.

"Oliver," said Philip Cavilleri. He had dropped his doctor voice and become a Man of God. Oliver, "I'm here to save you. And you will do as I tell you."

한편 영어의 대명사를 한국어의 호칭어나 지칭어로 옮길 때, 호칭어나 지칭어는 경어법과 밀접하게 관련되어 있는 만큼 아래의 예문처럼 나머지 부분도 경어법 체계에 맞게 손질을 해야 할 것이다.[35]

(12a) He told his grandsons to give that delicious apple for his daughter-in-law.

(12b) 할아버지께서는 손자들에게 그 맛난 사과를 엄마께 갖다 드리라고 하셨다.

이상으로 번역과 관련된 인칭대명사의 문제를 살펴보았는데, 인칭을 막론하고 대화 상황으로 미루어 의사소통에 지장을 주지 않는 경우라면 대명사를 생략하는 쪽이 한국어에 어울리는 표현 방법임을 알 수 있었다. 그리고 영어의 인칭대명사를 대신하는 한국어의 호칭어와 지칭어 체계도 한국인의 일상 언어생활에서 중요한 역할을 수행하므로, 번역자는 이를 잘 알아두어야 할 것이다. (이 점은 특히 생생한 입말을 사용하는 영상 번역 등에서 중요하다고 하겠다.)

2.3.2. 재귀대명사

영어와 한국어는 모두 재귀대명사라는 문법 요소를 가지고 있다. 그

"Yes, Father Philip." I said. "What exactly are you telling me to do?"
"Get married, Oliver."

"올리버." 필립의 목소리는 이제 의사의 음성이 아니라 신의 음성이었다.
"난 자네를 구해 주려고 여기 온 거라네. 내가 시키는 대로 해야 하네."
"예, 아버님. 저한테 하시고 싶은 말씀이 있으면 하세요."
"올리버, 결혼을 하게. 결혼을."

35 경어법과 번역 문제에 대해서는 2.6절에서 다루게 될 것이다.

래서 양쪽 언어 사이의 번역에서도 그대로 일 대 일로 반영해 주면 될 것으로 생각하기 쉽지만 실제로는 그렇게 간단한 문제가 아니다. 아래 예문을 살펴보자.[36]

(13) Now, he heard of a woman who had cried for him.

(14a) 그는 이제 그를 위해 울어주었던 한 여인의 이야기를 들었다.

(14b) 그는 이제 자신을 위해 울어주었던 한 여인의 이야기를 들었다.

위에서 영어 원문 (13)의 밑줄 그은 어구를 재귀대명사 '자신'으로 바꾸어 놓은 (14b)와 인칭대명사 '그'로 바꾸어 놓은 (14a)를 비교해서 읽어 보자. 예문 (14a)에서 밑줄 그은 '그'는 분명히 문장의 전체 주어 '그'와 동일한 인물인데, 상당한 거리감이 느껴진다. 이에 비해서 이 '그'를 '자신'으로 바꾸어 놓은 (14b)에서는 전체 주어 '그'와 바로 연결이 되어 동일 인물임이 명백하게 인지된다. 결국 영어 원문에서는 재귀대명사('himself')가 아닌 인칭대명사('him')로 나타나 있어도, 한국어로 옮길 때는 경우에 따라서 재귀대명사로 바꾸어 주어야 원문의 뜻이 제대로 통하게 된다는 결론이 나오게 된다.

이것은 물론 양쪽 언어에서 재귀대명사의 기능이 다르기 때문에 일어나는 현상이다. 영어의 재귀대명사는 기본적으로 절(clause) 경계에 묶여서 절을 뛰어넘을 수 없는데, 이에 비해서 한국어의 재귀대명사는 절의 경계를 뛰어넘을 뿐만 아니라 심지어는 문장을 서너 개 뛰어넘어 담화의 차원에서도 그 역할을 수행할 수 있다. 우리가 위의 예문 (13)과 (14)에서 살펴본 문제는 이처럼 양쪽 언어에서 재귀대명사

---

36 이 예문에서 문장의 주어 'he'와 민줄 친 'him'은 동일한 인물로 가정한다.

가 세력을 미치는 범위의 차이 때문에 발생한 것이라고 할 수 있다. 그러니까 영어의 재귀대명사가 영향을 미치는 범위보다 한국어의 재귀대명사가 영향을 미치는 범위가 넓으므로, 위의 예문처럼 영어에서 인칭대명사로 표현되었던 단어가 한국어로 번역되면서 재귀대명사로 바뀌게 되는 것이다.

사실, 재귀대명사(reflexive pronoun)라는 술어 자체도 영어의 문법 현상을 기술하는 자리에서나 적용될 수 있을지 모른다. 재귀대명사란 타동사를 서술어로 삼는 구문에서 주어와 목적어가 각각 선행사와 재귀대명사가 되면서 그 타동사가 실현하는 행위가 행위자 자신에게 되돌아오는 현상을 표시하는 술어이기 때문이다. 아래의 예문에서 주어 'he'와 목적어 'himself'는 서로를 가리키는 동일 인물이다.[37]

(15) He overworked himself yesterday.

이와는 달리 한국어의 재귀대명사는 대화 참여자의 시점(視點)[38]을 재귀대명사가 가리키는 체언(=재귀대명사로 표현된 인물)으로 옮겨 오는 역할을 수행한다. 앞서 예문 (14b)에서 보았던 '거리감의 소멸'은 바로 한국어 재귀대명사의 이러한 역할에서 비롯된 것이다. 한국어의 재귀대명사에 관한 아래의 유명한 예문에서, (16a) 이외의 문장이 일반적인 상황에서 성립하지 않는 비문이 되는 사정이 한국어 재귀대명사의 이러한 역할을 방증해 주고 있다.[39]

---

37 이러한 성질을 언어학 술어로 상호지시성(co-referentiality)의 표현이라고 한다.

38 한국어에서 시점과 재귀대명사의 연관성에 대해서는 다음 2.4절에서 다루게 된다.

(16a) 창수는 영이가 자기를 만나러 오자 기뻐서 눈물을 뚝뚝 흘렸다.

(16b) 창수는 영이가 그를 만나러 오자 기뻐서 눈물을 뚝뚝 흘렸다. (?)

(16c) 창수는 영이가 자기를 만나러 가자 기뻐서 눈물을 뚝뚝 흘렸다. (?)

(16d) 창수는 영이가 그를 만나러 가자 기뻐서 눈물을 뚝뚝 흘렸다. (?)

위의 예문 가운데서 자연스러운 문장으로 성립하는 (16a)에서는 재귀대명사 '자기'가 이 '자기'와 문장의 주어 창수가 동일 인물임을 지시해 주고 있을 뿐만 아니라, 동사 '오다'도 문장의 시점이 '창수' 쪽으로 옮겨 왔음을 나타내주고 있다. 나머지 예문에서는 재귀대명사 '자기'가 없든지 동사 '오다'가 없는 관계로 어색한 문장이 되고 말았다.[40] 다음에는 한국어의 재귀대명사가 어느 정도의 범위까지 영향을 미칠 수 있는가를 다음의 예문으로 확인해 보자.

(17) 모레이는 갑자기 아가씨한테 자기가 모든 것을 해 줄 수 있다고 말하고 싶었다. 그러면 혹시 마음을 돌릴 수도 있지 않을까? 자기를 잊고 가 버리겠다니! 자기는 평생 동안 잊을 수 없는데......

위의 예문 (17)을 보면, 재귀대명사 '자기'가 문장을 셋씩 건너뛸 수도 있음을 알 수 있다. 절을 적용 범위의 최대 한계로 하는 영어의 재귀대명사와 비교해 볼 때, 커다란 차이를 실감할 수 있다.

한편 재귀대명사를 사용할 때도 상황에 따라 '저', '자기', '당신' 등

39 이 예문은 "한국어의 재귀 대명사에 대하여"(이익섭, 『서울대 인문논총』 2집, 1978년)에서 인용했다.

40 이런 맥락에서 (16d)는 '창수'와 '그'가 완전히 다른 사람으로 읽힌다.

을 적절하게 선택해야 한다. 예컨대 '당신'이라는 재귀대명사를 상황에 맞게 번역어로 사용할 정도가 되려면 문맥에 대한 세심한 검토가 선행되어야 한다. 아래 예문을 보고 번역문 두 가지를 비교해 보자.

(18) He (my grandfather) took good care of his grandson, me.

(19a) 그는 그의 손자인 나를 잘 돌보았다.

(19b) 우리 할아버지께서는 당신의 손자인 나를 잘 돌봐 주셨다.

2.3.3. 관계대명사

한국어에는 관계대명사라는 문법 범주가 존재하지 않는다. 그런 까닭에 영어의 관계대명사는 한국어 화자들에게 익숙해지기가 상당히 힘들다. 그래서 관계대명사를 보면 수식 혹은 한정이라는 문법 관계를 떠올려 뒤에서부터 앞으로 번역하는 방식을 습관적으로 사용하는 번역자가 적지 않다. 먼저 다음 예문을 살펴보자.

(20) I was brought up by a mother who had an inborn hatred for killing.

위의 예문처럼 관계대명사가 유도하는 수식 어구가 비교적 짧을 때는 '나는 살생을 선천적으로 싫어하는 어머니 품에서 자랐다.'처럼 번역할 수 있으므로 번역문의 문장 구성에 별다른 어려움이 없다. 그러나 수식 어구가 길게 이어질 때 이런 방식으로 번역을 하면 관계대명사가 유도하는 어구가 어떤 선행사에 연결되는지 알 수가 없어서, 아무리 되풀이해서 읽어도 의미를 이해하기 어려운 난문이 되기 쉽다. 다음의 두 예문을 살펴보자.

(21) I noticed a girl in a red dress with pearl rings in her ears, who at a glance was recognizable as an actress.

(22a) 나는 한눈에도 여배우임을 알 수 있는 빨간 정장을 입고, 귀에 진주 귀고리를 한 소녀를 보았다.[41]

(22b) 나는 빨간 정장에 진주 귀고리를 한, 한눈에도 여배우임을 알 수 있는 소녀를 보았다.[42]

(23) My uncle once gave me as a birthday present a beautiful painting of a proud, naked woman who stood by a spring with her long hair coiled over her shoulders and her hands supporting her breasts, pressing them upward like buds.

(24a) 작은아버지는 치렁치렁한 머리를 어깨에 늘어뜨리고, 두 손으로 꽃봉오리 같은 젖가슴을 위로 치켜 올리듯이 움켜쥐고 샘가에 서 있는, 자신감 넘치는 나녀(裸女)를 그린 아름다운 그림을 언젠가 나에게 생일 선물로 주셨다.[43]

(24b) 작은아버지는 언젠가 내 생일 선물로 그림을 주셨다. 그것은 치렁치렁한 머리를 어깨에 늘어뜨리고 두 손으로 꽃봉오리 같은 젖가슴을 위로 치켜 올리듯이 움켜쥐고, 샘가에 서 있는 자신감 넘치는 나녀를 그린 아름다운 그림이었다.[44]

---

41 빨간 정장을 한 사람이 여배우인지, 아니면 내가 빨간 정장을 했는지 알기가 어렵다.

42 (22a)에 비해 문맥의 연결이 명확해서 이해가 한결 쉽다.

43 수식하는 어구가 지나치게 길어지다 보니 문장 전체의 골격을 파악하기 힘들고 결과적으로 전체적인 의미 파악이 어렵다.

44 문장 전체의 골격을 먼저 서술하고 나서 별개의 문장으로 만들어 수식하고 있으므로 문장의 전반적인 의미가 한눈에 분명하게 들어온다.

이를 다른 각도에서 말하면 한국어의 관형구(절)[45]는 영어의 관계대명사처럼 기다란 수식 어구를 떠받치는 힘이 없기 때문에 문장의 의미를 애매하게 만든다고 말할 수 있다. 원래 문법적으로 관계대명사의 기능은 두 문장의 양쪽에 공통된 명사를 관계대명사로 묶어서 한 문장으로 연결하는 데 있다. 그래서 한국어로 번역할 때는 관계대명사가 위치한 자리에서 두 문장으로 나누어 옮기거나, 그 사이를 접속어로 연결해서 옮길 수 있다. 또한 관계대명사 어구를 먼저 옮기고, 그 다음에 선행사를 옮겨도 좋다. 언어란 원래 읽어가면서 순차적으로 이해하는 것이므로[46] 앞에서부터 순서대로 독해를 해서 번역하는 것도 좋은 방법이다.

(25a) Among the students under him there were some enthusiasts who wanted to make play writing their life work.

(25b) 선생님의 지도를 받는 학생 중에는 공부에 아주 열심인 제자들이 몇 있었는데, 이들은 극작을 평생의 업으로 삼고자 할 정도였다.

(26a) I saw a spider which was spinning a beautiful silvery thread.

(26b) 거미 한 마리가 아름다운 은색 실을 잣고 있었다.

사실 관계대명사를 한국어로 옮기는 것은 쉬운 작업이 아니다. 관계대명사란 영어에만 있고 한국어에는 존재하지 않는 문법 범주이기 때문이다. 관계대명사를 얼마나 자연스럽고 정확하게 옮기는가를 보

45 예컨대 (24a)의 중반부에 보이는 '서 있는'을 보라.

46 순차적 번역 기법에 대해서는 3.2절에서 다시 논의된다.

면 그 번역자의 번역 능력을 판단할 수 있다는 말도 무리한 주장이 아니다. 관계대명사와 마주쳤을 때는, 우선 격이 무엇인가(주격, 목적격, 소유격), 그 관계대명사에 걸리는 선행사가 무엇인가, 제한적 용법인가 계속적 용법인가 등의 문법적 문제를 분명하게 파악하고 나서, 문법 사항을 접어두고 가능한 한 자연스럽고 정확하면서도 원문과 잘 어울리는 번역 표현이 없는가를 곰곰이 생각해야 한다. 관계대명사가 목적격이라고 해서 반드시 목적격으로 옮겨야 하는 것은 아니고, 주격처럼 번역해도 얼마든지 무방하다. 또한 경우에 따라서는 관계대명사절 안의 주어와 동사를 없애고 단순히 명사와 형용사로 바꾸어도 좋다. 예를 들어 'The point from which we started was London.'과 같은 문장은 '우리의 출발지는 런던이었다.'로 간단히 정리해서 옮겨도 무방하다.

그런데 여기서 관계대명사의 제한적 용법과 계속적 용법의 구분에 대해서 잠시 언급하기로 한다. 제한적 용법이란 그 관계대명사 이하를 생략하면 문장의 뜻이 성립하지 않고, 선행사의 의미가 관계대명사가 이끄는 수식 어구의 제약을 받는 용법을 말한다. 예를 들어 보자.

(27a) Please bring me the book <u>that</u> you see lying on the floor.
(27b) 바닥에 뒹구는 책을 집어다오.

여기서 관계대명사 'that' 이하를 생략하면 어떤 책을 말하는지 문장의 뜻이 불분명해진다. 반면에 계속적 용법이란 그 관계대명사가 이끄는 수식 어구는 없어도 무방한 추가적 정보이며, 따라서 이 어구를 생략해도 문장의 뜻이 성립한다. 예를 들어 보자.

(28a) The board decided in favor of Mr. Smith, who has had more experience.

(28b) 중역 회의는 스미스로 결정했다. 스미스는 경험이 상당히 풍부하다.

위의 예문 (28)에서 관계대명사절이 'Mr. Smith'에 대해 이야기하고 있음은 분명하다. 계속적 용법은 관계대명사 앞에 쉼표를 찍는다. 아래의 예문을 잘 비교해 보자.

(29a) The lawn mower which is broken is in the garage.

(29b) The lawn mower, which is broken, is in the garage.

위의 예문에서 (29a)와 같은 문장에서는 고장이 난 제초기 말고도 다른 기계가 있다는 의미로, '제초기 가운데 고장 난 것은 차고에 들어 있다.'가 된다. 반면에 (29b)와 같은 문장에서는 제초기가 한 대 있는데, 지금은 그 제초기가 고장이 나서 차고에 들어 있다는 의미가 된다. 따라서 '한 대뿐인 제초기는 마침 고장이 나서 차고에 넣어두었다.' 정도가 된다. 이렇듯 관계대명사의 제한적 용법과 계속적 용법의 차이를 독해 단계에서 명확하게 인식해야, 그 차이를 번역문에 살려서 혹시 발생할지도 모르는 오역을 피할 수 있다.

(30a) I like apples that are sweet.

(30b) I like apples, which are sweet.

(31a) I like candies that are sweet.

(31b) I like candies, which are sweet.

마찬가지 맥락에서 위의 예문 (30a)는 '달콤한 사과를 좋아한다.'라고 옮기면 된다. 이 문장이 만약 (30b)처럼 쓰이면 '사과는 모두 달콤하다.'가 되어 논리적으로 이상해진다. 사과는 달콤한 것이 있는가 하면 신 것도 있는데, 그 가운데 달콤한 사과를 좋아한다는 뜻이므로 (30a)처럼 제한적 용법을 써서 '특정한 사과'라는 의미를 나타내야 한다. 한편 (31a)처럼 쓰면, 사탕에는 달콤한 것, 쓴 것, 신 것 등 여러 가지가 있는데, 달콤한 사탕만 좋아한다는 것처럼 들려 어색하다. 사탕은 보통 어느 것이나 달콤하므로 계속적 용법을 써서 (31b)처럼 써야 한다. 참고로 몇 가지 관계대명사가 있는 문장의 번역 용례를 소개한다.

(32a) So this is the little girl you had with you before, so grown-up already!
(32b) 일전에 네가 데려왔던 아이가 이렇게 컸다니!

(33a) To her husband who had been so long confined, this opened a new life.
(33b) 오랫동안 몸져누웠던 남편은 이로써 새 생활을 찾았다.

(34a) Even I who have no children can understand your grief perfectly.
(34b) 얼마나 마음이 아프실지는 저처럼 자식이 없는 사람도 깊이 헤아려집니다.

(35a) The walled city was so vast, it was said, that he who started from its west-gate at sunrise would not reach the east-gate till sunset.
(35b) 그 성도(城都)는 대단히 커서, 해가 뜰 때 서문을 출발하면 해질 무렵에야 간신히 동문에 이르렀다고 한다.

2.3.4. 요약

한국어의 대화 상황을 기록한 문장에서는 특별히 주어나 목적어 등 해당 성분을 두드러지게 표현하려는 의도가 없는 한, 일인칭과 이인칭 대명사가 생략되어도 전혀 문제가 없는 문장으로 성립한다. 이는 앞서 언급한 주어의 수의적 출현 양상과 맞물려 있는 문제로서 영-한 번역에서 반드시 고려해야 한다.

삼인칭 대명사의 경우에는 기본적으로 동일 명사가 반복되어 나타난다. 영-한 번역에서 영어의 삼인칭 대명사와 흔히 대응시켜 사용하는 '그'와 '그녀'는 부자연스러운 표현이므로 가급적 한국어 번역문에서 삼가야 한다. 우리는 여기서 표층결속성의 개념을 변수로 해서 영어와 한국어의 차이점을 드러낼 수 있다. 표층결속성이란 텍스트의 짜임새를 문법 장치에 의해 표층에서 실현하는 특성을 말하는데, 이 개념을 기준으로 하면 영어는 대명사화라는 문법 장치를 통해서 표층결속성을 발현하고, 한국어는 동일 명사를 반복하는 방식에 의해 표층결속성을 발현한다고 말할 수 있다. 반복되는 동일 명사는 고유명사가 될 수도 있고, 호칭어나 지칭어 등이 될 수도 있다. 한국어에서는 발화 상황에 따라 호칭어와 지칭어가 달리 나타나므로 번역자는 각별히 친족호칭어와 지칭어에 관심을 가져야 한다.

영어와 한국어에는 모두 재귀대명사라는 문법 형태가 존재한다. 그러나 그 기능은 사뭇 다르다. 영어에서는 재귀대명사란 타동사를 서술어로 삼는 구문에서 주어와 목적어가 각각 선행사와 재귀대명사가 되면서 그 타동사가 실현하는 행위가 행위자 자신에게 되돌아오는 현상을 표시한다. 한국어의 재귀대명사는 이와 달리 대화 참여자의 시점(視點)을 재귀대명사가 가리키는 체언으로 옮겨 주는 역할을 수행한다. 한국어의 재귀대명사는 이처럼 영어와 기능이 다를 뿐만 아니라 적용 범위도 상대적으로 더 넓다. 그래서 영어 원문에서는 재귀대명사가 아닌 인칭대명사로 나타나 있어도, 한국어로 옮길 때는 경우에 따라 재귀대명사로 바꾸어 주어야 원문과 등가성을 확보할 수 있다.

영어에는 한국어에 없는 관계대명사라는 문법 범주가 있어서, 영-한 번역에서 어려움을 겪는 경우가 많다. 관계대명사의 제한적 용법을 영어 원문의 어순대로 번역하면 한국어에서는 제대로 의미 전달이 안 되는 경우가 발생할 수 있다. 관계대명사를 비롯해 수식하는 어구가 둘 이상이 되는 경우에는 단어의 배치를 정리해주지 않으면 문맥이 일목요연하게 파악되지 않는데, 이것은 다른 각도에서 보면 한국어가 핵-끝머리언어인 관계로 벌어지는 현상이다. 다시 말해서 서술어(동사)가 문장의 맨 오른쪽 끝에 자리 잡게 되므로 중간에 수식어구가 길어지면 전체적인 골격이 한눈에 들어오지 않게 되기 때문이다. 한국어의 관형구는 영어의 관계대명사처럼 기다란 수식 어구를 떠받치는 힘이 없기 때문에 문장의 의미를 애매하게 만든다. 원래 문법적으로 관계대명사의 기능은 두 문장의 양쪽에 공통된 명사를 관계대명사로 묶어서 한 문장으로 연결하는 데 있다. 그러므로 한국어로 번역할 때는 관계대명사 부분에서 두 문장으로 나누어 옮기거나, 그 사이를 접속어로 연결해서 옮길 수 있다. 또한 관계대명사 어구를 먼저 옮기고, 그 다음에 선행사를 옮겨도 좋다. 언어란 원래 읽어가면서 순차적으로 이해하는 것이므로 앞에서부터 순서대로 번역하는 것도 좋은 방법이 될 수 있다.

2.4. 한국어 시점의 변동성

2.4.1. 시점의 개념과 발현 양상

시점(視點, point of view)의 고정과 변동이라는 관점에서 볼 때, 한국어와 영어는 전혀 상반된 특성을 가지며, 따라서 다수의 문법 범주에서 나타나는 몇 가지 차이를 시점의 고정성과 변동성(유동성)이라는 개념으로 설명할 수 있다. 여기서는 한국어와 영어의 시제 표현을 대상으로 시점 발현 양상의 차이를 시점의 변동성 여부로 해명하고, 이를 영-한 번역 과정에 적용해서 유효한 결과를 획득하고자 한다. 아울러 한국어 재귀대명사의 용법을 한국어 시점의 변동성에 대한 방증으로 파악하고자 한다.

'시점(視點)'[47]이란 일반적으로 화자가 정보를 파악하거나 기술하는 태도 혹은 관점을 말한다. 다시 말해서 시점이란 "우리가 외부 세계의 어떤 일[사건]을 인식할 때 어느 참여자를 중심으로 인식하는가 하는 말할이[화자]의 태도를 가리킨다."(최규수 1993: 116) 동일한 외부 세계의 사건을 각기 다른 언어 형식으로 표현하고 있는 다음 예문을 보자.

(1a) 영이와 철수가 학교에 갔다.
(1b) 영이가 철수와 학교에 갔다.

(2a) 나무가 정원에 가득 찼다.
(2b) 정원이 나무로 가득 찼다.

47 '시점'에 상응하는 일반 언어학의 용어로는 'point of view' 이외에도 'point of perspective', 'empathy' 등이 있다.

위의 예문 (1)과 (2)는 분명히 외부 세계에서 일어난 동일한 사건에 대한 기술이면서도, 상이한 구조를 가진 문장으로 표현되고 있다. 우리는 이와 같이 동일한 사건과 상이한 언어 구조라는 일견 모순된 양상이 바로 시점의 차이에서 비롯된 것으로 보고자 한다. 시점이라는 변수를 도입하여 예문 (1)과 (2)를 설명하면 다음과 같다. (1a)에서는 '영이와 철수' 두 참여자를 하나로 묶어 행위의 주체로 인식한 것이고, (1b)에서는 '영이'를 행위의 주체로 인식하고 '철수'를 행위의 동반자로 인식한 것이다. 이때 (1a)와 (1b)에서 화자의 시점은 각각 '영이와 철수' 및 '영이'에게 부여되었다고 말할 수 있다. (2a)에서는 '나무'에 과정의 주체로서의 역할이 부여되고 '정원'에 위치로서의 역할이 부여된 것이고, (2b)에서는 '정원'에 과정의 주체로서의 역할이 부여되고 '나무'에 '도구 또는 방편'으로서의 역할이 부여된 것이다. 이때 (2a)와 (2b)에서 화자의 시점은 각각 '나무'와 '정원'에 부여되었다고 할 수 있다.

그러므로 외부 세계의 사건은 시점이라는 인식 과정을 거쳐 우리의 의식 안으로 들어오게 되는 것이다. 화자의 의식에 들어온 사건은 의미론적인 성격이 규정되는 것과 동시에 참여자의 역할이 결정되어, 화자의 의식에서 완결된 사건으로 구성되고, 다시 화자의 인식에서 완결된 사건으로 구성된 사건은 문장으로 표현되어 발화된다. 그러므로 주어진 문장이 나타내는 사건은 객관적인 사건이라기보다 화자의 인식을 거친 언어화된 사건이라고 말할 수 있다. 여기서 시점이 관여하는 단계는 주어진 사건이 인식을 거쳐 화자의 의식으로 들어오는 순간이다. 지금까지 논의한 내용을 아래 예문을 통해 정리해 보기로 하자.

(3a) 영이가 토끼를 잡았다.
(3b) 토끼가 영이에게 잡혔다.

위의 예문에서 (3a)와 (3b)에서 표현하고자 하는 외부 세계의 사건을 부호로 나타내면 아래 (4)와 같다.[48]

(4a) [(< <영이>, 토끼 >) 잡았다]
(4b) [(<토끼>, 영이) 잡혔다]

위의 예문 (4a)는 다음과 같이 읽힌다. 이 사건의 참여자는 '영이'와 '토끼'인데, 화자는 우선 '영이'에 일차적 시점을 부여하여 주어로 삼았고 '토끼'에 이차적 시점을 부여하여 목적어로 삼았다. 반면, 예문 (4b)는 (4a)와 동일한 참여자를 가진 동일한 사건을 표현하되, '토끼'에만 시점을 부여하여 주어로 삼고, '영이'를 부속 성분으로 삼았다. 다음에는 시제(時制) 범주를 대상으로 한국어와 영어의 현상적 차이를 알아보고, 이를 시점(視點)이라는 변수로 설명해 보기로 한다.

2.4.2. 영어와 한국어의 시제 표현 차이

자연계에 존재하는 객관적인 시간은 연속적이어서 시작도 끝도 상정하기 힘들다. 그래서 우리는 흔히 시간을 좌우가 열린 일직선으로 도식화하고, 이러한 시간축의 한가운데 일점에 현재, 그 왼쪽과 오른쪽

48 최규수(1993: 147)의 기술을 약간 변형해서 가져왔다. 여기서 < >는 시점을 받은 참여자를 나타내고, ( )는 참여자를 나타낸다.

에 위치한 일점에 각각 과거와 미래라는 시점(時點)을 부여한다. 이것이 우리 인간이 가진 통상적인 시간관념이다. 이러한 시간관념이 언어에 반영된 것이 곧 시제이다. 그러므로 자연언어의 시제란 어떤 사건이나 상태의 시간적 위치에 관한 관념이 문법적 범주로 표현된 것을 말한다. 여기서 화자가 말을 하는 시간을 발화시(utterance time)라 하고, 어떤 사건이 발생했거나 상태가 위치한 시간을 사건시(event time)라 하며, 어떤 사건이나 상태의 시점을 가늠하는 기준점이 되는 시간을 기준시(reference time)라 한다. 범어적으로 보면 발화시가 기준시가 된다. 그렇다면 결국 시제란 발화시를 기준으로 해서 사건시의 선후를 따지는 문법적 장치라고 말할 수 있다. 즉, 일반적인 언어의 경우에 발화시와 사건시가 일치하면 현재이고, 사건시가 발화시를 앞서면 과거이며, 발화시가 사건시에 앞서면 미래가 된다는 것이다.

그런데 이러한 시제 표현은 모든 언어에 동일한 양상으로 나타나지 않는다. 논의의 범주를 영어와 한국어로 한정해 본다면, 영어에서는 미래가 비록 조동사를 빌려서 드러나긴 하지만 과거와 현재, 미래가 비교적 뚜렷하게 구분되는 반면, 한국어에서는 그 구분이 선명하지 못하며 그에 따라 시제를 보는 연구자들의 견해도 제각기 다르다. 그래서 한국어에 시제가 아예 없다고 보는 견해부터 시제와 상(相)이 분화되어 있지 않다고 보는 견해에 이르기까지 다양한 논의가 전개되어 있는 실정이다.[49] 시제의 존재를 인정하는 견해도 인식시를 인정할 것인가와 미래 시제를 인정할 것인가 등의 관점에 따라 다시 몇

---

49 아래 예문은 임홍빈 외(2001: 265~266)에서 가져와 논지 전개에 맞게 변형해서 사용했다. 심심한 사의를 표한다.

가지 견해로 나뉜다. 한국어의 시제 체계가 이처럼 불확실하게 보이는 것은 무엇보다 시제를 나타내는 형태들이 시간을 표시하는 기능 이외의 다른 기능들을 갖는다는 점에 있다(임홍빈 외 2001: 266-267). 예컨대 아래 예문을 검토해 보자.

(5a) 진해에는 지금쯤 벚꽃이 피겠다.
(5b) 서울에는 내주쯤 벚꽃이 피겠다.
(5c) 나는 기어코 벚꽃 구경을 가겠다.

(6a) 지금 저 너머에는 비가 오리라.
(6b) 영수는 내일 서울을 떠나리라.

위의 예문 (5)에 보이는 선어말어미 '-겠-'은 흔히 미래시제를 나타낸다고 알려진 형태소이지만, (5a)에서는 현재 사건에 대한 추측을 나타내고 (5b)에서는 미래 사건에 대한 추측을 나타내며, (5c)에서는 주어의 의지를 드러내고 있다. (6a)와 (6b)에서도 선어말어미 '-리-'가 각각 현재와 미래 사건에 대한 추측을 나타내고 있다. 그러므로 우리는 (5)와 (6)의 예문을 통해 한국어에는 하나의 문법 형태소와 한 가지 시제가 일 대 일로 대응되는 시제 일반론이 적용되기 힘들다는 사실을 알 수 있다.[50] 그러나 그렇다고 해서 한국어에 시제 범주가 존재하지 않는다고 말할 수는 없다. 그것은 이론 이전에 직관의 문제로 예컨대 다음 예문 (7)에서 과거 시제 형태소의 기능을 부인하기란 힘들기 때

50 미래를 나타내는 형태소가 '-겠-'과 '-리-' 두 가지로 보이고, 이들 두 형태소도 미래 시제 이외에 현재 시제나 양태(추측, 의지)를 나타내는 것으로도 보이기 때문이다.

문이다.

(7a) 어제는 영수가 왔지만, 오늘은 영이가 온다.
(7b) 어제는 쌀쌀했지만, 오늘은 포근하고, 내일은 따뜻할 것이다.

한편 이론적으로 볼 때, 시제와 상은 별개의 범주로서 서로 상대방을 제약하지 않는다. 그러므로 다음의 (8)과 같은 예문이 가능하다.[51] 여기서 부사로 드러나는 시간상의 위치와 형태소 결합 '-고 있-'으로 드러나는 진행상의 의미는 서로 독자적으로 자기 기능을 수행하고 있으며, 이런 관찰에 근거하여 시간 부사의 개재에 따라 문장의 적격성이 달라진 (7)과 (8)의 용례는, 한국어에 상만이 존재한다거나 시제와 상이 분화되어 있지 않다는 증거가 되기보다 오히려 한국어에 시제와 상이 독립적으로 존재한다는 증거가 될 수 있다.

(8a) 어제 영희가 책을 읽고 있었다.
(8b) 지금 영희가 책을 읽고 있다.
(8c) 내일은 영희가 책을 읽고 있겠다.

우리는 지금까지 한국어와 영어에서 시제가 표현되는 방식의 차이에 대해 알아보았다. 이제 영어의 시제 표현 방식에 대해 좀 더 상세하게 논의해 보자.

영어의 시제는 기본적으로 발화시와 사건시의 비교에 의해 표시되는 일반적 절차를 따른다. 그래서 발화시가 사건시보다 뒤에 있으

51 임홍빈 외(2001: 270) 참고. '어제, 지금, 내일'이라는 시간 부사가 '-고 있-'과 공기하고 있다.

면 과거, 사건시와 일치하면 현재, 사건시보다 앞에 있으면 미래 시제를 각각 표시하는 문법 형태소(-ed, -(s), will/shall R)가 문장에 나타난다. 이러한 기본 원리는 아래 예문 (9)에 제시된 약간의 특수한 경우를 제외하면 시제 표현에 일관되게 적용되며 예외를 허용하지 않는다. 그러므로 영어에서는 발화시가 기준시가 되며, 이 기준시는 일반적인 경우에 항상 고정되어 있다고 말할 수 있다.

(9a) He passes the ball to Smith, and Smith *scores!*

(9b) His mind has got unhinged, I fear. Only yesterday he meets me in the street, *asks* me my name, and without waiting for reply *walks* off.

위의 예문 (9a)는 운동 경기의 중계방송 등에 나타나는 이른바 해설의 현재 용법이고, (9b)는 회고적 현재 용법에 해당한다. 이들은 모두 일반적인 기술이 아니라 생생한 표현을 위한 일종의 특수 용법 내지 강조 용법으로 간주된다.

영어에서는 이와 같은 3분 체계를 근간으로 여기에 진행상과 완료상 및 완료진행상이 각각 결합하면 모두 12가지의 시상 체계가 가능하다. 결과적으로 영어의 시제는 기준시인 발화시와 사건시의 비교를 통해 결정되며, 여기에 해당 사건의 상적 특성이 추가되어 특정한 시제와 상이 표현된다. 다음에는 한국어의 시제 표시 원리 혹은 방식에 대해 논의하기로 한다.

앞선 논의에서 우리는 한국어에 과거와 현재, 미래 시제가 존재한다는 입장을 수용했다. 이러한 한국어의 시제 체계는 언뜻 보면 영어의 3분 시제 체계와 유사하지만, 각각의 시제를 배당하는 방식은 영어와 사뭇 다르다. 영어는 발화시와 사건시의 비교로 시제가 결정되기 때문에 시제를 배당하는 절차가 객관적이고 직접적이라고 할 수 있다.[52] 이에 비해 한국어에서는 시제가 발화시와 사건시의 단순 비교를 통해서 결정되는 것이 아니라, 화자의 인식을 거쳐 결정되므로 시제의 배당 절차가 간접적이고 주관적이라고 할 수 있다.[53] 다음의 예문 (10)을 통해 대표적 시제 범주인 현재와 과거를 대상으로 한국어의 시제 표현 원리를 알아보기로 하자.

(10a) 나는 지금 밥을 먹는다.
(10b) 연못에 연꽃이 피었다.

위의 예문 (10a)에서 선어말어미 '-는-'이 현재시제를 표시하고, (10b)에서는 선어말어미 '-었-'이 과거시제를 표시하는 것으로 알려져 있다. 그런데 한국어에서는 이들 형태소가 앞서 살펴본 영어의 경우처럼 '직접적'으로 현재와 과거를 표시하지 않는다. 왜냐하면 (10a)의 선어말어미 '-는-'은 '사건의 발생이나 진행 과정 혹은 실현의 표현'이라는 인식 양태적 의미를 띠면서 현재시제를 표시하고, (10b)의 선어말어미 '-었-'은 '사건의 전체성에 대한 확인'이라는 인식 양태적 의미를 띠면서 과거시제를 표시하기 때문이다(임홍빈 외 2001: 281~286). 화자가 어떤 사건을 '진행되거나 실현되고 있는 과정'으로 인식한다면, 그것은 사건시(=상황시)와 기준시가 동일하다는 의미이고 결과적으로

52 여기서 '객관적'이고 '직접적'이라는 말은 해당 언어를 벗어난 외부 세계에서 시제 배당의 적격성 여부를 판단할 수 있다는 뜻이다.

53 한국어에서는 통상적인 발화시 이외에 인식시도 기준시가 된다. 인식시의 언어학적 의미에 대한 상세한 설명은 한동완(1996: 22~24)을 참고할 수 있다.

해당 문장의 시제는 현재가 될 수밖에 없는 것이다. 마찬가지로 화자가 어떤 사건이나 상태에 대해 확인을 했다면, 그것은 사건시(=상황시)가 기준시보다 앞서 있다는 의미이고 결과적으로 해당 문장의 시제는 과거가 될 수밖에 없다. 일반적인 경우라면 확인할 사건이 미리 존재해야 확인이 가능하기 때문이다. 선어말어미 '-는-'과 '-았/었-'이 대부분의 경우에 현재시제와 과거시제를 지시하게 되는 이유이다.

(11a) 영수는 곧 돌아온다.
(11b) 너는 내일 다 살았다.

위 예문의 (11a)는 자연 세계의 시간상으로는 미래이지만 문법적 시제는 현재로 나타나고 있다. 바로 앞에서 논의한 한국어의 시제 표시 원리를 도입한다면, 이것은 선어말어미 '-(으)ㄴ-'이 미래의 사건을 지금 실현되고 있는 것처럼 기술하는 것으로 설명할 수 있다. 한편 한국어 시제 문제에서 항상 주목을 받아 왔던 (11b)도 역시 아직 일어나지 않은 사건의 진술에 과거시제와 관련된 것으로 생각되는 '-았-'이 사용된 경우이다. 이것 역시 선어말어미 '-았-'이 쓰여 미래의 사건을 이미 확인한 사실처럼 표현하는 것으로 설명할 수 있다. 결과적으로 우리는 예문 (11)을 통해 한국어에서 시제를 표시할 때, 사건시와 발화시의 직접 비교에 의하지 않고 화자의 인식 양태를 통해 간접적으로 표시한다는 가설이 가진 설명력을 다시 한 번 확인할 수 있다.

2.4.3. 시점과 시제의 번역 문제

우리는 앞에서 영어와 한국어 시제 표현 원리의 차이를 알아보았다.

그렇다면 이제 영어와 한국어의 시제 표시에서 두드러진 차이점 세 가지를 시점(視點)이라는 매개변수를 활용하여 설명해 보자. 구체적인 차이점에 대한 설명은 차례대로 제시되는 예문을 다루면서 진행하기로 한다.

(12a) 피리 소리가 들려온다. 구슬픈 피리 소리였다. 그런데 그 피리 소리는 가까이 다가오지를 않는다. 그러니까 안달이 날 밖에 없었다.

(12b) 세종대왕은 바야흐로 집현전으로 납신다. 그 뒤에는 궁녀들이 따라 나선다. 집현전 학자들은 모두 엎디어 대왕을 맞이했다.[54]

위의 예문 (12)의 두 텍스트에서 우리는 과거시제와 현재시제의 공존 현상을 목격할 수 있다. 이러한 시제의 공존 현상을 지배하는 원리는 바로 시점(視點)의 변동성이다. 예문 (12a)에서 현재시제로 나타난 첫째와 셋째 문장은 모두 피리 소리와 관련된 것이다. 즉, 화자의 시점이 피리 소리에 머물렀을 때[55], 이들 문장에서 기술되는 사건이 화자 자신의 눈앞에서 실현되고 있는 것으로 인식하여 표현한 것이다. 반대로 피리 소리를 객관적으로 묘사한 둘째 문장이나 피리 소리와 무관한 인물의 심리를 묘사한 넷째 문장은 모두 과거시제로 표현되었다. (이와 같은 시점의 대립은 주인공과 작가 시점의 대립으로 설명할 수도 있다.) 예문 (12b)

54 예문은 서정수(2006: 275)에서 취했다. 심심한 사의를 표한다.

55 시점이 피리 소리에 머물렀다는 것은 화자의 인식에 존재하는 시선이 피리 소리가 들리는 시간으로 거슬러 올라갔다는 의미도 된다. 즉, 시점이 과거의 사건으로 옮아간 것이다.

에서도 세종대왕과 그 주변의 행적에 시점이 머무른 첫째와 둘째 문장은 현재시제로 나타나고, 세종대왕과 대비되는 집현전 학자들에게 시점이 머무른 셋째 문장은 과거시제로 나타났다.

위의 예문 (12)에서 보듯이 한국어에서는 동일한 단락 안에 다양한 시선 내지 시점(視點)이 존재할 수 있는 관계로 기준 시점(時點)의 변화가 가능하고 그에 따라 서로 다른 시제의 공존이 가능해진 것이다. 그러므로 영-한 번역자는 원문의 의도를 손상하지 않는 범위에서 주어진 텍스트에 시선의 흐름을 적절히 배분하여 자연스러운 한국어 문장을 생성하도록 해야 할 것이다. 반대로 한-영 번역자는 다양한 시제로 표현된 한국어 텍스트를 면밀하게 분석하여 기준 시제를 결정하여, 한 장면에 걸쳐 일관된 시제를 적용해야 할 것이다. 다음 예문을 보자.

(13a) When I arrived at the station, the train had already pulled out.
(13b) 내가 역에 도착했을 때, 기차는 이미 역을 떠났었다. (?)
(13c) 내가 역에 도착했을 때, 기차는 이미 역을 떠난 다음이었다.

위의 예문 (13a)를 보면 영어에서는 문장 외적인 사건 발생의 선후 관계가 문장 내적인 시제 범주에도 대과거시제로 그대로 반영되어 있다. 즉, '역에 도착한 사건'이 기준시인 발화시보다 선행하므로 과거시제로 표현되고, '기차가 역을 떠난 사건'은 그 사건보다 앞선 시점에서 일어났기 때문에 대과거시제로 표현되었다. 그러나 동일한 사건을 언어화한 한국어 문장 (13b)는 선어말어미 '-았었-'의 존재로 인하여 일반적으로 받아들이기 어려운 비문이 되고 말았다. 한국어에서 용인 가능한 예문 (13c)에는 언어 외적인 실제 사건상의 선후 관계가 언어 내적인 시제로 반영되어 있지 않다. 한국어에서 이른바 대과거 시제는 다음 예문 (14)에서 보듯이 일반적으로 동질적 상황이 전제되어 있는 경우에만 허용된다.

(14) 김태현 선수가 이번 대회에서 금메달을 땄는데, 지난 대회에서는 동메달을 땄었다.

이런 관점에서 예문 (13)으로 돌아가서 문장의 전후 관계를 살펴보면, 두 개의 절에서 기술하는 사건이 동질적인 상황이 아님을 알 수 있다. 우리는 이 '동질적인 상황'을 '동일한 시점(視點)'으로 이해하고자 한다. 그렇다면 영어의 예문 (13a)에서는 시점(視點)의 동일성 여부에 무관하게 기준시와 두 사건시를 비교해서 시제가 규정되었고, 한국어 예문 (13c)에서는 별개의 시점('나'와 '기차')을 갖는 두 사건의 시제가 각각 별개의 기준시에 의해 규정되었음을 알 수 있다. 다시 다음 예문을 살펴보자.

(15a) She complained that she was tired. ← She complained, "I am tired."
(15b) She exclaimed that she had won the game. ← She exclaimed, "I won the game."

위의 예문 (15)는 영어에서 직접화법 문장을 간접화법 문장으로 고칠 때 주절과 종속절 사이의 시제 일치 규칙이 엄격하게 적용된다는 사실을 보여주고 있다. 그러나 동일한 내용을 한국어로 옮긴 다음 예문 (16)에서는 이와 같은 시제 일치 규칙이 적용되지 않는다.

(16a) 그 여자는 자기가 피곤하다(*피곤했다)고 불평했다.

(16b) 그 여자는 자기가 게임에서 이겼다(*이겼었다)고 설명했다.

영어의 화법 전환에서 이른바 시제의 전향이동(back-shift) 규칙이 적용되는 것은 역시 해당 사건을 바라보는 시점(視點)이 고정되어 있다는 데서 그 이유를 찾을 수 있다. 화자의 시점이 고정되어 있으므로 기준시(基準時)가 발화시로 고정되고, 따라서 발화시와 사건시를 비교하여 시제를 배당하는 시제 배당의 일반 규칙에 의해 시제의 일치, 곧 시제의 전향이동 절차가 수행된다는 것이다. 반면, 한국어에서는 다른 접속 구성과 마찬가지로 위와 같은 인용절 구성에서도 상대 시제의 해석을 받는 특징을 보인다(한동완 1996: 177). 즉, 인용절의 시제가 모문 시제와의 비교에 의해서 결정된다는 것이다. 상대 시제가 존재한다는 사실 자체가 이미 한국어에는 영어와 달리 기준시가 하나로 고정되어 있지 않다는 의미가 되고, 그것은 다시 한국어의 특징인 시점(視點)의 변동성으로 이해될 수 있다.

2.4.4. 시점의 변동성에 대한 방증

한국어 재귀대명사의 용법은 한국어에서 시점이 유동적이라는 명제를 뒷받침하는 강력한 보강 증거가 될 수 있다. 영어와 한국어의 재귀대명사 용법에 대해 알아보고 영 한 번역 문제와 관련시켜서 논의를 진행하기로 한다.[56]

56 영어와 한국어 재귀대명사의 용법과 관련된 서술 내용은 논의의 전개상 앞선 2.3.2항과 일부 중복된다.

2.4.4.1. 영어의 재귀대명사

주지하듯이 영어의 재귀대명사는 절(clause)이나 구(phrase)에서 명사구의 기능을 수행한다.[57] 절 또는 문장에서 목적어로 사용되는 이 명사구는 다음의 예문 (17a)에서 보듯이 자신이 소속된 절 또는 문장의 주어와 상호지시성(co-referentiality)을 가지므로 주어가 될 수 없다. 이때 재귀대명사는 성, 인칭, 수 등의 문법 범주에서 주어와 일치를 보인다. 또한 예문 (17b)에서 보듯이 전치사의 목적어로 쓰일 수도 있다.

(17a) He saw *himself* in the mirror.

(17b) Every writer's first novel is basically a story about *himself*.

그런데 다음 예문 (18)을 보면 영어의 재귀대명사가 가진 중요한 특징 하나가 눈길을 끈다.

(18) Tom heard of a woman who had cried for him / **himself*.

위의 예문 (18)에서는 관계대명사절 안에 있는 목적어가 주절의 주어(Tom)와 일치하는데도 불구하고 재귀대명사 아닌 인칭대명사가 쓰이고 있다. 이것은 영어의 재귀대명사가 반드시 상호지시적 명사구(주어)와 동일한 절에 있어야 한다는 의미이다. 달리 말하면 영어의 재귀대명사는 절의 경계를 넘지 못한다.

---

57 영어 재귀대명사의 용법은 Quirk(1985: 365~361)을 참고했다. 여기서 강조(emphatic) 용법은 논외로 한다.

2.4.4.2. 한국어의 재귀대명사

한국어에서도 재귀대명사가 앞서는 동일체를 지시하는 명사나 대명사를 다시 받는다는 점에서는 영어의 재귀대명사와 동일하다고 말할 수 있다. 그러나 다음 예문 (19)에서 보듯이 한국어 재귀대명사는 영어 재귀대명사와 구분되는 중요한 특징을 하나 갖는다.[58]

(19a) 나는 <u>내</u> 이름 字 도 못 쓴다.
(19b) 너는 <u>네</u> 이름 字도 못 쓰는구나.
(19c) 그이는 <u>자기</u> 이름 字도 못 써요.

위의 예문 (19)에서 명사인 '이름' 앞에 출현한 대명사 '내', '네', '자기'는 모두 앞선 대명사 '나', '너', '그이'와 동일한 인물을 다시 지시한다. 달리 말하면 기능상으로 이들 대명사는 모두 '재귀사(再歸辭)'인 셈이다. 그러나 한국어 문법에서는 일반적으로 인칭대명사와 구분되는 형태를 가지면서 선행사를 다시 받는 (19c)의 '자기'만을 재귀대명사라고 부른다.[59] 그렇다면 한국어 재귀대명사는 오직 삼인칭뿐인데, 이것은 영어 재귀대명사와 구분되는 한국어 재귀대명사만의 특징이 된다.[60] 영어와 구분되는 한국어 재귀대명사의 또 다른 중요한 특징은 기능에서 발견된다. 다음 예문 (20)의 밑줄 친 어구를 살펴보자.

(20a) 철수는 영이가 자기를 만나러 오자 기뻐서 눈물을 뚝뚝 흘렸다.

---

58 이 예문은 이익섭·임홍빈(1983: 247)에서 가져왔다. 심심한 사의를 표한다.

59 재귀대명사 '저', '당신', '저희' 등의 형태도 모두 삼인칭이다.

60 선행사가 항상 유정명사가 되어야 하고, 일반적으로 주어가 되어야 한다는 것도 한국어 재귀대명사가 가진 특징이다.

(20b) 철수는 영이가 그를 만나러 오자 기뻐서 눈물을 뚝뚝 흘렸다.

(20c) 철수는 영이가 자기를 만나러 가자 기뻐서 눈물을 뚝뚝 흘렸다.

(20d) 철수는 영이가 그를 만나러 가자 기뻐서 눈물을 뚝뚝 흘렸다.

위의 예문 (20)에서 이 문장에 관련된 인물을 '철수'와 '영이'만으로 한정한다면, 안긴문장(내포문)의 목적어는 안은문장(모문)의 주어 '철수'와 동일한 인물이 된다. 이때 예문 (20)에서 가장 자연스럽게 받아들여지는 한국어 문장은 주어 '철수'를 다시 받는 재귀대명사 '자기'와 함께, '영이'가 주어 '철수' 쪽으로 가까워지는 동작을 지시하는 동사 '오다'가 쓰인 (20a)뿐이다. 동일한 조건 하에서 (20b)에서는 재귀대명사 '자기'가 아닌 인칭대명사 '그'가 사용되어 어색하고, (20c)에서는 주어 '철수' 쪽에서 멀어지는 동작을 표시하는 동사 '가다'가 사용되어 어색한 문장이 되었으며, 더욱이 (20d)에서는 일반 인칭대명사 '그'와 동사 '가다'가 사용되어 안긴문장의 '그'가 안은문장의 주어 '철수'와 전혀 다른 인물로 인식된다.

그렇다면 우리는 한국어의 재귀대명사가 그것이 지시하는 체언에 시점(視點)을 부여하는 기능을 수행한다는 가설을 세울 수 있다. 이것은 결국 화자가 해당 체언의 입장에서 그 체언의 시점을 통해 관련 상황을 설명하는 감정이입(empathy)[61] 작용이라고 말할 수 있다(김정아 1984: 51-52). 그런데 화자가 시점을 이동할 수 있는 대상은 주로 유정물([animate])이어야 하므로 재귀대명사가 지시하는 대상도 유정물이 된다.[62] 화자는 항상 자신의 입장에서 상황을 서술하고, 화자의 말을 듣

61 이런 의미에서 'empathy'라는 용어가 시점(視點)을 가리키는 술어로도 사용된다.

는 청자는 다른 대상에 앞서 우선적으로 화자의 관심을 끌기 때문에 시점의 이동이 쉽게 일어난다.[63] 반면에 화자와 청자가 아닌 제3자에게 시점을 부여할 경우에는 그와 같은 감정이입을 특별하게 드러내는 기제가 필요할 것이며, 재귀대명사라는 대용 표현이 바로 그러한 기제에 해당한다(*ibid.*, 52). 한국어 재귀대명사의 용법에 대한 논의에서 시점의 이동 기능을 수용할 때, 우리는 재귀대명사의 대용 현상이, 다음 예문 (21)에서 보듯이 문장의 경계에 구애받지 않고 어디서든 나타날 수 있다는 사실을 이해할 수 있다.

(21) 그[크로포드]는 아내를 위해 뭔가를, 아니 뭐든 해주고 싶었다. 그러나 아내에게 자기가 그녀의 손을 놓는다는 느낌을 갖게 해주고 싶지는 않았다. (『양들의 침묵』 438쪽)

위의 예문 (21)에는 첫 문장의 주어 '그(크로포드)'의 대용 표현인 재귀대명사가 문장의 경계를 뛰어넘어 다음 문장에 나타나고 있다. 이 재귀대명사는 서술의 시점을 '크로포드' 쪽으로 이동시켜 '크로포드'의 시점에서 상황을 서술하려는 글쓴이의 의도를 드러내는 기제로 사용되었다. 이때 이들 재귀대명사 대신 인칭대명사 '그'를 넣는다면 글쓴이의 의도와 관련된 감정이입의 효과는 사라지고 만다.

---

62 감정이입은 감정을 가진 사람이나 동물에게만 일어날 수 있다. 바위나 돌과 같은 무정물에 감정이입을 한다는 것은 일반적인 발화 상황에서 불가능한 특이한 절차이다.

63 이것이 바로 한국어에서 일인칭과 이인칭에 재귀대명사가 결여되어 있는 원인이다.

2.4.4.3. 재귀대명사와 영-한 번역

지금까지 우리는 영어 재귀대명사 용법과 한국어 재귀대명사 용법을 비교해 보았다. 그 결과로 크게 세 가지 차이점이 드러났다. 첫째, 한국어 재귀대명사는 삼인칭에서만 발견되지만, 영어 재귀대명사는 모든 인칭에서 발견된다. 둘째, 영어 재귀대명사는 동일한 절 안에서 주어와 목적어가 동일함을 나타내는 동일지시성을 지시하는 문법적 기능을 수행하고, 한국어 재귀대명사는 서술의 시점을 해당 체언 쪽으로 옮겨주는 화용적 기능을 수행한다. 셋째, 영어 재귀대명사는 절의 범위를 넘어서지 못하지만, 한국어 재귀대명사는 그러한 적용 범위 제약을 벗어나 문장의 경계를 넘어서도 대용 표현으로 출현한다. 양쪽 언어의 재귀대명사 용법에서 목격되는 이와 같은 차이점은 영-한 번역 과정에서도 중요한 변수로 개입할 가능성이 높다. 핵심은 영어 재귀대명사에 비해 한국어 재귀대명사가 대용 현상의 적용 범위가 넓다는 것인데, 구체적으로 말하면 영어 원문에서 인칭대명사로 나타난 표현이라도 한국어 번역문에서는 재귀대명사로 표현해 주어야 한다는 뜻이 된다. 한국어에서는 화자의 서술 시점이 바뀌지 않는 한 동일 유정물을 대신하는 재귀대명사가 어디서든 나타날 수 있으므로 결국 재귀대명사의 출현을 결정하는 핵심 인자는 화자의 시점이 된다. 이러한 문제에 초점을 맞추고 아래 예문 (22)를 살펴보자.

(22K) 스탈링은 전화를 쓰기 위해 계단을 달려 내려갔다. 그런데 빔멜 부인이 이미 <u>그녀</u>를 부르러 올라오고 있었다. 전화가 와 있다는 것이었다. (『양들의 침묵』 491쪽)

(22E) She started downstairs to use it, but Mrs. Bimmel's reedy voice was calling up to her already, calling her to the phone.

(*The Silence of the Lambs*, by Thomas Harris, 320)

위의 예문에서 한국어 번역문 (22K)를 영어 원문 (22E)와 비교해 보면, 밑줄 그은 인칭대명사 '그녀'는 앞 문장의 주어 '스탈링'과 동일한 인물이다. 그런데 (22K)의 둘째 문장에 '올라오다'라는 동사가 쓰인 것을 감안하면, 번역자가 관련된 상황을 '스탈링'의 시점에서 바라보고 있음을 알 수 있다. 그러므로 이러한 경우에는 일반 인칭대명사보다 재귀대명사('자기')로 옮겨주어야 단락 전체의 표층결속성이 높아져 가독성을 증진시킬 수 있을 것이다.[64]

2.4.4.4. 한국어 선어말어미 {-더-}의 기능

한국어의 시제 문제와 관련된 논의에서 선어말어미 {-더-}는 그 복합적인 문법 기능으로 인해 많은 주목을 받아 왔다. 기존의 연구에서 언급된 {-더-}의 의미 기능은 [경험], [보고], [무책임성], [인식시의 선시성], [상대 시제], [기준 시점의 이동], [단면 인식] 등으로 실로 다양한

64 이와 관련하여 다음의 두 예문이 우리의 주의를 끈다. 이익섭·임홍빈(1983: 250) 참고.

a. 윤 박사는 그의 서재를 무척 아낀다.

b. 윤 박사는 자기 서재를 무척 아낀다.

c. 처칠은 그에게(? 자기에게) 노벨상이 수상되기 전에 사망했다.

위에서 a는 b에 비해 객관적인 서술이라는 느낌이 드는데 흔히 번역투로 알려져 있다. c에서는 만일 '자기'가 쓰였다면 주어가 그 행위를 의식하고 있다는 느낌을 강하게 주며, 그렇기 때문에 일반 인칭대명사 '그'가 더 자연스럽게 느껴진다. 이러한 현상도 한국어 재귀대명사의 시점 이동 기능과 관련된 것으로 보인다.

양상을 보이고 있다.[65] 아래의 예문을 검토해 보자.

(23a) 영수가 강의실로 들어갔다.
(23b) 영수가 강의실로 들어가더라.

위의 예문 (23a)와 (23b)를 비교해 보면, 이 선어말어미 {-더-}가 단순히 과거시제를 표시하는 형태소라고 하기는 어렵다. 실제 사건이 일어난 시간은 모두 과거이기 때문이다. 이 선어말어미의 의미 기능에 대한 이론적 논의는 현재의 관심사가 아니지만, 무엇보다 우리는 이에 대한 논의의 실마리를 위의 예문들과 동일한 의미를 갖는 다음과 같은 영어 예문에서 찾아야 한다고 생각한다.

(24a) Yeongsu entered the classroom.
(24b) I saw Yeongsu enter the classroom.

만일 위의 한국어 예문 (23a, 23b)에 대한 등가의 번역문으로 영어 예문 (24a, 24b)를 인정할 수 있다면, 우리는 {-더-}에 시점(視點)과 관련된 모종의 의미 기능을 부여할 수 있을 것이다. 우리는 이 선어말어미 {-더-}가 '새로운 인식을 전제로 한 시점(視點)의 도입을 표시하는' 의미 기능을 수행하는 형태소로 보고자 한다.[66] 이와 같은 입장은 일견

65 연구사에 대해서는 최동주(1994)를 참고할 수 있다. 이에 대한 본격적인 논의는 다른 기회로 미루기로 하고, 여기서는 우리의 주제인 시점(視點)에만 초점을 맞추기로 한다.

66 이러한 논의는 한재영(1986)에도 보이지만, 세부 내용까지 동의하는 것은 아니다. 다만 이 형태소를 예컨대 '상황을 알게 된 시점(時點)을 기준으로 하여 표현하는 기능을 갖는다'(최동주 1994)와 같이 기본적으로 시제와 관련된 요소로 파악하는 데는 동의하지 않는다는 점만을 밝혀둔다.

임홍빈(2001:290)의 '단면 인식의 개재' 혹은 '나중에 앎의 의미 기능'과 유사하지만, 현재의 저자는 이 선어말어미가 수행하는 시점(視點) 이동(혹은 새로운 시점의 도입)의 기능이 적어도 이 형태소에만 국한된 것이 아니라는 점을 강조하고 싶다. 그리고 이러한 입장을 받아들인다면 그동안 이 선어말어미의 의미 기능과 관련한 논의에서 예외로 취급되었던 일인칭 주어 제약 등의 문제도 우리의 논리에 포섭될 수 있을 것으로 생각된다.

2.4.5. 요약

우리는 영어와 한국어의 시제 표현에서 드러나는 차이를 기본적으로 시점(視點)의 변동성 여부에서 찾고자 했다. 영어에서는 문장의 시제가 발화시와 사건시의 단순 비교에 의해서 직접적으로 결정되는 반면, 한국어에서는 문장의 시제가 화자의 인식 작용을 거쳐 간접적으로 결정된다. 그리고 영어에서는 기준시가 발화시로 항상 고정되어 있는 반면, 한국어에서는 인식 작용을 수행하는 주체(=화자)의 심리 상황에 따라 기준시가 가변적인 특성을 갖게 된다. 그러므로 영어에서는 화자의 의지나 심리와 무관하게 사건과 발화의 선후를 따져 시제가 객관적으로 결정되는 반면, 한국어에서는 화자의 의지나 심리가 기준시의 이동을 가져오므로 시제의 결정에 어느 정도 주관적 성격이 가미되어 있다. 여기서 화자의 의지나 심리 상황에 따라 기준시가 이동한 것은 해당 사건을 바라보는 시점(視點)이 이동한 데서 비롯된 결과적 현상이다.

이어서 우리는 영어와 한국어 시제 표현의 차이 중에서 시점의 이동이라는 개념으로 설명이 가능한 세 가지 현상, 곧 과거시제와 현재시제의 공존, 대과거시제의 용법, 시제의 일치 등에 주목했다. 우리는 이들 현상에서 나타나는 시제 표현의 차이를 시점(視點)의 고정과 이동이라는 개념으로 설명할 수 있었다. 그 결과 종전의 연구에서 이들 현상을 설명하기 위해 각각 제안되었던 상이한 개념(과거 상황의 전제, 동질적인 사건, 상대시제 등)이 시점(視點)의 고정과 변동이라는 단일한 개념으로 환원될 수 있음을 논의했다.

아울러 한국어 재귀대명사의 용법과 선어말어미 {-더-}의 의미 기능을 한국어 시점의 변동성을 뒷받침하는 보강 증거로 보았다.

2.5. 사물복수와 사건복수

2.5.1. 영어와 한국어의 복수 표시

영어의 복수 범주는 외부 세계에서 확인할 수 있는 객관적 기준, 즉 대상과 표지의 일 대 일 대응원리에 따라 표시된다. 다음의 예문 (1)에서 보듯이 해당 명사가 가리키는 사물이 하나이면 수 범주에 관하여 아무런 표지가 없고, 둘 이상이면 복수를 표현하는 접미사 표지({-s})를 할당받는다.

(1) one book – <u>three</u> pencil<u>s</u>

이러한 복수 표시는 외부 세계에서 헤아릴 수 있는 사물의 수효라는 객관적이고 고정적인 기준에 따라 적용되므로 문법적 적격성의 검증이 객관적으로 가능한 문법 절차이다. 이에 비해 한국어의 복수 표시는 상당히 다른 양상을 보인다. 일단 한국어에서 복수 범주는 무표형과 유표형의 두 가지로 표시된다는 점이 영어의 복수 표시와 구분되는 양상이다.

(2a) 오다가 노점에 들러 배를 사 왔다. (여러 개인 경우) [무표형]
(2b) 백화점에서 쇼핑객들과 연신 어깨를 부딪쳤다. [유표형]

위의 (2b)와 같은 복수 표시는 앞서 본 영어의 복수 표시 방식[67]과 다르지 않지만, 아무 표지도 없는 무표형이 의미상으로 복수를 표시하는 (2a)는 영어와 사뭇 다르다. 한편 다음의 용례 (3)도 영어의 복수 표시와 다른 현상이다. 우리는 (2b)와 같은 유형을 직접복수라 하고 (3)을 간접복수라는 명칭으로 부르기로 한다.

(3a) (먼 길 오느라 고생했네.) 어서들 오너라.
(3b) 왜들 그러니 정말.
(3c) 설치지 마라들.

위의 용례 (3)이 영어의 복수 표현이나 방금 앞에서 본 한국어 직접복수 표현 (2b)와 다른 것은 복수표지 '-들'이 명사(체언)가 아닌 다른 성분(부사 등)에 첨가되고, 심지어는 (3c)에서 보듯이 종결어미 다음에도 첨가되어 대상과 표지의 일 대 일 대응원리를 위반하고 있기 때문이다. 이는 한국어 복수 범주 표시가 가진 주요한 특성으로 불러도 좋을 것이다. 나아가서 우리는 한국어에서 복수 범주를 표시하는 원리가

67 이 직접복수의 경우만 놓고 보면 영어의 복수 표지 '-s'와 한국어의 복수 표지 '-들'이 대응되는 것처럼 보인다.

영어의 그것과 다르다고 추정할 수 있다.

2.5.2. 복수 범주의 영-한 번역 규칙 탐색

앞서 언급한 대로 영어와 한국어의 복수 범주 표시 절차는 그 기본 원리가 서로 다르며, 따라서 양쪽 언어를 넘나드는 영-한 혹은 한-영 번역 과정에서 적잖은 문제를 일으킬 소지가 다분하다. 다시 말해서 양쪽 언어에서 복수 범주를 표시하는 근본 원리가 동일하다면, 번역 과정에서도 어느 정도 기계적인 변환이 가능하다고 할 수 있겠지만 영어와 한국어의 경우처럼 복수를 표시하는 근본적인 원리가 서로 다른 두 언어 사이의 번역이라면 그와 같은 기계적 변환이 불가능하기 때문이다. 일단 다음의 예문에 대한 관찰에 의거하여 표면 층위에서 잠정적으로 복수 범주의 영-한 번역 방안을 기술해 보자.

(4a) five pens

(4b) 다섯 자루의 펜, 펜 다섯 자루, *다섯 펜들

위 예문 (4)의 짝을 보면, 영어 (4a)에서는 복수를 표시하는 수량사와 복수표지 접미사('-s')가 서로 나란히 나타나고 있지만, 이와 동일한 의미를 가진 한국어 (4b)에서는 복수를 표시하는 수량관형사만 나타나고 명사 '책'에 복수표지('-들')가 덧붙지 않고 '자루'라는 단위명사 내지 분류사가 나타나고 있다. 더욱이 복수표지 '-들'이 명사에 붙는다면 그런 어구(*'다섯 펜들')는 전형적인 비문이 되고 만다. 이어서 다음의 두 예문을 살펴보자.

(5a) 하늘과 바람과 별과 시

(5b) 고려 말에 대포가 들어왔다.

위의 예문 (5a)에 보이는 네 개의 명사 중에서 적어도 '별'은 문맥상 복수로 추측되고, (4b)의 '대포' 역시 역사적 상상력을 동원해본다면 사실상 복수로 추정된다. 밤하늘에 오로지 별이 달랑 한 개만 떠 있는 야경이나, 대포가 한 문만 들어오는 역사적 상황이란 상식적으로 생각하기 힘들기 때문이다. 그런데도 위의 한국어 예문 (5a)와 (5b)에서는 복수표지가 표면적으로는 드러나 있지 않다. 이러한 관찰에 의거한다면, 복수 표현의 영-한 번역에 관해 다음과 같은 표층 수준의 규칙을 제안할 수 있을 것이다.

(6) 영어 원문에서 복수표지를 갖는 복수 명사는 한국어 번역문에서 복수표지가 없는 무표형으로 반영되는데, 이때 단위명사 내지 분류사가 해당 명사의 앞 혹은 뒤에 출현할 수 있다.

실제로 이와 흡사한 맥락에서 마쓰모토 아이린 외(1997: 139-141)에서는 영어의 복수 명사를 한국어로 번역하는 규칙을 다음과 같은 내용으로 제안한 바 있다.

(7a) 문맥상으로 굳이 복수를 명시할 필요가 없으면 그냥 단수로 옮긴다.

(7b) 해당 복수가 대표복수로 사용되었으면 그 종류 전체를 지칭하도록 옮긴다.

(7c) 명사를 겹쳐서 복수를 나타낸다.

(7d) 단위명사를 사용한다.

(7e) 수를 구분하는 표현을 덧붙인다.

(7f) 명사에 복수표지 '-들'을 덧붙인다.

위의 번역 규칙을 하나씩 살펴보면, 우선 (7a)와 (7d)는 이미 (6)에서 언급한 사항이므로 더 이상 설명이 불필요하다. 다음 (7b)는 예를 들어 'Dogs are faithful.'과 같은 영어 문장을 '개라는 동물은 충직하다.' 처럼 옮기라는 취지이므로, 원리의 문제라기보다 표현상의 기교 문제이다. 물론 이런 경우에 사용되는 명사는 대개 총칭어(generic term)이므로 주어진 문맥에 따라 적격성 여부가 달라지겠지만 통상적인 경우에 '개는 충직하다.'처럼 옮겨도 큰 오해가 발생하지는 않는다. (7c)는 소위 첩어를 사용하는 방법인데, 첩어란 말 그대로 명사를 겹친 것이므로 중복 자체가 복수 표현이 된다. 이것 역시 표현상의 기교 문제이다. (7e)는 예를 들어 '경찰은 복수의 범인을 이 사건의 용의자로 전국에 수배했다.'처럼 명사를 수식하면서 수량과 관련된 관형어를 덧붙이는 방법이다. 끝으로 (7f)는 복수표지 '-들'을 명사의 뒤에 덧붙이는 방법이다. 이상에서 본 번역 규칙을 요약해 보면, (7a)에서 (7e)까지는 복수표지를 덧붙이지 않고 (7f)는 복수표지를 덧붙이는 것으로 나누어 볼 수 있다. 다시 조금 더 정리해보면, 한국어에서 무표형으로 번역하라는 (7a)-(7e)까지의 방법 중에서 (7b), (7c), (7e)는 무표형을 보완하는 어구를 덧붙이는 표현상의 기교를 가미한 절차이고 (7a)와 (7d)는 한국어의 복수 범주 표시 방식을 반영한 것이다. 표현상의 기교 문제를 논외로 하더라도 우리는 위에서 제안된 (6)과 (7) 등과 같은 영-한 번역 규칙에 대해 다음과 같은 근본적 문제 한 가지를 제기해 볼 수 있다.

영어 원문의 복수를 한국어에서 유표형으로 번역할 때, 다시 말해 한국어에서 복수표지 '-들'을 명사의 뒤에 덧붙일 때, 여기에 적용되는 규칙은 없는가? 만일 한국어 복수표지 '-들'의 접미 규칙을 능숙한 번역자의 언어 감각에 의지할 수밖에 없다면, 복수 표현의 영-한 번역 규칙을 찾는 우리에게 커다란 걸림돌이 되지 않을 수 없다.

이러한 근본적 문제를 차치하고라도 다음과 같은 예문을 만나면 우리는 위에서 제안된 번역 규칙을 좀 더 정밀화할 필요성을 절감하게 된다.

(8a) They walked between the houses.
(8b) 그 사람들은 가옥들 사이(*가옥 사이)로 걸어갔다.

(9) 별들(*별)이 소곤대는 홍콩의 밤거리
(10) 주인공은 손가락에 줄줄이 반지를 끼고 있었다. (열 손가락에 반지를 낀 상황)

(11a) 숲에 나무가 많다.
(11b) 숲에 나무들이 많다.

(12a) *정글에는 맹수가 어슬렁거린다. (실제로 여러 마리가 돌아다님)
(12b) 정글에는 맹수들이 어슬렁거린다.

복수 표현에 주목해서 위 네 쌍의 예문을 살펴보자. 우선 예문 (8b)에서는 문맥적 의미를 고려할 때 반드시 복수표지를 덧붙여야 한다. 만약 복수표지가 없다면 '가옥'의 사이를 사람들이 뚫고 지나가야 하는 비논리적 상황이 발생하므로, 이러한 경우('가옥 사이')라면 논리적 비눈으로 불러 마땅할 것이다. 예문 (9)에서도 복수표지가 없다면 별 하나만이 화자에게 소곤대는 어색한 상황이 발생하게 된다. 문맥상으로 보면 이 예문에 드러난 분위기가 상당히 어수선하고 요란하게 느껴지는데, 그것은 화자의 시야에 들어온 모든 별이 소곤대는 주체로 생각되기 때문이다. 예문 (10)에서는 사물('반지')에 복수표지가 붙지 않은 대신에 '줄줄이'라는 부사가 문장에 등장하여 반지의 복수성을 무리 없이 드러내고 있다. 이어서 (11a)~(11b)와 (12a)~(12b)에서는 복수표지의 유무에 따라 해석적 의미가 달라지거나 문장의 문법성 내지 적격성의 판단이 영향을 받게 된다. 다시 말해서 복수표지가 있는 (11b)는 단순히 나무의 수량이 많은 것이 아니라 크기라든가 모습이 각지각색인 여러 가지 나무가 많다는 의미로 해석된다. 마찬가지로 실제 맹수들이 이리저리 어슬렁거리면서 돌아다니는 상황이라면 (12a)는 비문법적이거나 매우 어색한 문장으로 느껴진다. (12a)를 읽으면 드넓은 정글에 맹수가 한 마리만 어슬렁거리고 있는 광경이 떠오른다.[68]

이상의 내용을 종합해 본다면, 위의 (6)과 (7)에서 제안된 복수의 영-한 번역 규칙이 이론적으로는 물론 실제 번역 현장에서도 적용되기 어렵다는 사실을 짐작하기에 어렵지 않다. 우리는 이와 같은 문제를 고려하여, 영어와 한국어의 복수 범주 표시 방법 차이에 대한 심화된 이해를 바탕으로 설득력이 있고 번역 현장에서 유효한 영-한 복수 번역 규칙을 제안하고자 한다.

2.5.3. 한국어 복수 표시의 특이성

우리는 앞선 2.5.1항에서 영어와 한국어 복수 범주 표시 방식의 차이

---

68 즉, 무표형이 복수로 해석되지 않고 단수로 해석된다는 것이다.

에 대해 알아보고, 2.5.2항에서 영-한 번역 과정의 규칙화에서 당면하게 될 몇 가지 문제점을 개략적으로 검토해 보았다. 영어의 복수 범주 표시는 비교적 명확하고 단순하기 때문에, 여기서는 이제껏 비교적 관심의 영역에서 벗어나 있던 한국어의 복수 표시 원리와 실제에 대해 중점적으로 알아보고자 한다.

앞서 언급한 바 있듯이 한국어의 복수 범주 표시는 아무런 표지가 없는 무표형 (직접)복수와, 체언(명사) 이외의 단어에 표지가 붙는 간접복수[69]의 존재로 인해 영어의 복수 범주 표시 방식과 구분되는 동시에 다음과 같은 이론적 쟁점을 불러일으킨다.

(13a) 한국어에서 복수 범주 표시는 과연 임의적인가?

(13b) 직접복수와 간접복수에 등장하는 복수표지 '-들'은 모두 동일한 것인가?

(13c) 직접복수와 간접복수에서 복수성의 기능은 과연 무엇인가?

위의 명제 (13a)는 한국어의 복수 표시에 무표형과 유표형이 공존하는 현상에서 비롯된 것으로 언제 복수 표지가 붙고 언제 복수 표지가 안 붙는가를 결정하는 규칙의 존재 여부에 대한 것이고, 명제 (13b)는 유표형 직접복수와 간접복수에 나타나는 표지 '-들'이 서로 동일한지 상이한지를 구분하려는 '-들'의 본질 문제와 관련된 것이며, 명제

69 여기 사용된 용어의 정의는 다음과 같다. 복수 접미사 '-들'이 체언(명사)에 첨가된 경우를 직접복수라 하고 체언(명사) 이외의 단어에 첨가된 경우를 간접복수라고 지칭한다. 접미사 '-들'이 표면에 드러난 경우를 유표형 복수라 하고 접미사 '들'이 표면에 드러나지 않으면서 복수 해석을 받는 경우를 무표형 복수라 한다.

(13c)는 만일 그 둘이 동일하다면 그 기능은 무엇이고 다르다면 그 기능은 각각 무엇인지를 알아보고자 하는 것이다.

우리는 임홍빈(2000)의 논리에 의지하여 한국어에서 직접복수와 간접복수에 나타난 복수표지 '-들'이 동일한 기능을 수행하는 형태로서, 그 기능은 '복수의 사건을 표시하는 것'으로 이해하려고 한다. 이러한 관점에 선다면, 사물(대상)에 복수표지를 붙이는 영어와 달리 한국어에서 복수를 표시하는 기제는 사건복수가 된다. 동일한 논리의 연장선상에서 한국어의 복수 범주 표시는 아무런 규칙의 지배를 받지 않고 임의적(자의적)으로 결정되는 것이 아니라, 발화 상황에서 사건성의 발현이라는 기준에 입각하여 적용이 결정되는 규칙적 문법 절차가 된다. 논의 전개의 편의상 임홍빈(2000)에서 다룬 주된 논지를 요약해 보자.

한국어에서 복수 사건은 '개체화'라는 인식 절차(복수의 인지행위)를 거쳐 복수표지를 배당받으며, 이를 통해 언어상에서 복수로 표시된다. 총합을 개체로 나누는 개체화가 복수를 표시한다는 논리는 일견 역설처럼 들릴지도 모른다. 그러나 어떤 집단의 구성원이 두 개체 이상이 되어야 개체화가 가능하고, 또한 총합 내지 집단을 개체로 분리한다는 사건 자체가 복수의 인지행위를 전제로 하므로, 인식의 방향만 달리한다면 '개체화' 논리가 결코 역설이 아님을 알 수 있다.

체언(명사) 이외의 단어에 '-들'이 접미되는 간접복수의 '-들'도 개체성과 관련하여 직접복수의 '-들'과 동일한 기능을 수행하며, 따라서 간접복수에 보이는 '-들'도 다른 성분이 아닌 바로 그 접미된 성분의 복수를 유표적으로 드러낸다. 결과적으로 그것은 해당 성분의 의미가 복수적 사건과 개별적으로 관련된다는 의미이다. 이로써 모두에 제기한 세 가지 질문(13a, 13b, 13c)에 대한 답변이 이제 모두 마련되었다. (한 가지 덧붙이자면 접미되는 '-들'의 성격에 대해 주어가 복수임을 표현하고자 다른 성분에 '-들'이 복사된다는 이론이 지배적이지만, 여기서는 '-들'의 접미로 인하여 해당 성분이 복수의 사건과 관련되고, 그에 따라 주어가 복수가 되는 것이라고 보고자 한다. 말하자면 논리적 이해의 방향이 정반대로 되어 있는 셈이다.)

(14a) 어서들 오세요.
(14b) 어서들 이쪽으로들 오세요.
(15) 남편이 아이들을 예뻐들 한다.
(16) 몹시 마셨다들.

위의 예문 (14a)에서는 부사 '어서' 자체가 복수화한 것이므로 상대방에 대해 한 사람 한 사람 모두 '어서 오라'는 뜻이다. (14b)에서는 부사 '어서'와 부사구 '이쪽으로'가 둘 다 복수화했는데, 만일 간접복수가 주어의 복수성을 복사한다면 구태여 이중으로 복수표지를 결합시킬 필요는 없었을 것이다.[70] 예문 (15)는 주어의 복수성이 다른 성분에 복사되어 접미된 복수표지 '-들'에 의해 표시되는 것이 간접복수의 본질적 성격이라고 보는 기존의 견해에 대한 반증이 된다. 예문 (15)에서 주어는 분명히 '남편'이고 또 아이들 하나하나를 다 예뻐한다는 의미로 이해되며, 따라서 '아이를 예뻐하는 사건'이 복수적이라는 의미이다. 예문 (16)은 '몹시 마셨다'라는 문장 전체가 복수화한 것이다.

---

70 예문 (15b)의 문법성 판단 여부는 개인에 따라 차이가 날 것이다. 저자는 한국어에서 가능한 발화로 받아들인다.

이와 같은 한국어 복수 표시의 발현 양상은 영어처럼 사물의 수효(하나인가 둘 이상인가)에 따라 복수표지가 부가되는 대상-표지 대응원리와 전혀 다르다고 말할 수 있다.[71] 지금까지의 논의를 바탕으로 영어 복수 표현의 한국어 번역규칙을 보다 정밀하게 다듬어 보기로 한다.

2.5.4. 영어 복수의 한국어 번역 규칙 정밀화

우리는 지금까지 이루어진 논의를 기반으로 일단 다음과 같은 복수 표현의 영-한 번역 규칙을 제안할 수 있다.

(17) 원문의 복수 명사가 사건복수의 성격을 띠면 복수표지 '-들'을 붙인다.

위에서 수립한 규칙 (17)은 해당 복수명사가 사건복수의 성격을 띠고 있는지 아닌지를 번역자가 언어학자의 안목에서 해석할 수 있어야만 실제 번역 과정에 효과적으로 적용할 수 있다. 이러한 사정을 고려한다면 위에서 수립한 규칙 (17)은 번역 현장에서 번역자가 일견 난해한 해석 과정을 거치지 않고도 즉각적으로 적용할 수 있도록 구체화되고 단순화되어야 한다. 우리는 2.5.3항의 논의를 통해 한국어에서 복수의 사건이 개체화라는 인식 절차 혹은 복수의 인지행위를 거쳐 복수표지를 할당받는다고 했다. 여기서 개체화란 집합을 이루는 구성원들이 모인 집단 혹은 총합을 낱낱의 개체로 쪼개는 작업이며, 이러

71 사물(대상)복수와 사건복수의 차이는 영어와 한국어의 보다 큰 원리적 차이, 곧 명사-중심성과 동사-중심성의 차이에서 비롯된 문제일 수도 있다.

한 개체화 작업을 위해서는 복수의 인지행위가 필요하다.[72] 이러한 논리를 따른다면 위의 규칙 (17)은 다음과 같은 규칙으로 바꾸어 쓸 수 있다.

(18) 영어 원문의 복수 명사에서 개체화 특성이 감지되면 복수표지 '-들'을 덧붙인다.

위의 규칙 (18)은 (17)의 개념보다 한층 구체적이지만 여전히 번역자의 언어학적 해석을 필요로 한다는 측면에서 추상적이고 이론적이다. 그런 맥락에서 실제 번역을 수행하는 실무 현장에서는 해당 복수 명사의 어떤 특성이 개체화를 발생시키는지를 밝히는 보완 규칙이 보다 실용적일 것이다. 아래의 예문을 살펴보자.

(19a) 도서관에 책이 많다.
(19b) 도서관에 책들이 많다.

우리가 논의하고 있는 개체화와 관련하여 위의 예문 (19a)와 (19b)는 좋은 비교가 된다. 비록 언어 밖의 외부 세계에서는 객관적 진리값(명사 '책'의 실제 복수성 여부)에서 양자가 동일할지 모르지만, 각각의 발화를 수행하는 화자의 인식은 서로 다른 것으로 이해된다. 전자는 단순히 소장하고 있는 장서의 권수가 많다는 내용을 전달하고 있는 데 비해, 후자는 그냥 장서의 권수가 많은 것이 아니라 여러 가지 분야, 여러 가

72 복수의 사건 혹은 복수의 인지행위는 사실상 동의어라고 할 수 있다. 복수의 사건을 화자가 받아들여 발화하려면 화자 쪽에서 복수의 인지행위가 필요하기 때문이다. 다시 말해서 복수의 사건 하나하나를 전부 인지하려면 각각의 사건에 그 사건의 수효만큼 시선이 배분되어야 한다는 의미이다.

지 판형 등 각양각색의 책이 다양하게 소장되어 있다는 어감을 강하게 전달하고 있다.

다른 각도로 말하자면 소장되어 있는 장서 전부를 여러 유형으로 개체화시킴으로써 복수를 표시하고, 이어서 복수를 표시하려는 화자의 의도를 복수표지 '-들'의 첨가로 실현시키고 있다는 의미이다. 여러 유형으로 개체화한다는 것은 다른 각도에서 말하면 주어진 상황을 마주하는 화자의 인지행위가 여러 번에 걸쳐 일어났다는 뜻이며, 이는 다시 이 상황이 복수 사건으로 해석될 여지를 마련해 준다. 이처럼 (19b)와 같은 직접복수 개념도 어떤 사물에 대한 화자의 복수 인지행위를 전제로 요구하는데, 이는 해당 사물 하나하나가 화자에게 특별한 주목의 대상이 된다는 뜻이다. 거꾸로 말하면 특별한 주목의 대상이 될 여지가 없는 발화의 경우에는 복수 인지행위가 불가능하며 따라서 복수표지 '-들'이 덧붙는 접미(첨가) 현상도 발생하지 않는다.[73]

(20a) *밥사발 위에 먼지들이 쌓였다.
(20b) 그곳은 사방에 먼지들이 많다.

위의 두 예문에서 (20a)는 먼지가 소복이 쌓인 공간이 '밥사발'이라는 좁다란 영역이다 보니 먼지의 미세한 개체들 하나하나가 특별한 주목의 대상이 되지 못하고, 따라서 복수의 인지행위가 필요한 복수의 사건으로 인식될 여지가 없다. 그렇지만 이에 비해 (20b)에서는 [도처]라는 뜻을 가진 어구 '사방'의 도입으로 화자의 관찰 공간이 비교적 널따란 영역으로 확대되면서 여기저기에 흩어져 있는 먼지 개체

73 예문 (20), (21), (22)는 임홍빈(2000)에서 가져왔다. 심심한 사의를 표한다.

들을 일일이 확인하려면 복수의 인지행위가 필요하고, 따라서 산재한 먼지의 모습이나 상태 하나하나가 특별한 주목의 대상이 되어 복수표지 '-들'이 첨가된다. (수효를 헤아릴 수 없는 소위 물질명사에 복수표지가 붙는 것도 영어의 복수 표시 방식과 구분되는 한국어만의 특성이다.)

우리는 이 대목에서 개체화를 유발하는 중요한 특성 한 가지를 확인할 수 있는데, 그것은 바로 '이질성'이다. 한국어에서는 이와 같이 물질명사라도 부분과 부분이 성질이나 종류에서 차이를 보이거나 위치나 형상 혹은 화자나 관련자의 인식과 관련하여 이질성이 개입될 여지가 커질수록 개체성을 띠기 쉽다. 여기서 "개체성을 띠기 쉽다"는 말은 복수 사건이 되어 복수표지를 배당받을 가능성이 크다는 뜻으로 해석할 수 있다.

(21a) *티끌들 모아 태산.
(21b) 티끌 모아 태산.

(22a) *보온병에 물들을 채워 넣었다.
(22b) 비 온 뒤라 마당 여기저기에 물들이 있다.

위의 두 예문쌍을 비교해보면, 이질성이 개입되기 어려운 상황이 설정된 (21a)와 (22a)에서 문법적인 이상(異狀)이 발생했다. 우선 (21a)에 나온 명사 '티끌'은 지극히 작은 물질이라 다른 모습이나 크기 등을 제각기 상정하기 어렵고, 따라서 복수의 인지행위가 불필요하거나 불가능하다. 그래서 '-들'이 접미된 (21a)는 비문이 된 반면, 무표인 (21b)가 적격 문장이 되었다. 예문 (22a)에서도 보온병에 채워 넣는 물을 이질적으로 보기 어렵고 따라서 물의 개체화가 불가능하여 복수적 인지행위도 불필요하다. 그래서 복수표지 '-들'이 접미된 (22a)는 비문이 되었다. 반면에 (22b)에서 마당 여기저기에 흩어져 있는 물은 그 크기나 깊이, 모양 등이 저마다 이질적일 가능성이 높으므로 복수의 인지행위가 필요하고 그에 따라 복수표지 '-들'이 자연스럽게 첨가되었다. 이와 같은 '이질성'의 개념은 앞서 제안된 '개체화'보다 복잡한 해석을 거치지 않고도 비교적 손쉽게 번역자가 독해 과정에서 간취해낼 수 있다. 이런 의미에서 우리는 위에서 영어 복수의 한국어 번역 규칙으로 제안된 (18)을 다음과 같이 수정해서 제안하고자 한다.

(23) 영어 원문의 복수 명사에서 이질성이 발견되면 복수표지 '-들'을 첨가한다.

위의 규칙 (23)에 보이는 '이질성'은 화자의 관찰 내지 직관적 인식이 가능하다는 점에서 앞선 규칙에서 언급된 (17)의 '사건성'이나 (18)의 '개체화'에 비해 한층 이해가 쉽고 선명한 개념이다. 더욱이 우리는 '이질성'의 파악을 용이하게 해주는 다음의 몇 가지 단서를 덧붙일 수 있다. 앞서 복수 번역 규칙의 정밀화를 위해 언급했던 예문 (8)~(12)를 다시 가져와 본다.

(8a) They walked between the houses.
(8b) 그 사람들은 가옥들 사이(*가옥 사이)로 걸어갔다.

(9) 별들(*별)이 소곤대는 홍콩의 밤거리
(10) 주인공은 손가락에 줄줄이 반지를 끼고 있었다. (열 손가락에 반지를 끼었을 때)
(11a) 숲에 나무가 많다.
(11b) 숲에 나무들이 많다.

(12a) *정글에는 맹수가 어슬렁거린다. (실제 여러 마리가 돌아다닐 때)

(12b) 정글에는 맹수들이 어슬렁거린다.

우선 위의 예문 (11b)의 복수표지 '-들'은 [이질성] 개념으로 설명이 가능하다. 다양한 수종(樹種)과 여러 가지 모양을 가진 나무의 집단이 서식하고 있는 광경이 감지되기 때문이다. 예문 (12b)의 복수표지 '-들'은 여러 마리의 짐승이 움직일 때 이들 각각의 역동적 모습은 당연히 이질적이며, 따라서 복수적 인지행위가 필요하다. 조숙희(2007: 146-7)에서 영어 원문의 유정명사가 개체성에 초점이 맞춰질 때 복수표지를 받는다고 주장한 것도 사실상 우리의 설명과 궤를 같이 한다. 살아 움직이는 생명체 혹은 유정명사는 역동적 모습을 보이므로 각 개체가 이질성을 띨 가능성이 높고 따라서 복수의 인지행위가 요구될 가능성이 높기 때문이다. 다음으로 원문 (8a)를 옮긴 (8b)에 나타난 복수표지 '-들'은 앞서 논리적 복수라 불렀던 것인데, 사람들이 걸어가는 양옆의 건물들에 최소 두 번의 시선이 가게 되므로 개체화를 유발하여 복수표지를 할당받았다. 이러한 사정은 예문 (9)의 복수표지에도 동일하게 적용된다. 이상의 논의를 바탕으로 우리는 (17), (18), (23)을 수정한 다음과 같은 복수 번역 규칙을 제안할 수 있다.

(24a) 원문의 복수명사가 문맥상 논리적으로 복수 범주를 요구하면 복수표지 '-들'을 첨가한다. 이때 원문의 복수명사는 개체화 작용의 대상이 된다.

(24b) 원문의 복수명사에서 이질성이 관찰되면 복수표지 '-들'을 첨가한다. 이때 원문의 복수명사는 동작성을 띠는 유정명사이다.

위의 두 번역 규칙 (24a), (24b)의 의미는 무엇인가? 번역자는 영어 원문에 복수명사가 있을 때 위의 두 규칙이 적용되는 경우에 이에 상응하는 한국어 명사에 복수표지 '-들'을 첨가해서 옮기고, 나머지는 무표형으로 옮기면 된다는 것이다. 원문의 복수명사는 한국어 번역문에서 복수표지 '-들'을 첨가하는 유표형과 아무 표지가 없는 무표형으로 나타나는 상보적 혹은 배타적 분포를 보이기 때문이다.

결과적으로 원문의 복수명사를 무표형으로 옮기는 번역 규칙은 위 번역 규칙 (24a, 24b)의 존재로 불필요해진 셈인데, 그래도 무표형에 대해 알아보는 것은 우리의 논의를 보다 충실하게 해줄 것으로 믿는다. 유표형으로 '-들'을 첨가하여 옮기는 위의 번역 규칙 (24a, 24b)의 적용이 모호한 경우에, 이를 보완할 수 있는 기제로 활용할 수 있기 때문이다. 앞서 언급된 무표형 복수의 용례를 다시 가져와 보자.

(25a) 하늘과 바람과 별과 시
(25b) 고려 말에 대포가 들어왔다.
(25c) 도서관에 책이 많다.

위의 예문 (25)의 용례를 보면, '별'과 '대포' 및 '책'이 실제 세계에서는 복수일 것으로 추정되지만 언어적으로는 아무런 표지가 없는 무표형으로 나타나고 있다. 그러므로 우리는 복수명사를 무표형으로 취급해서 옮기는 다음과 같은 번역규칙을 제안할 수 있다.

(26) 원문의 복수명사가 단순히 수량 개념만을 표시할 때 무표형으로 번역한다.

그런데 다음과 같이 표현된 원문을 만나게 되면 (27a)처럼 무표형으로 취급해서 옮겨 가지고는 원문의 의미를 충분히 살렸다고 보기 힘들다.

(27) ~les doigts garnis de bagues ~(프랑스어)

(27a) 반지를 낀 손가락 (?)

(27b) 반지를 낀 손가락들 (?)

(27c) 줄줄이 반지를 낀 손가락

만일 (27a)처럼 번역한다면 여느 사람들처럼 손가락에 반지 하나를 낀 통상적인 장면으로 이해되기 쉽다. 그런데 원문에서 제시된 문맥적 사정은 이와 다르다. 원문에서는 이 인물의 열 손가락에 모두 반지를 낀, 조금은 특이한 상황으로 서술되고 있다. 말하자면 열 손가락 모두에 주목한 상황, 즉 개체화가 적용되는 경우라고 말할 수 있는데, 문제는 그렇다고 (27b)처럼 복수표지 '-들'을 붙일 수도 없다는 데 있다. 이때 활용할 수 있는 번역이 (27c)처럼 적절한 부사의 도움을 받는 표현 방식이다.[74] 이러한 번역 방식은 다음과 같은 경우에도 유효하게 적용된다.

---

74 영어 원문 복수명사를 한국어로 번역할 때 부사를 활용하는 방안도 원리적으로는 복수 사건(개체화, 이질성)을 드러내는 또 다른 표현 방식이라고 할 수 있다. 부사의 범주에 속하는 의성어와 의태어란 [동작성] 내지 [상태성]을 표현하는 극단적 방안으로 간주할 수 있기 때문이다. 한편 앞서 언급되었던 첩어도 사실상 부사를 활용한 번역이다. 예컨대 동요 '송이송이 눈꽃송이 하얀 꽃송이'에 보이는 '송이송이'도 첩어 구성으로 눈이 하늘에서 내려오면서 흩날리는 복수의 사건을 맛깔스럽게 표현하고 있다.

(28) A lion of normal egoistic tendencies was captured by a party of hunters and bound with heavy ropes. A little mouse was attracted by the roars of the outraged lion.

(29) A hungry fox tried to reach some clusters of grapes which he saw hanging from a vine.

위의 두 예문을 한국어로 옮길 때도 적절한 부사의 도움을 받으면 한결 자연스럽게 원문의 분위기를 담아낼 수 있다. 예컨대 사납고 힘이 센 사자를 묶은 예문 (28)의 한국어 번역에서는 '두꺼운 밧줄로 꽁꽁(묶였다)' 정도의 표현이 가능하고, 여기저기 뛰어보면서 애를 쓰는 예문 (29)의 한국어 번역에서는 '주렁주렁 열린 포도송이(를)' 정도의 표현이 가능하다. 이들 부사 어휘를 조금 자세히 분류하면 '꽁꽁'과 '주렁주렁'은 의태어로 부사의 하위 영역에 귀속시킬 수 있다. 이상의 논의를 바탕으로 우리는 무표형의 복수 번역규칙 (26)을 다음과 같이 보완하여 제안할 수 있다.

(30a) 원문의 복수명사가 단순히 수량 개념만을 표시할 때 무표형으로 번역한다. 이때 원문에 없는 수량 관련 표현을 동반하기도 하고 수량을 특정화할 경우에는 단위명사(분류사)를 동반하기도 한다.

(30b) 개체화의 대상이 되는 원문의 무정([inanimate])의 복수명사는 부사를 동반하는 무표형으로 번역한다.

결과적으로 영어 원문의 복수명사를 한국어로 옮기는 번역 규칙은 (24a, 24b) 혹은 (30a, 30b) 둘 중의 하나가 된다. 앞서 언급했듯이 두 규칙은 서로 상보적 분포를 이룬다.

2.5.5. 복수 번역 규칙의 효용성 확인과 보완

이제 남은 과제는 우리가 제안한 번역 규칙의 효용성을 실제 번역 자료에서 확인하고 적용 과정에서 문제가 발생할 때 이를 보완하는 일이다. 이 작업을 위해 우리는 영-한 번역 소설 한 편(『한니발 라이징』[75])을 선택하여 영어의 복수명사가 한국어 번역문에서 어떻게 번역되었는가를 조사해 보기로 한다. (이 번역 소설은 독서 시장의 평가를 거친 숙련된 번역가의 작품이므로 기술번역학의 자료로서 일정한 가치를 가진 것으로 판단된다.)

우선 영어 원문에서 복수표지('-s')가 있는 어구가 포함된 문장을 추출한 다음에 여기에 상응하는 한국어 번역문을 찾아서 목록화하고, 추출된 자료를 번역된 결과에 따라 유형별로 분류했다.

조사 결과를 요약해 보면 다음과 같다. 영어 원문에 등장한 복수명사 863개 가운데 유정명사는 154개이고 무정명사는 709개였는데, 이들 복수명사가 각각 유표형과 무표형으로 번역된 양상은 다음의 도표와 같았다.

구분	원문 유정 명사	원문 무정 명사
번역문 무표형 빈도수	55건	661건
번역문 유표형 빈도수	99건	48건
총계	154건	709건

위의 도표에 나타난 조사 결과는 영어 원문의 유정 명사가 한국어 번역문에서 복수표지 '-들'을 갖는 비율이 무정 명사에 비해 월등히 높

75 조사 항목이 900여 개에 이르므로 표본으로서의 크기와 결과의 신뢰도에는 큰 문제가 없을 것으로 판단된다.

음(99/154=64.3% : 48/709=6.8%)을 보여준다. 이것은 유정 명사가 복수표지 '-들'의 첨가에 민감하다는 뜻으로 앞에서 제안된 번역 규칙 (24a)와 (24b)로부터 예측할 수 있는 결과이다.[76]

우선 유정 명사의 번역부터 살펴보자. 앞서 언급했듯이 원문의 유정 명사는 유표형 복수가 무표형 복수에 비해 대략 두 배 정도 높게 나타난다. 아래에 각각의 용례를 보이기로 한다.

(31a) Swallows started from the towers at the shot.
(31b) 탕 소리와 함께 탑 위에 앉아 있던 제비들이 날아올랐다.(31)[77]

(32a) Lady Muraski organized lawn suppers where they could view the harvest moon and hear the fall insects.
(32b) 레이디 무라사키는 가을벌레의 울음소리를 만끽하며 중추(仲秋)의 만월을 음미할 수 있도록 정원에다 저녁 식사를 준비했다.(136)

(33a) Four draft horses, steaming after the rain, were hitched to a defunct German tank protruding from the foyer.
(33b) 네 마리의 짐말이 비를 맞아 온몸에서 김을 내뿜으며 중앙 홀에 박혀 있는 독일 탱크의 잔해를 끌어당기고 있었다.(102)
(34a) ~ that sent the wading birds flapping away.
(34b) ~ 화려한 물줄기와 함께 새의 무리가 날개를 퍼덕이며 날아올랐다.(46)

---

76 이런 측면에서 다음 용례는 상당히 흥미롭다. 원문의 'enemy's heads'를 '적들의 잘린 머리'로 번역하고 있는데, 이는 단수 'enemy'를 유표형 '적들'로, 복수 'heads'를 무표형 '머리'로 처리했기 때문이다. '적'은 유정 명사로, '머리'는 무정 명사로 분류되기 때문이다.

77 괄호 안에 매긴 숫자는 번역서의 쪽수 표시이다.

위의 예문 중에서 (31)의 'swallows'는 문맥을 보면 총소리에 놀라 갑자기 하늘로 날아오르는 제비들의 역동적인 모습을 묘사하고 있다. 비상하는 제비들의 높이와 모양, 날갯짓 등은 모두 천차만별로 이질적이며, 따라서 복수의 인지행위가 필요한 전형적인 사례로 복수표지의 첨가는 번역 규칙 (24b)로 설명할 수 있다.

반면에 (32)의 'fall insects'는 가을벌레 각 개체의 동작에 대한 복수의 인지행위가 불필요하고 단지 듣기만 하는 장면이기 때문에 유정명사인데도 그대로 무표형 복수로 표현되어 있다. 한편 영어 원문에 구체적인 수량 표현 어구가 동반되어 있을 때는 한국어 번역문에서도 단위명사(분류사)를 동반하는 무표형으로 나타난다. 예를 들어 (33a)의 'horses'는 유정 명사이지만 (33b)에서 수사와 단위명사를 동반하는 무표형으로 나타났다. 이와는 조금 사정이 다르지만 예문 (34)에서는 유정 명사 'birds'를 집합명사 '무리'를 동반해서 무표형으로 나타내고 있다. 지금까지 살펴본 무표형 복수의 출현 양상은 무표형을 다룬 번역 규칙 (30a)로 설명할 수 있다.

다음은 무정 명사의 번역을 살펴볼 차례이다. 무정 명사는 앞서도 말했듯이 수량 개념만을 표현할 때 대개 무표형으로 번역된다.[78] 유표형의 용례를 위주로 논의해 보자.

(35a) Hannibal among the corpses, how much later he did not know, snow drifting down to dust his mother's eyelashes and her hair.

78 위의 표에 제시했듯이 93.2%의 비율이다. 일반적인 번역 양상이므로 따로 용례를 제시하지 않는다.

(35b) 한니발은 사방에 죽어 넘어진 <u>시체들</u>로 둘러싸인 채 언제까지고, 언제까지고 멍하니 서 있었다. 어머니의 속눈썹과 머리카락 위에 눈송이가 사뿐히 내려앉았다.(60)

위의 예문 (35a)에서 'corpses'는 '시체'이므로 무정 명사이지만, '사방에'와 '둘러싸인'의 존재로 인해 복수표지를 할당받는다. 만일 단수 혹은 무표로 표시되면 (8b)에서 본 문제(*"가옥 사이")와 동일한 맥락에서 논리적 이상이 발생한다. 이때 복수표지의 첨가는 앞서 제안된 번역 규칙 (24a)로 설명할 수 있다. 이런 점에서 다음의 용례는 의미 해석상의 오류를 유발하기 쉬운 경우로 주의를 요한다.

(36a) First Monitor Petrov, newly appointed, and Second Monitor in jodhpurs and boots walked <u>among the tables</u> to be sure everyone was singing.

(36b) 얼마 전 새로 임명된 일등 감독위원 페트로프와 승마바지에 부츠를 신은 이등 감독위원이 <u>탁자 사이</u>를 돌아다니며 노래를 부르지 않는 아이가 있는지 감시했다.(82)

위의 예문 (36b)에서 밑줄 그은 어구는 '탁자들 사이' 혹은 '탁자와 탁자 사이' 정도로 표현되어야 논리적 오류가 발생하지 않는다. 무표형 복수의 용법으로 보기에는 한국어의 어법상 조금은 부자연스럽다. 지금까지 살펴본 용례는 유표형을 다룬 번역 규칙 (24a)로 설명할 수 있다. 다음의 예문 (37)에서는 동일한 무정 명사가 비교적 인접한 문맥에서 무표형과 유표형으로 제각기 달리 번역되어 우리의 흥미를 끈다.

(37a) Each child had a footlocker and on the wall above each bed was a space to put drawings or, rarely, a family photograph. Here is a row of crude crayon drawings above the successive beds.

(37b) 아이들은 저마다 작은 사물함을 가지고 있었는데, 머리맡에는 좋아하는 그림이나 아주 드물게 가족사진을 놓을 수 있는 공간이 마련되어 있었다. 한 줄로 늘어선 침대 머리맡에 크레용으로 그린 서툰 그림들이 세워져 있다.(91-92)

위의 예문 (37a)에는 동일한 무정 명사 'drawings'가 2회 나오는데, 번역문 (37b)에서는 각각 무표형과 유표형으로 상이하게 나타났다. 여기서 주목할 점은 무표형으로 표현된 전자가 관념 속의 대상이라면, 유표형으로 표현된 후자는 실제 대상이라는 사실이다. 관념 속의 대상은 정적인 속성을 가지므로 개체화의 대상이 되기 어렵고, 따라서 복수의 인지행위도 불필요하다. 그러나 실제 눈앞에 펼쳐진 대상인 후자의 상황을 묘사하려면 복수의 인지행위가 필요하므로 복수표지 '-들'이 첨가된 것으로 해석된다. 무표형에 대한 언급을 한 가지 덧붙이기로 한다.

(38a) (~,) raindrops on their shoulders and their shoes.

(38b) 두 사람의 어깨와 구두에서 빗방울이 뚝뚝 떨어졌다.(176)

안경이나 가위처럼 복수의 구성요소를 갖는 관계로 영어에서 복수취급을 받는 명사는 한국어에서 무표형으로 번역된다. 위 예문 (38)의 '어깨'와 '구두'가 그러한 용법에 해당한다.[79]

79 그렇지만 복수 번역 규칙을 수정할 필요는 없다. 원문의 복수표지가 단순히 수량 개념만을 표시하는 경우의 일종이기 때문이다. 번역 규칙 (30a)로 충분하다.

지금까지 앞에서 제안된 복수의 번역 규칙들 중에서 (30b)를 보여주는 용례는 아직 나오지 않았다. 다음의 용례를 살펴보자.

(39a) Still visible in the foundations of the lodge are the stones of an altar built in the Dark Ages, by a people who venerated the grass snake.

(39b) 건물 토대에는 중세시대에 풀뱀을 숭배하던 사람들이 세운 돌제단의 흔적이 아직도 간간이 남아 있었다.(21)

(40a) Drops of blood fell onto the white silk of her kimono.

(40b) 그녀의 하얀 비단 기모노에 빨간 핏방울이 똑똑 떨어졌다.(119)

위의 예문 (39b)에서는 '간간이'라는 부사의 도움을 받아서 제단의 돌이 흐트러져 널려 있는 광경을 묘사하고 있다. 그리고 (40b)에서도 부사의 일종인 의태어 '똑똑'의 도움을 받아 빗방울이 약간의 시차를 두고 지속적으로 떨어지는 복수의 사건을 표현하고 있다. 이들 두 상황 모두 복수의 인지행위를 요구하는 경우로 복수표지 '-들'을 첨가하는 대신 부사를 동반한 무표형으로 나타났다. 이러한 양상은 번역 규칙 (30b)가 적용된 사례로 볼 수 있다.

이상으로 예문에 대한 검토를 통해 앞서 제안된 복수의 번역 규칙 (24)와 (30)의 실제 적용 가능성을 논의했는데, 다음의 용례는 이들 번역규칙으로는 전혀 예측이 불가능한 경우이다.

(41a) Generous in size and light, the bedroom had been prepared for Hannibal with hangings and posters to enliven the stone.

(41b) 한니발을 위해 준비한 넉넉하고 밝은 침실은 딱딱한 돌벽에 생기를 더하고자 온갖 장식품과 포스터로 꾸며져 있었다.(105)

(42a) He flings the skin to them and they fall on it like dogs.

(42b) 그가 가죽을 던지자 사람들이 개떼처럼 달려든다.(93)

(43a) They had picked up the French when the Totenkopfs refitted near Marseilles, and liked to insult each other with it in the tight moments before action.

(43b) 그들은 행동에 돌입하기 전 긴장이 될 때마다 토텐코프가 마르세유 근처에 주둔할 무렵 배운 짧은 프랑스어로, 서로에게 욕설을 퍼붓곤 했다.(74)

(44a) His mate swooped down beside him, poked him with her beak, waddled around him with urgent honks.

(44b) 짝 잃은 고니가 옆에 내려앉아 부리로 짝을 건드려보더니 다급하게 울며 주위를 빙빙 돌았다.(35)

위의 예문 (41)에서는 원문에 나오는 두 명사가 지닌 복수성(plurality)을 번역문에서 관형사 '온갖'으로 대체해서 표현해내고 있다. 예문 (42)에서는 [무리]를 뜻하는 명사 '떼'를 번역하고자 하는 명사에 덧붙인 합성명사를 만들어서 복수 범주를 표현했다.[80] 예문 (43)에서는 보조사 '마다'를 활용하여 복수 명사를 번역했는데, 이 보조사는 물론 개체화와 관련되어 있다. 끝으로 예문 (44)의 경우를 보면, 원문의 복수 명사를 온전히 문장으로 풀어서 번역하고 있다.[81]

80 이러한 번역 방식이 비단 움직일 수 있는 유정 명사에만 국한되는 것은 아니다. 원문의 'reeds'를 '갈대밭'(133)으로 옮긴 용례도 이와 마찬가지 번역 방식이다.

81 명사 'honk'가 의성어에서 왔다는 점을 고려하면 '끼룩끼룩하면서 다급하게' 정도로 옮길 수도 있었을 것이다.

위의 용례들 가운데 예문 (44)는 일종의 의역으로 번역 규칙에서 논의할 성질의 문제가 아닌 것으로 생각된다. 예문 (41)은 무표형을 다룬 번역 규칙 (30a)의 '수량 관련 표현'의 범위에 내부적으로 관형사가 포함된 것으로 이해하면 된다. 예문 (42)와 (43)은 앞서 제안된 복수의 번역 규칙에서 누락되었던 내용으로 이에 대한 보완이 요구된다. 표면적으로 볼 때 이들 번역은 무표형과 나란히 나타나므로, 관련된 규칙도 무표형을 다룬 복수 번역규칙 (30)의 하위 범주로 다음과 같이 설정하기로 한다.

(30c) 원문의 복수명사가 개체들의 집합을 표시할 때 [집단성]의 뜻을 갖는 명사와 결합한 합성명사로 번역하거나 개체화를 유발하는 보조사 '-마다'를 첨가하여 번역할 수 있다.

2.5.6. 요약

지금까지 우리는 영어 원문의 복수 명사를 한국어로 번역하는 번역 규칙을 안출하여 그 효용성을 검증하고자 다음의 두 가지 문제를 중점적으로 다루었다.

하나는 영어와 한국어에서 복수를 표시하는 개괄적 원리에 대한 대조언어학적 규명과 이를 바탕으로 하는 복수 번역 규칙의 제안이고, 다른 하나는 번역 자료의 언어학적 분석 결과가 실제 영-한 번역의 현장에 적용될 수 있는가에 대한 자료 기반의 검증으로 본고에서 제안된 번역 규칙의 유효성 내지 효용성을 실제 번역 작업에서 확인하고 보완하는 작업이었다.

이러한 논의의 결과로 우리가 제안하고 보완한 영어 복수의 번역 규칙은 다음과 같다.

(R1a) 원문의 복수명사가 문맥상 논리적으로 복수 범주를 요구하면 복수표지 '-들'을 첨가한다. 이때 원문의 복수명사는 개체화 작용의 대상이 된다.

(R1b) 원문의 복수명사에서 이질성이 관찰되면 복수표지 '-들'을 첨가한다. 이때 원문의 복수명사는 동작성을 띠는 유정명사이다.

(R2a) 원문의 복수명사가 단순히 수량 개념만을 표시할 때 무표형으로 번역한다. 이때 원문에 없는 수량 관련 표현을 동반하기도 하고 수량을 특정화할 경우에는 단위명사(분류사)를 동반하기도 한다.

(R2b) 개체화의 대상이 되는 원문의 무정([inanimate]) 복수명사는 부사를 동반하는 무표형으로 번역한다.

(R2c) 원문의 복수명사가 개체들의 집합을 표시할 때 [집단성]의 뜻을 갖는 명사와 결합한 합성명사로 번역하거나 개체화를 유발하는 보조사 '-마다'를 첨가하여 번역할 수 있다.

위에서 수립된 두 개의 복수 번역 규칙 (R1)과 (R2)는 이론적으로 배타적 분포를 보이므로, 실제 번역 현장에서 상호 보완적으로 활용될 수 있다. 이들 번역 규칙이 복수명사의 번역과 관련된 모든 문제를 해결하기에는 역부족이겠지만, 대조언어학적 연구가 심화되고 다양한 번역 경험이 축적되면 보다 섬세하게 보완될 수 있을 것이다. 번역의 모든 문제를 번역 규칙으로 환원할 수는 없겠지만, 그렇다고 번역자의 직관이나 언어감각에만 맡기려는 자세도 바람직하지 못하다. 번역의 큰 틀을 잡아주는 이론의 몫을 인정하지 않을 수 없기 때문이다.

2.6. 경어법과 번역

대화 상황에서 상대방의 신분이나 나이 등 제반 요인에 따라 동일한 내용을 전달하더라도 다소간 다른 표현을 사용해야 한다는 이른바 경어법[82] 규칙은 대체로 어느 언어에나 존재하는 것으로 보아 큰 무리가 없을 것이다. 그러나 한국어는 발화 상황에 놓인 상대방을 경어로 대접하는 절차가 문법적으로 반영되어 있다는 특이성을 갖는다. 다시 말해서 발화된 문장의 주체로 손위 사람이 등장하면 그 문장의 서술어에 선어말어미 '-시-'가 결합된다는 등의 문법 규칙이 존재한다는 뜻이다. 만일 이런 경우에 관련된 문법 규칙을 지키지 않는다면 그 문장은 문법에 어긋난 비문이 되고 만다. 외국어를 원천언어로 하고 한국어를 목표언어로 하는 번역에서 경어법이 문제가 되는 것도 바로 이러한 경어법의 위상 차이 때문이다. 즉, 외국어 원문에는 대화자 상호 간에 경어 표현이 사용되지 않았는데도 이 대화를 '한국어답게' 번역하려면 대화자 상호 간의 위계를 따져서 적절한 경어법 표현을 사용해야 한다는 것이다. 먼저 영어의 경어 표현과 한국어의 경어법 체계에 대해 알아보고, 영-한 번역과 관련된 문제를 논의하기로 한다.

---

82 학문적으로는 대우법이라는 용어가 타당할 것으로 생각된다. 이른바 '하대'를 경어법에 포함시키는 무리를 범하지 않으려면 '대우법'처럼 중립적인 용어가 필요하기 때문이다. 여기서는 일반 독자의 폭넓은 이해를 위해 기존의 '경어법'이라는 용어를 그대로 사용하기로 한다.

2.6.1. 영어의 경어 표현

영어에서는 상대를 부를 때 손위든 손아래든 상관없이 언제나 이인칭대명사 'you'를 쓰고 자기 자신을 가리킬 때는 언제나 일인칭대명사 'I'를 쓰기 때문에, 경어 표현의 존재 자체에 대해 의문을 가질 수도 있다. 그러나 그것은 지나치게 단순한 관점이며, 영어도 여느 언어에서처럼 경어 표현이 분명히 존재한다. 다만 한국어의 경우처럼 문법적으로 체계화되었다거나 세분화되지 않았을 뿐이다. 아래에 몇 가지 사례를 제시하기로 한다. 영어 원문을 독해하다가 이와 같은 경어 표현을 만나면 그에 어울리는 한국어 표현으로 번역하도록 노력을 기울여야 한다.

우선 구문의 변형에 의한 경어 표현이 있다.[83]

(1a) I have your letter. [편지를 받았다.]
(1b) I thank you for your letter. [편지를 고맙게 받았습니다.]

(2a) I saw Queen. [여왕을 만났다.]
(2b) I had the honor of meeting Queen. [영광스럽게도 여왕 폐하를 알현했다.]

다음으로 가정법의 완곡어법에 의한 경어 표현이 있다.

(3a) I don't know. [모른다.]
(3b) I wouldn't know. [모릅니다.]

(4a) I think so. [그렇게 생각한다.]

83 각괄호 안에 든 한국어 문장은 경어 표현의 사용 여부를 반영한 번역이다. 전후 문맥에 따라 얼마든지 달라질 수 있다.

(4b) I should think so. [그렇지 않을까 생각합니다.]

(5a) Will you open the window? [창문 좀 열어줄래?]
(5b) Would you open the window? [창문 좀 열어주시겠어요?]

끝으로 문장을 장형으로 늘인 경어 표현도 있다.

(6a) Thanks. [고마워.]
(6b) Thanks a lot. [고마워요.]

(7a) Thank you very much. [정말 고마워요.]
(7b) Thank you very much indeed. [고마워서 몸 둘 바를 모르겠어요.]
(7c) Thank you very much; it was very kind of you. [친절을 베풀어주셔서 정말 감사합니다.]

경어 표현은 발화가 이루어지는 장면과 상대방에게 어울리게 쓰는 것이 중요하다. 예를 들면 'What time is it?' 정도로 해도 되는데 경어 표현을 쓴다고 'Would you be so kind as to tell me the time?'처럼 말을 길게 늘어뜨리면 지나치게 정중한 분위기가 되어 오히려 희화적으로 들린다. 극단적인 경우이겠지만 만일 이 문장을 스산한 목소리로 발음했다면 '시간을 가르쳐주지 않으면 재미없어.'라고 윽박지르는 느낌을 줄 위험성도 아주 없지는 않다.[84] 다음에는 경어 표현과 관련된 영어의 호칭에 대해 알아보기로 한다.

한국어에서는 본인에게 직접 말을 걸 때 '사장님', '부장님', '과장님', '선생님', '아저씨'와 같이 성명을 뺀 호칭만 사용하는 경우가 많

84 이 밖에도 과거의 영어에는 로망스어처럼 이인칭대명사가 평칭(thou)과 경칭(you)으로 구분되었다고 한다.

다. 그러나 영어의 경우라면 'Mr. Smith', 'Mrs. Smith', 'Miss Smith', 'Ms. Smith', 'Dr. Smith', 'Professor Smith', 'George', 'Mary' 등에서처럼 직책을 들먹이지 않고 그냥 이름을 부른다. 상대방의 이름을 모르는 경우에는 직책으로 부르기도 하지만, 이때는 셀 수 있는 가산명사(可算名詞)라도 마치 고유명사처럼 단수이며 무관사인 점에 주목해야 한다.[85]

(8a) Good morning, *Doctor*.

(8b) May I get out of bed, *Nurse*?

(8c) *Stewardess*, please bring me a cup of coffee.

(8d) *Officer*, can you tell me the way to the bus stop?

(8e) *Waiter*, may I see the menu, please?

(8f) *Driver*, turn left at the next corner, will you?

(8g) Another gin and tonic, please, *Bartender*.

또한 정중한 정도를 따지면 예컨대 'Pardon me, *lady*, but you left your magazine on the table.'은 통상적 표현이고, 'Hey, *lady*, the traffic light is red.'는 격의가 없는 표현이라고 한다. 또한 'Oh, *miss*, you forgot your gloves.'는 통상적 표현이고, 'Hey, *mister*, isn't this your hat?'은 격의가 없는 표현이 된다. 이름을 모를 때는 'Sir, Ma'am, Madam, Miss, Mister, Lady' 등의 표현을 쓴다. '*Sir*, you dropped your wallet.'이나 '*Ma'am*, isn't this your gloves?' 등은 아주 정중한 표현이 된다.

---

85 예문에서 이탤릭체로 표기된 곳이 호칭이다.

2.6.2. 한국어의 경어법 체계

앞서 언급했듯이 한국어에는 영어와 달리 경어법 표현이 문법 범주에 반영되어 체계적으로 발달되어 있다.[86] 우선 아래 예문을 보자.

(9) 할아버지<u>께서</u>는 아직 <u>진지</u>를 <u>잡숫지</u> 않으<u>셨</u>다.

위의 예문 (9)를 보면 '할아버지'라는 존경의 대상이 문장의 주어로 선택됨에 따라서, 주격 조사 '-가' 대신 '-께서', 명사 '밥' 대신 '진지', 동사 '먹다' 대신 '잡숫다'가 쓰이고 마지막으로 최종 서술어에 선어말어미 '-시-'가 어간과 선어말어미 사이에 끼어들고 있다. 만약에 이러한 대치와 첨가 규칙 가운데 하나라도 위반하면[87] 한국어에서는 비문이 되고 만다. 이러한 양상은 마치 영어에서 삼인칭 단수 주어와 동사 현재형의 일치(agreement)를 연상시킬 정도이다. 이 밖에도 국어에는 화자와 청자, 대화에 나오는 등장인물 사이의 존비 관계에 따라 겸양법, 압존법, 공손법 따위의 다양한 경어법이 사용되므로 상당히 복잡한 양상을 띠게 된다.

한국어에 경어법이 발달된 원인으로는 관점에 따라 다양한 이론을 제기할 수 있다. 예를 들어 우리 사회가 전통적으로 수직적 신분 사회였다는 점도 사회적인 요인의 하나로 지적될 수 있다.[88] 그렇지만

86 한국어 경어법 전반에 대해서는 이익섭 외(1997: 231-283)을 참고할 수 있다.

87 현재 주격조사 '-가'와 '-께서'의 교체는 수의적으로 실현된다. 전자로 통합되어 가는 양상을 보이고 있다.

88 근대 시민 사회를 거쳐 현대 사회로 넘어오면서, 수직적 신분 체계를 바탕으로 했던 전통 사회의 구조가 수평적 계약 관계를 바탕으로 하는 사회 구조로 변화

언어적인 요인을 든다면, 아무래도 앞서 언급된 대로 한국어가 가진 '담화 중심성'이 가장 핵심적인 요인이었을 것으로 생각된다. 대화란 서로 얼굴을 마주 대하는 상황에서 이루어지므로 상대방에 대한 배려가 없을 수 없다. 직접 만나서 얼굴을 마주 보는 상황과 편지글을 통해 글로 만나는 상황을 한번 가정해 보자. 우리는 흔히 얼굴을 마주 보고 하지 못할 거북한 말을 서면으로 처리하는 경우를 종종 경험한다. 그리고 신문의 기사에 나타난 어법과 라디오나 텔레비전에서 뉴스를 전하는 아나운서의 어법을 비교해 보자. 시청자와 만나는 가상적인 상황에서 이루어지는 후자는 항상 경어를 사용하고 있다. 이러한 매체의 차이도 번역자에게는 물론 간과해서는 안 될 중요한 문제이다. 만일 실제 성우가 방송을 한다는 전제 하에서 뉴스나 다큐멘터리 프로그램을 번역한다면, 이 점을 충분히 고려하여 문장을 끝맺는 어미 부분에 경어 형식(공손법 등)을 사용해야 할 것이다. 일반적인 책을 번역하는 경우에도, 글의 성격과 필자의 의도를 잘 파악하여 경어법의 사용 여부를 결정해야 한다. 그러면 아래에 한국어의 경어법 체계를 예문과 함께 제시해 보기로 한다.

한국어의 경어법은 언어적으로 대접을 받는 대상에 따라 주체 경

하면서 경어법 체계도 여기에 맞게 단순화하는 경향을 보이고 있다. 예를 들어 엄격한 5단계로 되어 있던 상대 경어법이 근래 들어 평교간에 사용되는 평칭과 말끝에 '-요'를 붙이는 경칭의 두 단계로 간소화하는 경향이 대표적인 사례이다. (이 '-해요'체를 기존의 5단계에 편입시키는 학설도 있고 양자를 격식체와 비격식체로 구분하는 학설도 있다. 그러니까 '-해요'체의 경우만 놓고 보면 예전처럼 '많이' 높이고 '적게' 높이고 '보통' 높이고 하는 높임의 단계가 존재하는 것이 아니라, '높이느냐'와 '안 높이느냐'의 두 단계만이 존재한다는 것이다.)

어법, 객체 경어법, 상대 경어법으로 구분된다.[89] 우선 주체 경어법에 대해서 살펴보자. 주체 경어법은 말 그대로 문장 표현의 주체를 언어적으로 대접하는 방법으로, 서술어의 어간에 선어말어미 '-시-'를 덧붙인다. 존대 여부는 그 주체와 말하는 사람 또는 듣는 사람을 대비시켜서 나이나 항렬, 사회적 신분 등을 참작하여 결정한다. 일상적으로 흔히 접할 수 있는 아래의 예문을 보자.

(10a) "종현아, 선생님께서 교무실로 오라셔." (같은 반 친구가)
(10b) "종현아, 아버지 들어오시면 아저씨한테 전화하시라고 해라." (아버지 친구가)
(10c) "종현아. 삼촌 오셨다." (아버지가)
(10d) "할아버지, 엄마가 빨리 오시라고 하였습니다." (손자가)
(10e) "아버님, 아범 아직 출근하지 않았습니다." (며느리가)

위의 예문 (10a)에서는 말하는 사람인 같은 반 친구와 행동의 주체인 선생님과의 대비에서 존대가 이루어지고 있으며, 예문 (10b)에서는 말하는 사람인 아버지 친구와 아버지는 동급이지만 듣는 사람인 종현이와 아버지의 대비에서 존대가 이루어지고 있다. 다음 예문 (10c)에서도 역시 듣는 사람인 종현이와 주체인 삼촌과의 대비에서 존대가 이루어지고 있다. 예문 (10d)에서는 행동의 주체인 엄마가 말하는

89 여기서 주체란 표현의 주체를 말하는데, 쉽게 말해서 일반적으로 문장의 주어라고 생각하면 된다. 그리고 객체란 주체의 동작과 직접 관련되는 대상 인물을 가리킨다. 만일 아버지가 할아버지에게 담뱃대를 드린다면, 이런 경우에 주체는 '아버지'이고 아버지의 동작에 직접 관련된 대상 인물인 객체는 '할아버지'가 되는 것이다. 마지막으로 상대란 말하는 사람의 말을 듣는 사람, 즉 청자(聽者)를 가리킨다.

사람인 손자보다 상위자이지만 엄마보다 더 상위자인 할아버지가 듣는 사람이므로 서술어에 선어말어미 '-시-'가 첨가되는 존대 절차가 이루어지지 않고 있다. 이른바 압존법(壓尊法)의 논리가 적용된 경우이다. 하지만 할아버지가 주체가 되는 '오시다'에는 존대가 이루어지고 있다. 예문 (10e)도 마찬가지 맥락에서 압존법으로 설명할 수 있다.

(11a) "애 아버지는 지금 집에 안 계시는데요."
(11b) "아, 부장님이시군요. 그이는 지금 집에 없습니다."

(12) "사장님, 과장님은 지금 거래처에 나가고 안 계십니다."
(13) "여러분, 내일은 가을 소풍이니 한 사람도 결석하지 마세요."

위의 예문은 사회생활과 관련된 존대 표현이다. 개인별로 휴대전화를 사용하는 요즘 환경에서는 물론 드물게 발생하는 경우이겠지만, 예문 (11)에서는 집에 남편을 찾는 전화가 걸려 왔을 경우인데, 상대방이 확인되지 않으면 (11a)처럼 남편을 존대하고, 상대방이 남편보다 상급자임이 확인되면 (11b)처럼 남편을 낮춰서 말해야 한다. 예문 (12)는 직장 생활에서 압존의 논리를 적용하지 않는 경우인데, 계약 관계의 성격이 우세한 직장 생활에서 경어법 체계가 압존을 무시하고 단순화하고 있음을 알 수 있다. 예문 (13)은 듣는 사람이 단체로 행동의 주체가 되는 경우에 이루어진 존대 표현이다.

(14a) "선생님께서는 귀가 밝으시다."
(14b) "아저씨는 댁에서 직장이 머셔서 불편하시겠습니다."

위의 두 예문은 간접 존대 표현이다. 즉, (14a)에서 '밝다'의 주어는 귀이지만 이 '귀'가 존칭의 대상과 관련된 신체의 일부이기 때문에 존대한 것이다. 그 다음에 나오는 (14b)도 마찬가지이다.

(15) "형님이 일찍 일어나서 차를 타고 직장에 나가셨어요."

(16a) "아버지는 지금 집에 계신다."
(16b) "주례 선생님 말씀이 있으시겠습니다."

(17a) "어머님이 몹시 편찮으시대."
(17b) "어머님이 머리가 아프시대."

(18a) "어머님 말씀대로 하겠습니다."
(18b) "제 말씀은 그게 아니라니까요."

위의 예문은 일상생활에서 널리 사용되면서도 자주 오용되는 존대 표현법이다. 우선 예문 (15)는 서술어가 둘 이상일 때 마지막 서술어에만 선어말어미 '-시-'가 덧붙는다는 사실을 보여 주고 있다. 예문 (16a)와 (16b)는 '있다'의 존대어 '계시다'의 용법을 나타내는데, 이 존대어는 사람에게만 쓰일 수 있다. 따라서 예문 (16b)에서는 주어가 '말씀'이므로 '계시다'를 못 쓰고 '있다'에 선어말어미 '-시-'를 덧붙인 형태 '있으시다'를 쓰고 있다. 예문 (16a)와 (16b)에서 이 두 서술어는 서로 바꿔 쓸 수 없다. 예문 (17)도 이와 유사하다. 즉, 사람이 병이 나면 (17a)처럼 '편찮다'를 쓰지만, 신체의 일부에 병이 나면 (17b)의 '아프시다'처럼 존대형을 써야 한다. 마지막 (18)은 '말씀'의 두 가지 용법인데, 이 단어는 상대방의 말을 높이는 표현으로도 쓰이고 자신의 말을 낮추는 표현으로도 쓰인다.

다음으로 객체 경어법에 대해서 살펴보자. 객체 경어법에서는 서술어가 특이한 형태로 교체된다. (주다→드리다, 올리다→바치다, 데리다→모시다, 묻다→여쭙다, 말하다→사뢰다, 보다→뵙다, 이르다→여쭈다 등) 결국 이 객체 경어법은 문장의 주체를 낮춤으로써 객체를 높이는 존대법이다. 아래의 예문을 살펴보자.

(19a) "동민아, 아버지가 할아버지께 용돈을 얼마나 드렸을까?"
(19b) "제 딸년이 일간에 한번 선생님을 찾아뵈올 것입니다."

위의 예문 (19a)에서는 주체가 아버지이고 객체가 할아버지이므로, 아버지가 할아버지에 대하여 자신을 낮추어서 서술어로 '주다' 대신 '드리다'를 선택했다. (19b)에서도 객체인 선생님을 높이려고 서술어로 '찾아뵙다'를 쓰고 있는데, 말하는 사람이 행동의 주체를 더욱 낮추어서 '딸년'으로 지칭하고 있다. (어른 앞에서 자신의 성씨(姓氏)를 이야기할 때 '씨'라는 말 대신 '경주 김가입니다'처럼 말하는 것도 마찬가지 논리이다.)

마지막으로 상대 경어법을 살펴보자. 이 경어법은 말하는 사람과 듣는 사람과의 대비에서 존대 여부가 결정되는데, 점차 단순화하는 경향이 있다. 다음의 예문에서는 명령형에 나타난 상대 경어법의 등급을 보여 주고 있다.

(20a) "지현아, 넌 좀 집에 있어라." (아버지가)
(20b) "지현아, 넌 좀 집에 있어." (언니가)
(20c) "김 군, 자넨 집에 있게." (나이가 좀 든 청자에게)
(20d) "여보, 저기 앉아 좀 쉬도록 하오." (부부 사이)
(20e) "잘 좀 선처해 주십시오." (가장 높임)
(20f) "제가 그랬어요."

위의 예문에서 (20a)~(20e)까지가 전통적인 다섯 등급의 상대 경어법 체계이다. 그리고 마지막 (20f)는 앞서 지적했듯이 평칭과 대립하여 존칭으로 쓰이는 '-해요'체의 상대 경어법이다. 사회생활에서 이루어지는 공적인 대화에서는 이 '-해요'체가 대체로 무난하게 통용된다. 마찬가지 이유로 번역문에서도 '-해요'체는 일반적인 상황에서 널리 쓰일 수 있는 경어법 체계이다.

2.6.3. 경어법과 영-한 번역

앞에서 검토한 바와 같이 한국어의 경어법 체계는 대단히 복잡한 모습을 보이고 있는데, 거꾸로 말하면 한국어에서 이러한 경어법 체계는 대화 관련 인물들 사이의 상호 관계 파악에 대단히 유용한 역할을 수행한다. 예컨대 대화 상황에 사용된 상대 경어법 체계만 가지고도 대화 참여자들의 상호 위계를 곧 알 수 있기 때문이다. 일단 번역문에서 경어법 체계를 사용할 때 가장 먼저 주의할 점은 체계의 일관성이다. 아래의 예문을 살펴보자.

(21a) "자, 가요. 이런 데 하루 종일 앉아 있어 봐야 소용이 없어. 오늘밤은 파티가 있잖아."
(21b) "그럼, 꼭 와 주게. 자네는 내 친구이고 똑같은 사제끼리니까, 자네를 제일 먼저 생각해 냈어."

위의 예문 (21a)에서는 {해요}체 어미와 {해}체 어미가 혼용되어 자연스럽지 못하고, (21b)에서는 {하게}체 어미와 {해}체 어미가 혼용되어 자연스럽지 못하다. 더군다나 예문 (21b)에 보이는 '자네'라는 어휘는 한국어 안에서도 방언에 따라 청자와 화자의 사용 범위가 달라지는 양상을 보이므로, 쉽게 사용할 수 있는 용법이 아니다.[90]

그러므로 이런 맥락에서 원문이 소설과 같은 장르의 번역이라면, 번역자는 먼저 전체 내용을 통독하여 등장인물 상호간의 관계를 파악하여 존비(위계) 관계를 결정하고 거기에 맞는 경어법 체계부터 정립하는 일이 필요하다. 앞서도 언급했듯이, 한국어의 경어법 체계는 언뜻 복잡하게 보이지만 잘만 활용하면 전체적인 내용의 전달에 대단히 유용한 적극적 측면도 가지고 있으므로, 번역자가 각별히 관심을 가져야 할 사항이다. 한국어에서 대화 참여자들 사이의 존비 관계를 결정하는 요인은 크게 나이와 선후배 관계, 친척 사이의 항렬, 직장 내의 직위, 사회 계급, 성별 등의 권세와 유대(친소 관계)의 두 가지를 들 수 있는데, 전자가 후자보다 언어생활에서 더욱 큰 영향력을 행사한다는 것이 한국어의 특징이다. 그 가운데서도 나이가 가장 큰 영향력을 갖는다. 나이라는 요인은 대화 참여자들 사이의 나이 차이도 중요하고, 화자와 청자의 절대적 나이도 중요하다. 그러므로 영-한 번역에서 번역자는 이들 요인을 적절하게 고려하여 대화 참여자들 사이의 존비 관계를 결정한 다음에 경어법 체계를 일관되게 적용해야 한다.

곽성희(2012: 41-43)에서는 19세기 미국 사회를 배경으로 한 소설『폭풍의 언덕』에서 젊은 주인 히스클리프와 늙은 하인 조지프의 대화 장면을 인용하고 있는데, 하나의 번역본을 제외한 대부분의 번역본에서 젊은 주인이 늙은 하인에게 반말을 사용하는 점을 지적하고 있다. 여기서는 주인과 하인이라는 사회 계급적 요인이 나이 차이라는 연

90 예컨대 전라도 지역의 방언에서는 나이 차이가 크지 않은 손위 상대방에게도 '자네'를 사용할 수 있다고 한다.

령적 요인보다 중요하게 작용한 셈이다. 물론 이와 같은 경어법 체계의 결정은 동일한 원문을 두고도 시대의 흐름에 따라 가변적으로 채택될 수 있다. 예컨대 근래의 한국 사회 같으면 아무리 사회 계급이 차이가 나더라도 나이 차이가 많이 나면 경어를 사용하는 편이 일반적이다.[91]

다음으로 문제가 되는 것은 호칭어의 번역이다. 이 주제는 앞서도 언급한 바 있지만, 경어법 체계와 밀접하게 관련되어 있으므로 여기서 필요한 만큼 다시 언급하기로 한다. 호칭어 문제는 두 가지로 나눌 수 있다. 그 하나는 친인척 간에 사용되는 친족호칭어/지칭어이고 다른 하나는 사회생활에서 사용되는 일반 호칭어이다. 다음 예문을 살펴보자.[92]

(22E) "Ohmigod, it is the fashion editor herself?" Jill mock-shrieked when she opened the front door. "Come on over here and let your big sister genuflect a li'l."
"Fashion editor?" I snorted. "Hardly. Try fashion mishap. Welcome back to civilization." I hugged her for what felt like ten minutes and didn't want to let go. (71)

(22K) "세상에, 이게 누구야? 패션잡지 에디터 아니야? 이리 와서 이 언니의 절이라도 받으렴."

---

91 번역자가 사용하는 번역 전략도 경어법 체계의 결정에 원천적으로 작용한다. 경어법 체계가 발달하지 않은 원천언어의 텍스트를 번역할 때 이국화 전략을 사용한다면 애초에 경어법 사용은 기대하기 어려울 것이다.

92 예문 (22)와 (23)은 곽성희(2012: 43~45)에서 가져왔다. 심심한 사의를 표한다.

현관문을 열어주며 나타난 질 언니가 환호성을 질렀다. 나는 픽 웃었다.

"패션잡지 에디터? 패션계의 사고뭉치라고 해야지. 문명세계로 돌아온 걸 환영해."

나는 언니를 꼭 껴안았다. 한 십여 분 그러고 있었는데도 포옹을 풀고 싶지가 않았다. (132)

위의 한국어 번역문 (22K)에서 번역자는 '나'와 'Jill'의 관계를 사전에 파악해서 'Jill'을 언니라는 지칭어로 부르고 있다. 다시 다음 예문을 살펴보자.

(23E) Folk tales, the fumbling efforts of peasant peoples and ignorant priests to explain the miracles of life, even his sister-in-law wanting to be a Buddhist nun! (42)

(23K) 이것은 삶의 신비를 설명하기 위한 민간의 이야기, 무식한 승려와 농민들의 어설픈 노력일 뿐이다. 그런데 여승이 되기를 원하는 처제까지 이런 것을 믿다니! (41)

(24E) The farmer evaded the difficulty by telling the importunate suitor that, while he quite approved of him as a husband for his daughter, he could not give her to him unless he would pull out his teeth and cut off his claws, because the girl was afraid of them.

(24K) 농부는 힘든 상황을 모면하고자 성가신 구혼자에게 이렇게 말했다. "나는 자네를 사윗감으로 흔쾌히 받아들일 수 있네만, 이빨을 몽땅 뽑고 발톱도 잘라내지 않으면 딸을 자네한테 내줄 수 없네. 딸아이가 자네의 이빨과 발톱을 영 무서워하거든."

예문 (23K)를 보면 영어 원문의 친족어 'sister-in-law'를 '처제'로 번역하고 있다. 물론 등장인물들 상호 간의 관계에 따라 처형도 될 수 있고, 형수나 제수, 시누이, 올케, 동서 등도 될 수 있다. 이것은 근접한 문맥을 근거로 온전히 번역자가 파악해서 결정할 문제이다. 예문 (24K)에서도 'a husband for his daughter'를 사위로 파악해서 사자와 농부의 관계를 사위와 장인의 관계로 설정한 다음, 이러한 관계에 맞는 대명사 호칭어('자네') 및 상대 경어법 체계를 도입했다.[93]

일반 사회에서 사용되는 한국어 호칭어 체계는 다소 복잡하다. 역시 번역자가 주변 문맥을 잘 파악해서 결정할 문제이다. 아래 예문을 살펴보자.[94]

(25) a. 과장님 b. 김 과장님 c. 김민호 씨 d. 민호 씨 e. 민호 형 f. 김 과장 g. 김 씨 h. 김 형 i. 김 군 j. 김민호 군 k. 민호 군 l. 김민호 m. 민호 n. 민호야

위의 예문 (25)는 동일한 인물 '김민호'가 발화 장면에 따라 상이한 호칭으로 불리는 경우의 수를 모아놓은 것이다. 이는 누가 부르느냐, 즉 화자와 김민호의 관계에 따라 불리는 호칭이 결정될 문제이다.

마지막 문제는 인용문과 관련된 것으로 영어의 직접인용문을 한국어로 번역할 때 경어법 체계를 적용해야 한다는 점이다.[95] 한국어

93 이 예문은 사자가 농부의 딸을 사모하여 농부에게 딸을 달라고 조르는 이야기를 담은 <이솝우화>에서 뽑았다.

94 예문은 이익섭 외(1997: 238)에서 가져왔다. 심심한 사의를 표한다.

95 이영옥(2002)에서도 이러한 문제를 다루고 있다.

에서 종결어미에는 경어법과 관련된 어미가 동반되므로 번역자는 화자와 청자 간의 나이, 사회 계급, 성별, 유대(친소) 등의 상호관계를 잘 파악해서 경어법의 적용 여부를 결정해야 한다. 이러한 문제는 영어 원문의 간접인용문을 직접인용문으로 변환시켜 번역하는 경우에도 동일하게 적용된다.[96]

(26E) Then the high priest asked him, "Are these charges true?" (Acts 7:1)
(26K) 대제사장이 물었다. "이것이 사실이냐?"

위의 한국어 번역문 (26K)에서는 화자가 '대제사장'이고 청자는 하위자이기 때문에 의문형어미로 '-이냐' 정도의 반말체가 선택되었다.

2.6.4. 요약

대화 상대방과 화자 및 문장 안의 등장인물들 사이의 존비 관계에 따라 문장 내용을 언어적으로 달리 드러내는 경어 표현은 일반적으로 어느 언어에나 존재하는 것으로 보인다. 그러나 한국어는 이와 같은 경어 표현이 문법적으로 체계화되어 있고 세분화되어 있다는 점에서 다른 언어와 차이를 보인다.

일반적으로 영어에서는 구문의 변환이나 가정법, 장형 어법 등을 사용하여 경어를 표현한다. 그러므로 번역자는 원문을 독해하는 단계에서 경어 표현이 발견되면 이를 한국어에서 적절한 경어법 체계로 수용해서 표현해야 한다.

---

96 앞에서 제시된 예문 (24)의 경우가 그러하다.

한국어에서는 화자와 청자, 문장의 주체와 객체 등의 사이에 존재하는 존비 관계에 따라 경어법이 주체 경어법, 객체 경어법, 상대 경어법 등으로 체계화되어 있다. 주체 경어법은 문장 표현의 주체를 언어적으로 대접하는 방법으로, 서술어의 어간에 선어말어미 '-시-'를 덧붙인다. 존대 여부는 그 주체와 말하는 사람 또는 듣는 사람을 대비시켜서 나이나 항렬, 사회적 신분 등을 참작하여 결정한다. 객체 경어법은 문장의 주체를 낮춤으로써 객체를 높이는 존대법으로, 객체 경어법에서는 서술어가 특이한 형태로 교체된다(주다→드리다, 올리다→바치다, 데리다→모시다, 묻다→여쭙다, 말하다→사뢰다, 보다→뵙다, 이르다→여쭈다 등). 상대 경어법은 말하는 사람과 듣는 사람과의 대비에서 존대 여부가 결정되는데, 전통적으로 5등급으로 구분되어 있었지만 평칭과 경칭의 2개 등급으로 점차 단순화하는 경향이 있다.

영-한 번역에서 경어법과 관련하여 주의할 점은 크게 세 가지이다. 우선 경어법 체계 적용의 일관성 문제이다. 대화 참여자들 사이의 존비 관계가 결정되었으면 한번 결정된 체계를 관련된 발화 상황이 마무리될 때까지 일관되게 적용해야 한다. 다음은 호칭의 문제로 영어 원문에서 이름이나 대명사로 표현된 것을 한국어 번역문에서는 적절한 호칭어/지칭어로 표현해야 한다. 이때 구체적인 호칭어/지칭어의 선택은 번역자가 인접 문맥을 검토하여 결정하게 된다. 마지막으로 영어 원문의 직접인용문을 한국어에서 직접인용문으로 번역하거나 영어 원문의 간접인용문을 한국어에서 직접인용문으로 번역할 때, 번역자는 종결어미에 얹혀 표현되는 경어법 체계의 선택에 유의해야 한다.

2.7. 기타

2.7.1. 영어 관사의 한국어 번역과 조사

영어의 관사와 대응되는 특징을 보이는 한국어의 문법 요소로는 주격 조사와 주제 표시 특수조사가 있다.[97] 먼저 양자의 차이에 대해서 살펴보고, 이들 용법을 영-한 번역과 관련시켜 다루어 보기로 하자.

2.7.1.1. {이/가}와 {은/는}

한국어의 주격조사 '-이/가'와 주제 표시 특수조사(보조사) '-은/는'은 분포상 유사성을 보인다. 대체로 양자가 모두 문장의 맨 앞에 나타나는 일이 많은 관계로 분포가 겹치기 때문이다. 그러나 양자는 분명히 상이한 기능을 가지고 있다. 주격 조사의 용법부터 알아보자. 주지하다시피 체언 뒤에 붙어서 해당 체언이 문장의 주어임을 표시해 주는 '-이/-가'를 주격 조사라 한다. 주격 조사에는 단순히 이와 같은 주어 표시 기능 이외에도 여러 가지 기능이 있지만, 여기서 다루려는 주격 조사의 기능은 초점 표시 용법이다. 주격 조사의 이러한 기능은 주격 조사가 없는 주격 조사 생략형과의 대비에서 확인된다.

---

97 세부적인 복잡한 용법은 일단 차치하고라도, 관사의 다양한 핵심적 용법을 정리해 보면 초보 단계에서 구분해서 사용할 수 있는 어느 정도의 규칙성은 세울 수 있다. 그 초보적 규칙성은 일단 술어 자체에 드러나 있다. 정관사(definite article)란 문자 그대로 정해져 있는 사람이나 사물과 함께 쓰이는 관사이다. 따라서 정관사가 결합된 명사는 말하는 사람과 듣는 사람이 잘 알고 있는 명사이다. 이에 비해서 부정관사(indefinite article)란 정해져 있지 않은 사람이나 사물과 함께 쓰이는 관사이다. 따라서 부정관사가 결합된 명사는 말하는 사람과 듣는 사람이 사전에 모르고 있던 명사이다.

(1a) 결국 당신이 와 주셨군요.

(1b) 결국 와 주셨군요.

위의 예문 (1)을 읽으면서, 누가 오나 하고 초조하게 기다리던 아내 앞에 남편이 나타난 상황을 상정해 보자. 바로 (1a)에서 표현하는 문장 전체의 의미가 그러하다. 다시 말해서 이 문장은 다른 사람 아닌 '당신(=남편)'이 온 것이 화자(=아내)에게 중요한 사건이다. 이에 비해 (1b)에서는 안 오지 않고 '온' 사건이 화자에게 중요하게 표현되고 있다. 그러므로 여기서는 누가 왔느냐는 화자에게 그다지 중요한 사건이 아닌 것이다. 이러한 논의를 따르면, (1a)는 말하는 사람이 가장 힘을 주어 발음하는 초점이 주어에 놓이고,[98] (1b)는 초점이 서술어에 놓이게 된다. 이 점이 바로 다음에 보는 주제 표시 특수조사 '-는'의 용법과 대조되는 기능이다.

분포상으로 격조사와 유사한 점을 보이지만 문법적 기능보다 의미를 주로 첨가해 주는 조사를 특수조사라고 한다. (정확히 말한다면 특수조사는 분포에 있어서도 격조사보다 훨씬 자유로워서 명사뿐만 아니라 부사나 용언 어미 등과도 통합이 가능하다.) 다양한 모습을 보이는 여러 가지 특수조사 가운데서 우리의 관심을 끄는 것은 '-은/-는'이다. 우선 '-은/-는'은 배타와 대조의 의미를 갖고 있다.

(2) 이 식물이 고산에서는 잘 자란다.

위의 예문 (2)는 '이 식물이 다른 데서는 어떨지 모르지만 어떻든 고산에서는 잘 자란다'는 내용을 함축한다. 즉, 고산 이외의 다른 장소를

98 이를 주격조사의 '배타적 지정' 용법이라고 한다.

배제하고 있는 것이다. 한편 이와 유사한 용법으로 다음의 예문에 보이는 대조의 기능을 들 수 있다.

(3) 고등학교 때, 생물은 좋아했지만 화학은 싫어했다.

위의 예문 (3)에서는 생물과 화학이 대조되어 있다. 이 예문 (3)을 예문 (2)와 비교해 보면 (2)에서는 대조되는 부분이 문맥 안에 잠재되어 있다고 말할 수 있다. 그러므로 배타와 대조는 넓은 의미의 '대조'라는 동일한 기능에서 이해할 수 있다. 그러나 다음과 같이 문장 첫머리에 나오는 '-은/는'은 '대조'의 기능으로 설명이 불가능하다. 이러한 경우에 '-은/-는'은 문장의 주제(화제)를 표시하는 기능을 수행하는 것으로 보아야 한다. 아래 예문을 살펴보자.

(4a) 소나무는 상록수이다.
(4b) 종현이는 머리가 참 좋은 아이이다.

위의 두 예문은 표면적으로나 잠재적으로나 예문 (2)나 (3)에서 보는 것과 같은 대조의 짝을 상정하기가 힘들다. 오히려 그보다는 어떤 이야기를 이끌어 내는 기능을 수행하고 있는 것으로 이해하는 편이 온당하게 보인다. 이 특수조사에 '소나무로 말할 것 같으면'이라든가 '종현이에 대해서 말하자면' 등의 의미가 담겨 있다고 보는 것이다.[99] 번역 문제와 관련하여 다루고자 하는 특수주사 '-은/-는'의 용법이 바로 이것이다.

이러한 경우에 '-은/-는'이 붙는 명사가 출현하는 위치는 문장의

99 영어로 표현하면 'as(so) far as ... is concerned' 정도가 될 것이다.

첫머리가 된다.[100] 여기는 바로 주격 조사가 출현하는 자리와 동일하다. 이러한 출현 위치상의 유사성으로 인하여 흔히 그 용법의 차이가 흐려지는 일이 많지만, 양자는 동일한 위치에 출현하면서도 그 기능이 서로 판이하다. '-이/-가'의 초점 표시 기능과 '-은/-는'의 주제 표시 기능의 차이를 아래에 다시 한 번 정리해 보자.[101]

(5a) 종현이<u>가</u> 반장이다.
(5b) 종현이<u>는</u> 반장이다.

위의 예문 (5a)에서는 관심의 초점이 '종현이'에 놓여 있고 (5b)에서는 관심의 초점이 '반장이다'에 놓여 있다. 즉, (5a)는 '다른 사람 아닌 종현이'가 중요한 관심의 대상임에 비해서, (5b)는 '반장이라는 사실'이 관심의 대상이다. 결국 양자의 차이는 말하는 사람의 주된 관심(=초점)

---

100 이러한 기능을 언어학에서는 주제화(topicalization)라는 술어로 부른다.

101 주제(=화제)와 주어의 차이에 대해서는 "화제의 의미"(채완, 『관악어문연구』 제4집, 1979년)에 다음과 같이 요약되어 있다.

① 주제는 한정적이지만, 주어는 그렇지 않다.
② 주제는 주어와 달리 동사에 대해 선택 제약을 받지 않는다.
③ 주제는 기능상 주서술부가 관련된 상황을 한정해 주지만, 주어는 특별한 의미 기능이 없어서 가주어를 갖는 수도 있다.
④ 주어와 동사는 일치하는 언어가 많지만, 주제는 그렇지 않다.
⑤ 주어는 문법적으로 중요한 역할을 하지만, 주제는 독립되어 있으므로 그렇지 않다.

요컨대 주제는 담화(discourse)의 문제이지만, 주어는 문장(sentence) 차원의 문제라는 것이다. 앞서 우리는 한국어를 담화 중심적인 언어로 지칭한 적이 있다. 한국어에서 나타나는 주제의 빈번한 출현 현상도 이런 맥락에서 이해할 수 있을 것이다.

이 주어에 놓이느냐, 서술어에 놓이느냐로 요약할 수 있다. 이러한 차이는 말하는 사람이 전달하려는 내용(=정보)의 신구(新舊) 여부와도 관련된다. 다시 말해서 '-은/-는'은 이미 알려진 옛 정보(old information)로 화자(또는 화자와 청자)가 잘 알고 있는 내용을 전달하는 언어수행에 관여하고, '-이/-가'는 새 정보(new information)로 화자가 처음으로 안 내용을 전달하는 언어수행에 관여하고 있다. 이러한 차이는 다음의 예문 (6) 처럼 새로운 이야기를 처음으로 꺼낼 때 '-은/-는'이 쓰이지 못하는 현상에서 확인할 수 있다.

(6) 옛날도 아주 먼 옛날 우리 마을에 마음씨 착한 어부(가/*는) 살았지요.

그런데 양자의 이러한 용법 차이는 영어의 관사 용법을 연상시킨다. 아래 예문을 잘 살펴보자.

(7a) Once upon a time there lived an Emperor named Mu in ancient China. The Emperor had two beautiful daughters.

(7b) 옛날 고대 중국에 무라는 이름의 황제<u>가</u> 살았는데, 황제<u>는</u> 딸이 둘이었다.

위의 예문 (7a)와 (7b)를 비교해 보면, 영어의 부정관사와 한국어의 주격 조사가 대응되고 정관사와 한국어의 주제 표시 특수조사가 대응됨을 알 수 있다.

2.7.1.2. 관사의 번역과 특수조사 {은/는}의 남용

앞서 살펴본 대로 한국어의 조사 {-이/-가}와 {-은/-는}은 영어의 관사 용법과 관련을 맺고 있다. 그런데 한국어에서 양자는 출현하는 위치가 문두로 겹치기 때문에 흔히 언중들은 그 차이를 제대로 인식하지 못하는 경향이 있다. 물론 입말이라면 별 어려움이 없이 초분절음 등의 사용으로 양자를 적절하게 구분해서 의사소통을 하지만, 글말이라면 사정이 사뭇 달라진다. 양자의 혼동으로 인해 독해의 오류가 발생할 수 있기 때문이다. 이러한 혼란은 번역의 영역에서도 어렵지 않게 목격된다. 혼란의 요체는 한 마디로 '-은/-는'의 남용이라고 할 수 있다. 다시 말해 주어를 특히 두드러지게 나타내려는 원작자의 의도가 분명한데도 '-이/-가'를 쓰지 않고 '-은/-는'을 써서 이러한 배타적 지정의 의도가 무시되는 일이 많다는 것이다.[102] (이와 반대가 되는 경우는 물론 드물다.)

앞서 언급했듯이, 영어의 관사와 한국어의 조사 용법을 비교해 보면 대체로 부정관사와 주격조사, 정관사와 주제 표시 특수조사가 서로 대응된다. 그러므로 영어를 한국어로 옮길 때도 일단 이러한 대응 관계를 염두에 두어야 할 것이다. 아래의 예문을 통해서 양자의 용법 차이를 다시 한 번 확인하고, 그 원인을 구체적으로 설명해 보기로 한다. 다음의 예문에서 각 항목의 짝을 비교해 보면 그 가운데 어느 하나가 어딘가 모르게 부자연스럽다는 느낌이 들 것이다.

(8) Once upon a time there lived a boy on the seaside.
(9a) 옛날 옛적에 한 소년<u>의</u> 바닷가에 살고 있었다.

---

102 100만 어절 규모의 영-한 번역문 코퍼스를 대상으로 조사한 김혜영(2009: 80)에서도 이와 유사한 경향이 지적되어 있다.

(9b) 옛날 옛적에 한 소년은 바닷가에 살고 있었다. (*)

(10) Man is mortal without exception.

(11a) 사람은 누구나 죽는다.

(11b) 사람이 누구나 죽는다. (*)

(12) Who was it that arrived? / It was I that arrived.

(13a) 누가 왔니? 내가 왔어.

(13b) 누가 왔니? 나는 왔어. (*)

(14) What is your name? / My name is Ch'ang-su.

(15a) 이름이 뭐니? 내 이름은 창수야.

(15b) 이름이 뭐니? 내 이름이 창수야. (*)

예문 (8)은 문장의 첫머리에 등장하는 표현이므로, 한국어 번역문 (9)에서도 새 정보를 전달하는 조사 '-이/-가'가 쓰여야 한다. 따라서 (9b)가 어색한 문장이 되었다. 영어의 부정관사와 한국어의 주격조사가 대응된 경우이다.

예문 (10)에서는 주어인 'man'이 일반적인 부류 전체를 지칭하는 이른바 총칭적 술어(generic term)이므로 화자나 청자가 알고 싶어 하는 새로운 정보가 아니다. 따라서 초점도 서술어에 놓이게 되므로 (11b)가 어색한 문장이 되었다. 원문에는 아무런 관사도 없으므로 발화의 내용(주어의 성격)을 보고 판단해야 한다.

예문 (12)에서는 질문의 핵심이 '온 사람'이 누구냐에 있으므로 그 답변이 되는 주어가 새로운 정보이고 알고 싶어 하는 초점이다. 따라서 여기에는 주어를 두드러지게 드러내는 주격조사가 쓰여야 한다. 원문에도 강조 표현이 있으므로 강조된 부분에 초점이 놓인다는 사실을 쉽게 짐작할 수 있다. 주어에 강조 표현이 사용되었으므로 주격 조사를 대응시킨 것이다. 그래서 (13b)가 어색한 문장이 되었다.

예문 (14)에서는 초점이 '이름'이 아닌 '이름의 내용'이므로, 한국어 번역문에서도 '이름' 다음에 '-은/-는'이 쓰여야 한다. 원문을 보면 'name'이 반복되어 있으므로 이 부분이 새로운 정보가 아님을 알 수 있다. 따라서 주제를 표시하는 특수조사가 쓰여야 하고, 주격조사가 쓰인 (15b)가 어색한 문장이 되었다.[103]

저자는 실제로 150명의 대학생을 대상으로 하여 이와 관련된 영문을 한국어로 번역한 결과를 수집하여 조사해 본 적이 있었는데, 여기서도 마찬가지 결과를 확인할 수 있었다. 아래의 예문 (16)에서 밑줄 친 부분의 번역에 어떤 조사를 쓰는가를 관찰한 것인데, 문맥에 맞게 옮긴 주격조사를 써서 옮긴 자료는 단 한 건에 불과했다. 여기서 어떤 조사를 쓸 것인가를 결정하는 데는 밑줄 그은 부분의 전후 문맥 파악이 관건이다.

(16) Bertrand Russell, reared in this tradition, later recalled the period when he hoped in time there would be 'a mathematics of human behaviour as precise as the mathematics of machines.' Then <u>Darwin</u> made another scientific revolution.

---

103 이 밖에도 주격조사가 쓰이는 관용적인 표현으로는 다음과 같은 문장이 있다.

(1a) 날씨가 참 좋군요. (1b) 날씨는 참 좋군요. (*)
(2a) 코끼리는 코가 길다 (2b) 코끼리는 코는 길다. (*)

위의 예문에서 (1)은 오전에 만나서 서로 처음으로 나누는 인사로 날씨를 화제에 올리는 경우이고, (2)는 주제어 다음에 나오는 문장의 주어에 붙는 경우이다.

위의 예문 (16)의 전후 문맥을 살펴보면 과학의 세기를 이야기하면서 뉴턴과 스펜서, 러셀의 전통에 이어 다윈의 진화론이 등장하는 장면으로 되어 있다. 즉, 이 부분은 이 글에 처음으로 등장하는 새로운 내용이며, 따라서 말하는 사람과 듣는 사람이 알고 싶어 하는 새로운 정보이기 때문에, 한국어 번역문에서도 주격조사를 붙여야 자연스럽다. (다윈의 진화론에 관한 한, 이야기의 도입부가 되어 있는 것이다.) 사실상 이 문제는 전체 문장의 의미 해독에 대단히 중요한 역할을 하고 있으므로 잘못 사용되면 전체 문맥의 흐름에 상당한 장애가 된다. 아래 번역문 (17a)와 (17b)를 조사의 용법에 초점을 맞추고 비교해서 읽어 보자.

(17a) 이러한 전통에서 성장한 버트런드 러셀은 훗날 언젠가 '기계에 관한 수학만큼이나 정확한 인간 행태에 관한 수학'도 나타날 것으로 믿어 의심치 않았던 시기를 회상했다. 바로 그 때 다윈<u>이</u> 또 다른 과학 혁명을 일으켰던 것이다.

(17b) 이러한 전통에서 성장한 버트런드 러셀은 훗날 언젠가 '기계에 관한 수학만큼이나 정확한 인간 행태에 관한 수학'도 나타날 것으로 믿어 의심치 않았던 시기를 회상했다. 바로 그 때 다윈<u>은</u> 또 다른 과학 혁명을 일으켰던 것이다.

위의 예문 (17b)를 읽어 보면 다윈의 진화론이 등장하게 된 배경을 이야기하면서 '다윈'이라는 인물에 상당한 무게를 실어서 표현하고자 한 원문의 의도가 퇴색되어 있다. 그러므로 예문 (17a)처럼 주격조사를 사용하여 주어를 부각시키는 번역이 원문의 의도를 제대로 살려내고 있다고 하겠다.

2.7.2. 영어 부정사의 한국어 번역과 연결어미

영어에는 동사와 비슷한 역할을 하는 부정사, 동명사, 분사 등의 유사 동사 구문이 있는데, 여기서는 특히 부정사와 관련된 번역 문제를 다루어 보려고 한다.[104] 우리는 예문 (18)과 같은 부정사 구문을 만나면 별 주저 없이 흔히 (19a)처럼 옮긴다.

(18) We eat in order to live.
(19a) 우리는 살기 위해서 먹는다.
(19b) 우리는 살려고 먹는다.

위의 예문 (19a)는 약간 어색한 느낌이 든다. 이러한 번역은 원문의 영향에서 벗어나지 못한 직역의 분위기를 벗어나지 못한다. 이에 비해서 연결어미를 사용한 예문 (19b)는 훨씬 자연스럽게 읽힌다. 원문 (18)과 같은 부정사 구문의 번역에 유용하게 쓰이는 연결어미로는 '-려고'와 '-고자' 등이 있다. 이처럼 영어의 다양한 부정사 구문은 연결어미를 적절하게 사용해서 자연스러운 한국어로 옮길 수 있다. 한국어의 연결어미 체계에 대해서 알아보자.

용언의 활용에 참여하는 한국어의 어미는 그 위치에 따라 선어말 어미와 어말 어미로 나뉜다.[105] 존칭을 나타내는 {-시-}, 시제를 나타

---

104 부정사(infinitive)란 그 술어에 드러나 있듯이 특정 주어의 인칭이나 수, 그리고 시제 등의 영향을 받지 않는 유사 동사이다. 이 부정사가 쓰인 문장에는 본래의 동사를 포함하여 동사가 둘이 된다.

105 절의 끝에 쓰여서 절을 종결시켜 주는 어미를 어말 어미(final ending)라 하고, 이 어말 어미 바로 앞에 쓰이는 어미를 선어말 어미(pre-final ending)라고 한다. 분포를 기준으로 이들을 정리해 보면 <어간 + 선어말 어미 + 어미>의 체계

내는 {-었-}과 {-더-}, 그리고 겸양을 나타내는 {-옵-} 등이 전자의 부류에 속한다. 문장을 마감시켜 주는 평서형, 감탄형 등의 종결 어미와, 문장을 연결하거나 전성시키는 비종결 어미가 후자의 부류에 속한다. 여기서 우리가 관심을 갖는 부류는 비종결 어미 가운데서 연결어미인데, 아래의 예문을 통해서 그 용법을 정리해 보자.[106]

(20a) 인생은 짧고 예술은 길다.
(20b) 하늘 저쪽이 훤하면서 소나기가 내린다.
(20c) 먹든지 말든지 마음대로 하게.

(21a) 나무라도 고목(古木) 되면 오던 새도 아니 온다.
(21b) 산촌(山村)에 밤이 드니 먼데 개 짖어 온다.
(21c) 비는 많이 오는데 논에는 물이 괴지 아니한다.

(22a) 앉아 있기도 싫은데 친구한테 꼭 붙잡혀 있다.
(22b) 꼬마들이 공을 차고 있다.
(22c) 나도 전국체전에 참가하게 되었다.
(22d) 아직 아무도 오지 않았다.

위의 예문에서 (20)의 밑줄 그은 어미는 전후의 문장을 대등한 자격으로 이어주므로 대등적 연결어미라고 한다. 여기에는 같은 기능을 보이는 {-며}, {-지만}, {-으나}, {-락 ~ -락}, {-거나 ~ -거나} 등도 포함된다. 다음으로 (21)의 밑줄 그은 어미는 앞의 문장을 뒤에 오는 문장에

가 된다.

106 여기에 나오는 예문은 『우리말본』(최현배 지음, 정음사, 1980년, 8판)의 관련 부분에서 인용했음을 밝혀 둔다.

종속적인 관계로 이어주므로 종속적 연결어미라고 한다. 끝으로 (22)의 밑줄 그은 어미는 보조용언을 본용언에 이어주므로 보조적 연결어미라고 한다. 보조적 연결어미를 제외하고 나머지 연결 어미를 그 의미 기능에 따라 다시 정리하면 다음과 같다.

(23a) 한 손에 막대 잡고 한 손에 가시 쥐고 세월을 막았더라. (사건의 나열)

(23b) 오락가락 노닐면서 은비늘 좋은 생선을 마음대로 먹는다. (사건의 동시 발생)

(23c) 까마귀 날자 배 떨어지는 격이라. (동시 연속)

(23d) 어른이 돌아가셨지만 유산은 별로 없었다. (상반된 사건)

(23e) 해지고 달 뜨면 서러움이 더해라. (조건)

(23f) 비가 왔으니까 길이 이렇게 질지. (추론 이유)

(23g) 널 다시 만나서 정말 반갑다. (이유, 원인)

(23h) 가다가 말면 아예 가지 않은 것만 못하다. (중단)

(23i) 벼는 익을수록 고개를 숙인다. (심화)

(23j) 오색 단청 딱따구리 벌레 하나 얻으려 오르며 내리며 딱따그르. (의도)

(23k) 우장(雨裝)을 허리에 두르고 김매러 갈거나! (목적)

(23l) 오든 가든 난 모르겠다. (무관)

(23m) 어쨌든 산 사람은 살아야 한다. (당위)

위에서 살펴본 대략 열세 가지의 연결어미 용법은 영어의 부정사 구문을 옮길 때 유용하게 쓰일 수 있다. (물론 이들 연결어미의 용법에도 통사론과 관련된 몇 가지 제약이 있지만 깊이 들어가지는 않는다. 한국어에 관심을 가진 번역자라면 통상적인 어감에 의존해도 큰 지장은 없을 것이다.) 그러면 실제로 이들 연결어미가 부정사 구문의 번역에 어떻게 응용될 수 있는가를, 아래 예문을 통해서 점검해 보자.

(24E) But what worried U.S. officials, including President Bill Clinton as he was awakened at 6:30 a.m. in Naples to hear the news, was who in North Korea or indeed on earth could be expected to command the authority that Kim had wielded in such matters.

중간에 자리 잡고 있는 영어 원문의 부정사 구문 'to hear the news'를 옮겨 보자. 문맥을 잘 따져보면 이 부분이 결과 표현임을 알 수 있다. 아침에 일어나는 행위는 일반적인 경우에 당사자의 의지가 개입될 수 없기 때문이다. 물론 특별한 경우, 예컨대 다음날 아침에 일찍 일어나려고 전날 밤에 미리 알람 시계를 맞춰 놓고 잠이 들었다든가 하면 몰라도. 보통은 눈이 떠져야 잠자리에서 일어나는 것이다. 사람의 의지가 개입될 수 없다면, 당연히 목적이나 의도 등의 표현은 불가능하다. 따라서 결과 표현으로 옮겨야 하는데, 여기에 맞는 연결 어미는 시간상으로 나열의 의미를 가진 '-아(어)서'가 적절하다.

(24K) 그러나 나폴리에서 아침 여섯시 반에 잠을 깨서 김의 사망 소식을 접한 빌 클린턴 대통령을 포함한 미국 관리들이 우려한 바는, 김일성이 그러한 문제들에 관하여 휘둘러온 것과 같은 (절대적인) 권한을 북한에서, 아니 이 지구상에서 과연 누가 다시 또 행사할 수 있을 것인가, 하는 문제였다.

다음에 또 하나의 예문을 살펴보자. 이 문장은 부정사 구문은 아니지만 접속사가 들어 있는 관계로 여기서도 연결어미의 사용으로 한국어 번역문의 표현 효과를 극대화시킬 수 있다.

(25E) Unfortunately even the few drops stopped and presently the moon shone in a clear sky.

위의 예문 (25)에서는 접속사와 부사의 연결 부분을 연결어미로 옮기면 되는데, 단순히 나열을 표시하는 '-고' 정도만 가지고는 만족스럽지 못하다. 이런 문맥에 적당한 연결어미가 바로 '-더니'이다. 이 연결어미는 이른바 설명 표현의 기능을 담당하는데, 윗말과 아랫말이 순차적 상황이거나 반대되는 상황이거나 어디든 쓰일 수 있다. 여기서는 영어 원문의 접속사 'and'를 기준으로 해서 전후가 서로 반대되는 상황이다.

(25K) 안타깝게도 그 몇 안 되는 빗방울조차 멈추더니 어느 틈엔가 맑은 하늘에 달이 빛나고 있었다.

이상으로 부정사 구문의 번역에 적절하게 쓰일 수 있는 한국어의 연결어미에 대해서 살펴보았다. 번역자는 원문의 의미가 만족스럽게 전달될 수 있도록 다양한 용법의 한국어 연결어미를 익혀 둘 필요가 있다. 실제로 조선시대에는 한문 원문의 번역을 두고 어떤 연결어미를 구결에 사용하느냐에 따라 학파 간의 주장이 대립되는 경우도 있었다고 한다. 아래에 한 가지 사례를 소개하기로 한다. 아래 예문 (26)을 보면 상구와 하구가 짝을 이루고 있는데 그 내용은 부귀와 빈천에 대한 것이다. 그런데 원문의 셋째 어구 '不而其道得之'는 상구와 하구가 동일하게 표현되어 있다. 이 어구에 토를 다는 구결 작업에서 상구와 하구를 동일하게 '-어든'으로 하느냐 아니면 상구는 '-어든'이고 하구는 '-라도'로 하느냐를 두고 양쪽의 주장이 첨예하게 대립되었다고 한다. 이에 대해 퇴계 선생은 『四書釋義』에서 '-어든'을 지지하면서 다음과 같이 설명했다.

(26) 富與貴, 是人之所欲也, 不以其道得之(-어든), 不處也,
貧與賤, 是人之所惡也, 不以其道得之(-라도/ -어든), 不去也.

([논어] 里仁)

(27) "부귀하게 되는 도는 선도이며, 빈천하게 되는 도는 악도이다. 군자가 몸을 닦고 도를 지켜서 대인의 덕이 갖추어지면 마땅히 천작이 따르게 된다. 그런데 불행히도 빈천하게 된다면, 이는 내가 빈천할 만한 도가 없는데도 빈천하게 된 것이다. 이와 같다면 마땅히 편안히 여겨 버리지 않아야 되니, 안연과 원헌 같은 사람들이 이 경우이다. 만약 '라도'로 읽는다면, ~ 비록 장기, 바둑, 싸움, 사치, 음란, 방탕 등 빈천할 만한 도를 취하였기 때문에 빈천하게 되었는데도 또한 버리지 않으면서 '나는 빈천에 편안하고자 한다'라고 핑계대려 하는 것이 되니~"

<퇴계의 『四書釋義』 중 [논어] 里仁편>에서

우리는 이러한 사례를 통해 조선 시대 언해 번역에서 한문 원문 어구에 연결어미로 토를 다는 현토 혹은 구결 작업이 번역에서 매우 중요한 절차였음을 알 수 있다.

2.7.3. 요약

영어 원문의 관사는 한국어 번역문에서 조사와 일정 부분 대응되는데, 정관사는 주제를 표시하는 '-은/는'과 대응하고 부정관사는 주어를 드러내는 '-이/가'와 대응한다. 그러므로 주어에 초점이 놓일 때는 한국어에서 조사 '-이/가'를 써야 하고, 서술어에 초점이 놓일 때는 조사 '-은/는'을 써야 한다. 그리고 주어가 총칭적 명사일 때는 초점의 대상이 아니기 때문에 조사 '-은/는'을 써야 한다.

영어 원문의 부정사 구문을 한국어로 번역할 때 번역자는 적절한 연결어미를 사용해서 원문의 의도를 살릴 수 있어야 한다. 특히 조선 시대의 언해 번역에서는 원문인 한문 어구에 조사나 어미를 덧붙이는 구결(현토) 작업이 번역의 핵심이 되었다.

제3장

한국어 문체로서의 한국어 번역문

3.0. 연구의 흐름

한국어 번역문을 한국어 문체의 하나로 보는 관점에서 수행된 연구는 크게 국어학적 연구와 번역학적 연구로 구분할 수 있다.[1]

전자에 속하는 일련의 연구는 영-한 번역의 결과로 산출된 한국어 번역문을 국어의 자료 집합으로 간주하고, 이들 한국어 번역문이 한국어의 문장으로 과연 바람직한 것인가를 논의하는 연구 태도를 견지하고 있다. 이러한 연구 경향을 띤 업적으로는 정국(1988), 황찬호(1988), 문용(1990) 등을 들 수 있다. 이들 연구를 일별해 보면 대체로 현대 한국어 문장에 영어식 구문과 영어 어휘가 별다른 저항 없이 기존의 한국어 표현과 어울려 사용될 정도로 깊숙하게 침투했다는 사실에 경계의 눈길을 보내면서, 문제점으로 지적된 번역문의 표현들을 자연스러운 한국어 문장 표현으로 순화하는 것이 바람직하다는 견해를 보이고 있다.

후자의 범주에 속하는 일련의 연구는 한국어 번역문의 각종 문제를 한국어 문장 차원에서만 논의하는 데서 한 걸음 더 나아가, 이들 한국어 번역문이 B→A 번역 과정에서 파생된 문제라는 차원에서 다루면서, 이들 문제에 대해 '번역투'(translationese)라는 관점에서 접근하여 번역학의 범주 안에서 다루고 있다. 실제로 이 방면의 연구를 주도한 연구 주체들이 국어학자가 아닌 번역학자라는 사실은, 이들 연구가 앞선 국어학적 연구와 어떻게 차별화되는가를 보여주는 상징적인 징표

1 보다 상세한 연구사적 흐름과 개별 연구의 구체적인 내용에 대해서는 김정우(2011b)를 참고할 수 있다.

라고 말할 수 있다. 이러한 연구 경향을 띤 업적으로는 박여성(2003), 김정우(2003a, 2007, 2010), 이근희(2005, 2008), 이미경(2007), 류현주(2009) 등을 들 수 있다.

우선 이들 연구에서는 번역투의 기능을 부정적인 역기능과 긍정적인 순기능으로 나누어서 다루었다. 역기능에 주목한 연구자들은 번역투에 대해 친숙한 모국어(목표언어) 구조를 왜곡하여 가독성에 지장을 주고, 모국어의 언어 체계를 잠식하며, 번역으로 탄생한 기형적 상투 표현이 모국어의 언어 생태계를 파괴하는 부정적인 영향을 지적한다. 순기능에 주목한 연구자들은 번역투에 대해 번역으로 탄생한 새로운 표현이 우연한 빈칸으로 존재하던 모국어의 어휘와 구문을 풍부하게 채워주고, 번역 교육의 생생한 자료로 사용될 수 있으며, 또한 번역자가 의도적으로 외국어 원문에 담긴 이국적인 정취나 풍미를 전달하고자 할 때 유의미한 번역 전략으로 활용할 수 있다는 점을 주장한다.

한국어 번역문의 특징 내지 문체를 번역학적 관점에서 조망한 연구에서 특히 주목할 것은 말뭉치를 활용한 계량적 연구이다. 여기에 속하는 연구는 대규모 번역문 자료(말뭉치)를 활용한다는 점에서 소규모 자료를 활용하는 기술적 연구와 대비되는데, 특히 대규모 자료의 통계 처리 절차가 그 자체로 소수의 자료를 분석해서는 절대 알 수 없는, 자료에 내재된 일정한 흐름을 보여준다는 데에 그 의의가 있다. 이를 테면 영-한 번역문의 특징을 조사하는 연구에서도 특정한 소수의 번역 자료를 분석 대상으로 했을 때는 자칫 무리한 일반화의 오류에 빠질 위험성이 있지만, 대규모 자료를 대상으로 하면 자료의 규모가 그 자체로 일반성을 담보할 수 있기 때문이다. 그러나 실제로 대규모 말뭉치를 추출해서 일정한 연구 관점에 따라 코퍼스를 구축하는 일은 대규모 말뭉치의 추출 자체도 힘들 뿐만 아니라 자연언어 처리와 관련된 일정 수준의 기술적 능력이 요구되는 관계로 주변에서 쉽게 목격하기는 어렵다. 코퍼스를 활용하여 번역 현상을 논의한 연구 가운데 영-한 번역문의 특징과 관련된 것으로는 이근희(2008), 조재범(2008), 김순영(2005) 등을 들 수 있다.

이들 연구는 코퍼스를 활용하여 영-한 번역문 텍스트의 제반 현상을 분석했지만, 규모라는 면에서 일반화가 가능한 수준에 이르지 못했기 때문에 코퍼스 언어학이 지향하는바 계량적 일반화에는 여전히 미치지 못했다. 이런 맥락에서 외국의 코퍼스 연구에서 활용되었던 규모의 코퍼스와 비견되는 대규모 코퍼스를 구축하여 조사한 김혜영(2009)의 연구는 중요한 의미를 갖는다.

김혜영(2009)에서는 100만 어절의 번역 텍스트 형태분석 균형 코퍼스와 100만 어절의 비번역 텍스트 형태분석 균형 코퍼스를 비교하여, 영-한 번역문의 특징을 어휘와 구문, 담화 화용 등의 층위로 나누어 제시한 다음, 이들 특징에 대한 논의를 토대로 한국어 번역문에 내재된 번역 보편소와 한국어 번역문에만 존재하는 개별 특징을 추출해 냈다. 이 연구는 기존의 연구처럼 일부 텍스트에서 한정된 규모의 자료를 뽑아서 어떤 특징을 분석하는 데 그치지 않고 대규모 코퍼스를 자료로 활용한 관계로, 영어를 한국어로 옮긴 영-한 번역문의 언어적 특징에 대한 일반적 진술을 가능하게 만드는 보다 객관적인 논의가 될 수 있다. 여기서 제시된 영-한 번역문의 일반적 특징[2]으로는 체언에서 2,3인칭 대명사와 의존명사 '것'의 출현 빈도가 높고, 용언에서 '만들다, 가지다, 의하다, -아/어지다' 등의 출현 빈도가 높으며, 수식언에서 일반 부사 '가장, 매우, 아주, 너무' 등의 출현 빈도가 높고 접속부사 '그러나, 그리고' 등의 출현 빈도가 높게 나타나는 점, '만일, 만약, -에도 불구하고' 등의 상투적 접속 표현과 '-고 있다, -아/어 왔다' 등의 복합적 시제 표현이 많이 나타나며, 단형사동에 비해 장형사동이 우세하게 나타난다는 점 등이다.

대규모 코퍼스에 의한 계량화 과정에서 획득한 위와 같은 결론의 내용은 영-한 번역문이 보여주는 일정한 흐름을 파악할 수 있는 중요한 것이지만, 여기에도 이론상 한계는 있다. 그것은 이러한 계량적 연구가 결과론적 사실만을 우리에게 보여준다는 점에 있다. 김정우(2011a)에서는 이러한 맥락에서 계량적 연구에서 드러난 영-한 번역문의 특징에 담긴 언어학적 의미를 음미하고자 했다.

3.1. 한국어 번역문과 번역 보편소

3.1.1. 번역 보편소의 유형

한때 적잖은 영문 서적을 번역하면서 궁금하던 문제가 하나 있었다. 영문 텍스트를 한국어로 옮기면 거의 매번 번역 텍스트의 분량이 대략 15~20% 정도 늘어나곤 하는데, 그때까지는 주로 영-한 번역을 했

2 여기서 말하는 영-한 번역문의 일반적인 특징이란 비번역문의 특징과 비교되는 개념이다.

으므로, 만일 한-영 번역의 경우라면 이러한 경향이 어떻게 될까가 의문의 골자였다. 단순하게 생각하면 영문 텍스트를 한국어로 옮길 때 텍스트의 분량이 늘어났으므로 반대의 경우, 즉 국문 텍스트를 영어로 옮길 때는 텍스트의 분량이 그만큼 줄어들어야 이치에 맞을 것 같았다. 그런데 기회가 되어 실제로 몇 차례 한-영 번역 작업을 해보니, 텍스트의 분량은 영-한 번역 때와 마찬가지로 거의 비슷한 분량이 늘어나는 것이었다. 그렇다면 목표언어가 한국어든 영어든 이와 같은 번역문 텍스트 분량의 증가는 한국어와 영어의 차이 때문에 발생한 것이 아니라, 해당 텍스트가 일차적으로 생성된 원전 혹은 비번역문이 아니고, 번역문이기 때문에 발생한 것이라는 경험적 가설을 세워볼 수 있다.[3]

이와 같이 어떤 텍스트가 원문이 아닌 번역문이기 때문에 가지게 되는 일련의 특징을 번역 보편소(translation universals)라고 부른다. 지금까지 연구된 바에 따르면, 단순화와 명시화, 규범화, 상호합치 등이 번역 보편소의 목록에 포함된다. 처음 세 가지는 비번역문 혹은 원문과 비교한 번역문의 특징이고, 마지막 하나는 번역문들 상호 간에 보이

---

3 이와 같은 맥락에서 최정아(2003)는 말뭉치를 자료로 삼아 영-한, 한-영 번역 시에 일어나는 단어 수효의 증감을 논의했다. 증감이 일어나는 요인으로 영어와 한국어의 구조 차이(굴절어와 교착어) 및 번역자의 번역 전략 차이를 들었다. 계량적 방법으로 번역문에 나타나는 유의미한 경향을 확인한 연구라는 의의를 인정할 수 있지만, 단어에 대한 기준을 영어와 한국어에 동일하게 적용할 수 없었던 점이 한계이다. 즉, 한국어 품사론에서 말하는 종합적 견해를 따라 곡용과 활용을 마친 어절 단위를 한국어 단어로 간주했기 때문에 한국어 텍스트에서 일어난 단어 수효의 감소는 충분히 예측할 수 있는 결과였다.

는 특징이다.

단순화란 번역문이 비번역문에 비해 여러 측면에서 간소화한 특징을 갖는다는 것으로 그 핵심은 어휘적 다양성과 정보량의 감소에 있다. 어휘 항목 혹은 사전의 표제어 형태(type) 대 실제 실현된 횟수(token)의 비율이 낮고 고빈도 단어의 출현 비율이 높아서 결과적으로 다양한 어휘가 사용되지 않는다는 것이 전자의 특징이고, 문법 기능어에 비해 실질 내용어의 출현 비율이 낮아서 결과적으로 정보의 다양성이 떨어진다는 것이 후자의 특징이다.

명시화란 목표언어의 독자를 위하여 원문에 없거나 문맥에 내재된 내용을 명확하게 드러내 표현하는 특징을 가리킨다. 이러한 명시화의 결과로 번역문에는 수식어나 접속어, 양화사 등 문법 장치가 늘어나고, 추가 정보를 덧붙이거나, 대명사 등의 중의성을 해소하는 현상이 두드러지게 나타난다.[4]

규범화[5]란 원문에 나타난 텍스트 고유의 특징을 목표언어의 언어와 문화 규범에 맞게 조절하는 특징을 가리킨다. 가장 쉽게 알 수 있는 규범화의 용례로는 개별 언어에 따라 상이한 문장부호 용법의 변환을 들 수 있다.

상호합치란 말 그대로 번역문들이 서로 간에 유사성을 보인다는

---

4 번역자가 명시화를 실현하는 방법은 대개 문법 정보나 내용 정보의 추가로 나타나서, 앞서 말한 텍스트의 분량 증가를 가져오는 주된 요인으로 작용한다. 그러나 명시화가 반드시 정보나 장치의 '추가'로만 실현되는 것은 아니어서, 어떤 자질의 '삭제' 곧 부재(不在)로 실현되기도 한다.

5 표준화라는 용어로 부르기도 한다.

것인데, 주로 어휘 항목 대 실제 실현 횟수 비율과 어휘 밀도, 문장 길이 등에서 번역문들이 평균값에 수렴하는 경향을 보여 결과적으로 비번역문보다 이들 수치의 분산값이 낮게 나타나는 특징을 보인다.

이들 네 가지 번역 보편소는 제각기 동떨어진 특징이 아니라 서로 밀접한 연관관계를 맺고 있다. 예컨대 고빈도 어휘의 사용으로 인한 어휘적 다양성의 감소는 번역문들 상호 간에 어휘적 획일성을 낳고 이는 결과적으로 상호합치의 특징으로 이어진다. 마찬가지로 목표언어 독자의 이해를 돕고자 접속어를 첨가하는 명시화는 문법 기능어의 사용 빈도를 높이는 단순화로 이어진다. 또한 명시화는 규범화와 일정 부분 관련을 맺을 수밖에 없고, 이들 보편소는 번역문들의 유사성을 높여 상호합치의 경향을 드러내는 요인이 될 수 있다.

그런데 이와 같은 번역 보편소를 확인하려면, 무엇보다 번역문과 비번역문으로 이루어진 대규모의 말뭉치가 필요하다. 일정 규모 이상의 말뭉치를 조사해야만 계량적인 일반화를 담보할 수 있기 때문이다.[6] 물론 원천언어도 영어, 일본어, 중국어 등 다양성을 갖추어야 진정한 일반화에 의한 번역 보편소를 찾아낼 수 있을 것이다.[7]

3.1.2. 번역 보편소와 한국어 번역문

대규모 병렬 코퍼스를 활용한 김혜영(2009)의 연구 결과에 따르면, 적어도 영어에서 번역한 한국어 번역문은 단순화와 상호합치(수렴화)의

6 언어학과 전산학, 번역학, 문헌정보학 등의 협동 작업이 요구되는 분야이다.

7 여기서도 영어에서 번역한 한국어 번역문의 특징만을 논의 대상으로 삼았다.

번역 보편소를 보여준다. 구체적으로 품사별 빈도에서 정보성이 낮고 어휘의 다양성이 낮아서 단순화의 특징을 보여주고, 관형사와 격조사를 제외한 모든 품사에서 텍스트 유형 간의 상대 빈도가 유사해서 상호합치의 특징을 보여준다는 것이다. 영-한 번역문에 번역 보편소인 단순화와 상호합치가 나타난다는 사실을 입증한 것도 중요하지만, 영-한 번역문의 개별적 특징을 계량화했다는 점이 이 연구의 더욱 큰 의의라고 할 수 있다.

이 연구에서 밝혀낸 영-한 번역문의 개별적 특징을 언어 단위별로 나누어 정리하면 다음과 같다. 먼저 어휘와 형태 층위를 보자. 체언에서는 일인칭 대명사의 빈도가 낮고 이인칭과 삼인칭 대명사의 빈도가 높으며, 삼인칭 대명사에서는 '그, 이것/이거, 그것/그거' 등이 많이 쓰이며, 이인칭 대명사에서는 '당신, 그대, 여러분' 등이 많이 쓰인다. 의존명사는 '것/거'와 '때문'이 많이 쓰인다. 용언에서는 '만들다, 가지다, 의하다, 대하다' 등의 동사가 많이 나타나고, 통사적 피동에 사용되는 '-아/어 지다' 형태가 많이 나타난다. 수식언에서는 단형 부정문에 사용되는 부사 '안, 못'이 적게 나타나고, 정도 부사 '가장, 매우, 아주, 너무'가 많이 나타난다. 접속 부사 '및, 혹은, 그런데, 한편'이 적게 나타나고, '그리고, 그러나, 하지만, 왜냐하면'이 많이 나타난다. 관계언(조사)에서는 주격조사 '-이/가'의 빈도가 낮게 나타나고, 관형격조사 '-의'와 부사격조사 '-에게서, -으로부터, -으로' 등의 빈도가 높게 나타난다. 서술어 '되다'의 보충어 자리에 보격조사 '-이/가' 대신 부사격조사 '-(으)로'가 많이 쓰인다. 보조사 중에서는 '-은/는'이 많이 쓰인다. 주격조사 '-이/가'에 비해 주제 표시 보조사 '-은/는'이 과도

하게 많이 나타난다.

다음으로 구문 층위를 보자. 종속접속에서는 상투적 번역어가 많이 나타나는바, 예컨대 인과 관계를 나타내는 '왜냐하면', 조건 관계를 나타내는 '만약, 만일', 양보 관계를 나타내는 '불구하고'가 많이 쓰인다. 보조용언이 결합한 시간 표현('-고 있다', '-아/어 왔다', '-을 것이다' 등)이 선어말어미에 의한 시간 표현보다 우세하다. 또 피동 표현 자체가 (비번역문에 비해) 많이 나타나고 '-에 의하여'를 행위자로 하는 피동 표현이 두드러진다. 사동 표현에서는 '-게 하다' 혹은 '-게 만들다' 구성에 의한 장형 사동문의 빈도가 높다. 단형 부정이 적으며, '-수 없다'로 표현되는 어휘적 능력 부정 형식이 많이 나타난다.

마지막으로 담화 층위를 보자. 대등접속에서는 병렬접속과 선택접속의 쓰임이 적고 대조접속('그러나, 하지만')의 쓰임이 많으며, 그 결과로 전환접속('그런데')의 쓰임이 현저히 낮다. 그리고 지시 표현에서 삼인칭 대명사가 많이 쓰이고 이인칭과 삼인칭 대명사는 평칭이 적게 쓰이고 존칭이 많이 쓰인다. 높임 표현에서는 선어말어미 '-(으)시-'에 의한 주체존대 형식의 빈도가 낮게 나타난다.

이상에서 언급한 영-한 번역문의 특징 가운데 일부는 그리 힘들이지 않고도 원천언어인 영어의 간섭으로 해석할 수 있다. 예컨대 이인칭 대명사 '당신, 그대, 여러분' 등과 삼인칭 대명사 '그, 이것/이거, 그것/그거' 등이 많이 쓰인다는 것은 주어와 대명사화를 필수적으로 요구하는 영어 구문을 번역하면서 발생한 현상이며, '만들다, 가지다, 의하다, 대하다' 등의 동사가 많이 나타나는 것은 사역동사 구문을 번역하면서 발생한 현상이고, 통사적 피동에 사용되는 '-아/어 지다' 형태와 '-에 의하여'를 행위자로 하는 피동 표현이 두드러진다는 것은 통사적 절차로 수행되는 영어의 수동태 구문을 번역하면서 발생한 현상으로 해석된다. 그리고 인과 관계와 조건, 양보를 나타내는 상투적인 번역 표현('왜냐하면', '만약', '불구하고' 등)이 많이 나타나는 것도 접속사 범주가 존재하는 영어 구문의 간섭으로 해석할 수 있다. 또 '수 없다' 형식의 빈출 역시 영어 원문의 조동사(can) 구문이 간섭한 결과로 해석할 수 있다.

나머지 특징의 일부는 잘 살펴보면, 앞서 언급한 번역 보편소의 관점에서 설명이 가능한 것이 몇 가지 눈에 뜨인다. 부정문의 유형 중에서 장형 부정문이 단형 부정문보다 많이 나타나고, 사동문의 유형 중에서 통사적 절차인 장형 사동문이 어휘적 절차인 단형 사동문보다 많이 나타나며, 시제 범주에서 보조용언이 결합한 시간 표현이 선어말어미에 의한 시간 표현보다 많이 나타나는데, 이들은 모두 유표적 문법 절차라는 공통점을 갖는다. 예컨대 장형 사동문의 경우를 보면, 이는 영어 원문의 사역동사 구문을 직역한 데서 비롯된 결과가 아니라, 사역(causative)이라는 의미 기능을 목표언어 독자들에게 분명하게 전달하기 위해 사역의 의미 기능을 두드러지게 표시할 수 있는 문법 장치로 표현하려는 전략(구조 대 구조의 번역 전략)을 선택한 결과로 이해된다. 그렇다면 이들 특징은 구조적 명시화라는 이름으로 불러도 무방할 것이다.

그렇지만 비번역문에 비해서 번역문에 의존명사 '때문'이 빈출한다든가, '그러나'로 대표되는 대조접속 표현이 '그런데'로 대표되는 전환접속보다 우세하게 나타나는 등의 현상은 위와 같은 방식으로 쉽게 설명할 수 있는 문제가 아니다.[8] 이 문제는 원문과 번역문을 나란히 두고 양쪽을 대조해 보아야 설명의 실마리를 찾을 수 있다. 이에 대해서는 절을 달리 하여 이야기하기로 한다.

3.1.3. 한국어 번역문의 개별 특징과 번역 보편소의 관련성

이러한 맥락에서 김정우(2011a)에서는 각각 25만 어절 규모의 영어 원문과 한국어 번역문 병렬코퍼스를 활용해서, 영-한 번역문의 개별 특징들이 어디서 비롯된 것인가를 조사해 보았다. 번역문과 원문으로 구성된 병렬코퍼스를 활용하여 실행한 네 층위에 걸친 자료 조사를 통해서, 번역문만으로 구성된 코퍼스를 계량화한 정량적 분석에서는 미처 얻을 수 없었던 몇 가지 영-한 번역문의 특징을 확인할 수 있었다. 그 중요한 내용을 아래에 층위별로 정리해서 제시하기로 한다.

3.1.3.1. 의존명사 '때문'과 선택적 명시화

영어 원문과의 대조를 통해 의존명사 '때문'이 무엇에서 번역된 결과인가를 조사했다. 그 결과, 원문에는 그것과 상응하는 언어적 근거 형태가 없지만 앞뒤 문맥에서 유추해 번역에 반영한 용례(이른바 '영형태의 번역)가 가장 많았는데(249/559, 44.5%), 이는 명시화 보편소의 특징이 잘 드러난 전형적인 사례이다. 다음 예문을 살펴보자.

8 계량적 통계 분석의 한계이다. 계량적 분석은 결과론적 기술일 수밖에 없기 때문이다.

(1K) 린지는 체구가 작기 때문에 언니에게 물려받은 옷이 아직 잘 맞지 않는 것처럼 언제나 재킷 소매가 좀 길다.

(1E) Lindsay is petite. Her jacket sleeves are always a bit too long for her, as if she ~

위의 예문 (1)에서 보듯이 원문 (1E)에는 이유나 원인을 표시하는 아무런 언어 표지도 없는데, 번역자가 전후 문맥을 보고 이유나 원인을 표시하는 어구를 (1K)의 해당 위치에 넣어 번역한 것이다. 주지하다시피 명시화란 원문에는 없지만 목표언어 독자들의 가독성을 높일 목적으로 문맥상의 지식이나 관련 상황을 참고하여 번역문에 정보를 덧붙이거나 빼는 번역 방법이다. 여기서 명시화의 실현 수단으로 의존명사 '때문'이 선택된 것은 이 단어가 앞뒤 문맥의 논리적 연결 관계를 나타내는 대표적 어휘라는 데서 그 이유를 찾을 수 있다.[9] 그리고 이러한 명시화는 원천언어와 목표언어의 언어구조적 차이에서 비롯되었다기보다, 목표언어 독자들의 가독성을 증진시킬 의도로 번역자가 채택한 번역 방법이므로 소위 선택적 명시화(안동환 역 2008: 77)의 일종이다. 영-한 번역문에 나타나는 의존명사 '때문'과 명시화의 관계는 다음과 같이 정리해볼 수 있다.

(가) 영어를 한국어로 옮긴 번역문에 의존명사 '때문'이 빈번하게 출현하는 것은 목표언어 독자들의 가독성 증진을 위해 번역

9 명시화의 기제로 응집성 표지나 연결 성분이 선택된다는 점과, 그 결과로 접속사와 같은 연결 표현이 비번역문에 비해 번역문에 월등하게 많이 나타난다는 점은 이미 외국의 코퍼스 분석 연구에서 보고된 바 있다. 안동환 역(2008: 74~7) 참고.

자가 선택적 명시화의 방법을 사용한 결과이다. 이는 한국어 번역문의 의존명사 '때문'을 영어 원문과 대조했을 때 문맥에서 유추한 (즉, 영형태에서 번역된) 용례가 가장 많았다는 사실로 입증된다.

(나) 의존명사 '때문'은 한국어 어휘 체계에서 일정한 의미 영역을 공유하는 일련의 어휘('탓', '덕분/덕택')와 중복 분포를 보이는데, 영-한 번역문에서는 '탓'과 '덕분/덕택'이 쓰일 자리에 '때문'이 나타나는 경우가 많았다. 이것 역시 번역자가 상대적으로 의미 적용영역이 넓은 어휘를 선택한 선택적 명시화의 결과로 볼 수 있다. 유관한 의미장[10]을 가진 단어들의 집합에서 의미의 적용영역이 넓다는 것은 일반적인 의미를 갖는 상위어(hypernym)의 속성을 가지고 있다는 뜻이므로[11], 번역자가 이러한 상위어를 선택한다는 것은 미시적인 의미 차이를 희생하더라도 목표언어 독자들에게 한층 분명한 의미를 전달하려는 의도에서 비롯된 현상이다.[12] 하나의 어휘장에서 이와 같이 상위어를 선택하는 경향이 심화되면 이 상위어의 텍스트 출현 빈도가 다른 단어에 비해 상대적으로 높아져서 어휘 사용의

10 여기서는 '이유나 원인을 나타내는 의존명사' 정도의 기능 의미를 가리킨다.

11 이에 비해 '탓'과 '덕분/덕택'은 하의어(hyponym)라고 할 수 있다. 이들 단어는 '때문'과 비교할 때 [+부정적 상황], [+긍정적 상황]이라는 성분 자질을 각각 하나씩 더 가지고 있다.

12 김혜영(2009: 45)에서는 '때문'을 의미중립적 어휘라고 불렀다. 표현은 다르지만 동일한 의미를 지적한 것으로 이해할 수 있다.

다양성이 줄어드는 단순화 경향을 노정하게 된다.[13]

(다) 선택적 명시화는 목표언어 독자들의 가독성 증진에 효과적이지만, 텍스트의 상황에 따라 제한적으로 적용되어야 한다. 텍스트의 긴장감을 떨어뜨리거나 지나치게 논리적인 설명문으로 변질될 과잉 번역의 위험성이 도사리고 있기 때문이다.

3.1.3.2. 장형사동 구문과 구조적 명시화

영어 원문과의 대조를 통해서 한국어 번역문에 나타나는 장형사동이 원문의 어디서 왔는지를 조사한 결과, 영어 원문에 사역동사가 있는 구문을 장형사동 구문으로 옮긴 용례(65건, 14.4%)는 원문의 일반 동사 구문을 장형사동 구문으로 옮긴 용례(222건, 49.3%)에 훨씬 못 미쳤다.[14] 먼저 사역동사 구문을 장형사동 구문으로 옮긴 경우부터 검토해 보자. 여기에 속하는 용례들 가운데서 일부는 단형사동 구문으로 대치될 수 있다는 점에서, 이러한 현상은 어느 정도 원천언어와 목표언어의 언어구조 차이에서 비롯된 구조적 명시화로 해석할 여지가 있다.[15] 아래의 예문 (2K)는 (3K)로 교체가 가능하다.

13 더 나아가서 다른 한국어 번역문에도 의존명사 '때문'이 비번역문에 비해 높은 비율로 출현하리라는 사실을 예측할 수 있다. 그렇다면 이는 번역문들 상호 간에 편차가 줄어드는 상호합치(수렴화)의 사례가 될 것이다.

14 이 밖에 상응하는 특정한 동사나 구문이 없는 상태에서 번역문에 장형사동 구문이 나타나는 경우(163건, 36.3%)도 있었다.

15 여기서 '어느 정도'라는 표현을 사용한 것은 단형사동 구문으로 대치될 수 없는 경우를 배제하기 위한 조처이다.

(2K) 테이트는 머레이에게 어깨를 잡게 하고 자기는 다리를 잡아 펨브리를 계단 앞으로 옮겼다.

(3K) 테이트는 머레이에게 어깨를 잡히고 자기는 다리를 잡아 펨브리를 계단 앞으로 옮겼다.[16]

위 (2), (3)과 같은 예문이 구조적 명시화의 사례가 되는 것은 한국어에서 단형인 어휘적 사동(접사 부착)이 기본적 사동구문 형성 절차이고, 장형인 통사적 사동이 부차적 사동 형성 절차(periphrastic causativization)이기 때문이다. 다시 말해 영어 원문의 사동 구문을 한국어로 옮길 때 기본적인 어휘적 파생과정('이', '히', '리', '기' 등의 접사 부착)으로 처리하지 않고, 통사적 문법 장치('-게 만들다', '-게 하다')에 의지해서 처리한 것은 일종의 구조적 명시화의 번역 방법이 반영된 결과로 볼 수 있다.[17]

다음에 일반 동사 구문을 장형사동 구문으로 번역한 경우를 검토해 보자. 일반 동사 구문을 장형사동 구문으로 번역한 용례는 위에 언급한 사역동사 구문의 경우보다 구조적 명시화로 볼 수 있는 가능성이 더욱 높다. 이는 원천언어(영어)와 목표언어(한국어)에 의미가 일 대 일로 대응되는 동사가 마련되어 있지 않은 상황에서 번역자가 임의

16 『표준국어대사전』의 '잡히다'의 뜻풀이와 용례 참고. '잡다'의 사동사. (예) 아이에게 겨우 연필을 잡혔지만 아이는 아무것도 쓰지 않았다. 흔히 쓰는 '말 타면 경마 잡히고 싶다.'도 유사한 용법이다. 그렇지만 이 사동사 '잡히다'가 현재 활발하게 쓰이지 않는 관계로 '잡게 하다'가 훨씬 이해하기 쉬운 것은 사실이다. 그렇지만 '어깨'와 '다리'가 대구로 제시되어 있으므로 '테이트가 자기 어깨를 잡히는' 피동형으로 오해될 위험성은 크지 않다.

17 간단히 말해 '구조 대 구조'의 번역이다. 원문의 의미를 보다 분명하게 전달하기 위해 원문의 구조를 번역에 반영했다는 점에서 구조적 명시화로 볼 수 있다는 것이다.

로 장형사동 구문을 도입한 것이기 때문이다. 이러한 현상은 특히 익숙한 형용사에서 파생된 동사가 원문에 보일 때 더욱 두드러진다. 다음의 예문 (4)가 그러한 경우에 해당한다.

(4K) 꽃은 얼굴 증기욕에 사용하거나 요구르트나 오이즙과 섞어서 건조하고 기름진 피부를 깨끗하고 부드럽게 하는 데 사용한다.

(4E) The flowers are used in facial steam baths or mixed with yogurt or cucumber juice to cleanse and soften dry or oily skin.

위의 예문 (4K)에서 밑줄 그은 어구 '부드럽게 하는'은 영어 원문의 동사 'soften'을 번역한 것인데, 단일한 단어를 대응시키지 않고 형용사(부드럽다)의 부사형에 접미사 '하다'를 결합한 통사적 어구로 대응시켰는데, 이것은 어휘적 파생 절차(soft→soften)를 문법 장치에 의지한 통사 절차로 처리한 것이다. 만일 번역자가 어휘적 차원에서 번역어를 모색했다면 '연화하다(軟化-)' 정도를 떠올릴 수도 있었을 것이다.[18]

마지막으로 번역자가 임의로 도입한 의역 과정에서 사용된 장형사동 구문에 대해 검토해 보자. 이러한 경우에 해당하는 용례는 장형사동 구문의 용법 확장으로 볼 수 있다.[19] 이와 같은 장형사동 구문의

---

18 번역문에 문법적 장치의 수효가 증가한다는 보고(안동환 역 2008:89)도 현재의 논의에 참고가 된다. 한편, 원전의 특유한 문장구조가 '평이한 통사구조로 교체되는 현상'(*ibid.*, 78)을 규범화의 특징으로 지적한 사실을 고려한다면, 명시화와 규범화는 정반대의 길을 걷는 경향으로 볼 수 있다. 한국어에서는 장형과 단형이 모두 가능하다면 접사의 첨가에 의한 어휘적 단형사동이 문법 형식의 결합에 의한 통사적 장형사동보다 더욱 고유한 사동구문 표현 방식이기 때문이다.

19 '하다'라는 형태가 다른 동사를 대신할 수 있는 대동사(pro-verb)라는 점도 이러

용법 확장은 필연적으로 번역문에서 형태와 통사 형태의 다양성이 감소되는 단순화 경향을 낳게 된다. 이상의 내용에 근거하여 우리의 논의를 정리해 보자.

(가) 한국어 번역문에 장형사동 구문이 빈출하는 이유는 영어 원문의 사역동사 구문을 기계적으로 대응 번역한 데서 비롯된 것이 아니라, 사역동사와 일반 동사 구문을 번역할 때 사역([+causative])이라는 의미기능을 목표언어 독자들에게 명확하게 전달하기 위해 한국어에서 동일한 의미기능을 가진 통사 결합('-게 만들다', '-게 하다')으로 처리하는 번역 방법을 채택한 데서 비롯된 구조적 명시화의 결과이다.

(나) 한국어 번역문에 보이는 장형사동 구문의 일부는 한국어에 고유한 어휘적 단형사동 구문으로 교체할 수 있다.

(다) 한국어 번역문에서 장형사동 구문의 용법은 상당한 확장 추세를 보이는데, 이는 한국어 번역문의 형태·통사적 다양성을 감소시켜 관련 용법의 단순화를 유발하게 된다.[20]

3.1.3.3. 문장 접속부사와 선택적 명시화

영어 원문과의 대조를 통해서 한국어 번역문의 문장 접속부사 '그러나'('하지만', '그렇지만' 포함)와 '그런데'('근데' 포함)가 무엇에서 번역된 결과

한 통사 형식의 사용을 촉발했을 것이다.

20 여기서도 의존명사 '때문'의 경우와 마찬가지로 이러한 경향이 번역문들 사이의 편차 감소로 나타나는 상호합치(수렴화)로 나아가게 된다는 사실을 지적할 수 있다.

인가를 조사한 결과, '그러나'와 '하지만'은 접속사 'but'을 번역한 것이 가장 많았고(각각 129건/40.9% 및 239건/64.5%), '그런데'는 문맥에서 유추해서 영형태를 번역한 것이 가장 많았다(54건/46.1%). 다음으로 많았던 용례는 '그러나'와 '하지만'의 경우에 문맥에서 유추해서 영형태를 번역한 것(각각 105건/33.3% 및 77건/20.8%)이고, '그런데'의 경우에 접속사 'but'을 번역한 것(33건/28.2%) 등이었다.

여기서 특히 눈길을 끄는 것은 번역자가 원문에 상응하는 언어적 대응 형태가 없는 상태에서 문맥 지식에 의존해서 '그러나'와 '하지만' 및 '그런데'로 번역한 용례가 상당히 높은 빈도로 출현하고 있다는 사실이다. 이것은 원문에 언어상으로 드러나 있지 않은 암묵적 정보를 목표언어 독자들에게 더욱 명확하게 전달할 목적으로, 한국어의 대표적 연결 표현인 문장 접속부사를 도입한 데서 비롯된 전형적인 명시화의 결과로 해석할 수 있다. 이때 명시화의 실현 수단으로 문장 접속부사가 선택된 것은 앞서 의존명사 '때문'의 경우와 마찬가지로, 이러한 문장 접속부사 역시 전후 문맥의 논리적 연결 관계를 나타내는 문법 장치라는 점에서 그 이유를 찾을 수 있다. 한국어 번역문에 나타난 이들 문장 접속부사의 분포 상황을 종합하여 문장 접속부사와 관련된 논의를 다음과 같이 정리해보자.

(가) 한국어 번역문에 문장 접속부사가 빈번하게 출현하는 것은 원문의 문맥을 더욱 명확하게 목표언어 독자들에게 전달하려는 번역자의 의도가 반영된 선택적 명시화에서 비롯된 현상이다.

(나) 일반적으로 역접의 의미기능을 수행하는 문법형태로 알려진

'그러나'와 '하지만'은 어체(語體)에 따른 상보적 분포를 보이지 않는다. 전자는 표층적인 대조 기능을 수행하는 데 비해 후자는 심층적인 대조 기능을 수행하는 중복 분포를 보이고 있다. 여기에 전환의 의미기능을 수행하는 '그런데'까지 포함하면 대조의 강도는 '그러나' > '하지만' > '그런데'의 순서가 될 것이다. 이는 영어 원문의 접속사 'and'를 번역한 용례의 빈도가 '그런데' > '하지만' > '그러나'의 순서대로 나타나는 현상으로 뒷받침된다.

(다) 김혜영(2009: 63~8)에서는 한국어 번역문에 대조 접속 '그러나'의 쓰임이 많은 이유를 원문의 대조 접속사 'but'을 번역하는 과정에서 전환 관계의 쓰임을 강한 대조로 잘못 번역한 데서 찾고 있는데, 이러한 논의를 전적으로 수용하기는 어려울 것으로 보인다.

3.1.3.4. 문장부호 줄표(dash)와 규범화

영어 원문의 줄표(dash)가 한국어 번역문에서 어떻게 번역되었는가를 조사한 결과는 다음과 같았다. 영어 원문의 줄표는 한국어 번역문에서 7가지 유형으로 나타났는데, 줄표를 전후해서 문장이 분할되어 새 문장이 형성되는 경우가 가장 많았고(40.5%), 다음으로 줄표와 관련된 원문의 어순이 뒤바뀌면서 연결 표현과 함께 번역문에 나타나는 용례(19.5%)와 원문의 어순을 지키면서 연결 표현과 함께 번역문에 나타나는 용례(18.1%)가 그 뒤를 이었다. 이 밖에 줄표와 관련된 어구가 번역에 전혀 반영되지 않고 누락된 경우(11.2%), 말줄임표로 변환된 용례(7.1%), 괄호로 묶여 나타나는 용례(2.3%) 및 쉼표를 거느린 독립어구로 나타나는 용례(1.3%) 등이 있었다.

여기서 특히 주의를 끄는 것은 영어 원문의 줄표가 한국어 번역문에서 형태상으로 동일한 줄표로 나타나는 용례가 단 한 건도 없었다는 사실이다. 이러한 조사 결과는 "(영어의) '대시'와 (한국어의) '줄표'는 기능적으로 공통되는 부분이 많아서 … <중략> … 기능적으로 등가를 이루며 도착어 용법에도 적당하다"(김도훈 2010: 52)라는 언급과 상반된다. 이러한 양상은 적어도 한국어를 사용하는 전문 번역자나 편집자 집단에서 줄표를 아직까지 쉼표나 마침표, 가운뎃점 등과 같은 통상적 문장부호로 받아들이고 있지 않다는 의미로 이해할 수 있다.

이러한 논의에 근거하여 영어 원문의 줄표에 대한 한국어 번역문의 보편적 특징을 찾는다면, 그것은 원천언어인 영어 특유의 텍스트 특징을 목표언어의 전형적인 텍스트 특징에 순응하도록 만드는 규범화이다.[21] 다시 말해 한국어 문어 텍스트의 규범에서는 영어 원문에 나타난 줄표와 관련된 어구를 번역할 때 이 영어 문장부호의 수용을 거부하고 기존 한국어 문어의 규범에서 허용된 다른 표현 방식을 활용한다는 것이다.

우리는 앞서 김혜영(2009)에 담긴 연구사적 의의에 대해 말했는데, 보다 거시적인 두 가지 주제에 대한 조사가 빠진 점은 현대국어 번역문의 특징을 다루는 우리의 주제와 관련하여 상당한 아쉬움으로 남

21 안동환 역(2008: 78)에도 네덜란드어와 영어 사이의 번역 자료를 활용하여 구두점 표기의 교체 현상이 보고되어 있다. 그리고 '때문'의 용례 조사에서 문장부호(줄표, 쌍점)의 번역에서 비롯된 것이 일부(17건) 발견되었는데, 이것도 규범화의 사례에 넣을 수 있다.

는다.

하나는 비번역문과 번역문에 나타나는 동사와 명사의 사용 비율이다.[22] 이 문제는 이희재(2009: 35-51)에서 말하는 '동사-중심적 한국어'('동적인 한국어')라는 개념과 관련하여, 번역문에 원천언어인 영어의 간섭이 미쳐 비번역문보다 동사의 사용 비율이 낮을 것이라는 가설을 세울 수 있기 때문이다. 다음 예문에서 전치사를 매개로 앞의 명사구를 수식하는 원문의 구조를 보존한 (6Ka)보다 이 명사구를 동사구로 전환한 (6Kb)가 "한결 아름다운 한국어 문장"(이희재 2009: 45)으로 느껴진다.[23]

(5E) The film was a beautiful evocation of traditional Korea.
(6Ka) 영화는 한국 전통의 아름다운 재현이었다.
(6Kb) 영화는 한국의 전통을 아름답게 재현했다.

다른 하나는 비번역문과 번역문에 나타나는 고유어와 한자어의 사용 비율이다. 이 문제는 한국어의 어휘부가 고유어와 한자어로 구성된 독특한 혼종어 체계라는 점에서 의미가 있을 뿐만 아니라, 한글 글쓰기의 전통이 사실상 한문 전적의 언해에서 비롯되었다(전성기: 2008)는 점에서 특히 우리의 주제와 연관되어 있다.[24]

---

22 김혜영(2009)의 연구는 한국어 번역문의 특징을 조사할 때 먼저 언어 층위별로 나누고, 같은 언어층위 안에서 용언, 체언, 수식언 등의 범주를 나누었기 때문에 범주를 교차하는 조사와 분석이 애초에 기대하기 어렵도록 설계되었다.

23 '아름답다'는 표현이 지나치게 비과학적이라면 '안정감이 든다'는 표현으로 바꾸어도 무방하다.

24 서구 외래어의 사용 비율까지 포함하는 연구도 필요할 것으로 생각된다.

지금까지 주로 현대국어 영-한 번역문에 대해 계량적인 방식으로 접근해서 그 특징을 개괄해 보았다. 앞서도 '간섭'이라는 용어를 사용하기는 했지만, 계량화만으로는 정확한 실상을 알 수 없는 현대국어 영-한 번역문의 한 가지 경향을 기존 연구와 개인적 경험에 비추어 한 가지만 지적해보고자 한다.

3.1.4. 현대 한국어 번역문과 직역주의

작금에 나오는 번역서는 가독성이라는 측면에서 80~90년대의 번역 수준에서 한 단계 올라선 느낌이다. 지금 시점에서 앞선 시기에 나왔던 번역문의 실태 연구를 접하면, 먼 옛날의 이야기처럼 느껴질지도 모른다. 예컨대 다음 예문의 밑줄 친 어구에 보이는 어색하게 남용된 이인칭대명사는 이제 더 이상 구경하기 어렵다.[25]

(7E) "Are you very hungry?" said the goat. "And is it your dinner time? And would you like to eat me?"

(7K) "<u>당신</u>은 그렇게 시장하십니까?"하고 산양은 말했습니다. "지금이 <u>당신</u>의 점심때입니까? <u>당신</u>은 나를 먹고 싶지요?" (1952년판 이솝우화)

사실상 현재 웬만한 수준에 이른 번역서는 상당히 세련되어 독자들이 거의 거부감을 느끼지 않고 읽을 수 있다. 그런 이면에 우리의 상식

---

25 그래도 대명사의 사용 자체는 크게 줄어들지 않았다. 이희재(2009: 67)에서는 현대의 번역자들에게 대명사의 사용이 늘어났다고 말하면서, "대명사를 안 쓰면 불안하다고 느끼는 모양"이라고 지적한다.

과 조금 다른 경향이 자리 잡고 있는데, 바로 직역주의(이희재 2009: 15-34)이다. 세련된 번역이 의역일 것으로 생각하는 것이 일반의 상식이기 때문이다. 다음 예문을 살펴보자.

(8E) Germany's departure from the League of Nations intensified the mutual interest in an improved relationship.

(9Ka) 독일이 국제연맹에서 탈퇴하면서 두 나라 모두 관계 증진에 전보다 관심을 쏟았다.

(9Kb) 독일의 국제연맹 탈퇴는 관계 증진을 위한 상호 관심을 증강시켰다. (이희재 2009: 38)

명사를 중시하는 표현을 즐기는 영어와 달리 한국어는 동사를 중시하는 표현을 선호한다는 명제[26]를 상기한다면, 원문 (8E)에 대한 자연스러운 한국어 번역은 (9Ka)가 되겠지만, 구문 형식을 거의 그대로 모사한 (9Kb)에 대해서도 독자들이 그다지 큰 거부감을 느끼지 않는 것도 사실이다. 독자들의 직역주의 선호 경향은 장민호(2004: 43)에서도 확인할 수 있다. 여기서는 앞선 연구 결과를 인용하여, 영-한 번역소설을 대상으로 한 조사에서 도착언어 문화에 맞게 번역해야 좋다는 통념과 달리 출발언어와 문화를 그대로 반영한 직역투의 호칭과 화법을 더 자연스럽게 받아들인다는 역설적인 보고를 소개하고 있다. 장민호(2004: 43)에서는 특히 이에 대해 '번역을 도착언어 문화에 맞게 해야 한다'는 명제는 여전히 유효하지만, "도착언어 문화 또는 도착언어 독자가 외래문화의 영향을 받았을 때는 도착언어 문화(독자)가 변

26 2.2절의 내용을 참고할 수 있다.

화한 것이고 따라서 번역에 대한 독자의 기대 수준도 변하기 때문"이라고 해석했다. 이는 영어식 사고구조가 한국의 번역자와 독자에게 적잖게 침투한 방증이라고 할 수 있다. 실제로 대략 40여 년의 시차를 두고 나온 다음의 두 번역문을 비교해 보자.

(10E) Just then he saw a Crane passing by, "Dear friend," said he to the Crane, "there is a bone sticking in my throat. You have a good long neck; can't you reach down and pull it out? I will pay you well for it."

(10K) 마침 그때 늑대는 학이 지나가는 것을 보았습니다. "여보게 동무"하고 늑대가 말했습니다. "내 목에 뼈가 걸려 있는데, 자네 목은 길고 그것을 내 목구멍에 넣어서 뼈를 좀 뽑아 버려줄 수 없겠나? 그러면 내 사례를 톡톡히 할 테니."

(1952년 판 이솝우화)

(11E) "You must flay a wolf alive, and put the hide on yourself while it is still warm."

(11K) "이리를 산 채로 벗겨서 그 가죽이 아직도 따뜻할 때 그것을 두르십시오." (1991년 판 이솝우화)

1952년도 판인 (10K)에서는 잉여적 대명사 '그것을'이 불만스럽고 문장 구성이 어색하긴 해도 '동무'라든가 '자네' 등의 호칭어로는 적절하게 자국화된 표현이 사용되었다. 이에 비해 1991년 판인 (11K)에서는 관형사 '그'와 대명사 '그것'이 중복해서 사용되어 오히려 번역의 기술이 퇴보한 느낌을 준다. 사실 이 번역이 전체적으로 무난하게 읽히는데도 이런 군더더기 표현이 사용된 상황은, 원문의 시간 표현 종속절(while 이하)에 나온 밑줄 그은 대명사의 간섭으로밖에는 달리 설명할 도리가 없다. 그렇지만 한편에서 이러한 직역주의를 논리적인 번역으로 옹호하는 견해도 있고 보니, 그 세력이 만만치 않음을 알 수 있다.

3.1.5. 요약

현대국어 영-한 번역문의 모습을 번역 보편소와 관련하여 검토해 본 결과, 우리는 현대국어 영-한 번역문에 나타나는 각종 개별적 특징을 크게 보아 단순화와 명시화, 규범화, 상호합치 등 번역 보편소의 범주에 포함시킬 수 있으며, 따라서 코퍼스를 기반으로 하는 외국어권의 연구 결과와 마찬가지로 현대국어 영-한 번역문에도 번역 보편소가 거의 그대로 출현하고 있음을 확인할 수 있었다. 논의를 통해서 우리는 영어 원문과 한국어 번역문 텍스트로 구성된 병렬말뭉치를 대조하여 의존명사 '때문'과 관련된 선택적 명시화, 장형사동 구문의 빈출과 관련된 구조적 명시화 및 문장부호 줄표(dash)의 번역 양상과 관련된 규범화 보편소의 존재를 예증했다. 아울러 이른바 직역주의가 새롭게 뿌리를 내리고 있는 현상을 현대국어 번역문의 한 가지 특징적 경향으로 지적했다.

3.2. 번역투 문제와 국어 순화

원문 텍스트에 대한 독해 작업이 성공적으로 끝났다면, 이제 독해 과정에서 이해한 내용을 목표언어 문장으로 표현하는 과정이 시작된다. 여기서 가장 중요한 것은 번역이 '단어의 바꿔 쓰기'가 아니라 '문장 다시 쓰기'라는 명제에 대한 철저한 인식이다. 지극히 상식적으로 이야기해서, 영어와 국어는 어순부터 판이하게 다르므로 영어 원문의 어순을 한국어에 그대로 가져와서는 자연스러운 번역문이 될 수 없다. 그러니까 내용은 원문에서 빌려올 수 있어도 문장 혹은 구조는 절대 빌려올 수 없고 전적으로 번역자의 붓끝에서 재창조되어야 하는 것이다. 번역이 창조적인 작업이요, 일종의 예술이라고 할 때, 그 핵심이 되는 과정이 바로 이 단계이기 때문이다.

좋은 한국어 번역문이 갖추어야 하는 첫째 조건은 무엇보다도 의미적 등가성을 확보한 상태에서 쉽게 읽혀야 한다는 점이다. 이는 번역문의 독자가 원칙적으로 외국어 원문을 모르는 모국어 독자라는 사실에서 연유한다. 이런 맥락에서 번역자가 가장 주의해야 하는 것은 '악역'(惡譯)을 범하지 않아야 한다는 점이다. '악역'은 쉽게 읽히지 않는 번역문을 말하는데, 아예 원문의 뜻을 잘못 전달한 '오역'보다는 낫다고 할지 모르지만, 좋은 번역이 될 수 없다는 점에서는 양자가 오십보백보이다. 다음에 소개하는 영어 원문과 한국어 번역문을 한번 검토해 보자.

(1E) Oh, you're a stranger!
(1Ka) 오, 당신은 낯선 사람이야!
(1Kb) 어이쿠, 이게 얼마 만인가!/ 정말, 오래간만이군!

위의 원문 (1E)를 번역한 (1Ka)는 외형적으로 원문과 의미 등가 관계를 이루고 있는 것처럼 보이지만, 한국어 독자에게 그 뜻을 온전하게 전달하지 못하고 있다. 번역자는 언제나 원문의 내용을 정확하게 파악한 다음에 이를 가장 쉽고 자연스러운 목표언어로 표현하도록 노력해야 하는 것이다. 다음에 소개하는 예문에서는 영어의 구조가 한국어에 그대로 전이된 탓에 악역 현상이 일어나고 있다. 이른바 번역투의 경우이다.

(2E) I have a brother.
(2Ka) 나는 형제를 한 사람 갖고 있다.
(2Kb) 나는 형/동생이 있다.

위의 원문 (2E)를 번역한 (2Ka)는 초등학교 영어 시험에서라면 혹시 좋은 점수를 받을 수 있을지 모르지만, 현장에서 활동하는 번역사의 번역문으로서는 좋은 점수를 받을 수 없다. 문장 구조도 그렇거니와 '형제'라는 말에 담긴 의미적 모호성이 문제가 되기 때문이다. 이런 경우에는 (2Kb)처럼 실제 문맥을 따져 '형'이나 '동생' 가운데 어느 한쪽으로 옮기는 편이 자연스럽다. 물론 원문의 'brother'에는 '형'과 '동생'이 모두 포함되기 때문에, 그것만 놓고 보면 구분하기가 불가능하다. 그러나 그렇다고 해서 우리말로 옮길 때도 그냥 '형'인지 '동생'인지 구분이 불가능하도록 내버려두어도 좋다는 뜻은 아니다. 전후 문맥을 총동원해서 정확하게 구분하는 것도 번역자의 책임에 해당한다.

일반적으로 번역문을 읽었을 때 원래의 외국어 구문이 선명하게 짐작되는 번역은 좋은 번역이라고 할 수 없다.[27] 예를 들면 '무엇이 그녀를 그렇게 하게 했을까?'라는 번역문을 보면, 영어 원문의 문장 구조 'What made her do so?'가 거의 그대로 드러나므로 그다지 좋은 번역이 아니라는 것이다. 어떻게 옮겨야 악역이 아닌 좋은 번역이 되는지,

27 이런 경우는 비교문체론에서 말하는 '통사 구조의 모사'에 해당한다.

다음에 몇 가지 용례를 들어 보기로 한다.

(3E) I haven't seen you alone.

(3Ka) 당신을 단독으로 만난 일이 없어요.*

(3Kb) 단 둘이서 한번 만납시다.

(4E) You can take it or leave it.

(4Ka) 당신은 그것을 가질 수도 있고 내버려둘 수도 있다.*

(4Kb) 싫으면 관둬.

(5E) I've had all I can stand of your meddling.

(5Ka) 참을 수 있을 만큼의 모든 너의 간섭을 받았다.*

(5Kb) 이제 그만 됐다./ 이제 간섭은 할 만큼 하지 않았는가?

악역 또는 번역투 문장을 피하는 효과적인 방법은 번역자 스스로 모국어의 어법에 익숙해지는 것이다. 그러려면 모국어로 된 좋은 글을 많이 읽는 한편, 모국어의 구조나 문법을 다룬 글도 틈틈이 보면서 지속적으로 연구와 노력을 하지 않으면 안 된다. 자신이 번역한 글을 다시 읽어 보면서 '자신이라면 과연 모국어 화자로서 이런 말이나 표현을 쓰겠는가?'를 점검해 보는 것도 지금 당장 시도할 수 있는 좋은 문장 수련 방안이다.

이제 번역투와 관련된 몇 가지 용어 내지 개념을 명확하게 규정하면서, 번역투 전반에 관한 논의를 진행하고 번역투를 극복할 수 있는 방안을 찾아보기로 하자.

3.2.1. 번역투의 개념과 정의

번역투의 정의는 다음에서 보듯이 상당히 다양하게 나타난다.

(6a) "출발언어의 통사, 의미, 화용, 문체론적 특성이 목표언어로 재현되는 과정에서 나타나는 부정합(不整合)" (박여성 2003: 250)

(6b) "ST의 자질에 대한 뚜렷한 의존성 탓으로 부자연스럽고 난해하거나 혹은 희극적으로까지 인식되는 TT의 용법을 가리키는 경멸적인 용어" (이근희 2005a: 29)

(6c) "ST의 제반 특성이 TT에 간섭을 일으켜 TT에 남긴 일체의 흔적" (김정우 2003a: 145)

그런데 위의 정의를 검토해 보면 일정한 공통분모를 추출해낼 수 있다. 그것은 비번역문이 아닌 번역문 텍스트에 반복적으로 나타나는 '부정적' 제반 특징 정도로 요약될 수 있다. 이것은 이 용어가 '번역'과 '투'의 결합으로 '투(套)'라는 단어가 '어떤 말이나 글이 버릇처럼 굳어진 방식'이라는 사전적 정의에서 크게 어긋나지 않는다. 다만 사전적 정의만 놓고 보면, '번역투'라는 용어에 부정적 개념이 담겨 있는 것은 아니지만, 대다수 연구자와 번역자는 '번역투'를 부정적 개념으로 받아들이고 있다. 이와 같은 부정적 관점에서 번역투를 관찰해 보면 번역투의 또 다른 특징을 두 가지 정도 뽑아낼 수 있는데, 그것은 원천언어의 간섭에서 비롯된 부자연스러운 목표언어 표현이 곧 번역투라는 사실이다.

앞서 살펴본 번역투의 일반적 함의, 곧 "비번역문이 아닌 '번역문' 텍스트에 반복적으로 출현하는 '부정적' 제반 특징"에서 수식어 '부정적'을 빼면 번역투는 "비번역문이 아닌 번역문에 반복적으로 출현하는 제반 특징"이 된다.[28] 여기서 우리는 번역투가 앞서 언급했던 번역 보편소의 부분집합이라는 사실을 확인하게 된다. 그렇다면 이론상 번역투와 번역 보편소의 관계에 대해 다음과 같이 정리할 수 있다.

번역투와 번역 보편소는 모두 "번역문에 나타나는 반복적인 특징"이라는 공통점을 갖는다. 그러나 번역투가 목표언어 구조와의 비교를 통해 드러난다면 번역 보편소는 원천언어 구조 혹은 목표언어로 쓰인 비번역문과의 비교를 통해 드러난다.[29] 또한 번역투가 원천언어의 간섭으로 발생한 부정적인 특징이라면 번역 보편소는 번역 과정 자체 혹은 번역 과정의 영향에서 비롯된 가치중립적 특징이다.[30]

다음으로 생각해볼 것은 류현주(2009)에서 논의된 이른바 '번역자투'의 개념이다. 류현주(2009)에서는 번역투와 번역자투를 구분하고, 목표언어의 어법에 어긋나는 표현의 원인이 번역에 있으면 번역투이고 번역자에게 있으면 번역자투라고 불렀다.[31] 류현주(2009)에서는 번역투와 번역자투의 관계를 방언(dialect)과 개인방언(idiolect)의 관계에 빗대어 설명하고 있다. 즉 번역투와 번역자투는 둘 다 번역문의 특징이

---

28 결국 광의의 번역투는 번역 보편소와 등가가 되는 셈이다.

29 여기서 말하는 번역 보편소는 단순화, 명시화, 규범화 등이다.

30 이근희(2005a:30)에서는 "어느 언어짝(language-pair, 원천언어와 목표언어)에서나 발견되는 보편적인 현상으로, 단순화와 표준화, 명료화, 보수화 등을 특징으로 한다."라고 번역투를 정의하고 있다.

31 류현주(2009)에서는 용어에 대한 별다른 설명이나 주석이 없이 번역자투에 대한 영어 술어로 'translationese'(*ibid.*, 8)와 'translatorese'(*ibid.*, 12)를 혼용하고 있다. 한편 저자가 확인한 바에 의하면 이 개념은 이보다 앞서 Song, Y. I.(1975)의 용어집(glossary)에 처음으로 나타나는데, 여기서 양자는 동일한 개념으로 설명되어 있다.

지만 번역투가 대체로 모든 번역문에 나타나는 집합적 표현이라면 번역자투는 특정 번역자의 번역문에 나타나는 개별적 표현이라고 말할 수 있다는 것이다. 그렇지만 번역투와 번역자투의 구분은 이론적으로만 가능하고 현실적으로는 불가능하거나 구분 자체가 무의미하다. 만일 어떤 번역문에 나타난 표현이 번역투인지 번역자투인지를 구분하고자 한다면, 연구자는 이 표현이 유사한 상황에 놓인 다른 번역문들에서도 나타나는지를 일일이 확인하지 않으면 안 된다. 이것은 현실적으로 거의 불가능에 가까운 작업이다. 나아가서 이러한 구분은 학문적으로도 큰 의미를 갖지 못한다.

앞서 류현주(2009)에서는 양자의 구분을 방언과 개인방언의 관계로 설명했는데, 이 개념을 조금 자세히 들여다본다면 이러한 구분이 무의미함을 곧 알 수 있다. 예컨대 100명이 살고 있는 A라는 방언 지역에서 99명이 표준어 '턱'을 [텍]으로 발음하고 1명만이 [탁]으로 발음한다면, 이 방언 지역에 대해 당연히 99명의 발음을 이 지역 방언의 음운론적 특징으로 기술하게 될 것이며, 따라서 1명의 특징은 무시될 수밖에 없다. 그렇다면 번역투와 번역자투의 구분은 이론적으로 가능할지 몰라도 현실적으로는 불가능하거나 학문적인 입장에서 유효한 의미가 있다고 보기 어렵다.

마지막으로 번역투 표현이 확산되어 목표언어의 언중들 사이에서 널리 용인된다면 번역투라는 인식이 약화되어 일종의 문체적 특징인 번역체를 형성하게 된다. 이런 맥락에서 류현주(2009: 9)에서는 영어 'although' 등을 번역한 '그럼에도 불구하고'를 번역투가 아닌 바른 한국어의 용법으로 보았지만, 굳이 유래를 따진다면 한국어 용법으로 수용된 번역체 표현으로 보는 것이 온당한 시각일 것으로 생각된다.

3.2.2. 번역투의 유발 요인

번역투의 구체적인 유발 요인에 대해 이근희(2005a)에서는 번역자의 구체적인 번역물에 초점을 맞추어 논의했고, 김정우(2007)에서는 목표언어 전체로 시야를 넓혀 번역자를 둘러싼 주변 환경을 언어 외부적 요인으로, 번역자의 심리 과정을 언어 내부적 요인으로 구분해서 논의했다.

먼저 언어 외부적 요인을 보면, 한국어에 번역투의 흔적을 남긴 대표적 외국어로는 고대에 중국어 문어 혹은 한문, 근대에 일본어, 현대에 영어 등을 들 수 있다.

언어 내부적 요인을 보면, 번역자가 의도적으로 번역투를 사용하는 경우와 그럴 의도가 없이 번역투를 사용하는 경우로 나눌 수 있으며, 후자는 다시 반(半)의식적 사용과 무의식적 적용으로 나누어 생각할 수 있다. 번역투의 의도적 사용은 번역 목적 혹은 텍스트 유형 및 독자 분석에 근거해서 의도적으로 번역투를 도입하는 경우를 가리킨다.[32] 번역투의 무의도적 도입은 번역자가 번역투를 인지하면서도 불가피하게 이루어지는 반의식적인 경우와 번역투의 존재 자체를 인지하지 못하는 상태에서 이루어지는 무의식적인 경우로 나눌 수 있다.

언어 내부적 요인을 번역 작업 과정에서 관찰한 이근희(2005b: 212-

32 류현주(2009)에서 언급되었듯이, 주로 언어의 형식적인 측면까지 고려해야 하는 문학 작품을 번역할 때 의도적으로 번역투를 도입하는 경향이 있다.

213)에 따르면, 사전의 대표적 의미를 일 대 일로 대응시키는 습관, 알고 있는 단어는 사전을 찾아보지 않는 습관, 학습을 위한 번역을 뛰어넘어 독자를 위한 전문 번역으로 전환하지 못하는 습관, 문맥 혹은 상황을 고려하지 않는 번역 습관, 구어체와 문어체를 적재적소에 구분해서 사용하지 못하는 습관, 원천언어와 목표언어의 구조 차이에 대한 이해 부족, 부족한 모국어 지식 등이 작용하여 번역투가 생성되는 것으로 보았다.

3.2.3. 번역투의 기능과 발현 양상

번역투의 기능 내지 효과에 대해서는 대체로 긍정적 측면과 부정적 측면이 있다는 데 연구자들의 견해가 일치한다. 앞서도 언급했듯이 번역투에 대한 일반의 인식은 부정적이며, 따라서 극복과 개선의 대상이 된다고 본다. 번역투의 부정적 파급 효과, 즉 역기능으로 꼽을 수 있는 것은 친숙한 모국어 어법의 왜곡으로 인한 가독성 저하, 모국어 언어 체계 훼손, 모국어 언어 생태계의 파괴, 번역 품질의 저하 등이다(김정우 2007: 67~68). 번역투의 긍정적 파급 효과, 즉 순기능으로 꼽을 수 있는 것은 모국어 어휘와 구문의 체계를 보완하거나[33], 특별한 상황에서 의미 있는 번역 전략[34]이 되거나, 번역 교육의 생생한 자료로 활

33 김정우(2007: 69)에서는 번역투가 모국어 체계의 '우연한 빈칸'을 채워줄 때만 그 긍정적 효과를 인정할 수 있음을 강조하고 있다.

34 이근희(2005b: 117)에서는 "이국적 정취나 풍미를 전달하고자 할 때, 원천언어에 나타난 특정 지역 방언을 재현하고자 할 때, 기존 문학 체계에 새로운 요소를 도입하고자 할 때" 등을 '특별한 상황'으로 지적하고 있다.

용될 가능성 등이다.[35]

지금까지 이루어진 연구에서 번역투의 사례로 제시된 자료로는 원천언어의 특정 구문 형식과 관련된 것, 원천언어의 특정 형태(굴절 형식, 전치사구)와 관련된 것, 원천언어의 문장부호 용법과 관련된 것 등을 열거할 수 있다. 이와 같은 세 가지 유형을 구체적으로 개진한 이근희(2005a)와 김도훈(2009)에는 대명사 번역, 동사 번역, 구 번역, 무생물 주어 번역, 문장부호 번역, 수(數) 번역, 시제 번역, 관용적 어순 번역, 전치사 번역, 접속사 번역, 피동문 번역, 인용문 번역 등과 관련된 다양한 번역투의 사례가 제시되어 있다.

3.2.4. 번역투의 개선과 극복

번역투는 일반적으로 번역 품질에 상당한 흠결로 작용하고, 그런 이유로 번역 현장과 직접적으로 연관된 문제라고 말할 수 있다. 번역투의 기본적 성격이 그렇기 때문에 번역투에 관한 연구도 이론에만 머물러서는 안 된다. 번역투와 관련된 모든 논의도 궁극적으로는 번역투로 인한 번역 품질의 저하를 방지하고 고품질 번역을 산출하는 데 기여해야 하고, 그러려면 연구의 결과가 번역 현장에서 실무 번역자들이 직접 활용할 수 있도록 정제되는 단계, 즉 이론의 편람화가 필요

35 "크게 다른 두 언어의 매개라는 과업에 부응하여 나온 것이니, 서로 맞지 않는 두 개의 통로를 조화시켜 정보와 지식이 매끄럽게 흐르도록 만드는 도관 노릇을 한다."(복거일 1998:124). 이것은 번역투의 순기능을 지나치게 확대하여 해석한 것으로 생각된다. 언어 상황, 특히 외래어의 범람 등은 그 파급 효과가 그리 녹록하지 않기 때문이다.

하다. 번역투 문제의 향후 과제는 번역 품질의 향상에 공헌할 수 있는 효과적인 대처 방안을 찾아내는 실천적인 연구가 되어야 할 것으로 생각된다. 이런 맥락에서 여기서도 저자 나름의 번역투 대처 방안을 제시해 보기로 한다.

번역투[36]에 대처하는 방안은 번역투의 발생 요인에 대한 분석에서 시작되어야 한다. 대개 문제를 해결하기 위한 모든 해결의 실마리는 그 원인에 해답이 담겨 있는 경우가 많으며, 반대로 그 원인을 정확하게 분석하지 않으면 적절한 해결책도 기대할 수 없다. 우리는 앞서 번역자가 의도하지 않고 목표언어 문장에 번역투를 사용한 경우를 두 가지로 나누어서 논의했다. 편의상 관련된 내용을 다시 가져와 보면, 그 하나는 번역자가 불가피하게 번역투를 사용하는 경우였고, 다른 하나는 말 그대로 번역자가 자기도 모르게 번역투를 사용하는 경우였다.

우리는 이 두 가지 경우를 각각 반의식적 번역투와 무의식적 번역투로 불렀다. 전자는 번역투의 존재를 인지하면서도 번역투 표현에 대처할 수 있는 현실적인 번역 방법을 확보하지 못했기 때문에 발생한 것이므로, 이런 상황에 있는 번역자에게는 해당 번역투 표현을 자연스러운 모국어 표현으로 수정할 수 있는 방법이 필요할 것이다. 이 단계에서 우리는 번역투 문제가 국어 순화와 일정 부분 연관을 맺고 있다고 말할 수 있다. 이는 번역을 수행하는 과정에서 만나게 되는 번

36 앞으로 언급하는 번역투는 부정적 의미의 번역투, 곧 극복과 개선의 대상이 되는 번역투를 지칭한다.

역투 표현에 대해 그때그때 즉각적으로 대응하여 해당 번역투를 수정하는 방안이므로, 수세적 대응책이라고 말할 수 있다.

반면에 후자는 번역투 표현이 번역자의 심층의식에 깊이 아로새겨져 마치 자국어로 글을 쓸 때처럼 저절로 그렇게 된 것이므로, 이런 상황에 있는 번역자에게는 해당 번역투를 대체할 수 있는 모국어 표현 능력이 평소에 심층의식 속에 갈무리되어 언제든 활용이 가능하도록 준비가 되어 있어야 할 것이다. 이는 원문을 독해하는 과정에서 번역투를 유발할 수 있는 어구를 만나더라도 거기에 휩쓸리지 않고 자연스러운 우리말로 표현할 수 있는 글쓰기 능력을 갖추는 것이므로 공세적 대응책이라고 말할 수 있다. 이 두 가지 방안을 각각 단기적 대증 요법과 중장기적 예방 요법이라 부르고자 한다.

3.2.4.1. 단기적 대증 요법

실무 번역 현장에서 번역 작업 수행 중에 적용하여 번역투에 적절하게 대처할 수 있도록 하는 단기적 대증 요법의 핵심은 크게 두 가지로 요약된다. 하나는 사고 행위의 보편성을 번역 글쓰기 과정에서 활용하는 방안이고, 다른 하나는 대조 문법에 관한 심화된 연구를 통해 그 결과를 실무 번역에 적용 가능한 규칙으로 정밀화하는 방안이다.

인간이 가진 사고의 보편성을 활용하는 방안은 구체적으로 말해서 순차번역(progressive translation) 기법을 활용하는 것이다.[37] 이는 언어에

37 순차번역 기법에 관한 일반적인 이해는 성백환(2003)을 참고할 수 있다. 본문의 용례 (7)과 (8)의 원문 및 번역도 성백환(2003: 120~121)에서 가져왔다. 심심한 사의를 표한다. 여기서 논의의 핵심은 순차번역이 언어 간의 구조적 차이를 극복할 수 있는 하나의 방안이라는 것이지, 순차번역만이 이 경우에 최선의 번

따라 표면적으로 드러난 표현 양식이 다르다 하더라도, 개별 언어 표현들을 산출하는 사고의 흐름은 기본적으로 시간의 진행에 따라 이루어진다는 관념을 바탕에 깔고 있다. 예를 들어 한국어와 영어처럼 친족관계가 전혀 없는 언어들 사이에서 일어나는 번역에서 번역자를 가장 힘들게 하는 구조적 차이는 어순의 차이라고 할 수 있다.[38] 이때 순차번역 기법이 바로 이 어순의 차이를 극복할 수 있는 번역 방법의 근거를 마련해 준다는 것이다.

(7E) The date was August 27, 15 days before suicide hijackers attacked the World Trade Center and the Pentagon.

(7K) 날짜는 8월 27일이었는데, 그로부터 15일 후에 자살 납치범들이 세계무역센터와 국방부를 공격했다.

(8E) This is arguably true, particularly in terms of the sheer number of live entertainment productions staged daily.

(8K) 이 말은 반박의 여지는 있지만 사실이다. 그런 가장 중요한 이유는 엄청나게 많은 쇼가 무대에 올려지기 때문이다.

위의 예문 (7K)에서는 영어 원문에서 밑줄 그은 '15 days before' 이하의 어구를 그 앞을 한정하는 수식어구로 옮기지 않고 원문의 전개 순서

역이 될 수 있다는 뜻은 아니다. 원래의 어순에 담겨 있던 원저자의 의도나 발화의 초점이 달라질 수 있음도 고려해야 할 것이다. 나아가서 이 순차번역 기법이 원래 통역에서 파생된 것으로 번역에 적용하는 것은 효율적이지 못하다는 견해도 있다.

38 한자를 이용한 한국어 차자표기에서도 한문을 한국어의 어순으로 재배열한 한국어식 한문(서기체 표기)이 먼저 나타나고, 그 뒤를 이어 한국어의 문법 요소를 보충한 이두가 나타났다.

를 유지하면서 접속사를 반대로 옮겼다. 이것은 통상적 번역 어순과 반대 방향을 취하면서 문장의 논리성을 보전하기 위해 표면적 의미를 반대(전→후)로 바꾼 번역이다. 예문 (8K)에서도 밑줄 그은 'in terms of'를 통상적인 방식에 의지하여 '-라는 면에서'로 옮기면 뒤에서부터 앞으로 올라와서 한국어로 표현하는 부담을 감내해야 한다. 이때 이 어구는 표면상으로 '-라는 면에서'로 나타나 있지만 심층에서는 결국 그 앞의 진술에 대한 이유나 원인을 밝히고 있으므로, (8K)의 밑줄 그은 부분처럼 옮기면서 원문의 어순을 보전해주었다. 결과적으로 이와 같은 순차번역 기법은 영어 원문의 구조적 간섭을 가장 심하게 받는 어순 문제에 번역자가 적극적으로 대처하여 자연스러운 한국어 표현을 담보할 수 있는 효과적인 번역 방안으로 생각된다.

더욱이 위의 두 예문을 잘 검토해보면, 순차번역이 갖는 중요한 의미가 하나 더 드러난다. 그것은 원문에 표현된 정보 제시 순서를 지키는 동시에, 원저자가 염두에 두었던 표현의 중요도를 번역에서 그대로 재생해냈다는 사실이다. 즉, 예문 (7)에서 가장 중요한 정보는 '8월 27일'이고, 예문 (8)에서 가장 중요한 정보는 '이 말이 사실이다'가 되는데, 순차번역 방법에 의지해서 [주요 정보-부차 정보]라는 문장 표현 체계를 수립함에 따라 중요한 정보가 선명하게 드러나게 되었다는 것이다. 다음에 순차번역이 가능한 예문 두 개를 덧붙여 보자.

(9E) Life advances from one plane to another <u>by perfecting</u> function on the lower plane.

(9K) 생명체가 일정 차원을 넘어 그 이상 나아가려면 낮은 차원의 기능을 완전무결하게 수행해내야 한다.

(10E) Specially trained agents would dress and pose as common peasants in order to infiltrate the enemy's camp.

(10K) 특수 훈련을 받은 세작들은 농부 복장을 하고 농부 행세를 하면서 적진에 침투해 들어가는 일이 잦았다.

위의 예문 (9)에서는 통상 '-함으로써'처럼 표현되는 'by -ing' 구문 전후의 논리적 관계를 파악한 다음에 순차번역 방법을 써서 원문에 제시된 [결과-조건] 관계와 전개 순서를 살려냈으며, 예문 (10)에서도 보통 목적을 표시하는 어구로 표현되는 'in order to' 구문을 결과를 나타내는 어구로 순차번역해서 원문의 전개 순서를 살려내고 있다.

3.2.4.2. 중장기적 예방 요법

목표언어의 특징적 표현을 번역자가 체화하여 번역 과정에서 자연스럽게 드러나도록 만드는 중장기적 예방 요법의 핵심은, 한국어의 문법적 특성과 어휘적 특성에 대한 숙지에서 시작된다. 여기서는 문법적 특성과 어휘적 특성의 사례로 각각 연결어미와 의성어, 의태어의 적극적 활용을 제안해 본다.[39]

주지하다시피 한국어는 교착적 특징을 보이는데, 특히 용언의 활용에서 이러한 특징은 어미의 첨가로 실현된다. 이런 측면에서 볼 때 한국어는 연결어미의 발달이 두드러져서, 원천언어의 접속사를 번역할 때 대단히 유용하게 활용할 수 있다. 아래 예문을 살펴보자.

39 물론 한국어의 전형적 어법이나 표현으로 추정되는 다양한 영역에 대한 논의가 필요하겠지만, 여기서는 그 전형적 특성의 일례로 두 가지를 들어본 것이다.

(11E) The crow was so anxious to prove that he had a voice, that he dropped the meat and croaked for all he was worth.

(11K) 자기가 한 목소리 한다는 사실을 입증하고 싶어 안달이 난 까마귀는 '까옥, 까옥' 목청껏 노래를 부르느라 고깃점이 떨어지는 줄도 몰랐다.

(12E) Unfortunately even the few drops stopped and presently the moon shone in a clear sky.

(12K) 유감스럽게도 몇 방울 안 되는 빗줄기마저 그치더니 곧바로 맑은 하늘에 달이 반짝였다.

위의 예문 (11K)과 (12K)에서 '–느라'와 '–더니' 등의 연결어미가 주는 표현의 효과는 문장 전체의 분위기 혹은 어조와 직결되어 있다. 통상 연결어미라고 하면 '–고'나 '–며' 정도만 떠올리는 번역자에게 이처럼 다양한 연결어미의 활용을 기대하기란 어려운 일이다.

다음으로 한국어는 고유어 어휘의 종별 가운데서도 특히 의성어와 의태어가 이례적으로 발달한 언어이다. 그래서 원문에는 명사나 동사 등 다른 품사로 표현된 어구라도 한국어 번역문에서는 부사인 의성어와 의태어로 표현할 수 있다. 아래 예문을 살펴보자.

(13E) Frogs were frightened by the splash and dived to the bottom.

(13K) 개구리들은 '첨벙!' 하는 소리에 놀라 가지고 연못 바닥으로 잠수해 들어갔다.

(14E) Engaged in cutting wood on the bank of a river, a woodcutter took too powerful a stroke, and the ax, flying from his hand, flew off into the river.

(14K) 강둑에서 나무를 패는 데 열중한 나무꾼은 어찌나 도끼를 세

게 휘둘렀던지 나무꾼의 손을 떠난 도끼가 그만 '풍덩!' 하고 강물로 날아들고 말았다.

(15E) The perspiring farmer only removed his shirt and went on with his work.

(15K) 땀을 뻘뻘 흘리는 농부는 그냥 셔츠를 벗더니 하던 일을 계속 했다.

(16E) But the lion begged, "At least permit my family to thank you." When the mouse assented, the lion placed the mouse carefully in the softest part of his mane.

(16K) 하지만 사자는 자기네 식구들이 고맙다는 인사 정도는 표할 수 있게 해 달라고 사정했다. 생쥐가 이를 승낙하자, 사자는 생쥐에게 아주 정중하게 갈기의 가장 푹신푹신한 자리를 내주었다.

위의 예문 (13)~(16)을 잘 살펴보면, 영어 원문의 명사와 동사, 동사의 현재분사형, 형용사의 최상급 등이 한국어 번역문에서 의성어나 의태어로 나타나고 있다. 물론 텍스트의 유형에 따라 그 활용도는 어느 정도 편차가 있겠지만, 의성어와 의태어는 한국어 어휘 체계의 중요한 특징이므로 언제든 자연스러운 한국어 표현에 활용될 수 있는 가능성이 높다.

3.2.5. 요약

지금까지 우리는 번역투 문제의 연구 동향을 정리하고 이를 바탕으로 부정적인 번역투 표현에 적극적으로 대처하여 번역투를 전향적으로 극복하는 방안에 대하여 알아보았다.

번역투는 일반적으로 번역 품질에 상당한 흠결로 작용하고, 그런 이유로 번역 현장과 직접 연관된 문제라고 말할 수 있다. 그렇기 때문에 번역투와 관련된 모든 논의는 궁극적으로는 번역투로 인한 번역 품질의 저하를 방지하고 고품질 번역을 산출하는 데 기여해야 하고, 그러기 위해서는 연구의 결과가 번역 현장에서 실무 번역자들이 직접 활용할 수 있도록 정제되는 단계, 즉 이론의 편람화가 필요하다. 이런 맥락에서 볼 때 번역투 문제의 향후 과제는 번역 품질의 향상에 공헌할 수 있는 효과적인 대처 방안을 찾아내는 작업이 되어야 할 것이다.

우리는 이와 같은 전제 하에서, 번역투 표현에 대한 효과적인 대처 방안을 단기적 대증 요법과 중장기적 예방 요법으로 나누어 제시했다. 전자에 관해서는 사고의 보편적 흐름을 바탕으로 하는 순차번역 기법을 적극 활용하여 어순 차이를 극복할 것과, 현장에서 적용될 수 있는 실용적 이론을 개발할 것을 주장했다. 후자에 관해서는 한국어의 구조적 특성(연결어미의 발달 등)과 어휘적 특성(의성어와 의태어의 발달 등)을 번역자가 평소에 최대한 체득하여 실제 번역 작업에서 활용할 것을 제안했다.

제4장

한국 번역사와 국어사

4.0 연구의 흐름

4.1 한국 번역사의 자료와 시대 구분

4.2 문자와 번역

4.3 언해 자료의 번역학적 의의

4.4 전 근대 시기의 번역가

한국 번역사의 기점(起點)은 어디까지 소급될 수 있을까? 국어사에서 '번역'이라는 용어가 처음으로 명시적으로 문면에 등장하는 것은 이두와 관련된 내용을 언급하는 다음의 (1)과 같은 대목이다.

(1a) 한편 訓民正音 창제 이전에 이두는 한문의 번역에 사용되기도 하였다. 大明律直解와 養蠶經驗撮要(1415)가 그 대표적인 예다.
(이기문 1998: 61)

(1b) 必于 七出乙 犯爲去乃 三不去有去乙 (원문: 雖犯七出 有三不去)

『대명률직해(大明律直解)』의 원간 연대가 태조 4년인 1395년으로 추정되므로 위와 같은 기술대로라면 한국 번역사의 상한은 14세기 말엽 이전으로 소급할 수 없다. 그렇지만 이러한 추정은 우리의 상식과 부합하지 않는다. 우리는 고대 삼국에서 매우 이른 시기부터 한문이 널리 보급되어 사용되었다는 사실을 이미 잘 알고 있다.[1] 고대 삼국에서 한문이 정착되었다는 것은 그보다 앞선 시기에 한국어와 중국어(문어) 사이에 언어 접촉이 일어났다는 의미이고, 언어 접촉이 일어났다면 양 언어 사이에서 번역 현상이 발생했을 것으로 믿어지기 때문이다.

일반적인 경우라면 두 언어 사이의 접촉에서 다음과 같은 세 가지 유형의 번역 현상이 발생한다.[2]

1 고구려의 新集 편찬 600년, 백제의 書記 편찬 375년, 신라의 國史 편찬 545년. 이기문, 『신정 국어사개설』(태학사, 1998: 55).

2 이해를 돕기 위해 단어 차원의 사례를 든 것이다. 실제 번역은 문장 혹은 텍스트를 기준으로 이루어질 것이다. 유명우(2000: 237-8) 참고.

(2a) 원어 차용(zero translation): (예) sports

(2b) 음성 번역(phonetic translation): (예) 스포츠

(2c) 의미 번역(semantic translation): (예) 운동, 체육

그런데 고대 삼국은 문자가 없었기 때문에 위 (2b, 2c)와 같은 번역이 원천적으로 불가능했다. 그보다는 (2a)처럼 외국어(한자)를 통째로 가져다 사용하거나,[3] 외국어의 표현 수단(한자)을 빌려서 자국어를 표기하고자 하는 욕구가 더욱 강하게 분출되었다. 그 결과로 삼국 시대부터 조선 시대 말기에 이르기까지 한문(한자)이 상층부의 기록문자로 사용되는 한편으로, 훈민정음이 창제될 때까지 한자를 빌려 우리말을 표기하는 차자표기법이 발달했음은 주지의 사실이다. 고대 삼국의 차자표기법은 지명과 인명 등의 고유명사 단어의 표기에서 시작되어, 한국어식 문장 표기인 서기체 표기와 이두, 구결을 거쳐 향찰 표기에서 정점에 이르게 된다.

우리는 차자표기법의 발달 과정에서 번역과 관련하여 서기체 표기와 구결에 주목한다. 한국어식 한문인 서기체 표기가 가능했다는 것은 한문에 대한 구조 분석을 전제로 하며, 한문에 대한 구조 분석은 다시 한문 텍스트에 대한 독해가 이루어졌다는 의미이기 때문이다.[4] 서기체 표기와 번역의 관련성이 다소 추상적인 논리에 입각한 것이라면, 구결과 번역의 관련성은 보다 구체적인 자료에 입각한 실증적인 양상을 띤다.

---

3 문어라면 외국어의 문자를 그대로 사용하는 양상으로 나타날 것이고, 구어라면 외국어의 발음을 그대로 모사하는 양상으로 나타날 것이다.

4 임신서기석의 연대는 대략 552년이나 612년으로 추정된다.

주지하다시피 구결은 한문 텍스트를 읽을 때 원활한 독해가 가능하도록 필요한 곳에 삽입하는 문법적 기능 표시 요소를 가리킨다. (음독구결의 용례와 독법은 다음 4.2.2.4에서 이루어진다.) 이것과 이두의 차이점은, 이두가 백지에 표현하고자 하는 내용을 쓴 것임에 비해, 구결은 이미 존재하는 한문 원전의 필요한 곳에 주로 허사 형태를 기입해 넣었다는 데 있다. 그래서 대부분의 구결은 인쇄 상태의 한문 전적에 붓으로 기입해 넣은 형태로 발견된다.[5] 한마디로 독해를 위한 보조적 도구였던 셈이다. 그런데 구결 자료에는 시기적으로 이보다 앞서고 형태도 다른 유형의 구결 자료가 존재하는데, 이른바 석독구결이 그것이다.

훈독구결 혹은 새김구결로도 불리는 석독구결이 포함된 석독구결문은 독특한 성격을 갖는다. 잘 알려져 있듯이 일반 구결문은 '한문 독해 방법의 하나'(남풍현 1999: 14)로 한문 원문에 토가 달린 구조로 되어 있다. 그런데 석독구결문(舊譯仁王經)은 여기에 한국어의 어순을 지정하는 역독점의 용법이 덧붙어 있다. (석독구결의 용례와 구체적인 독법은 다음 4.1.3.4에서 이루어진다.)

석독구결문을 정해진 독법에 따라 읽으면 그 자체로 거의 완전한 한국어 문장이 되기에 손색이 없다. 그러므로 구결을 다는 과정은 통상적인 번역 과정과 큰 차이가 없다. 이러한 논의를 받아들인다면 석독구결의 두 가지 형태인 점토구결이 10~12세기, 자토구결이 12~13세기(장경준 2011: 160~161)로 추정되므로 한국 번역사는 10세기로 소급될

5 전남 장흥 보림사 사천왕상 복장물에서 나온 『계초심학인문』은 구결이 간행될 때 본문과 함께 인쇄된 상태로 나타나기도 한다. (2014년 6월 25일 저자 확인)

수 있다.[6] 뿐만 아니라 훈독(석독)구결문을 읽는 것을 번역의 범주에 포함시킨다면, 우리는 사서(史書)에서 이와 유사한 사례를 한 가지 더 만날 수 있다.[7]

(3a) 以方言讀九經 訓導後生 至今學者宗之 (三國史記 卷 46)

(3b) 방언으로써 9경을 읽어 후생을 가르쳤으므로 지금[고려]까지 학자들이 그를 높이 받든다.

(정구복 외, 『역주 삼국사기 2』 (번역편, 한국학중앙연구원, 785)

(4a) 聰生而睿敏 博通經史 新羅十賢中一也 以方音通會華·夷方俗物名 訓解六經文學 至今海東業明經者 傳受不絕 (三國遺事 元曉不羈)

(4b) 설총은 태어나면서부터 지혜롭고 영민하여 경서와 역사책에 널리 통달했으니, 신라의 10현 중 한 사람이다. 방음으로 중국과 신라의 풍속과 물건 이름에도 통달하여 육경과 문학에 토를 달고 풀이했으니, 지금도 신라에서 경을 공부하는 사람들이 전수하여 끊이지 않고 있다. (김원중 역, 『삼국유사』, 민음사, 467)[8]

---

6 이 문제와 관련하여 안병희(1976)의 다음 두 가지 언급은 주목할 만하다. "언해서의 언해는, <중략> 모두 한문의 훈독인 것이다. <중략> 지금까지 우리는 한문의 훈독이란 곧 번역이란 설명을 하였다. 그러므로 훈독의 역사는 곧 번역의 역사라고 할 수 있다."(*ibid.*, 154), "구역인왕경을 읽으면 결과에 있어서 이두나 한글의 번역문을 읽은 것과 꼭 같다. 그러나 읽는 대상은 전혀 다르다. 구역인왕경은 비록 묵서의 도움을 받지만 원전의 한문을 읽은 것이고, 후자는 번역문을 읽은 것이다."(*ibid.*, 156) 한편 김성주(2013)에서 논의한 신라 시대의 점토 석독구결의 존재가 확정된다면 이 시기는 더욱 이전으로 소급될 수 있다.

7 이기문, 『신정 국어사개설』(태학사, 1998: 63). "삼국사기 권 46에 설총에 관하여 "以方言讀九經 訓導後生 至今學者宗之"라 하였는데, 위에서 말한 석독구결 자료들의 출현으로 비로소 '방언', 즉 국어로 9경을 읽었다고 한 말의 참뜻을 이해할 수 있게 되었다."

위 (3b)에서 '우리말로 9경을 읽었다'고 하는 것이나 (4b)에서 '우리말음으로 <중략> 육경과 문학에 토를 달고 풀이했다'고 하는 것은 모두 '훈독'의 범주에 들어가며, 따라서 번역의 범주에 포함시킬 수 있다. 그렇다면 한국 번역사는 설총의 활동 시기인 7세기 중엽으로 소급될 수 있다.[9] 여기서 한국 번역사의 상한선으로 잡은 7세기 중엽은 고대 삼국에서 한문이 정착된 시기 및 서기체 표기의 하한선과 대략적으로 일치한다. 이러한 추정은 우리말과 한문의 접촉에서 한자를 빌려 우리말을 표기하는 방식과 한문 원전을 독해하는 방식이 거의 동시에 발달했다는 의미이며, 서기체 표기를 포함한 이두문이 한문의 번역을 전제로 발달했을 것이라는 우리의 상식과도 일치하는 결과이다.

사실, 그동안 국어사와 국어학사의 기술에서는 '번역'이라는 용어의 사용에 지나치게 조심스러운 태도를 보였다. 일례로 국어학사와 국어학 개론서의 다음 기술을 보자.

(5a) 유창균, 『신고 국어학사』 (형설출판사, 1979: 22~36).
제1편 제3장 2절 '한자·한문의 수입과 음훈차 표기' – [1] 수입의 경과, [2] 한자 한문의 습득, [3] 고유어와 차용어, [4] 한자의

---

8 북한 사회과학원에서 간행된 리상호 역본(1959)에서는 이 대목을 "그는 <u>우리나라 방언으로 중국과 우리나라 지방 풍속, 물건 등을 거침없이 통하여 6경 문학의 뜻을 새김으로 풀었으니</u> 지금까지 우리나라에서 경학을 전문하는 학자들이 끊이지 않고 전습하고 있다."로 옮기고 있다. 이 번역을 따른다면 설총은 2개 언어 사용자(bilingualism)였을 것이며, "새김으로 풀었다"는 말도 훈독(석독)구결과 유사한 방식으로 중국의 원전을 읽었다는 의미로 이해된다.

9 다만 증언만 있지 실물 자료가 없다는 것은 향후의 자료 발굴과 연구에서 보완되어야 한다.

義訓을 이용한 문장의 표현(서기체), [5] 서기체 문체의 보완(이두), [6] 訓吐의 표기(구결), [7] 음성언어의 완전한 표현(향찰)

(5b) 이익섭 외, 『한국의 언어』(신구문화사, 1997: 64-71).

제2장 '문자' - 2.6. 한자의 이용, 2.6.1. 차자표기법 - 2.6.1.1. 향찰, 2.6.1.2. 구결, 2.6.1.3. 이두

위의 보기 (5a), (5b)를 보면 구결을 차자표기법의 발달과 관련한 내용으로 기술하고 있음을 알 수 있다. 이는 서기체 표기, 이두, 향찰, 구결이 모두 한자를 이용한 차자표기라는 외형상의 공통점에 근거한 서술로 생각된다. 그렇지만 앞서 보았듯이 그 쓰임새 혹은 기능으로 볼 때 석독구결은 다른 차자표기들과 달리 번역(독해)의 범주에 속하므로, 향후의 국어사 기술에서는 차자표기법의 발달을 최소한 표기와 번역(독해)으로 분리하여 서술하는 것이 보다 합리적이고 균형 잡힌 관점이 될 것으로 생각한다.[10]

본 장에서는 한국 번역사와 국어사의 접경지대에서 우리의 관심을 끄는 몇 가지 문제를 다루고자 한다. 그 주제는 한국 번역사의 자료와 시대 구분, 고대국어 차자표기법의 성격, 언해 자료의 특성, 전 근대 시기의 번역가 등이다.

4.0. 연구의 흐름

번역학 분야에서 번역사를 다룬 연구는 양적으로 많지 않다. 지금까

10 이러한 서술 방식은 문어(written language)의 두 가지 의사소통 능력, 곧 쓰기(표기)와 읽기(독해, 번역)와도 일치한다.

지 번역사를 다룬 연구 업적을 주제별로 구분해 보면 대략 한국 번역의 통사(이론, 시대 구분 등), 장르별 번역사(종교, 문학, 역학 등), 한국 번역의 전통(언해 번역 등), 통역사와 번역가 탐구, 외국의 번역사 등이 된다. 각각의 주제별로 연구사를 개관해 보자.

한국 번역의 통사를 다룬 연구로는 유명우(2002)가 가장 먼저 눈에 뜨인다. 유명우(2002)에서는 번역사의 기술이 번역 교육의 얼개를 구성한다는 전제 하에 번역사를 기술하는 관점에 대해 논의하고 있다. 이어서 김병철(1998), 강신항(2000), 정광(1988), 남풍현(1986) 등을 예로 들면서 영문학과 국어학 분야에서 이미 한국 번역사가 기술되어 있으며, 이러한 업적들을 번역이라는 통합된 관점으로 바라볼 필요가 있음을 역설했다. 유명우(2002)에서 중요한 것은 한자가 사용된 세 가지 방향(한문의 독해와 작문, 한자를 이용한 한-한[韓-漢] 번역, 한자를 이용한 차자법)에 대해 언급했는데, 이 내용과 언해에 대한 연구가 한국 번역사 논의의 근간이며 핵심적 과제가 된다고 주장한 점이다.

이 범주에 드는 두 번째 연구 과제는 한국 번역사의 시대 구분으로 유명우(2002), 김정우(2008a, 2008b), 장경준(2011) 등이 여기에 속한다. 유명우(2002)에서는 한국 번역사를 한자 차자표기 시대(삼국시대-고려시대)와 언문 번역 시대(조선시대-갑오경장)와 한글 번역 시대(갑오경장-현재)로 3분했으며, 김정우(2008a)에서는 이를 세분하여 먼저 번역의 선사 시대(11세기까지)와 번역의 역사 시대(11세기 이후)를 나눈 다음에 번역의 역사 시대를 다시 의사 번역 시대(11-13세기)와 순정 번역 시대(14세기 이후)로 나누었으며, 순정 번역 시대를 다시 이두 번역 시대(14-15세기 중반)와 국문 번역 시대(15세기 중반 이후)로 나누고 마지막으로 국문 번역 시대를 정음 번역 시대(15세기 중반-19세기 후반)와 한글 번역 시대(19세기 후반 이후)로 나누었다.

김정우(2008b)는 고대국어 차자표기법의 발달 과정을 논의하면서 원천언어와 목표언어의 존재와 상이성, 원전 텍스트의 존재 여부, 목표언어의 고유 구조 발현 여부, 원천 텍스트 생산자와 목표 텍스트 소비자의 상이성 등을 기준으로 이두와 향찰은 번역이 아닌 표기이며, 석독구결만을 번역으로 인정할 수 있다고 주장했다. 장경준(2011)은 한문 문장을 한국어의 어휘와 어순으로 풀어 읽는 석독구결에 대해 상세하게 소개하면서 이 자료를 번역의 범주에 포함시켜야 한다고 주장했다. 그동안 널리 알려져 있던 자토석독구결 이외에 역독선과 합부, 지시선을 가진 점토석독구결을 소개한 것에 의미를 부여할 수 있다.

이 범주에 드는 세 번째 연구 과제는 통번역 교육의 역사에 대한 것으로 유정화(2014)와 김남희(2012a, 2012b, 2014)가 여기에 속한다. 유정화(2014)는 조선시대의 통번역 교육에 관한 연구로, 사대교린의 외교 정책상 통번역사 양성의 중요성이 증대된 배경을 서술하면서 일반 통번역을 담당하는 역관 교육은 사역원에서 이루어지고, 외교문서 작성과 번역, 어전통사 등은 승문원에서 이루어졌음을 밝혔다. 회화 및 통역 훈련의 강화를 위해 설치된 우어청(偶語廳)의 존재를 통해 통역 교육이 강조되었다는 점과 유학이 우세한 데다가 외교 문서와 일반 통번역 교육의 구분으로 통번역사의 사회적 지위가 그다지 높지 않았다는 점을 지적하고 있다.

김남희(2012a, 2012b, 2014)는 고려와 조선 전후기를 망라한 통역의 역사를 서술한 일련의 연구이다. 조선시대에 역관의 업무를 담당하고 관리를 교육하는 사역원이 있었다는 사실은 익히 알려져 있었지만, 신라와 발해, 고려에도 이에 해당하는 관청이 있었다는 점은 흥미로운 내용이다. 예컨대 신라(倭典→領客典), 통일신라(祥文師→通文博士), 발해, 태봉(史臺) 등에 인접국(중국, 일본, 거란, 여진)과 교류하고, 역관 관련 업무를 관장하는 관청이 존재했다고 한다. 이 밖에도 역관의 신분 계급, 구체적 인원수, 시험 양식, 사회적 영향력, 개화파와의 연관성 등에 대한 서술도 중요한 언급이다.

이 주제의 범주에 드는 마지막 연구 과제는 번역 개념사인데, 이영훈(2011, 2012, 2014)가 여기에 속한다. 이영훈(2011)에서는 조선왕조실록 원문에서 '飜譯/翻譯', '諺解'를 검색어로 번역문의 관련 내용을 검색하여 조선시대에 '번역'이라는 용어가 어떠한 의미를 함의하는가를 탐색했는데, '번역'이라는 용어가 한글 창제 이전에는 불경의 한어(漢語) 번역과 한어 텍스트의 이두문 번역(동일 문자에 의한 언어 간 번역)의 의미로 사용되었고, 한글 창제 및 반포 이후에는 한문 및 언문을 중심으로 한 각종 언어 간 교섭을 나타내는 의미로 사용되었다는 사실을 밝혔다.

이영훈(2012)에서는 조선왕조실록 번역본에서 '번역'을 검색어로 원문에 있는 어떠한 한자에 대응되고 있는가를 검색했는데, 譯(역해, 역설, 역심, 繹成, 중역 등), 飜/翻(번사, 번록, 번출 등), 飜譯(翻/繹), 諺解(언석, 반언 등), 化作 등으로 나타나 결과적으로 AB 번역까지 아우르는 것으로 보았다.

이영훈(2014)는 번역과 국어의 관계를 개념사적으로 고찰한 연구인데, 논의의 결과 번역 개념에 국가 관념이나 국어 의식의 내재된 것은 1920년 무렵에 일제의 국어 이데올로기가 유입된 데서 비롯되었다가 1990년대 이후에 쇠퇴한 것으로 보았다. 즉, 갑오개혁 이후에 성립된 국어라는 개념은 일본의 강제병합으로 일본어에 독점적 지위를 빼앗긴 채 잠복하다가 해방 이후 부활되었지만, 일본 국어(國語)의 절대화된 의미소('우리나라')를 수용하고 말았다는 것이다. 그러나 21세기에 들어서 '국어'는 폐쇄성을 탈피하고 타자에게 열린 국제어로서의 한국어로 그 중심이 이동하고 있다는 사실도 지적하고 있다. 다시 말해서 보통명사와 고유명사로서의 일본의 국어 개념이 한국에 이식되어 한국어 '번역' 개념에 '한 나라의 언어'라는 국가 관념이 개입되기 시작했고, 고유명사로 절대화된 '우리나라'라는 의미소가 번역 어휘장에 '국역'이라는 변종을 낳게 만든 것이지만 현재는 퇴조의 분위기를 보이고 있다.

장르별 번역사를 다룬 연구는 종교와 문학, 역학 등의 세부 주제로 다시 구분된다. 먼저 종교 장르에서 성서의 번역을 다룬 연구로는 정정호(2007)과 황경자(2011)이 있다. 정정호(2007)은 개화기에 이루어진 성서의 번역 사역이 한국 어문의 근대화에 기여했다는 점을 밝힌 연구이다. 즉, 로스 역 한글 성서는 신문체 발달에 기여했고, 게일 부부가 번역한 최초의 서양 번역 소설 『텬료력뎡』(1895)은 한국 신문학의 형성에 기여했으며, 찬송가는 창가를 거쳐 신체시의 성립에 기여한 것으로 보았다. 결과적으로 기독교 발전의 속도와 한글 발전의 속도는 비례하며, 성경과 찬송가, 각종 기독교 문서의 번역, 사전 편찬과 한글 문법서 발간, 신문 잡지 간행은 개화기 기독교의 한글 운동이었다고 볼 수 있다는 것이다.

황경자(2011)에서는 천주교의 전교사를 중심으로 최초의 한국어 성서 번역의 역사를 탐색하고 있는데, 이른 시기부터 중국이나 일본과 교류를 가졌다는 전제 하에 천주교 전파의 주체를 서양인 선교사가 아닌 조선인들 자신으로 보고 그 자발적 수용 과정에 대해 논의하면서 소현세자와 허균, 이익, 이승훈 등의 활동을 서술하고, 이어서 만주와 일본 요코하마 및 한국에서 활약한 존 로스와 이수정 및 언더우드, 아펜젤러 등에 대해 서술하고 있다. 아울러 성서를 민중의 언어인 순수 한글로 번역한 것이 언문일치 운동이 확산하는 계기가 되었음도 지적하고 있다.

문학 장르에서 번역사를 다룬 연구로는 이동은(1999)와 정경은(2011)이 있다. 이동은(1999)에서는 <천일야화>의 번역본에 관해 조사하고 있는데, 논의를 통해 인도에서 출발한 이야기가 페르시아를 거쳐 9~16세기경에 아랍에서 토착화된 설화로 1700년대부터 서구에 소개되기 시작하여, 최초의 불어판 번안본(앙뜨완 갈랑, 1703~1713)을 비롯하여 최초의 아랍어 편집본 4종(캘커타 1본, 브레슬라우본, 불럭본, 캘커타 2본), 서구어 축역본(윌리엄 레인), 완역본(리처드 버턴, 리트만), 번안본(마르드뤼스) 등이 나왔고, 한국에서는 1895년에 『유옥역젼』이라는 제목으로 번역되었으며, 그 이후로 1990년대에도 번역본 6종이 간행되었음을 밝혔다. 이 이야기가 한국에서 주로 성애담과 교훈담으로 수용된 것은 서구 번역본을 만든 번역자의 성향이 반영된 것으로 이해했다. 정경은(2011)에서는 해방 이전의 교지에 실린 서구 번역시에 대해 조사하고 있다. 조사에 의하면 지도하는 교사의 영향력이 번역시에 강하게 작용했는데, 학생들의 청년기적 특성은 낭만주의에 대한 선호로, 식민지 청년으로서의 정체성 찾기는 계몽주의와 위인에 대한 관심으로 나타난 것으로 보았다.

역학 장르와 관련된 번역사의 연구로는 이도윤(1997)이 있다. 이도윤(1997)에서는 1636년에 강우성이 지은 것으로 알려진 회화체 문장의 일본어 학습서인 『첩해신어』에 나타난 번역어를 조사하고 있다. 조사에 의하면 이 『첩해신어』는 70년, 30년 간격으로 개수되었는데, 원간본에서 화어(和語)로 되어 있던 표현이 개수본, 중간본에서는 한자어 표현으로 변화된바 이는 초보자에게 일본어 학습을 용이하게 할 목적으로 수정한 것으로 보았다. 아울러 번역어로 사용된 한자어들 중에는 조선에서 사용하지 않았던 일본 한자들이 다수 등장하고 있다는 사실도 지적하고 있다.

한국의 번역 전통에 대한 연구는 주로 언해를 둘러싸고 진행되었는데, 유명우(2004)와 김정우(2009b, 2013c), 송태효(2012) 등이 여기에 속한다. 이러한 범주의 연구는 대체로 번역 자체에 대한 논의라기보다 번역의 사회문화적 의미나 그 성격에 대한 논의, 즉 Pym(1998)에서 언급되었던 '역사적 비평' 혹은 '해석'이 주를 이루고 있다. 먼저 유명우(2004)에서는 한국 번역사에서 조선시대의 언해 번역이 차지하고 있는 위상을 탐색하고 있는데, 한글 창제의 직접적 동기를 당시까지 문자생활을 지배해온 이두의 단점을 보완할 실용적 문자의 개발로 보고 언해 번역의 장르를 열거하고 있다. 즉, 한자음의 확정과 어문 정책의 정비에 필요한 운서와 역학 언해, 밑바닥 백성들의 민심을 획득하기 위한 불경 언해, 대중의 교화와 사회의 안정에 중요한 유교 경전의 언해, 산업 단계의 발전에 따른 현실적 필요성에 의한 기술 산업 서적의 언해, 문학 서적의 언해 등을 나열하면서, 언해 번역이 훈민정음의 정착을 통한 어문 문화의 발달에 기여하는 한편, 왕조의 사직을 공고화하는 데도 크게 기여했다고 보았다.

조선 시대 번역의 사회문화적 기능에 대해 논의한 김정우(2009b)에서는 조선시대의 번역 활동이 사회와 문화의 발전에 기여한 역할을 다각도로 탐색하고 있다. 불교와 유교 관련 번역에서는 통치 철학의 확립을 통한 백성의 교화라는 정치적 기능을 엿볼 수 있고, 역학서 관련 번역에서는 사대교린의 바탕이 되는 외국어 학습을 지원하는 외교적 기능을 엿볼 수 있으며, 조선시대 내내 꾸준히 지속된 의학과 농업 관련 번역에서는 백성들의 생활 안정을 도모하는 실용적 내지 민생 안정의 기능을 엿볼 수 있다. 임진왜란 이후인 17세기에 병학 관련 번역서가 다수 등장하는 것은 전란의 영향을 딛고 부국강병을 도모했던 당시의 사회 분위기와 관련지어 설명할 수 있을 것으로 보았다.

송태효(2012)에서는 『훈민정음언해』와 『석보상절』, 『월인석보』의 서문을 검토 대상으로 삼아 초기 언해본에 담긴 번역학적 의미를 탐색하고 있다. 우선 이들 문헌의 제작에 직간접적으로 참여한 세종과 세조의 역할에 대해 논의하면서, 원문과 구결, 협주, 번역의 양식을 갖춘 번역문의 체재에 주목하고 있다. 이러한 체재는 출발언어로서 한자에 담긴 낯섦을 그대로 수용하면서, 협주를 통해 도착언어로서 정음에 의거한 풀이를 독자에게 전달함으로써 역동적 수용과 원문의 충실성을 동시에 아우르는 합리적 선택이며, 이론적으로는 유진 나이다의 의사소통 중심 이론과 낯섦을 그대로 인정하는 앙트완 베르만의 문자번역론 사이의 대립을 포용한 것으로 보았다. 그리고 이러한 양식은 인접국의 불경 번역 전통을 수렴한 진화적 결실로서 언어 간 번역으로서의 의사소통에 머무르지 않는 언어 내 번역으로서의 의사소통까지 배려한 복합적 상황의 산물이라는 의미를 부여할 수 있을 것으로 보았다. 김정우(2013c)는 언해를 언어 내 번역으로 보는 일련의 논의에 대한 반론으로 언해는 기본적으로 언어 간 번역이되, 계층 사이의 언어 사용 양상의 차이를 고려하면 언어 내 번역의 사정이 존재했던 것으로 볼 수 있다고 주장했다.

통역사와 번역가를 탐구한 연구로는 박소영(2015), 김효중(2006), 박상현(2009) 등이 여기에 속한다. 먼저 박소영(2015)에서는 지리적으로 대척점에 선 남미와 한국에서 식민지라는 독특한 상황 하에서 활동한 여성 통역사 말린체와 배정자의 일대기를 살펴보면서 이들에 대한 평가를 시도하고 있다. 말린체는 아스텍 원주민 사회의 언어인 나우아어와 유카탄 반도의 타바스코 지역 언어인 마야어를 습득하여 정복자 코르테스의 제2 통역사 역할을 수행하면서 중계 통역을 수행한 역사적 사실을 추적했다. 코르테스가 마야어 사용 지역인 타바스코에서 나우아어 사용 지역인 아스텍 제국으로 정복 전쟁을 진행함에 따라 통역사인 말린체의 역할도 따라서 증대되었다고 보았다. 반면 일본인 무역상에 넘겨져 김옥균을 통해 이토 히로부미의 후원을 받은 배정자(粉南)는 신임 공사의 조선어 통역사가 되면서 고종에게 영향력 확대를 꾀할 수 있었다.

이들 두 사람의 활동을 보면 대체로 유사한 단계가 발견되는데, 그것은 차례대로 몰락의 단계, 이산의 단계, 식민지 문화 동화의 단계,

식민 지배층 집단과의 결합 단계 등으로 구분할 수 있다. 일반적으로 식민지 여성 통역사의 역할은 협조자(정보원), 조언자, 지배(자) 이념의 전파자라고 말할 수 있는데, 이에 따라 부끄러운 '혼혈의 어머니' 혹은 매국노라는 마녀와 민족 배신자 프레임을 씌운 부정적 평가가 존재하는 한편으로, 자신의 능력만으로 '슬픈 시대'를 헤쳐나간 문화적 생존자 혹은 두 문화의 경계를 가로지르는 가교 역할을 자임한 활동가라는 긍정적인 평가도 존재한다고 지적하고 있다.

김효중(2006)에서는 해외문학파 소속으로 정지용, 김영랑 등과 함께 문단 활동을 한 박용철(1904~1938)의 블레이크 시 번역에 대해 고찰하고 있다. 번역의 경향은 원문에 충실한 번역으로 해외시의 번역을 우리 문학의 차원을 고양한다는 측면에서 이해하고 있다. 특징을 보면 "한 분 어린이"와 같은 존칭 어법을 사용했다든가, "꼬꼬" 등과 같은 의성어를 활용하는가 하면 대화를 표시하는 문장부호도 사용하는 등 시인이자 번역가로서의 면모가 유감없이 발휘된 것으로 보았다.

박상현(2009)에서는 『해파리의 노래』와 『오뇌의 무도』 등과 같은 시집을 낸 바 있는 당대의 대문호 김억이 편찬한 『鮮譯 愛國百人一首』의 내용과 성격에 대해 논의하고 있다. 여기에 작품을 실은 시인의 선정은 매일신보사의 이노우에가 했으며, 편찬 의도는 '황국신민화'와 '국어(일본어) 보급'에 있었던 것으로 보았다. 대역 체재를 통해 제국 일본의 정신이 식민지 조선에서 보다 폭넓게 유통될 수 있었던 편집상의 기교도 아울러 지적하고 있다.

외국의 번역사에 대한 연구는 다시 동아시아의 번역사와 서구의 번역사를 다룬 연구로 나뉜다. 먼저 동아시아의 번역사를 다룬 연구로는 최경옥(2005, 2007), 이근희(2007) 등이 있다. 이근희(2007)에서는 번역과 근대화라는 명제를 두고 한국과 일본이 어떠한 차이를 보였는가를 탐색하고 있다. 번역과 근대화 과정에서 나타난 양국 간의 차이를 구체적인 영역에서 살펴보면, 역학의 장려라는 측면에서는 '쇄국 정치'(조선) 대 '막부의 정권 유지 정책 반영'(일본) 이라는 차이를 보이고, 번역 전담 기구의 설치라는 측면에서는 '통리기무아문 내 어학사'(실질적 활동 전무) 대 '만서화해어용 역할 확대'라는 차이를 보이며, 통역가/번역가 양성 기관이라는 측면에서는 '동문학과 육영공원의 쇠퇴' 대 '외국어 교육기관의 대학화'라는 차이를 보이고, 번역가의 출신과 대우라는 측면에서는 '중인이고 천대를 받은 조선' 대 '지식층이고 지배층으로 높은 대우를 받은 일본'의 차이를 보이며, 국어와 번역의 관계라는 측면에서는 '어휘 부족과 문법 체계의 미비' 대 '신조어와 차용어 발달'이라는 차이를 보이고, 번역 담론이라는 측면에서는 '소수 지식인과 민간 주도' 대 '정부 차원의 인식'이라는 차이를 보인다고 주장했다. 결과적으로 양국 간의 이와 같은 차이가 근대화 좌절과 근대화 성공이라는 역사적 결과로 드러난 것으로 보았다.

최경옥(2005)는 메이지 시대 일본의 서양 문명 수용과 번역의 관계를 탐색하고 있는데, 번역이 서양 문명을 수용하는 과정에서 일본 고유의 문화를 새롭게 변화시키는 종합 인격체로서 자본주의 문명의 일본식 근대화를 완성시켰다고 보았다. 구체적으로 보면 서구 사상의 수용에서 민권론과 국권론의 대립을 거쳐, 사회 진화론의 유입을 계기로 일본의 전통주의와 새로운 근대주의 관점을 조화시키는 방향으로 전개되었다고 보았다. 예컨대 영어 'nature'를 '자연(自然)'으로 번역한 것은 동양에 흐르는 무위자연의 철학적 개념과 서구에 퍼진 자연과학의 실증 개념을 결합한 것으로 이해할 수 있다는 것이다.

최경옥(2007)에서는 'right'의 번역어 '권리(權利)'를 중심으로 일본 근대 번역 한자어의 성립과 한국 수용 과정을 고찰하고 있다. 다시 말해 일본에서 'right'가 '權利'로 번역되는 과정과 이 번역어가 개화기 한국에 수용되는 과정을 추적하고 있는데, '권(權)'이라는 단어는 중국 고전(메이지기 이전)에서 "권세를 구하고 이익을 구하는 마음"이라는 의미 용법을 가졌으며, 메이지기 일본에서는 1860년대 중반까지 '청렴한 것', '법령', '본분'(오역) 등의 의미를 가졌다가, 1860년대 후반에 중국에서 사용되던 '權'을 차용하여 '權利'로 계승되었다. 개화기 한국에서는 고종순종실록(1885)에 나타나는데, 1890년대에 일본의 직접적인 영향 하에 교과서와 계몽서, 신문 등에 등장하다가 마침내 게일의 『한영자전』(1911년, 2판)에 표제어로 등재된다.

다음으로 서구의 번역사를 다룬 연구로는 김효중(2000), 윤성우(2013), 조재룡(2009) 등이 여기에 속한다. 김효중(2000)은 독일의 전통을 중심으로 독일 번역 이론의 발달사를 소개하고 있는데, Venzky, Schleiermacher, Leipzig 학파, Humboldt 등의 이론을 비교적 상세하게 설명하고 있다. 윤성우(2013)에서는 번역 철학을 계보학적으로 탐구하고 있는데, 플라톤과 헤겔, '부정한 미녀' 추종자들, 무냉, 파리 스쿨, 라드미랄을 한편으로, 슐라이어마허, 벤야민, 베르만, 베누티 등을 다른 한편으로 대조시키면서 직역과 의역, 충실성과 가독성 및 원자자와 독자, 문자와 의미, 기표와 기의 등의 대립적 개념에 대해 논의하고 있다. 조재룡(2009)에서는 앙리 메쇼닉의 경우를 예로 들어 번역사를 바라보는 하나의 관점에 대해 서술하고 있다. 번역사는 문학과 번역의 상관성이 드러나는 독창적인 공간으로 번역사를 바라보는 관점과 문학사를 바라보는 관점이 분리될 수 없다고 주장하면서, 번역해야 할 것은 '단어들이 말하는 것'(발화체)이 아니라 '단어들이 생성해내는 것'(발화 행위, 힘)이며, 따라서 번역은 랑그가 아닌 디스쿠르 차원에서 행해지는 특수한 경험이라고 주장했다. 또한 번역을 감행할 때 양 텍스트 사이의 '친화력의 문제'를 여하히 해결할 것인가에 주목하여 직역과 의역의 이분법적 선택의 문제를 지양해야 한다고 주장하고, 시 번역에 있어서 원 텍스트의 '시로서의 가치'를 포착해내고, 이를 바탕으로 도착어를 재구성한 번역을 감행했는지가 중요하다고 주장했다.

4.1. 한국 번역사의 자료와 시대 구분

4.1.1. 한국 번역사 연구의 의의

번역사가 번역학 안에서 독자적 연구 영역으로 자리매김하게 되는 데 결정적 계기를 마련한 이론적 담론은 핌(Anthony Pym, 1998)의 『번역사 방법론』에서 비롯된다. 번역학의 성립 자체가 그 당시까지 축적된 총체적 번역 성과에 대한 역사적 검토에서 비롯된 관계로 그 이전에도 단편적으로나마 번역사 논의가 이루어져 왔고, 특정 언어나 개별 국가를 대상으로 한 번역사도 적잖이 기술되어 온 것이 사실이다. 그렇지만 확고한 역사적 관점과 기술 태도에 입각해서 번역사의 연구 대상을 구체적으로 규정하고 번역사의 기술에 필요한 과학적 방법론을 체계화한 것은 역시 핌(1998)의 업적이라고 말할 수 있다. 이는 홈즈의 번역학 분류 체계상 '결과물 중심' 연구와 '시대별' 연구에 속하던 것인바, 핌(1998)의 공헌은 새로운 연구 영역을 개척했다기보다 일관된 (역사적) 관점에 입각해서 기존의 연구 영역을 재해석하고 세분화한 데 있다고 말할 수 있다. 핌은 자신의 저서에서 이와 같이 특정 공간에서 생산된 모든 번역의 결과물을 연대기라는 통합적인 관점에서 조망하고 분석해야 한다고 주장했다.

번역학이라는 학문은 태생적 속성상 실용적 성격을 가지며, 그렇기 때문에 번역학은 이론 자체의 탐색과 개발을 넘어서서, 생산된 이론이 바람직한 번역물의 산출 과정에 기여해야 한다는 당위적 명제에서 자유로울 수 없다. 바로 여기서 번역사 연구의 일차적 중요성을 찾을 수 있다. 즉, 번역사는 번역 이론의 성패 여부를 역사적 맥락에서 실제적으로 검증할 수 있는 생생한 연구의 현장이므로, 번역학에서 중요한 위상을 차지하고 있다. 어떤 특정한 유형의 텍스트가 특정한 시대에 발달한 번역 이론 혹은 특정한 번역 기법에 바탕을 두고 번역되었고, 만약에 그 번역이 당대에 준용되던 여러 가치적 측면에서 성공적이었다고 한다면, 그 이론이나 기법은 해당 유형의 텍스트를 번역하는 데 유효한 것으로 경험적이고 사실적으로 입증된 것으로 보아도 무방하기 때문이다.

다음으로 우리는 앞에서 언급한 번역사 연구의 결과가 곧바로 번역 교육의 이론적 토대로 활용될 수 있다는 점에서 번역사 연구의 이차적 필요성을 확인할 수 있다. 즉, 번역사에 대한 연구에서 귀납된 특정한 번역의 기능과 특정한 이론의 효력은 '무엇을 어떻게 가르쳐야 할 것인가?'라는 번역 교육의 근원적인 고민에 유효한 답변을 제공해 줄 수 있기 때문이다. 이와 같은 번역사 연구의 일반적 의의에 덧붙여, 적어도 다음과 같은 두 가지 상황을 고려할 때 우리는 한국 번역사가 기술되어야 하는 학문적 당위성에 동의하게 될 것이다.

첫째는 우리 학계의 시각에서 조망된 독자적인 번역사 기술의 필요성이다. 이는 번역 자체가 일정 부분 정치적 속성을 갖는다는 점에서 비롯되는 현실적인 필요성이기도 하다. 타자의 시각으로 기술되는 한국 번역사가 한국인의 역사관 혹은 한국의 문화적 토양을 살찌우리라는 기대는 거의 무망한 일일 수밖에 없기 때문이다. 의도적이든 그렇지 않든, 우리의 입장과 상반되는 일체의 왜곡을 피하려면[11], 한국의 번역과 번역사에 정통한 우리 번역학계에서 연구의 역량을 결집해서 한국 번역사를 기술해야 한다. 둘째는 타국이나 타 언어권 번역사와의 비교를 위한 한국 번역사 기술의 필요성이다. 이는 한국 번역사가 어느 정도 정제되었을 때 비로소 다른 국가의 번역사 또는 다른 언어권 번역사와의 비교가 가능해지기 때문이다. 이와 같은 비교 작업이 성공적으로 이루어진다면, 한국 번역사는 상대적 보편성과 특수성을 자산으로 일반 번역사와 관련된 담론 형성에 기여하게 된다. 예컨대 후기 중세국어 시기에 언해라는 이름으로 간행된 종교 경전 문헌에서 발견되는 독특한 번역 양식과 번역물의 체재는 다른 언어권에서 번역된 종교 경전 문헌과의 비교를 통해서 보편적인 것

11 이러한 사례에 대해 김정우(2005b: 144-146)에 논의된 '남아메리카의 번역사'를 참고할 수 있다.

으로든 특수한 것으로든 그 번역학적 의의와 성격이 (객관적으로) 온전하게 드러날 수 있다. 모든 문화가 그렇듯이, 특히 과거에는 번역도 인접 언어권과의 상호교섭의 역사이며, 번역 현상도 모국어가 인접 언어들과 적극적인 교류를 수행하면서 생성된 흔적이기 때문이다.

한편 모든 분야의 역사 연구에서 그 결정체는 시대 구분으로 귀결되는 경향이 있다. 이는 비단 '모든 역사 연구가 시대 구분으로 귀착한다'는 역사학자의 견해를 빌리지 않더라도, 세기별 시대 구분처럼 기계적으로 이루어지는 시대 구분이 아니라면, 일정하게 구획된 한 시대에는 그 시대 및 그 주제에 대한 총체적 연구의 성과가 담겨서, 다른 시대와의 구별을 가능하게 만들 수 있어야 하기 때문이다. 이런 맥락에서 볼 때, 한국 번역사의 시대 구분 작업은 한국 번역사 연구의 성과가 집약된 하나의 귀착점으로 간주할 수 있을 것이다.

4.1.2. 한국 번역사의 자료

번역사의 연구에는 본격적 논의에 앞서서 선결되어야 할 문제가 한 가지 있는데, 그것은 연구의 대상이 되는 자료의 성격과 범위를 한정하는 일이다. 번역 자료의 범위 문제는 다시 '무엇을 어디까지 번역으로 볼 것인가'라는 번역의 정의 문제와 관련된다.

로만 야콥슨(1959)에서는 다양한 번역 현상을 크게 세 가지 유형, 즉 언어 내 번역(intralingual translation)과 언어 간 번역(interlingual translation) 및 기호 간 번역(intersemiotic translation)으로 구분한 바 있다. 우리는 위에서 언급된 세 가지 번역 유형 가운데 '언어 간 번역'을 진정한 번역의 범위에 포함시키고자 한다. 이와 같이 '언어 간 번역'을 진정한 번역으로 받아들이는 태도는 일반적으로 번역에 대해 가지고 있는 통념과도 크게 어긋나지 않는다. 이러한 번역의 정의를 수용한다면, 우리는 일단 번역을 "한 언어(SL)의 텍스트에 담긴 의미를 그와 등가를 이루는 다른 언어(TL)의 텍스트로 옮겨서 재현하는 과정 혹은 그런 과정의 결과"로 정의할 수 있다.[12]

위에서 언급된 번역의 정의에 입각해서 한국 번역사의 내용을 구성하는 자료의 유형은 대체로 다음과 같이 정리할 수 있다. 한국어의 표기 수단이 되는 훈민정음이 창제되어 반포된 15세기 이후에 번역된 언해 문헌은 가장 확실한 한국 번역사의 자료가 되지만, 한국 번역사의 기점은 그보다 앞선 시대로까지 거슬러 올라갈 수 있는 것으로 판단된다.[13]

(A) 한문 전적

한국 번역사의 자료에는 TL이 중국어 문어(한문)로 된 것도 포함되지만, 본고에서는 TL이 한국어(문어 혹은 구어)인 경우(B→A)만을 논의 대상으로 삼는다. 이론적으로 볼 때, 글이든 말이든 일단 원본(SL 텍스트)을 상정하기 어려운 한문 문헌은 번역 자료가 아니라, 원래부터 한문으로 생산된 한문 자료로 간주된다.[14] 이렇게 보면 TL을 한국어로 국한

---

12 번역사 연구의 전제가 되는 번역의 정의에 대해서는 김정우(2005b)에서도 논의된 바 있다. 다만, 번역의 단위 문제에 대한 주장은 여기서 유보하고자 한다. 이론상으로는 단어 차원의 자료도 번역의 범주에 포함시킬 수 있지만, 거시적인 관점에서 번역사를 논의하는 경우에는 일정한 분량을 가진 텍스트가 번역의 단위가 되어야 할 것이다.

13 한국 번역사의 기점 문제에 대해서는 본 장의 서두에서 언급한 바 있다.

14 이들 자료가 그 당시의 한국인들 사이에서 정상적으로 의사소통에 기여했다면

시킨 우리의 논의에서는 제외되겠지만 한국 번역사의 기술에 포함될 수 있는 한문 번역(A→B)의 사례는 구전 설화가 기록된 자료나 한국어로 창작되었다가 나중에 한역(漢譯)된 자료로 압축된다. 전자의 경우는 SL 텍스트가 입말로 된 한국어이고 TL이 글말로 된 중국어로 『삼국유사』 혹은 『삼국사기』 등에 나오는 구전 설화나 처용가 등의 노래가 여기에 해당되고[15], 후자의 경우는 SL 텍스트가 글말로 된 한국어이고 TL이 글말로 된 중국어(한문)로 한역 시조 자료가 여기에 해당된다. 이 번역 자료는 A→B 번역 혹은 외행 번역(한-중 번역)의 자료에 속한다.

(B) 구결 자료

구결은 한문으로 된 텍스트를 독해할 때 한국어의 구조를 보충하는 역할을 해주는 토(어미, 조사 등)를 가리킨다. 역사적으로 볼 때 구결에는 두 가지 유형이 존재하는 것으로 보고되어 있는데, 그 하나는 대체로 조선시대에 발견되는 음독구결(순독구결)이고 다른 하나는 고려시대의 것으로 판단되는 석독구결이다. 이 가운데 두 번째 유형인 석독 구결이 특히 우리의 관심을 끈다. 익히 알려져 있듯이 일반적인 구결문은 '한문 독해 방법의 하나'(남풍현 1999: 14)로 한문 원문에 조사나 어미와 같은 토가 달린 구조로 되어 있다. 그런데 석독구결문은 여기에 한국어식 어순을 지정하는 역독점(逆讀點)의 용법이 덧붙어 있어서, 정해진 독법에 따라 읽으면 그 자체로 완벽한 한국어 문장이 된다.

일종의 영번역(zero translation)으로 볼 가능성도 있지만, 이론적 논쟁에서나 가능한 문제이다.

15 유명우(2002: 22)를 참고할 수 있다. 그렇지만 이들 문헌에 사용된 한문이 한국어화한 한문이라는 점은 문제가 그리 간단하지 않음을 시사한다.

그러면 이 석독(훈독)구결 자료는 번역인가? 앞서 언급한 대로 정해진 독법에 따라 읽을 때 완벽한 한국어 문장이 된다는 점에 주목한다면, 석독구결문은 번역 자료에 포함될 수 있다. 이 경우에도 한문 원문과 함께 쓰인 구결자와 역독점 등을 표기 수단으로 인정하느냐 그렇지 않느냐의 여부에 따라 TL을 문어 한국어로 볼 수도 있고 구어 한국어로 볼 수도 있다. 구결자와 역독점 등을 표기 수단으로 인정하는 입장에서는 TL 텍스트가 글이 되는 정상적인 번역 자료가 되지만, 그렇지 않고 이들을 단순히 한문 텍스트를 한국어로 읽는 '보조 수단'으로 간주하는 입장에서는 TL 텍스트가 말이 되는 이른바 시역(視譯) 혹은 문장구역의 사례가 된다. 그런데 이 유형의 자료를 좀더 천착해 보면, 사정은 그리 단순하지 않다.

안병희(1976)에 따르면, 훈독과 번역은 읽는 대상이 완전히 달라서, 전자는 한문의 원문을 읽는 것이고 후자는 번역문을 읽는 것이다. 쉽게 말하면 훈독은 구결자와 역독점의 도움을 받아서 원전 텍스트(한문)를 읽는 것이고, 후자는 (백지에) 새로 쓰여진 번역문을 읽는 것이라는 의미이다. 본고에서도 이러한 논의를 받아들여 석독을 번역의 직전 단계, 곧 의사 번역(擬似 飜譯, pseudo translation)으로 간주하기로 한다.[16] 동일 원전에 대한 훈독과 번역이 완벽하게 일치하는 것은 아니지만,

16 일본에도 훈독 전통이 있는바, 이희재 역(2001)에서는 이것을 일종의 번역으로 보고, 모나 베이커(1998: xvii)에서는 '*kambun kundoku*' 혹은 중국어 원전의 '해석적 독해'(interpretive reading)라 부르면서 '언어 간 번역과 언어 내 번역의 중간적 존재'로 간주하고 있다. 한편 이 '의사 번역'이라는 용어는 모나 베이커(1998: 183)에서 말하는 소위 '가상 번역'과는 다른 개념으로 사용되었음을 밝힌다.

훈독이 후대에 이루어지는 번역 과정에 결정적 영향을 미치는 것이 사실이기 때문이다(안병희: 1976).

(C) 석의류

석의류(釋義類)는 일반적으로 종합적 주석 자료로 알려져 있다. 그러나 한국의 석의류가 중국의 주석(註釋), 집주(集註), 소주(疎註) 등과 다르다는 점은 일찍부터 지적된 바 있었다(최현배 1940/1982: 101). 석의류 자료는 "독음, 구두, 어법, 석사(釋事), 설명 수사법, 이설 비교 분석 등이 망라된 종합적인 해석서"(박소동 1995: 28-29)로 간주하는 것이 온당하다. 실제로 석의류 자료를 보면, 해당되는 자구 해석에 대한 평가를 내리고 있는 내용이 보이는데, 그 의미를 상세히 분석해 보면 원문에 대한 번역까지 내용에 포함되어 있음을 알 수 있다. 그렇다면 위에서 언급한 '종합적 해석서'란 번역까지 아우르는 개념이 된다. 현대의 관점에서 본다면 이 유형의 자료는 원문에 대한 번역까지 포함된 전반적인 번역 비평서라고 할 만하다.

(D) 정음 번역 문헌

훈민정음이 창제되어 반포된 직후인 15세기 후반부터 나온 상당한 분량의 언해[17] 문헌은 가히 한국 번역사 자료의 보고라고 말할 수 있다.

17 '언해'의 사전적 의미는 '한문 원전에 대한 언문 번역' 정도가 된다. 따라서 다른 외국어 원전의 한국어 번역 문헌에는 '언해'라는 명칭을 절대 사용하지 않는다. "일본말, 만주말, 몽고말에 관한 조선식 해석에 대하여는 결코 '언해'란 이름을 붙이지 아니하였다. <중략> 같은 책 이름 '*老乞大*'의 한글 뒤침임에도 불구하고 중국말 '*老乞大*'의 뒤침에 대하여는 '*老乞大諺解*'라 하고, 청나라말과 몽고말의 것에 대하여는 '*新飜老乞大*'의 이름이 있을 뿐이다."(최현배 1940/1982: 97) 한편 "언해는 그 주안이 본글(原文)인 한문의 이해에 있지마는, 뒤침은 반드시 한

(E) 기타

19세기 말엽부터 20세기 초반에 이루어진 번역물(번안물 포함)도 물론 한국 번역사의 자료에 포함된다.

4.1.3. 한국 번역사의 시대 구분

4.1.3.1. 역사학의 시대 구분 일반론

중국에서 수립된 전통적 역사 서술 방식은 사료의 취급에 적용된 기준에 따라 통상적으로 기전체와 편년체 및 기사본말체로 나뉜다. 기전체는 왕조와 인물을 중심으로 하는 서술 방식이고, 편년체는 연대기를 중심으로 하는 서술 방식이며, 기사본말체는 사건을 중심으로 하는 서술 방식이다. 역사학에서는 이와 같은 기준이 시대 구분 방법론의 전범이 되어 있지만, 다른 학문 분야에서 그러한 기준을 액면 그대로 적용하기란 어려울 것으로 생각된다. 특정 학문 분야의 하위 범주로 존재하는 (그 학문의) 연구사 내지 발달사는 그 학문 분야의 긍정적 발전에 기여할 수 있어야 하기 때문이다. 예를 들어 과학사는 과학의 역사 자체에 관심이 있다기보다, 과학 이론의 역사적 전개 과정에 대한 통시적 조망을 통해 과학 이론의 발전 법칙을 파악하는 데 관심이 있다. 그리고 모든 역사의 시대 구분에는 기본적으로 연구의 대상을 대하는 연구자의 인식이 반영될 수밖에 없다.

이런 관점에서 볼 때, 한국 번역사를 기술하고 나아가서 한국 번역

문의 이해를 주안으로 하지 아니하고 다만 그 내용의 포착만을 위주로 한다." 라는 언급도 주목할 만하다(*ibid.*, 101).

사의 시대를 구분하고자 하는 우리의 입장에서는, 전통적 역사 서술의 기준에 만족할 것이 아니라, 번역학 자체의 특성을 효율적으로 반영할 수 있는 대안적 기준을 모색하지 않으면 안 된다. 여기서 우리에게 유익한 참고가 되는 인접 학문 분야가 바로 언어사이다. 번역이 언어를 통해 이루어지는 행위인 만큼, 언어의 역사에 대한 일정한 기술 방식은 분명히 번역사의 기술과 시대 구분에 중요한 시사점을 던져 줄 것이다.

4.1.3.2. 외사(外史)와 내사(內史)

언어사의 기술에서는 외사와 내사를 엄격하게 구분한다(이기문: 1998). 외사란 언어 사용자의 본거지나 이주의 역사적 행로 혹은 다른 언어 사용자 집단과의 접촉이나 교류, 사회적 혹은 문화적 환경의 변동 등을 가리킨다. 다시 말해서 외사는 해당 언어에 영향을 끼친 제반 사건과 관련된 역사적 사실을 가리키고, 이에 비해 내사란 해당 언어 내부에서 발생한 역사적 사실을 가리킨다. 이를 구체적으로 기술한다면, 예를 들어 한국어의 외사는 한국어를 사용하는 한국인의 선조가 언제, 어떻게 공통조어에서 분기되어 나와 지금의 한반도로 들어오게 되었는가 하는 민족의 기원 문제를 비롯해, 고대국어로부터 현대국어에 이르기까지 한국어에 영향을 끼친 것으로 판단되는 다양한 사건(국가의 형성과 외국과의 전란, 사회와 문화 환경의 변화를 초래한 각종 정치 현상 등)을 아우르게 되고, 한국어의 내사는 고대국어에서 중세국어를 거쳐 근대국어에 이르는 기간에 한국어에서 벌어진 다양한 변화 양상(문법 구조의 변화, 음운 체계의 변화, 어휘 의미의 변화 등)을 아우르게 된다.

통상적으로 언어사는 내사를 위주로 기술되는 것이 바람직한 것으로 판단된다. 내사가 언어 자체의 역사라면, 외사는 언어를 둘러싼 주변부의 역사이기 때문이다. 물론 내사에만 전적으로 의존해서 만족스러운 언어사의 기술이 불가능한 경우라면 외사를 언어사의 기술에 도입할 수밖에 없겠지만, 그러한 경우에도 외사가 언어사의 직접적 기술 근거가 되지는 못한다는 점을 명확하게 인식해야 한다.

여기서 중요한 것은 내사의 항목에 포함되는 제반 요인들이 언어사 전체에 기여하는 중요도 내지 기여도의 차이이다. 다시 말해서 음운 체계의 변화와 형태 구조의 변화 혹은 통사 구조의 변화 중에서 어떤 변화를 위주로 언어사를 기술해야 타당한가의 문제이다. 보편사와 그 하위의 특수사를 기술하는 과정에서 각각의 시대 구분이 일치하는 것이 이상적이지만, 실제적으로 보면 그러한 일치는 불가능하다(이광호: 2001). 언어사의 기술에서도 마찬가지로 내사의 각 영역인 음운과 형태, 통사의 측면에서 시대 구분의 지표가 전부 일치할 수 있다면 더할 나위 없이 바람직한 경우가 되겠지만, 연구 성과가 충실하게 축적된 국어사에서도 그러한 행운이란 기대하기가 쉽지 않은 까닭에, 대체로 음운 체계의 변화라는 한 가지 인자를 기준으로 국어사의 시대 구분이 이루어져 온 것이 사실이다.

여기에는 물론 음운 체계가 변화하면 그러한 변화에 따라 문법이나 어휘도 체계적으로 변화할 뿐만 아니라, 음운론적 내용이 문헌 자료를 해석하는 데 기본이 된다는 전제가 깔려 있다. (음운사를 중시하는 태도에는 음운사 연구에 비해 상대적으로 문법사나 어휘사 등의 연구가 충분하지 못하다는 현실적 여건도 반영되어 있는 것으로 생각된다.) 이와 같은 언어사의 시대 구분 방법론은 번역사의 시대 구분을 위한 방법론의 모색에도 시사하는 바가 크다고 하겠다.

지금까지 언급된 언어사의 시대 구분 성과를 번역사의 시대 구분 연구에 도입한다면, 우리는 이론적 토대에 대한 중요한 두 가지 암시를 얻을 수 있다.

첫째로 언어사가 내사에 해당하는 변화 인자를 시대 구분의 기준으로 삼듯이, 번역사도 일차적으로 번역 자료와 직접적으로 연관된 변화의 인자를 시대 구분의 기준으로 삼는 것이 바람직하다는 점이다. 그래야만 한국 번역사의 발달을 주도한 내부적 변화 인자들 사이의 역동적 양상을 올바르게 포착할 수 있기 때문이다. 둘째로 동일한 내사에 속하는 인자이더라도 음운 체계의 변화라는 인자가 국어사의 시대 구분에서 일차적 중요성을 인정받았듯이, 한국 번역사의 기술에서도 특정한 변화의 인자가 다른 인자들보다 비교우위를 점할 수 있는 가능성이 열려 있다는 점이다. 이상과 같은 전제를 기반으로 한국 번역사의 시대 구분에 유효한 방법론의 개발을 위해, 한국 번역사의 내사에 포함될 수 있는 다양한 변화의 인자들을 추출해 보기로 한다.[18]

4.1.3.3. 한국 번역사와 변화의 인자

한국 번역사의 내사를 구성하는 변화의 인자(시대 구분의 기준)는 형식적

18 번역이 가진 정치적 속성이나 사회문화적 기능을 고려한다면, 외사적 특성을 완전히 배제하고 내사만으로 시대 구분을 완벽하게 수행하기란 힘들 것이다. 저자도 이러한 견해에 동의하지만, 여기서 내사를 강조한 것은 그동안 이루어진 번역사의 시대 구분 성과가 지나치게 외사 위주로 표현된 저간의 추세에 대한 반성의 뜻도 담고 있다.

측면과 내용적 측면으로 양분해서 조사할 수 있다. 전자에는 자료의 유형과 표기 수단을 비롯한 번역 양식 및 번역 체재 등이 포함되고, 후자에는 번역물의 내용 분류 결과가 포함된다.

형식적 측면에서 우선적으로 변화 인자로 꼽을 수 있는 것은 자료의 유형 자체인데, 이는 TL의 표기 수단과 밀접하게 연관되어 있다. 여기서 어떤 연대기적 추이 혹은 추세를 발견할 수 있다면, 그와 같은 변화를 지배하는 인자는 시대 구분의 중요한 기준이 될 수 있다.

번역 양식에서는 직역과 의역 등의 번역 기법이 검토 대상이다. 그런데 조선 초기의 번역사를 보면 이와 같은 번역 기법이 그 변종까지 망라되어 나타났음을 알 수 있다. 15세기에 간행된 언해 문헌은 역사적으로 전개된 다양한 직역과 의역 기법을 모두 시험해보고 있다. 구체적으로 말하면 『법화경 언해』와 『석보상절』, 『번역소학』과 『소학언해』의 경우처럼, 동일한 하나의 한문 원전을 두 차례 이상 번역한 사례를 통해, 우리는 당시의 번역자들이 직역(축자번역)과 의역(의미 번역 혹은 자유 번역)의 개념을 완전하게 소화하고 있었을 뿐만 아니라, 그러한 개념을 실제로 번역 현장에 적용하는 과정에서 치열한 고민을 경험했다는 흔적을 발견할 수 있다. 만약 이 두 가지 번역 기법(양식)이 연대기적으로 일정한 추세를 드러낸다면, 그것 역시 시대 구분의 기준으로 삼을 만한 중요한 근거가 될 수 있다.

다음으로 번역 체재를 보면, 언해 자료에는 대개 원문과 주해문의 필요한 곳에 구결이 달려 있는데, 개별 자료에 따라 그 실현 양상이 사뭇 다양하게 나타난다. 예를 들어 『능엄경언해』는 한문 본문과 구결, 언해, 한자어의 독음 등으로 구성되어 있고, 『묘법연화경언해』는 한문 본문과 구결, 언해, 한자어의 독음 및 한문 주해 등으로 구성되어 있다. 그림의 유무 여부나 편집 양식 등도 체재의 변화를 가늠하는 기준 요소가 될 수 있다. 앞서와 마찬가지로 이러한 번역 체재 역시 연대기적으로 일정한 추세적 변화 양상을 드러낸다면, 시대 구분의 기준으로 삼을 수 있을 것이다.

내용적 측면에서 변화 인자로 꼽을 수 있는 것은 번역의 사회문화적 측면인데, 이것은 다시 '어떤 시대에 어떤 번역이 생산되었는가?'라는 배경과, '번역이 사회문화적으로 동시대에 어떤 영향을 끼쳤는가?'라는 기능으로 나눌 수 있다. 본고에서는 이 두 가지 인자들 가운데서 전자에 주목한다. (후자는 번역 자료를 둘러싼 사회문화적 맥락의 총체적 분석을 통해서만 비로소 밝혀질 수 있으며, 따라서 별도의 연구가 필요하다고 생각하기 때문이다.) 조선 시대에 생산된 번역 자료를 내용에 따라 분류하면 다음과 같다.

(A) 시가 관련 문헌
(B) 종교 관련 문헌
  (B1) 불교 관련 문헌
  (B2) 유학 관련 문헌
  (B3) 교화 관련 문헌
(C) 실용 문헌
  (C1) 의약 관련 문헌
  (C2) 농사 관련 문헌
  (C3) 어학(역학) 관련 문헌
    (C3.1) 운서
    (C3.2) 옥편

(C3.3) 자서

(C4) 병학(兵學) 관련 문헌

위에서 제시된 분류 체계의 각 항목에 소속된 개별 번역 자료에 대한 해제는 국어학 분야에서 어느 정도 완료되어 있는 상태이다. 그러므로 번역학의 관점에서 새롭게 음미해야 할 측면도 없지 않겠지만, 다른 분야에 비해 그 성격이 비교적 소상하게 밝혀진 만큼, 우리의 관심은 자연히 시대적 변화의 인자를 발견하는 방향으로 넘어가게 된다.

다시 말해서 위와 같은 분류 체계를 따라 각 항목에 속한 번역 자료를 검토해서 연대기적 변화의 양상을 추출할 수 있다면, 번역 자료의 내용적 측면 역시 시대 구분의 기준이 될 가능성이 있다는 것이다. 특정한 시대에 특정한 내용의 번역 문헌이 다수로 간행되는 경향성을 띤다는 것은, 그러한 번역이 그 시대의 사회문화적 수요를 반영했다고 말할 수 있으므로, 번역 자료의 내용에서 일정한 역사적 변화의 흐름을 찾아내려는 작업도 번역사의 시대 구분에 유효할 것으로 판단된다.

4.1.3.4. 번역 자료 분석

앞선 논의를 바탕으로, 한국 번역사의 자료를 대상으로 시대 구분에 유효한 구체적인 변화의 인자를 찾아보고자 한다.

4.1.3.4.1. 번역 언어의 유형

번역 언어는 번역의 과정과 결과를 결정하는 중요한 인자로, SL과 TL의 양쪽으로 나누어 생각해볼 수 있다.

먼저 SL을 살펴본다. 한국 번역사에 등장하는 번역 자료의 SL은 19

세기 말엽까지 대개[19] 중국어 문어(한문)이다. 한문 이외의 SL이 본격적으로 등장하는 것은 1880년대 이후의 일이다. 곧, 1882년에 외국인 선교사 로스 등에 의해 만주에서 간행된 『예수셩교누가복음젼셔』를 시작으로 1910년 무렵[20]까지 30여 권의 성서 번역본이 나왔으며, 뒤를 이어 1895년에 이동이 일본어판 『아라비안 나이트』를 중역한 『유옥역젼』을 내고, 선교사인 게일 부부가 같은 해에 『텬로력뎡』을 내면서, 1910년 무렵까지 20여 권의 번역 소설이 나왔다.[21] 그러므로 한국 번역사에서는 1882년을 기점으로 SL의 측면에서 다변화가 이루어졌다고 말할 수 있다.

다음으로 TL을 살펴보자. 번역 자료의 외형을 결정하는 중요한 인자는 표기 수단, 곧 TL(문자언어)의 유형이다. 고유명사를 기록한 단편적 표기 자료와 한문 전적 자료를 제외하면, 불완전하나마 한국 번역사의 서막을 장식하는 것은 석독구결 자료이다. 이 유형에 속하는 자료는 총 6종이 소개되어 있다(백두현: 2005). 이들 석독구결 번역 자료는 대체로 고려시대(11세기~13세기 중엽)의 것으로 추정된다. 앞에서 언급했

---

19 외국어 학습을 위한 『첩해신어』, 『청어노걸대』 등의 역학서나 산스크리트어로 된 진언을 한글로 음역한 『오대진언』 등이 예외로 꼽힌다.

20 1910년대라는 연대가 갖는 의미는 국어학사와 국문학사에서 '개화기'로 불리는 시기의 하한선이다.

21 이현희(1996)을 참고할 수 있다. 김병철(1975: 152~153)에서는 두 작품에 대해 한국인에 의한 최초의 번역 작품은 『유옥역젼』이고, 국적을 불문하면 둘 모두 최초의 번역 작품으로 인정해야 한다고 언급하고 있다. 실제로 『유옥역젼』에는 1895년 7월로 간행 시기가 월 단위까지 구체적으로 밝혀져 있지만, 『텬로력뎡』에는 1895년으로 연도만 표기되어 있어서 선후를 가리기 어렵기 때문이다.

듯이, 이 자료는 번역의 직전 단계를 드러내는 것으로 의사 번역으로 취급하기로 한다. 아래에 짤막하게 용례(『구역인왕경』)를 제시한다.[22]

(1a) 丷 1 　　　　セ 　　　　　　　　ノ ㅎ.
　　復　有　　他方 不　　　　可　　　量　　衆.
　　　　　セ ナ 㢱　　　矢 リ ㅌ セ　　セ 丷 1.

(1b) 復丷 1 他方セ 量ノ ㅎ 可セ 丷 1 不矢 リ ㅌ セ 衆有セ ナ 㢱 [약자]
　　復爲隱 他方叱 量乎音 可叱爲隱 不知是飛叱 衆 有叱在弥 [정자]

(1c) 또흔 他方ㅅ 量홈 짓흔 안디이ᇇ 衆 잇겨며 [중세국어]
　　또한 타방의 헤아릴 수 없는 중생이 있으며 [현대국어]

위의 자료를 살펴보면, 우선 해당 텍스트의 행에서 오른쪽(현재 자료의 위쪽)에 구결자가 표기된 글자부터 차례대로 읽은 다음에, 역독점(마침표처럼 보이는 부호)이 찍힌 곳에서 위(현재 자료의 앞)로 되돌아가 왼쪽(현재 자료의 아래쪽)에 구결자가 표기된 글자 가운데 가장 가까운 글자('可')를 읽는데, 이 글자 뒤에도 역시 역독점이 있으므로 왼쪽에 구결자가 표기된 가장 가까운 글자('不')를 읽는다. 여기에는 역독점이 없으므로 아래(현재 자료의 뒤)로 내려가서 그때까지 읽지 않았던 글자('衆')를 읽는데, 이 뒤에는 역독점이 있으므로 위로 올라가 왼쪽에 구결자(토)가 표기된 글자('有')를 읽으면 된다. 이러한 방식으로 읽어서 원래 자료의 어순을 조정한 것이 (1b)이고, 이를 현대국어로 옮긴 결과가 (1c)이다.

석독구결 번역 자료에 뒤를 이어 등장하는 번역 자료는 이두로 된

22 본장의 서문에서도 소개되었던 이 용례와 독법 등은 남풍현(1999: 37~38)에서 가져왔다. 세로로 쓰였던 것을 가로로 바꾸어 놓았고, 원래는 없었던 한문의 자간도 구결자(토)를 넣기 위해 띄웠다. 현재 한문 글자의 오른쪽 위에 있는 구결자는 원래 해당 글자의 아래쪽 오른편에 적혀 있었으며, 오른쪽 아래 있는 구결자는 아래쪽 왼편에 적혀 있었다.

것인데, 『대명률직해(大明律直解)』(1395)와 『양잠경험촬요(養蠶經驗撮要)』(1415), 『우마양저염역치료방(牛馬羊猪染疫治療方)』(1541) 등이 여기에 속한다. 이 번역 자료는 비록 한글이 아닌 한자로 표기되어 있지만, 석독구결 번역 자료와 달리 완전한 번역으로 간주할 수 있다. 한문 원전과 무관하게 이두 문자(한자)를 사용해서 완전히 새로 쓴 것이기 때문이다. 아래에 용례를 제시한다.

(2a) 雖犯七出 有三不去 (『大明律』 戶律 - 婚姻 - 出妻)

(2b) 必于 七出乙 犯爲去乃 三不去有去乙

(2c) 비록 칠출(칠거지악)을 범했으나 삼불거가 있거늘 [현대국어]

위의 용례를 보면, (2a)는 한문 원전인 『대명률』의 일부 구절이고, (2b)는 이 구절을 이두로 옮긴 번역문으로 『대명률직해』에서 해당 항목('出妻')의 한문 원문이 끝난 다음에 실려 있다. 비록 표기는 이두 문자(한자)로 되어 있지만, 이것은 완전한 한국어 문장으로 볼 수 있다. 이와 같이 한문 원전과 별개로 새로 쓰인 번역문이라는 점에서 (2b)의 자료는 한문 원전에 구결문자와 역독점 등을 표기한 (1a)의 자료와 비교된다. 이 이두 번역문의 존재로 인해 우리는 비로소 진정한 번역 자료를 만나게 된다.

이두 문자를 활용한 번역은 조선시대[23] 초기에 나타났다가, 훈민

23 통일신라시대와 고려시대에도 이두 자료가 있지만, 본격적인 번역에 활용된 전적 형태의 자료는 없다. 여기서 말하는 이두 번역 자료는 표기 체계로서의 이두와 구분된다. 단순히 '이두 자료'라고 언급했을 때 발생할 수 있는 혼란의 여지를 줄이기 위해 '이두 번역 자료'라는 용어를 사용했다.

정음의 창제 이후에 정음에 의한 언해 번역 자료에 자리를 내주게 된다.[24]

15세기 중반인 1446년에 우리말을 표기할 수 있는 문자인 훈민정음이 반포되자, 마치 때를 기다렸다는 듯이 많은 분량의 번역 자료가 쏟아져 나온다. 이는 그동안에 우리에게 번역에 대한 심층적 인식과 아울러 실제 번역의 기술이 상당한 정도로 축적되어 있었다는 방증이 되기도 한다. 정음을 활용한 번역 자료는 『훈민정음언해』가 나온 1447년부터 19세기 말엽까지 지속적으로 등장한다. 여기서 19세기 말엽을 정음 번역 자료의 종착점으로 본 것은 이 시기를 전후해서 표기 문자의 위상이 현격하게 변화하기 때문이다.

이 시기는 개화기의 개막과 일치하는데, 서양 문물의 전래라는 새로운 사회 분위기 속에서 이때 우리의 말과 글을 포함한 우리 것 전반에 대한 자각적 인식이 일어나게 된다. 그리하여 우리의 말과 글을 각각 '국어'와 '국문'이라는 명칭으로 부르기 시작했다. 근대에 들어 '국문'(國文)이라는 용어를 처음 사용한 인물은 강위였으며[25], 조선 정부에서 '국문'이라는 명칭이 처음으로 문서에 사용된 것은 1894년의 일이었다.[26] 이와 같은 우리 어문의 위상 변화는 실제 문자 생활에 심대

---

24 번역이 아닌 표기 체계로서의 이두 자료는 근대국어를 거쳐 19세기까지도 발견된다. 목록은 홍윤표(1997: 216-221)를 참고할 수 있다.

25 1869년에 자신이 지은 저서 제목(『擬定國文字母分解』)에 나온다. 조규태(2007: 7)를 참고할 수 있다.

26 '국문'이라는 용어에 대한 기록은 다음과 같다.
- 掌國文綴字各國文繹及敎科書編輯等事 <고종실록 고종 31년(1894. 6. 28)조>
- 勅令/ 第一 公文式/ 第十四條 法律勅令: 總以國文爲本 漢文附譯 或混用國漢

한 영향을 미쳤을 것이다. 다시 말해서 훈민정음이 창제되어 반포된 15세기 중반 이후에 사용한 표기 문자는 모두 정음의 범주에 넣을 수 있지만, 위에서 서술한 바와 같은 이유로 19세기 말엽을 전후해 TL의 유형을 달리 설정한 것이다.

이상에서 살펴본 TL의 유형은 비교적 선명하게 연대기적 변화의 양상을 노정한다. 이를 다시 정리해 보면, 석독구결 번역 시대(11~13세기), 이두 번역 시대(14세기~15세기 중반)[27], 정음 번역 시대(15세기 중반~19세기 말엽) 및 한글 번역 시대(19세기 말엽 이후)가 된다. 여기에 덧붙여 앞서 논의했던 SL의 유형까지 고려하면, 한글 번역 시대의 특징으로 표기 문자의 위상 변화라는 인자 이외에 다양한 외국어와 접촉하기 시작하는 SL의 다변화라는 인자를 하나 더 추가할 수 있다.

4.1.3.4.2. 번역 양식

번역 양식이란 TL 텍스트의 다양한 실현 양상을 포괄적으로 지칭하는데, 협의로 보면 번역 기법이 관련되어 있고 광의로 보면 특정 텍스트의 번역 작업에서 번역자가 선택한 번역 전략이 관련되어 있다.

文("법률과 칙령은 모두 국문으로 바탕을 삼고, 한문으로 번역을 덧붙이거나 혹은 국한문을 혼용한다.") <관보 1894년 11월 21일>

- 勅令 第八十六號 公文式/ 第一章 頒布式 第九條: 法律命令은 다 國文으로써 本을 삼고 漢譯을 附하며 或 國漢文을 混用홈 <관보 1895년 5월 8일> 조규태 (2007: 7~8)에서 재인용함.

27 이두 번역 자료인『우마양저염역치료방』이 간행된 시기는 16세기 중반인 1541년이지만, 이는 이두에 친숙한 중인 계층 독자를 위한 배려로 생각된다. 일종의 복고적 표기 양태인 셈인데, 한글 번역이 같이 붙어 있다는 점도 이러한 추정에 무게를 실어준다.

한국 번역사에서 가장 우선적으로 살펴볼 번역과 관련된 양식은 구결이다. 앞에서 언급했듯이 구결 번역 자료는 석독구결 자료와 음독구결 자료로 나뉜다. 전자에 대해서는 앞에서 이미 의사 번역으로 그 성격을 규정해 놓았으므로, 후자에 대해서만 언급하기로 한다. 음독구결 자료는 훈민정음이 사용되기 이전인 고려시대부터 조선시대 초기(13세기 후반~15세기 초반)에도 발견되는데[28], 이는 차자표기로 기록된 자료로서 훈민정음 창제와 반포 이후에 간경도감에서 발간된 불경언해의 한글 구결로 계승된다. 이들 가운데는 한문 구성소를 음독하는 것이 원칙이지만 일부 글자를 훈독하는 사례(예: 者, 則, 故 등은 각각 '(으)ㄴ', '(으)ㄴ', '(며)ㄴ' 등으로 읽음)도 있는데, 석독구결에서 음독구결로 넘어오는 과도기적 현상을 보여주는 것으로 생각된다(남풍현: 1999). 훈민정음 창제 이후에 나온 음독구결 자료는 다음과 같다.[29]

(3a) 15세기 구결 자료
원각경구결(1465년 무렵)
주역전의구결(1466년 무렵)
주역전의대전구결(1466년 이후)

(3b) 16세기 구결 자료
논어대문구결(16세기 중엽)
남화진경대문구결(16세기 중엽)

---

28 남풍현(1999: 232~233)에는 고려시대부터 조선시대 초까지의 음독구결(순독구결)로 『楞嚴經』(南豊鉉本) 등 14종이 소개되어 있다.

29 아래 목록은 이현희(1996: 220~221)를 참고해서 작성했다. 남풍현(1999: 234)에서는 이에 덧붙여 16세기 중엽 자료인 『乙亥字本 書傳大文』 등 유가의 구결 자료 10종을 소개하고 있다.

구해남화진경구결(16세기 중엽)
소학집설구결(16세기 중엽)
예기집설대전구결(16세기 중엽)

이 음독구결 자료는 근대국어 시기에도 발견되지만, 구결 자체의 성격상 본격적 번역으로 보기는 힘들다. 기본적으로 음독구결이란 한문 텍스트를 읽기 위한 목적으로 한문 원문에 붙인 토(어미, 조사)를 가리키기 때문이다. 즉, 음독구결을 구결자와 한문 원문까지 포함한 개념으로 확장한다고 해도 이는 쓰기(writing)가 아닌 읽기 혹은 독해(reading)일 수밖에 없다. 또한 훈민정음 창제 이전의 음독구결 자료는 표기대로 읽었을 경우에 한국어와 어순이 다르기 때문에 석독구결 자료와 달리 의사 번역으로 보기도 어렵고, 훈민정음 창제 이후의 한글 음독구결 자료 역시 다음의 예문 (4)에서 보듯이 동일 원전에 대한 한글 번역 자료의 존재로 인해 번역으로 보기도 힘들다. 이상의 이유를 근거로 음독구결 자료는 모두 번역 자료로 간주할 수 없다.[30] 다음의 예문 (4a)는 구결문인데 밑줄 친 부분이 구결이고, (4b)는 이에 대한 한글 번역이다.

(4a) 卽諸佛心地法門也ㅣ라『능엄경 5』
(4b) 곧 諸佛心地法門이시니라.『능엄경언해 5』

---

30 여찬영(2003: 244)에서는 구결문을 "원문의 분석을 바탕으로 한 내적 번역이 전제된, 문법적 번역이 이루어진 중간 단계의 특이한 문장 형태"라고 말하고 있다. 구결의 존재 자체가 원문과 번역을 연계하는 번역자의 심리 과정을 드러내는 중요한 증거라는 언급은 주목할 만하다.

다음에 다룰 번역 양식은 석의이다. 앞에서도 언급했듯이, 석의는 구결과 언해에서 문제가 되는 어구를 요점 정리 방식으로 풀이한 자료이다(박소동: 1995). 지금까지 석의 자료의 번역사적 의의에 대해 이루어진 논의는 아래와 같다.

최현배(1940/1982)에서는 구결과 석의가 고려 말엽과 이조 초엽에 유학의 대가인 정몽주와 권근에 이르러 집대성되었다고 언급하면서(*ibid.*, 98), 이어서 "한문 서적에 여러 선비들의 주석을 베풀고 또 짓는이 스스로의 의견을 덧붙인 것이다. <중략> 우리말로써 그 풀기 힘든 곳을 풀이한 '새김'과 한 가지 뜻의 것이다. 그러한즉, '석의'는 토, 구결보다 한문의 배달삼기[朝鮮化]가 한 걸음 더 나아간 것이라 할 만하다"(*ibid.*, 101)라고 했다. 이충구(1990)에서는 고려시대 말엽부터 약 540여 년 동안 이루어진 한문 경서의 한국화 과정(해독 내지 번역)을 구결→의역→석의→직역→주석 등 다섯 단계로 설정하고, 구결과 의역과 석의를 경문 해독의 최종 단계인 직역(언해)에 이르기 위한 예비 단계로 보았다. 그렇지만 박소동(1995: 3)의 지적처럼, 직역과 의역이 결과적으로 번역 텍스트와 대상 독자층에 따라 결정되는 번역 전략이라는 점을 고려하면, 이 둘을 제외한 구결과 석의 및 주석을 번역의 양식으로 인정하는 태도가 무난할 것으로 보인다. 다음에 석의류 문헌에서 다루고 있는 내용을 유형별로 제시해 본다(박소동: 1995).

(5a) 이설의 종합 분석

國不以利爲利 以義爲利也 : 上章, 國은 利로 利를 삼디아니ᄒᆞ고 義로 利를 사므미니라. 下章, 國은 利로써 利를 삼고 義로ᄡᅥ 利를 삼디아니호미니라. 按此兩章之說, <중략> 今當依上章所釋

(*ibid.*, 31~32)

(5b) 자석

奚其爲爲政 : 엇디ᄒᆞ야사 그 政을 ᄒᆞ다ᄒᆞ리오 今按次設是 但須知 엇디ᄒᆞ야사之意 只包在奚其兩字之中 而上爲字非 ᄒᆞ야사之爲 乃屬下句而爲虛字方可 <하략> (*ibid.*, 36~37)

(5c) 구두(句讀)와 구결[토]

武王末受命 : 武王이 末애 受命이어시늘 (*ibid.*, 41)

(5d) 독음

蹴踖: 上子六切 下音讀 然則當쥭적 然今俗音츅쳑 恐難改也 (*ibid.*, 47)

(5e) 문답형 논변

皆實利也: 問皆字指道與何事歟 抑指道與而總言之者耶 曰指道而總言之 (*ibid.*, 48)

(5f) 판단 유보

行旅皆出於王之途 天下之欲疾其君子 : 王之塗ᄒᆞ면 <중략> 그 君을 疾코져 홀자 或云 塗ᄒᆞ며 欲疾其君子로 王이니 此設更詳之

위에서 (5a~f)에 나온 용례를 하나씩 검토해 보면, 석의를 '번역에 대한 종합적 해석서'로 규정한 논의가 타당하다는 사실을 알 수 있다. 우리의 과제는 석의 자료에서 시대 구분에 기여하는 변화의 인자를 찾아내는 것이다. 현전하는 석의류 중에서 연대가 확실한 자료는 다음과 같다.[31]

---

31 이 밖에도 16세기 중엽부터 17세기 초엽의 자료로 추정되는 『사례석의』와 1907년에 발간된 『유년필독석의』가 있지만, 나중 것은 '석의'라는 명칭이 제목에 사용되었음에도 불구하고 내용상 위와 동일한 자료로 간주하기는 힘들다.

(6a) 경서석의(1609년)

(6b) 사서석의(1609년)

(6c) 근사록석의(1661년)

자료의 수효가 많지 않고, 1609년과 1661년의 사이에 다수의 언해 문헌이 출간된 사실[32]로 미루어 본다면, 석의류를 시대 구분의 인자로 삼는 입장은 바람직하지 못하다. 그러므로 본고에서는 석의류 자료를 경서의 번역과 관련된 독특한 번역 양식으로 처리하기로 한다.

다음에 살펴볼 번역 양식은 직역과 의역이다. 일반적으로 본다면 직역과 의역은 번역의 대상이 되는 텍스트와 예상되는 독자층의 성격에 따라 번역자가 선택하는 번역 전략으로 여겨진다. 예를 들어 원문에 충실한 번역이 요구되는 경우에는 직역의 전략이 채택되고, 읽기 쉬운 번역이 요구되는 경우에는 의역의 전략이 채택된다고 말할 수 있다. 그렇지만 직역과 의역의 번역 양식이란 상대적 개념으로 이해해야 한다. 실제 번역에서는 이 두 가지 양 극단 사이에서 변종이 얼마든지 존재할 수 있기 때문이다. 따라서 엄격하게 말한다면 직역과 의역이란 술어는, 하나의 원전에 대해 서로 다른 양식으로 번역된 두 가지 이상의 자료가 존재할 때 각각의 두드러진 양식을 가리키는 경우에만 무리 없이 사용할 수 있다. 이와 같은 맥락에서 한 원전이 두 번 이상 번역된 번역물이 존재하는 조선시대 번역 자료는 매우 흥미롭다. 안병희(1973)의 논의에 따르면, 이와 같은 성격을 띤 번역 자료는 다음과 같다.

---

32 이에 대해서는 다음에 제시된 번역서 목록을 참고할 수 있다.

(7a) 원전: 小學 /번역: 번역소학(1518년), 소학언해(1587년)

(7b) 원전: 妙法蓮華經 /번역: 석보상절(13~21, 1447년), 월인석보(11~19, 1459년), 법화경언해(1463년)

(7c) 원전: 阿彌陀經 /번역: 석보상절(7, 전하지 않음), 월인석보(7, 1459년), 아미타경언해(1464년)

(7d) 원전: 朴通事 /번역: 번역박통사(1517년 이전), 박통사언해(1677년)

(7e) 원전: 老乞大 /번역: 번역노걸대(1517년 이전), 노걸대언해(1670년)

위의 자료를 직역과 의역 양식으로 구분해 보면, 대체로 전자가 의역인 데 비해 '언해'라는 명칭이 제목에 들어간 후자는 직역의 양상을 보인다. 이를 시기적으로 보면, 동일 원전을 의역의 기법으로 옮긴 번역이 먼저 나타나고, 직역 기법으로 옮긴 번역(언해)이 후대에 나타난다(1518년~1587년, 1447년/1459년~1463년, 1459년~1464년, 1517년~1677년, 1517년~1670년). 그런데 이러한 번역 양식의 변화는 우발적인 것이 아니라 의도적인 것으로 판단된다. 선조 때 교정청에서 간행된 『소학언해』의 범례와 발문을 살펴보면, 중종 때 간행된 『번역소학』이 "이해를 쉽게 하기 위해 의역(意譯)을 하게 되어 원문(原文)의 뜻을 잃었을 뿐 아니라, 주석(註釋)까지도 본문(本文)에 부연(敷衍)하여 번역(飜譯)하였으므로, 글이 산만해진 곳이 있어서 나쁘다는 것이다. 그리하여 『소학언해(小學諺解)』는 선조의 뜻에 따라 오로지 한문(漢文)인 원문(原文)에 의거하여 '축자작해(逐字作解)', 곧 직역(直譯)하고 뜻이 통하지 않는 곳에 협주(夾註)를 달아서 원전(原典)의 뜻을 살리도록 했다는 것이다."(안병희 1973: 77)라는 언급이 나온다. 이 두 가지 번역 양식은 한자어와 고유어의 사용 비율이라든가, 원문 품사의 고수 여부 및 전이어의 사용 여부, 경어법의 사용 여부 등에서 비교적 선명한 차이를 보인다.

위에서 확인한 바 있듯이, 이와 같은 번역 양식의 변화는 '한문 원전을 어떻게 번역할 것인가'라는 문제에 대한 번역 태도의 변화로 볼 수 있다. 그렇다면 이러한 번역 양식의 변화에서 시대 구분과 관련된 변화의 인자를 찾아낼 수 있는가? 위에 제시된 자료 (7a~e)에서 보듯이, 이에 대한 답변은 부정적일 수밖에 없다. 예를 들어 15세기 중엽에 '직역'의 양식이 나타나는데(『법화경언해』 1463년), 16세기 초엽에 '의역'의 양식이 나타났다가(『번역소학』 1518년), 16세기 후기와 17세기 후기가 되면 다시 '직역'의 양식이 나타나는(『소학언해』 1587년, 『박통사언해』 1677년) 등 어느 한 가지 번역 양식이 연대기적으로 연속성을 보여주지는 못하기 때문이다.

마지막으로 살펴볼 번역 양식은 번안의 유형이다. 모나 베이커(1998: 6)에 의하면, 번안은 "원전에서 언급된 맥락이 목표 텍스트의 문화에 존재하지 않는 관계로 모종의 재창조가 일어나지 않으면 안 되는 경우에 필요할 때마다 활용 가능한 [번역] 절차"라고 한다. 다시 말해서 번안이란 문화적 불합치라는 일종의 번역 위기 상황에서 번역자가 내용상의 등가를 달성하기 위해 선택하는 절차라는 의미이다.[33]

원문 텍스트가 상연되는 배경의 변환이 필수적인 희곡 계통의 작품에서 번안이 빈번하게 일어나는 현상도 마찬가지 맥락에서 이해할 수 있다. 번안은 물론 번역보다 자유롭고, 모방보다는 창조적인 개작이라고 말할 수 있다. 한국 문학사에서 번안의 양식에 의해 생산된 작

33 문화를 담은 텍스트의 번역 과정에서 흔히 논의되는 '자국화'의 번역 태도가 극단적으로 적용된 경우로 볼 수도 있다.

품은 그리 많지 않다. 고려시대에는 『태평광기』에서 취재한 가전(假傳)의 번안이 나타나고, 조선시대에는 『삼언이박』, 『삼국지연의』, 『수호지』 등 중국 소설에서 취재한 개작형 번안이 많이 나타났다. 이와 같은 번안 소설이 다시 유행한 시기는 개화기인데, 원작도 중국 문학에서 일본 문학과 서구 문학으로 바뀌어 다변화되었다. 당시에 유행했던 대표적인 번안 소설로는 일본 작품 『雪中梅』를 번안한 『설중매』와 『金色夜叉』를 번안한 『장한몽』이 있고, 프랑스 작품 『몬테크리스토 백작』을 수용한 『해왕성』 등이 있다.[34]

위에서 살펴본 바와 같이 번안은 고려시대와 조선시대 및 개화기에 두드러지게 나타났는데, 이 가운데 연대기적 특성을 확인할 수 있는 것은 외국 문물의 수용이 본격적으로 이루어지는 마지막 범주에 속하는 작품들이다. 그렇지만 그 분량이나 출현 기간 등을 고려해 볼 때 이것도 시대 구분에 기여할 정도는 아니라, 개화기라는 특정한 시대의 한 특징으로 기술되는 것이 바람직하다. 이상에서 살펴본 바와 같이 번역의 양식이라는 측면에서는 선명한 연대기적 변화의 인자를 찾을 수 없었다.

4.1.3.4.3. 번역 체재

형식적인 측면 가운데서 시대 구분을 위해 마지막으로 살펴볼 사항은 번역본의 체재이다. 훈민정음이 창제되어 반포된 이후에 정음으로 번역된 최초의 문헌인 『훈민정음언해』는 다음의 (8)과 같은 체재

34 번안 소설에 관한 언급은 『한국민족문화대백과사전』과 『브리태니커사전』의 관련 내용을 참고했다.

로 구성되어 있다.[35]

(8a) 異잉乎홍中듕國귁ᄒᆞ야

(8b) 異잉ᄂᆞᆫ다ᄅᆞᆯ씨라 乎홍ᄂᆞᆫ아모그에ᄒᆞ논겨체ᄡᅳᄂᆞᆫ字ᄍᆞᆼㅣ라 中듕國귁은皇ᅘᅪᆼ帝뎽겨신나라히니우리나랏常썅談땀애江강南남이라ᄒᆞᄂᆞ니라

(8c) 中듕國귁에달아

위의 자료에서 (8a)는 원문 어구로 한자에 독음이 달려 있고 필요한 곳에 구결('ᄒᆞ야')이 붙어 있다. (8b)는 한자(혹은 한자어)에 대한 뜻풀이인데 국한문 혼용체로 되어 있고, (8c)는 최종적인 번역문으로 국한문 혼용체로 표기되어 있다. 이들은 각각 원문(혹은 구결문), 소자 협주(小字夾註), 번역문 등으로 부를 수 있다. 그러므로 오늘날의 방식대로 말한다면, 이러한 언해의 체재는 한(漢)-한(韓) 대역이 되는 셈이다. 여기서는 위의 (8)과 같은 체재가 시대의 흐름에 따라 어떻게 변모하는가를 중점적으로 살펴볼 것이다. 그러므로 번역 체재와 관련되어 관찰의 초점이 되는 사항은 원문(구결문), 협주, 번역문 등 크게 세 가지가 되고, 이를 다시 세분하면 항목이 더 늘어난다.

원문은 구결자 표기 여부, 한자어에 대한 독음 부기 여부, 원문 자체의 존재 여부 등으로, 협주[36]는 존재 여부와 국한문 사용 양상으로,

---

35 원문은 물론 세로쓰기로 되어 있다. 따라서 독음(동국정운식 한자음)은 각 한자의 오른쪽 아래에 달려 있고, 크기는 본문 한자의 절반 정도이다. 협주의 글자 크기도 본문 한자의 절반 정도이다. 띄어쓰기는 되어 있지 않다. 한 행에 두 줄씩 배치된 (8b)도 모두 붙어 있지만, 독서의 편의상 각 글자에 대한 풀이를 띄어서 표기했다.

번역문은 국한문 혼용체와 순국문체 등으로 각각 세분할 수 있다. 한편 훈민정음 반포 이후에 간행된 정음 번역 문헌은 그 수효가 상당히 많지만, 여기서는 대표 문헌 64권[37]을 검토 대상으로 삼았다. 검토 대상이 되는 자료의 목록을 시대별로 정리하면 다음과 같다. (연번, 제목, 간행 연도를 윗줄에 제시하고, 원문, 협주, 번역문의 체재, 내용 종별을 아랫줄에 제시하기로 한다.)[38]

(9) 번역서 목록

01. 『세종어제훈민정음』(훈민정음 언해본): 1447년
   한문 원문(구결 有, 독음 有)-협주-번역문(국한문 혼용, 독음 有), 어문류

02. 『능엄경』: 1462년
   한문 원문(구결 有, 독음 無)-협주-번역문(국한문 혼용, 독음 有), 불경류

03. 『법화경』(妙法蓮華經): 1463년
   한문 원문(구결 有, 독음 無)-협주-번역문(국한문 혼용, 독음 有), 불경류

04. 『반야심경』(金剛般若波羅密多心經六略疏): 1464년
   한문 원문(구결 有, 독음 無)-협주-번역문(국한문 혼용, 독음 有), 불경류

---

36 이 협주는 번역문에 나오는 협주만을 가리킨다. 원문의 한문 협주는 원전의 체재이다.

37 여기에 제시된 목록은 『한글 옛 문헌 정보 조사 연구』(2001, 문화관광부)에 소개된 '중요한 한글 옛 문헌 목록'을 위주로 가려 뽑은 것이다. 대체로 서지 사항이 확실하고, 특정 시기의 국어사용 양상을 잘 드러내는 문헌을 선정한 것으로 보인다. 이 목록을 여기서 다시 인용한 것은 이들 문헌 자료가 시기적으로 골고루 분포되어 있다는 점과, 간행 연도 등이 명확한 점 등을 고려했기 때문이다.

38 『홍무정운역훈』, 『오대진언』과 같은 운서나 진언집도 한글로 한자의 음을 표기했으므로 번역 자료로 볼 수 있지만, 번역 체재를 논의하는 자리에서 다루기에는 적절치 않아 제외한다. 다만, 내용적 측면을 논의하는 자리에서는 운서류 등으로 분류했다.

05.『불설아미타경』: 1464년

한문 원문(구결 有, 독음 無)-협주-번역문(국한문 혼용, 독음 有), 불경류

06.『선종영가집』: 1464년

한문 원문(구결 有, 독음 無)-협주-번역문(국한문 혼용, 독음 有), 불경류

07.『금강경』(金剛般若波羅密經六祖解): 1464년

한문 원문(구결 有, 독음 無)-협주-번역문(국한문 혼용, 독음 有), 불경류

08.『원각경』(大方廣圓覺修多羅了義六經略疏): 1465년

한문 원문(구결 有, 독음 無)-협주-번역문(국한문 혼용, 독음 有), 불경류

09.『목우자수심결』: 1467년

한문 원문(구결 有, 독음 無)-협주-번역문(국한문 혼용, 독음 有), 불경류

10.『법어』: 1467년

한문 원문(구결 有, 독음 無)-협주-번역문(국한문 혼용, 독음 有), 불경류

11.『몽산화상법어』: 1472년

한문 원문(구결 有, 독음 有)-협주-번역문(국한문 혼용, 독음 有), 불경류

12.『내훈』: 1475년

한문 원문(구결 有, 독음 無)-협주-번역문(국한문 혼용, 독음 有), 유교 경서류

13.『두시언해』(分類杜工部詩): 1481년

한문 원문(구결 無, 독음 無)-협주-번역문(국한문 혼용, 독음 無), 시가류

14.『삼강행실도』: 1481년

한문 원문(구결 無, 독음 無)-협주 無-번역문(순국문), 유교 경서류

15.『남명집』(永嘉大師證道歌南明泉禪師繼頌): 1482년

한문 원문(구결 有, 독음 無)-협주-번역문(국한문 혼용, 독음 有), 불경류

16.『금강경삼가해』(金剛般若波羅密經三家解): 1482년

한문 원문(구결 有, 독음 無)-협주-번역문(국한문 혼용, 독음 有), 불경류

17.『관음경』(佛頂心多羅尼經): 1485년

한문 원문(구결 有, 독음 無)-협주-번역문(국한문 혼용, 독음 有)[39], 불경류

18.『구급간이방』: 1489년

한문 원문(구결 無, 독음 無)-협주[40]-번역문(순국문), 의서류

19. 『시식권공』: 1496년

한문 원문(구결 有, 독음 有)-협주-번역문(순국문), 불경류

20. 『육조대사법보단경』: 1496년

한문 원문(구결 有, 독음 無)-협주-번역문(국한문 혼용, 독음 有), 불경류

21. 『속삼강행실도』: 1514년

한문 원문(구결 無, 독음 無)-협주-번역문(국한문 혼용, 독음 有), 유교 경서류

22. 『번역소학』: 1518년

한문 원문(구결 有, 독음 有)-협주 無-번역문(국한문 혼용, 독음 有), 유교 경서류

23. 『이륜행실도』: 1518년

한문 원문(구결 無, 독음 無)-협주-번역문(순국문), 유교 경서류

24. 『정속언해』: 1518년

한문 원문(구결 有[41], 독음 無)-협주[42]-번역문(순국문), 유교 경서류

25. 『여씨향약』(朱子增損呂氏鄕約) : 1518년

한문 원문(구결 有[43], 독음 無)-협주-번역문(순국문), 유교 경서류

26. 『우마양저염역치료방』: 1541년

한문 원문(구결 無, 독음 無)-협주 無-번역문(순국문)[44], 의서류

27. 『분문온역이해방』: 1542년

---

39 앞에 원문 한문본을 보인 다음에 언해본을 합철한 편집상 특징이 있다.

40 한문 원문에 정음으로 주석이 달린 특이한 체재이다.

41 한자 차자표기 구결.

42 협주가 있는 판본도 있고, 언해문 속에 풀어 넣은 판본도 있다. 이에 대한 상세한 내용은 여찬영(2003: 256~259)을 참고할 수 있다.

43 한자 차자표기 구결.

44 이두를 사용한 번역이 같이 실려 있다.

한문 원문(구결 無, 독음 無)-협주 無-번역문(순국문), 의서류

28. 『불설대부모은중경언해』: 1553년

한문 원문(구결 無, 독음 無)-협주-번역문(순국문), 불경류

29. 『성관자재구수육자선정』: 1560년

한문 원문(구결 有, 독음 有)-협주-번역문(순국문), 불경류

30. 『선가귀감언해』: 1569년

한문 원문(구결 有, 독음 無)-협주-번역문(국한문 혼용, 독음 無), 불경류

31. 『계초심학인문언해』: 1577년

한문 원문(구결 有, 독음 有)-협주-번역문(국한문 혼용, 독음 有), 불경류

32. 『발심수행장언해』: 1577년

한문 원문(구결 有, 독음 有)-협주-번역문(순국문), 불경류

33. 『야운자경언해』: 1577년

한문 원문(구결 有, 독음 有)-협주-번역문(순국문), 불경류

34. 『소학언해』: 1577년

한문 원문(구결 有, 독음 有)-협주-번역문(국한문 혼용, 독음 有), 유교 경서류

35. 『중간경민편언해』: 1579년

한문 원문(구결 有, 독음 無)-협주-번역문(국한문 혼용, 독음 有), 유교 경서류

36. 『칠서언해』: 1590년

한문 원문(구결 有, 독음 有)-협주-번역문(국한문 혼용, 독음 有), 유교 경서류

37. 『효경언해』: 1590년

한문 원문(구결 有, 독음 有)-협주-번역문[45](국한문 혼용, 독음 有), 유교

45 『번역소학』과 『소학언해』의 관계에서 본 바와 마찬가지로, 이 문헌의 초간본과 중간본도 의역과 직역의 차이를 노정한다고 한다(이현희 1996: 244).

경서류

38. 『백련초해』: 16세기 중엽 이후

한문 원문(구결 無, 독음 有)-협주 無-번역문(순국문), 시가류

39. 『언해두창집요』: 1607년

한문 원문(구결 無, 독음 無)-협주 無-번역문(순국문), 의서류

40. 『언해태산집요』: 1608년

한문 원문(구결 無, 독음 無)-협주 無-번역문(순국문), 의서류

41. 『연병지남』: 1612년

한문 원문(구결 無, 독음 無)-협주 無-번역문(순국문), 병서류

42. 『동국신속삼강행실도』: 1617년

한문 원문(구결 無, 독음 無)-협주-번역문(순국문), 유교 경서류

43. 『가례언해』: 1632년

한문 원문(구결 無, 독음 有)-협주-번역문(국한문 혼용, 독음 有), 유교 경서류

44. 『마경초집언해』: 1635년

한문 원문(구결 有, 독음 有)-협주 無-번역문(순국문), 수의학서류

45. 『화포식언해』: 1635년

한문 원문(구결 有, 독음 有)-협주 無-번역문(국한문 혼용, 독음 有), 병서류

46. 『신전자취염초방언해』: 1635년

한문 원문(구결 有, 독음 有)-협주 無-번역문(국한문 혼용, 독음 有), 병서류

47. 『여훈언해』: 1620~1640년 사이

한문 원문(구결 有, 독음 有)[46]-협주-번역문(국한문 혼용, 독음 有), 유교

46 이 문헌은 한문 원문의 수록 양식이 독특하다. 한문 원문을 맨 앞에 싣고, 그 다음에 차례대로 구결문과 국한문 혼용체로 (한자에 독음이 달린) 언해문을 싣고 있다. 여찬영(2004) 참고.

경서류

48. 『노걸대언해』: 1670년

한문 원문(독음 有)-협주 無-번역문(국한문 혼용, 독음 無), 역학서류

49. 『박통사언해』: 1677년

한문 원문(독음 有)-협주 無-번역문(국한문 혼용, 독음 無), 역학서류

50. 『오륜전비언해』: 1721년

한문 원문(구결 無, 독음 有)-협주-번역문(국한문 혼용, 독음 無), 역학서류

51. 『여사서언해』: 1736년

한문 원문(구결 有, 독음 有)-협주-번역문(국한문 혼용, 독음 有), 유교경서류

52. 『논어율곡선생언해』: 1749년

한문 원문(구결 有, 독음 有)-협주-번역문(국한문 혼용, 독음 有), 유교경서류

53. 『대학율곡선생언해』: 1749년

한문 원문(구결 有, 독음 有)-협주-번역문(국한문 혼용, 독음 有), 유교경서류

54. 『맹자율곡선생언해』: 1749년

한문 원문(구결 有, 독음 有)-협주-번역문(국한문 혼용, 독음 有), 유교경서류

55. 『윤음언해』: 1752년

한문 원문(구결 無, 독음 無)-협주-번역문(순국문), 조칙류

56. 『시상경언해』: 1762년

한문 원문 無-협주 無-번역문(순국문), 불경류

57. 『무예도보통지언해』: 1790년

한문 원문(구결 無, 독음 無)-협주 無-번역문(국한문 혼용, 독음 有), 병서류

58. 『증수무원록언해』: 1792년

한문 원문(구결 有, 독음 無)-협주 無-번역문(국한문 혼용, 독음 有), 법의학서류

59. 『경신록언석』(敬信錄諺解): 1796년

한문 원문 無-협주 有-번역문(순국문), 도교류

60. 『오륜행실도』: 1797년

한문 원문(구결 無, 독음 無)-협주 有-번역문(순국문), 유교 경서류

61. 『신간증보삼략직해』: 1805년

한문 원문(구결 有, 독음 無)-협주-번역문(순국문), 병서류

62. 『관성제군명성경언해』: 1883년

한문 원문(구결 有, 독음 有)-협주-번역문(순국문), 관성교 경전류

63. 『예수셩교젼서』: 1887년

원문 無-협주 無-번역문(순국문), 기독교 경서류

64. 『텬로력뎡』: 1895년

원문 無-협주 無-번역문(순국문), 기독교 문학류

이상과 같이 번역서의 번역 체재를 ①원문(구결문), ②협주, ③번역문 등의 범주로 나누어서 항목별로 검토해 보았다. 그 결과로 어느 정도의 경향성은 확인할 수 있었지만, 시대 구분을 결정적으로 좌우할 만한 변화의 인자는 발견되지 않았다. 이상의 세 가지 범주에 대한 조사 결과를 요약해 보자. 먼저 원문을 살펴보면, 한문 원전을 저본으로 하는 문헌의 경우는 18세기 중반과 후반에 번역문만 간행된 사례도 간혹 보이지만, 대체로 원문이 함께 실려 있는 대역 체재[47]로 되어 있었

47 동일한 대역 체재라 하더라도 구절을 단위로 원문과 번역문이 짝을 이룬 것도 있고, 문장, 단락, 이야기 등이 각각 번역 단위가 되어 원문과 번역문이 짝을 이룬 것도 있다.

다. 오늘날처럼 원문 없이 번역문만 있는 체재가 일반화된 것은 한문 이외의 외국어가 SL이 되는 19세기 말엽쯤으로 보인다.

원문에 달린 구결과 한자의 독음은 시대에 따라 특정한 경향을 보이기보다, 위에서 보듯이 번역의 대상이 된 문헌의 성격에 따라 좌우된 것으로 판단된다. 예를 들어 위 목록의 『백련초해』의 경우를 보면, 한문 원문에 구결이 달려 있지 않은 대신 한자의 독음이 붙어 있는데, 이 문헌이 이런 체재를 취한 것은 한시를 처음 배우는 초심자들을 독자로 하는 한시 학습서라는 데서 그 이유를 찾을 수 있을 것으로 추정된다.[48] 이는 동일한 시가류 번역서라도 한자의 독음이 전혀 달려 있지 않은 『두시언해』와 좋은 비교가 된다. 번역문의 협주에 대한 조사에서도 뚜렷한 시대별 흐름이 발견되지는 않았다. 대체로 불교 경전과 유교 경전에는 구결을 붙이는 일이 일반적인 전통으로 확립되어 있었던 것으로 생각된다.

마지막으로 번역문을 살펴보면, 15세기 말과 16세기 초부터 순국문으로 번역된 문헌이 등장하기 시작하지만, 역시 일관되거나 특정한 시대별 흐름이 발견되지는 않았다. 17세기 후반에도 국한문 혼용체 번역문은 흔하게 찾아볼 수 있기 때문이다. 다만 대략적 추세를 볼 때, 유교와 불교 경전의 경우에는 국한문 혼용체 전통이 우세하고, 교화서나 실용서의 경우에는 순국문 전통이 우세했던 것으로 보인다. 아울러 국한문 혼용체의 경우에 한자음의 독음 여부는 원문의 경우

48 한자어 독음의 존재 여부를 번역서의 성격, 특히 대상 독자층과 관련시킨 논의는 김완진(1972)에서 비롯된다.

와 마찬가지로 해당 문헌을 읽는 독자층과 관련지어 이해할 수 있으므로, 이것 역시 시대별 흐름과는 무관한 변화의 인자라고 말할 수 있다.[49]

4.1.3.4.4. 내용적 측면

여기서는 지금까지 살펴본 번역서의 내용을 유형별로 나누어 시대 구분의 인자를 찾아보기로 한다.[50] 우선 훈민정음 반포 이후에 최초로 번역된 『세종어제훈민정음』(1447년)을 제외하고, 대략적 분류를 시도해 보면 아래와 같다.[51]

(10) 번역서의 내용 유형별 분류

(10a) 종교 관련

(ㄱ) 불교

『능엄경』(1462년), 『법화경』(1463년), 『반야심경』(1464년), 『불설아미타경』(1464년), 『선종영가집』(1464년), 『금강경』(1464년), 『원각경』(1465년), 『목우자수심결』(1467년), 『법어』(1467년), 『몽산화상법어』(1472년), 『남명집』(1482년), 『금강경삼가해』(1482년), 『관음경』(1485

49 홍윤표(1997: 207~208)에 의하면, 편집 방식을 기준으로 한 번역서의 분류 작업도 가능하다. 그렇지만 이와 같이 원문과 번역문을 대역 형식으로 편집한 방식(전통적 언해 문헌)과 앞에 원문을 전부 싣고 나서 번역문을 싣는 형식으로 편집한 방식(19세기 말 문헌) 및 원문과 번역문을 별책으로 편집한 방식(18세기 문헌) 등의 차이도 실제로는 간행 목적에 따른 것이므로 시대 구분과는 관련이 없는 것으로 판단된다.

50 이전 시대에 나온 번역서는 수효가 많지 않은 관계로 별도의 유형 분류를 하지 않는다. 석독구결 자료는 불교와 관련되고, 이두 번역 자료는 법률 및 양잠과 관련된다.

51 아래에 제시된 분류 체계는 (9)의 조사 목록에 의거해 작성된 것이어서, 역시 표본 조사의 성격을 띤다.

년),『시식권공』(1496년),『육조대사법보단경』(1496년),『불설대부모은중경언해』(1553년),『성관자재구수육자선정』(1560년),『선가귀감언해』(1569년),『발심수행장언해』(1577년),『야운자경언해』(1577년),『지장경언해』(1762년)

(ㄴ) 유교

『번역소학』(1518년), 『소학언해』(1577년), 『칠서언해』(1590년),『효경언해』(1590년), 『논어율곡선생언해』(1749년),『대학율곡선생언해』(1749년),『맹자율곡선생언해』(1749년)

(ㄷ) 교화서류

『내훈』(1475년),『삼강행실도』(1481년),『속삼강행실도』(1514년),『이륜행실도』(1518년),『정속언해』(1518년),『여씨향약』(1518년),『계초심학인문언해』(1577년),『중간경민편언해』(1579년),『동국신속삼강행실도』(1617년),『가례언해』(1632년),『여훈언해』(1620~40년 사이),『여사서언해』(1736년),『오륜행실도』(1797년)

(ㄹ) 도교, 관성교, 기독교

『경신록언석』(1796년), 『관성제군명성경언해』(1883년),『예수셩교젼서』(1887년)

(10b) 문학 관련

『두시언해』(1481년),『백련초해』(16세기 중기 이후),『텬로력뎡』(1895년)

(10c) 실용 관련

(ㄱ) 의서류(수의학서 포함)

『구급간이방』(1489년),『우마양저염역지료방』(1541년),『분문온역이해방』(1542년),『언해두창집요』(1607년),『언해태산집요』(1608년),『마경초집언해』(1635년),『증수무원록언해』(1792년)

(ㄴ) 병서류

『연병지남』(1612년),『화포식언해』(1635년),『신전자취염

초방언해』(1635년), 『무예도보통지언해』(1790년), 『신간증보삼략직해』 (1805년)

(10d) 역학서류

(ㄱ) 학습서

『노걸대언해』(1670년), 『박통사언해』(1677년), 『오륜전비언해』(1721년)

(ㄴ) 운서

『홍무정운역훈』(1455년)

(10e) 조칙/공문서류

『윤음언해』(1752년)

이상의 내용 분류 결과를 검토해 보면, 불교와 유교 경전 및 교화서가 양적으로도 제일 많고 시기적으로도 조선시대 전반에 걸쳐 번역되었다는 점이 두드러진다. 불교와 유교 경전도 넓은 의미에서 백성의 교화를 목적으로 간행했다고 한다면, 조선시대에 보편적으로 번역된 문헌은 교화서였다고 말할 수 있다. 그 밖에 임진왜란 이후에 병서가 다수 번역된 사실이나, 의학서가 15세기부터 18세기까지 꾸준하게 번역된 사실 등을 특기할 수 있지만, 내용별 분류에서도 시대 구분에 기여할 만한 뚜렷한 변화의 인자는 확인되지 않는다.

4.1.4. 시대 구분의 실제

이제 지금까지 진행해온 한국 번역사의 시대 구분 작업에 결론을 내릴 단계에 이르렀다. 논지 전개의 편의상 핵심 내용을 요약해 보자. 우리는 한국 번역사의 시대 구분에 기여할 수 있는 변화의 인자를 발견하기 위해, 20세기 초반까지 생산된 번역 자료를 형식적 측면과 내용적 측면으로 나누어 검토해 보았다. 전자에서는 번역 언어의 유형, 번역 양식, 번역 체재 등을 매개변수로 삼아 검토했고, 후자에서는 내용별 분류 체계를 매개변수로 삼아 검토했다. 그 결과 우리는 번역 언어의 유형에서만 뚜렷한 시대 구분의 인자를 발견해낼 수 있었다. 한국 번역사는 SL과 TL의 종별에 따라 시대 구분이 가능한데, 그 가운데서도 가장 선명한 시대 구분의 인자는 TL의 종별이다. 이러한 논의를 근거로 우리는 한국 번역사를 다음과 같이 구분해 보고자 한다.

번역 자료(B→A)에 나타나는 TL은 석독구결, 이두, 국문자의 세 가지이다. 앞선 논의를 통해 석독구결 번역 자료를 의사 번역으로 규정했으므로, 이 자료가 생산된 시기(11~13세기)를 의사 번역 시대로 부르고자 한다. 그 이후, 즉 이두 번역 자료와 국문 번역 자료가 생산된 시기(14세기 이후)는 번역 시대로 명명할 수 있다. 번역 시대는 다시 이두 번역 시대(14세기~15세기 중엽)와 국문 번역 시대(15세기 중엽 이후)로 나뉜다. 마지막으로 국문 번역 시대는 국문의 위상 변화와 SL의 다변화가 이루어지는 19세기 말엽을 기준으로 두 시기로 나눌 수 있는데, 그 이전을 정음 번역 시대로, 그 이후를 한글[52] 번역 시대로 부르기로 한다. 이

52 '한글'이라는 명칭은 1913년에 처음으로 확인된다고 한다(조항범 1997: 242). 여기서는 역사적 세부 사항까지 고려하지 않고, 정음이 국가 문자로서의 지위를 회복한 고종 칙령 이후로 현재도 사용하고 있는 문자에 대한 포괄적 명칭으로 사용했다. 아울러 '국문'이라는 용어도 1869년에 등장했다는 역사적 맥락에서 사용한 것이 아니라, 1446년 이후로 사용해온 '우리나라 문자'라는 통상적 의미로 사용했다. 우리가 지금 사용하고 있는 문자는 크고 작은 부침은 있었지만 그 역사적 의미에 대한 자각 여부와 무관하게 15세기 중반에 창제되어 반포된

상에서 도출된 시대 구분의 체계를 바탕으로, 번역 자료의 형식적 측면과 내용적 측면에 대한 검토에서 나타난 대표적 특징을 덧붙여 한국 번역사의 연표를 작성해 보면 아래의 (11)에 제시한 것과 같다.

(11) 한국 번역사 연표

A. 번역 선사 시대(Pre-Historic Age of Translation, 11세기까지)
B. 번역 역사 시대(Historic Age of Translation, 11세기 이후)
1. 의사 번역 시대(The Pseudo Translation Period, 11~13세기)
① 독해와 번역의 중간 단계를 보여줌.
② 새김으로 읽는 석독구결 문자의 약체자와 역독점이 사용됨.
③『구역인왕경』 등의 자료가 현전함.
2. 순정 번역 시대(The True Translation Period, 14세기 이후)
2.1. 이두 번역 시대(14~15세기 중반)
① 한자 단어와, 문법 요소를 나타내는 이두 문자로 완전한 한국어 문장을 표기하고 있음.
②『대명률직해』 등의 자료가 현전함.
2.2. 국문 번역 시대(15세기 중엽 이후)
2.2.1. 정음 번역 시대(15세기 중엽~19세기 후반)
① 15세기 중반에 창제된 훈민정음으로 완전한 한국어 문장을 표기하고 있음.
② 한문 원전을 우리말로 옮긴 언해 번역이 주종을 이룸.
③ 언해 번역은 구결이 달린 한문 원문과 정음 번역문이 짝을 이루고 있음.
④『능엄경언해』 등의 불교경전,『소학언해』 등의 유교경전,『두시언해』 등의 문학서,『삼강행실도』 등의

이래로 줄곧 사용되어 왔기 때문이다.

교화서, 『구급간이방』 등의 실용서를 망라하는 번역이 이루어졌음.

2.2.2. 한글 번역 시대(19세기 후반 이후)

① 국문자의 지위가 국가의 공식 문자로 격상됨.
② SL이 한문 일변도에서 일본어, 서구어로 다변화됨.
③ 일반 대중이 서구 문물과 처음으로 접촉한 개화기에 일시적으로 번안 양식이 나타남.
④ 『유옥역젼』, 『텬로력뎡』 등이 이 시기의 개막을 알림.

4.1.5. 요약

우리는 한국 번역사의 자료를 시대별로 검토해 보고, 이를 바탕으로 번역사의 시대 구분에 유효하게 적용될 수 있는 합리적 기준을 도출한 다음에, 결정된 기준에 따라 고대에서부터 20세기 초엽에 걸치는 한국 번역의 통사를 시대 구분하고자 했다.[53]

여기서 한국 번역사의 시대 구분에 기여할 수 있는 변화의 인자를 발견하기 위해 일관되게 적용한 것은 내사 위주의 서술 원칙이었다. 이러한 원칙에 따라 한국 번역사의 시대를 구분하는 인자를, 한국 번역사를 구성하는 번역 자료 자체의 변화에서 찾아내고자 했다. 이러한 기본적 태도 아래서, 번역 언어(SL과 TL)의 종별, 번역 양식(직역과 의역 등), 번역 체재(편집 체재 등) 등 번역 자료의 형식적 측면과 아울러, 번역 자료의 내용적 측면을 검토한 결과, TL(표기 수단)의 종별을 가장 선명

53 구어의 번역인 통역의 역사까지 포괄하는 광의의 한국 번역사는 별도의 자리에서 논의되어야 할 것이다.

한 시대 구분 인자로 확인할 수 있었다. 이러한 근거에 바탕을 두고 우리는 다음과 같은 한국 번역사의 연표를 작성해 보았다.

<한국 번역사의 시대 구분 연표>

A. 번역 선사 시대(11세기까지)
B. 번역 역사 시대(11세기 이후)
  1. 의사 번역 시대(11~13세기)
  2. 순정 번역 시대(14세기 이후)
    2.1. 이두 번역 시대(14~15세기 중반)
    2.2. 국문 번역 시대(15세기 중엽 이후)
      2.2.1. 정음 번역 시대(15세기 중엽~19세기 후반)
      2.2.2. 한글 번역 시대(19세기 후반 이후)

시대 구분의 문제에서 어떤 기준만이 절대적으로 옳고, 다른 기준은 절대 받아들일 수 없다는 독단적 견해는 있을 수 없다(이광호: 2001). 더욱이 번역에 담긴 정치적 속성과 사회문화적 기능을 고려해 볼 때, 번역사의 시대 구분에는 내사가 아닌 외사에서 비롯된 기준도 중요한 의미를 가질 가능성이 있다. 내사 위주의 서술 태도도 이러한 맥락에서 한국 번역사의 시대 구분에서 중요하게 지켜져야 될 원칙을 수립하고, 이 원칙에 따라 한국 번역사의 시대 구분을 시도해 본 것으로 이해하면 된다. 그리하여 번역의 외사에 속하면서도 번역사의 시대를 구분하는 데 적극적으로 기여할 수 있는 다양한 사실에 관한 논의가 발전적으로 전개되어, 보다 완벽하고 정교한 한국 번역사의 시대 구분이 이루어지기를 희망해 본다.

4.2. 문자와 번역

4.2.1. 차자표기는 번역인가?

고대국어에서 발달한 차자표기법은 번역과 어떤 관계를 갖는가? 이러한 질문은 "이두, 향찰, 구결[54]은 번역인가?"로 환치될 수 있다. 이 질문에 대해서는 이미 두 가지 상이한 답변이 제기되어 왔다. 그 하나는 이 문제를 다루고 있는 국어사와 국어학사의 서술에서 찾아볼 수 있다. 이러한 분야의 서술에서는 통상적으로 이 차자표기법이 문자체계의 발달이라는 주제 하에서 다루어져 온바, 비록 이들 사이의 부분적 차이는 인식되었지만 번역과 관련이 있다는 명제는 그다지 크게 부각되지 않았다. 이러한 입장을 따른다면, 이 차자표기법은 용어 그대로 '표기'일 따름이며, 따라서 '번역'과의 관련성도 애초부터 논의할 필요조차 없는 무의미한 작업이 되고 만다.

다른 하나는 비교적 최근에 제기된 번역사의 서술에서 찾아볼 수 있다. 번역학이라는 학문 분야에 대한 확고한 인식을 밑바탕으로 한국 번역사 연구의 영역을 개척한 유명우(2002, 2004)에서는 차자표기법 전반을 아울러 전부를 번역 자료로 간주하고, 이를 포함한 한국 번역사의 전반적 서술을 꾀하고 있다.[55] 이처럼 상이한 두 가지 견해 중에

---

54 '이두, 향찰, 구결'이라는 세 가지 용어는 앞으로의 논의에서 이두와 구결로 단순화된다. 그럼에도 본고의 제목을 위와 같이 한 것이 표시한 것은 이들이 고대국어 차자표기법의 유형으로 거의 모든 국어사나 국어학사의 기술에서 빠짐없이 언급되기 때문이다.

55 유명우(2002: 15)에 이런 서술이 보인다. "차자표기법과 관련된 논저들은 훈민정음이 나오기 전에 한국어를 한자로 표기하는 방법에 관한 연구들이며... <중

서 과연 어느 쪽이 학문적으로나 이론적으로 진실에 가까울 것인가?

4.2.2. 고대국어 차자표기법의 발달

4.2.2.1. 문자와 언어생활

일반적으로 인간의 언어생활은 네 가지 차원으로 나뉘는 것으로 이해된다. 말하기, 듣기, 읽기, 쓰기 등이 바로 언어생활의 네 가지 국면이다. 이때 전자에 속하는 두 가지, 즉 말하기와 듣기는 입말 혹은 구어를 의사소통의 수단으로 사용하고, 후자에 속하는 두 가지, 즉 읽기와 쓰기는 글말 혹은 문어를 의사소통의 수단으로 사용한다. 입말은 선험적이고 생득적인 능력으로 주어지므로 인간은 누구나 태어남과 동시에 말하기와 듣기를 어렵지 않게 습득하여 적절한 시기가 되면 자신이 속한 언어 공동체의 여타 구성원들과 자유롭게 의사소통을 할 수 있게 된다. 그렇지만 글말의 경우는 사정이 다르다.[56]

글말의 경우에는 의사소통의 절대적 수단인 문자의 존재가 전제되어야 하며, 따라서 문자를 갖지 못한 다수의 언어 공동체 안에서 살아가는 사람들은 아직도 읽기와 쓰기가 불가능한 환경에 처해 있다. 고대 한국에서 우리의 선조들이 처했던 언어생활 환경도 이와 크게 다르지 않았을 것으로 추정된다.

략> 번역학의 눈으로 보면 이는 한국 번역사의 중요한 부분을 연구한 것"이라고 주장하고, 유명우(2004: 74)에서도 "이두로 총칭되는 이 차자표기법은 고대와 중세에 있었던 한국 특유의 번역 현상이라고 말할 수 있다."라고 주장한다.

56 지구촌에 존재하는 언어의 총수는 최소 4,000종 이상으로 추정되고 있지만(변광수 1993: 2), 문자의 총수는 대략 30~300가지 정도로 추산된다.

4.2.2.2. 고유명사 표기

한국어를 표기하는 문자인 한글이 창제되어 반포되고 사용되기 시작한 것은 15세기 중반의 일이었다. 그 이전까지는 독자적 문자를 갖지 못한 채 언어생활에서 상당한 불편을 감수하지 않으면 안 되었다. 문자의 부재로 인한 언어생활의 불편을 타개하고자 다각도로 노력하던 우리의 선조들이 고안해낸 해결 방안은 우선 당시에 동아시아 권역에서 최대의 문명국이던 중국의 문자, 곧 한자의 수입과 활용이었다. 물론 처음에는 일부 계층만이 한자를 외국어로 받아들여 원래의 방식대로 사용했을 것이다. 그러다가 한자를 활용해서 우리말을 표기하려는 시도가 이루어졌는데, 그러한 차자표기는 인명과 지명, 관명 등 단어 차원의 고유명사 표기부터 우선적으로 나타났다.[57]

한자에 의한 고유명사 표기는 두 가지 원리에 입각해서 이루어졌는데, 하나는 음차(音借)이고, 다른 하나는 석차(釋借)였다. 한자에는 표음적 기능과 표의적 기능이 있는데, 전자의 기능을 살린 표기가 음차이고 후자의 기능을 살린 표기가 석차이다. 아래 (1a)가 음차의 방법을 사용한 인명과 지명 표기이고, (1b)가 석차의 방법을 사용한 인명과 지명 표기이다.

(1a) 朱蒙(鄒牟), 馬突

(1b) 素那 或云 金川, 絲浦 今蔚州 谷浦也

---

57 인명과 지명 및 관명 등을 위주로 하는 고유명사의 차자표기에 우선적으로 활용되었다는 것은 이 단어들이 의미 번역이 불가능한 단어라는 데 그 이유가 있다.

위에 제시된 용례 (1a)의 전반부는 동명성왕으로 알려진 고구려의 시조를 음차로 표기한 것이고, 용례 (1a)의 후반부는 백제의 지명 한 곳을 음차로 표기한 용례이다. 해당 인명의 독음이 나타나는 곳에 따라 '주몽'과 '추모'[58]로 약간씩 차이가 나지만, 이표기(異表記)가 다수 존재하는 것이 음차의 특징임을 감안한다면 이들 용례를 음차로 보는 데는 큰 문제가 없을 것이다.[59] 이와 같은 기능으로 사용된 한자를 음독자라고 부르는데, 이는 한자 생성 방식인 육서의 하나인 '假借(가차)'로 중국에서도 외국의 고유명사를 표기하는 데 이용하던 방식이었다.

한편, 위에 제시된 용례 (1b)의 전반부 '金川'은 '쇠내'로 읽히는 인명 석차 표기 용례이고, 용례 (1b)의 후반부 '谷浦'는 '실개'로 읽히는 지명 석차 표기이다. 우리는 여기서 한자의 각 글자가 뜻으로 읽힌다는 사실을 알 수 있는데, 이러한 기능으로 사용된 한자를 훈독자(석독자)라고 부른다. 이러한 석차 표기가 가능했던 것은 당시에 사회적으로 한자의 새김이 확고하게 수립되어 있었다는 의미로 이해되며, 이는 다시 한자 내지 한문과 관련된 상당한 수준의 학습과 교육의 실행을 전제로 하지 않으면 안 된다.

이와 같이 한자의 소리(음)와 새김(석, 훈)을 이용한 고유명사 표기는 표기 단위를 적극적으로 확장하여 그 다음 단계인 문장 차원의 표기로 발달하게 된다.

---

58 이것은 현대의 한자음으로 읽은 독음이다. 당시의 한자음은 현재와 달랐을 것으로 추정된다.

59 이기문(2001: 39-40)을 참고할 수 있다.

4.2.2.3. 이두

한자를 활용한 문장 차원의 표기에서 첫 단계는 한문의 어순을 한국어 어순으로 재편한 서기체 표기이다.

(2a) 壬申年六月十六日 二人并誓記 <u>天前誓</u> <u>今自</u>三年以後 <u>忠道執持</u> <u>過失无誓</u>
若此事失 天大罪得誓 若國不安大亂世 可容行誓之 <하략>

(2b) 임신년 유월 열엿새에 두 사람이 함께 맹세해 기록한다. 하늘을 앞에 두고 맹세하기를, 지금부터 삼년 이후에 충의의 도를 굳게 지키고 과실이 없도록 한다. 만일 이 일을 어기면 하늘에 큰 죄를 짓는 것임을 맹세한다. 만일 나라가 불안하고 크게 어지러운 세태가 되면 마땅히 맹세를 실행하리라. <하략, 현대국어>

위의 예문 (2a)는 서기체 표기의 전형적 사례로 알려져 있는 <임신서기석>의 일부이다. 이것을 현대국어로 읽은 예문 (2b)와 비교해 보면, 한문으로 작성된 문장이면서도 전반적으로 볼 때 한국어 어순을 따르고 있음을 알 수 있는데, 특히 밑줄 그은 어구에서 한국어식 어순의 특징이 온전하게 드러난다.[60] 이러한 표기는 한국어 어순을 따른 표기이지만, 문법 기능을 담당하는 요소가 적절한 곳에 나타나 있지 않았기 때문에 아직은 한국어 문장으로 크게 부족하다고 말할 수밖에 없다. 한국어는 어휘적 의미를 담당하는 실사와 문법적 기능을 담당하는 허사가 어울려야만 비로소 정상적인 언어 단위를 구성할 수 있는 교착어에 속하기 때문이다. 이러한 문제를 보완하여 서기체 문장

60 정상적인 한문이라면 밑줄 그은 어구가 '誓前天', '執持忠道', '誓无過失' 등으로 글자의 순서가 바뀌어 나타났을 것이다.

에다 문법적 기능을 표시하는 모종의 요소를 덧붙이게 되는데, 이와 같은 표기 형태를 이두라고 부른다.

(3) 辛亥年二月二十六日 南山新城作節 如法以作 後三年崩破者 <하략>

위의 예문 (3)은 6세기 후반에 경주 남산에 성을 쌓을 때 건립한 비석 <南山新城碑>에 새겨진 것으로 밑줄 그은 단어가 이두 표기에 해당하며, 각각 '~으로'(대로)와 '~면'으로 읽힌다. 이두는 이와 같이 한국어식 한문으로 구성된 실사 부분에 문법 기능을 담당하는 허사가 결합되어 불완전하나마 한국어 문장을 생성한 표기라고 말할 수 있다.[61] 이러한 표기가 한국어의 문장으로 불완전하다는 언급은 실사 어구가 한자 차용어라는 점에서 비롯된다. 이러한 표기 체계 하에서는 원래부터 고유어 단어의 출현을 기대하기란 무망하기 때문이다. 이두는 고려시대와 조선시대를 거쳐 서리들의 특수한 문어 형식으로 19세기까지 그 명맥을 유지했다.

한편 이두는 14세기 말엽과 15세기 초반 무렵에 한문의 번역에 활용되기도 했다. 아래에 제시한 (4a)가 이두를 활용한 번역문(『대명률직해』)의 사례이다.

(4a) 必于 七出乙 犯爲去乃 三不去有去乙 (원문: 雖犯七出 有三不去)
(4b) 비록 칠출(칠거지악)을 범했어도 삼불거가 있거늘 (현대국어)

61 종래에 서기체 표기와 이두 표기를 구분했지만, 최근 들어서는 양자를 묶어서 이두로 총칭하는 경향이 우세하다.

위에 제시된 (4a)의 이두번역문을 (3)의 이두문과 비교해볼 때, 가장 크게 다른 점은 원전의 존재 여부이다. 즉, 예문 (3)은 원전이 없이 표기자가 하고 싶은 말을 이두로 쓴 것이고, 예문 (4)는 한문 원전(『대명률』)을 한국어로 읽을 수 있도록 이두로 다시 쓴 것이다.

결과적으로 위의 두 자료 (3)과 (4)는 반드시 구분해야 하며, 그러한 의미에서 (3)의 표기를 이두문으로 부르고, (4)의 표기를 이두번역문으로 지칭하고자 한다.

4.2.2.4. 구결

고려시대 무렵부터 발달한 것으로 생각되는 또 다른 유형의 차자표기법 구결은 '입겿 혹은 입겾'의 한자 차용 표기로 보통 '토'라고 부르기도 하는데, 한문으로 된 텍스트를 읽을 때 원활한 독해가 가능하도록 필요한 곳에 끼워 넣는 글자로 문법적 기능을 표시하는 요소를 가리킨다.

(5) 天地之間 萬物之中厓 唯人伊 最貴爲尼 所貴呼人者隱 以其有五倫也羅

위에 제시된 (5)에서 밑줄 그은 글자가 구결자인데, 현대국어로 읽어보면 차례대로 처격조사 '-에', 주격조사 '-이', 용언을 만드는 접미사 '-하니', 주제조사 '-는', 종결형 어미 '-라' 등으로 해독된다. 이와 같은 표기 유형과 이두의 차이점은 이두가 백지에 표현하고자 하는 내용을 쓴 것인 반면, 구결은 이미 존재하는 한문 원전의 필요한 곳에 필요한 형태를 기입해 넣었다는 데 있다. 그런 까닭에 대부분의 구결은 인쇄된 한문 전적에 붓으로 기입해 넣은 형태로 발견된다. 한마디로 구결은 독해를 위한 보조 도구였던 셈이다. 그런데 구결 자료에는 시기적으로 이보다 앞서고 형태도 적잖이 다른 유형의 구결 자료가 한 가지 더 존재하는데, 소위 석독구결이 그것이다.[62]

훈독구결 혹은 새김구결로도 불리는 석독구결이 들어 있는 석독구결문은 특이한 성격을 가진다. 널리 알려져 있듯이 일반 구결문은 '한문을 독해하는 방법의 하나'(남풍현 1999: 14)로 한문 원문에 토가 달린 구조로 되어 있다. 그렇지만 앞서 4.1.3.4의 (1)에서 보듯이 석독구결문(『舊譯仁王經』)은 한국어로 독해할 때 어순을 지정해주는 역독점의 용법이 추가되어 있다. 석독구결문은 그 자체로 거의 완전한 한국어 문장이 되기에 손색이 없다.

4.2.2.5. 향찰

마지막 유형의 차자표기법인 향찰은 신라시대의 시가인 향가에 보이는 표기법 체계를 가리키는 말로, 한자를 활용한 한국어 문장 표기법의 정점이라고 말할 수 있다. 향찰 표기에는 한자 한 글자가 한국어 한 음운에 대응하는 일자일음의 원칙이라든가, 실사부를 훈독자로 쓰고 허사부를 음독자로 쓰는 훈주음종의 원칙이라든가, 훈독자의 받침 음가를 지시하는 말음첨기의 원칙 등 상당히 정밀한 표기법 원리가 적용되어 있다. 아래에 제시된 (6a)와 (6b)는 해독이 비교적 투명하게 알려져 있는 <처용가>의 표기 모습이다.[63]

---

62 앞서 번역사의 시대 구분에서 다루었던 내용과 일부 중복된다. 독자 여러분의 이해를 구한다.

63 위의 용례 (6a), (6b)의 표기에서 분할과 번역은 김완진(1980: 91~94)에 의거한다.

(6a) 東京明期月良/ 夜入伊遊行如可/ 入良沙寢矣見昆/ 脚烏伊四是 良羅 <하략>

(6b) 東京 밝은 달에/ 밤들이 노니다가/ 들어 자리를 보니/ 다리가 넷이러라 <하략>

위에 제시된 (6a)를 보면, 일반적으로 체언이나 용언의 어간은 훈독자로 표기되어 있고, 조사나 용언의 어미 및 접미사는 음독자로 표기되어 있다. 이것은 훈주음종의 원칙이 지켜진 전형적 표기 용례라고 말할 수 있다.

여기서 보듯이, 향찰은 기본적으로 이두 체계가 확대되어 정밀화한 것으로 볼 수 있다. 또한 구조적으로 볼 때 두 체계는 동일하다고 할 수 있으므로, 앞으로의 논의에서도 향찰을 제외하고 이두와 구결만을 대상으로 논의하기로 한다.

4.2.3. 표기와 번역

4.2.3.1. 번역의 정의

이두와 구결은 단순히 표기인가, 아니면 번역이 될 수 있는가의 문제는 우선적으로 번역의 정의에서부터 시작하지 않을 수 없다. 번역에 대한 정의가 확립된 다음에야, 비로소 그러한 정의를 이두와 구결 자료에 적용하여 우리의 문제에 대한 답변을 마련할 수 있기 때문이다.

번역에 대한 정의를 따지는 것은 '어디까지를 번역으로 볼 것인가'의 문제, 즉 번역의 외연에 대한 질문과 동일한 의미를 갖는다. 여기서 논의의 근거로 참고할 수 있는 것이 번역에 관한 야콥슨의 정의이다. 야콥슨(1959)은 번역 현상을 세 가지 유형, 곧 언어 내 번역과 언어 간 번역 및 기호 간 번역 등으로 구분한 바 있다. 야콥슨 자신의 견해도 그러하지만, 저자는 위에서 언급한 세 가지의 번역 유형 가운데 '언어 간 번역'만을 진정한 번역의 외연에 포함시키고자 한다. '언어 간 번역'만을 진정한 번역으로 받아들이는 이러한 태도는 번역에 대해 가지고 있는 일반적 통념과도 상치되지 않는다. 이와 같은 번역의 정의를 수용한다면, 우리는 번역을 "한 언어의 텍스트에 담긴 의미를 그와 등가를 이루는 다른 언어의 텍스트로 옮겨서 재현하는 과정이나 그러한 과정의 결과"로 정의할 수 있다. 아울러 우리는 이와 같은 번역의 정의로부터, 어떤 자료가 번역이 되기 위해 충족시켜야 하는 몇 가지 기준을 귀납할 수 있다.

첫째는 원천언어와 목표언어가 존재하되, 두 언어는 달라야 한다는 점이다. 둘째는 원전 혹은 원천언어 텍스트가 존재해야 한다는 점이다. 셋째는 번역을 거친 목표언어 텍스트가 그 자체로 완전한 글이 되어야 하므로, 목표언어의 완전한 구조를 담고 있어야 한다는 점이다. 이 밖에도 언어 간 번역이 일어나는 근본적 목적을 고려한다면, 번역의 목표는 목표언어 사용자의 이해가 전제되어야 하므로 다음의 넷째 조건을 덧붙일 수 있다. 즉, 원천언어 텍스트의 생산자가 목표언어 텍스트의 소비자(독자)와 다르다는 점이다.

다음에 이어지는 논의에서는 앞에서 추출한 네 가지 기준을 적용하여 이두와 구결의 성격에 대해 분석해 보기로 한다.

4.2.3.2. 이두

앞에서 살펴본 이두 자료에 이들 네 가지 기준을 적용해 보았을 때, 이에 대한 답변은 부정적이라고 말할 수밖에 없다.

첫째 조건부터 점검해 보자. 앞에서 제시된 (3)과 같은 이두문에서 원천언어와 목표언어를 상정해 보라면, 각각 한국어 구어와 중국어 문어(한문)를 꼽을 수 있으며 양자가 서로 다른 언어이므로, 이두문은 표면적으로 번역의 첫째 조건을 충족시키고 있는 것으로 판단된다.

둘째 조건인 원전의 존재를 점검해 보자.[64] 위에 제시된 (3)과 같은 이두문의 원전은 무엇인가? 그것은 동일한 내용을 담은 한국어 구어로 생각해볼 수 있다. 이는 문어 텍스트가 아닌 관계로 일반적인 번역 양상과 다소 차이가 나지만, 그렇더라도 번역의 둘째 조건을 어기고 있다고 말할 수는 없다.

셋째 조건인 구조를 검토해 보자. 위의 (3)과 같은 이두문은 목표언어, 즉 중국어의 구조를 담고 있는가? 그렇지 않다. 그것은 이두문이 한국어의 어순과 구조를 충실하게 반영하고 있기 때문이다. 결국 앞에서 확인한 목표언어(중국어 문어, 한문)의 존재는 피상적 관찰의 결과일 뿐, 내용적으로 이두문은 원천언어(한국어)의 특이한 표현 양식이라고 말할 수밖에 없다.

넷째 조건인 번역의 소비자를 검토해 보자. 위의 (3)과 같은 이두문은 생산자가 한국어를 사용하는 사람이고, 소비자도 한국어를 사용하는 사람이다. 만일 이두문이 정상적인 번역문이라면, 그 소비자도 당연히 목표언어인 중국어 사용자가 되어야 할 것이다. 그러므로 이두문은 넷째 조건을 어기고 있는 것으로 보아 무리가 없다. 이상의 네

64 여기서 원전, 즉 원천언어 텍스트는 구어 텍스트와 문어 텍스트가 모두 가능하다.

가지 기준을 순차적으로 적용해본 결과, 셋째와 넷째 조건을 어기고 있는 이두문은 번역이 될 수 없다는 결론에 도달하게 된다.

그렇지만 위에 제시된 (4a)와 같은 이두번역문에 대해서는 결론을 내리기 이르다. 이 유형의 자료에 대해서도 앞서와 동일한 방식으로 위의 네 가지 기준을 적용해 보자.

첫째로 원천언어와 목표언어는 각각 중국어와 이두로 표기된 한국어이고, 양자는 물론 서로 다른 언어이다. 둘째로 원전은 『大明律(대명률)』이다. 셋째로 목표언어 텍스트인 이두번역문은 어순으로 보거나 문법 기능 요소의 존재로 보거나 한국어의 완전한 구조로 보기에 충분하다. 넷째로 원전의 생산자는 중국어 사용자이고, 번역문의 소비자는 한국어 사용자이다. 이상의 논의에 근거하여, 이두번역문은 번역이 되기에 충분하다는 결론에 도달하게 된다.

이상의 논의를 종합적으로 고려해 보면, (3) 유형의 이두문은 번역이 아닌 표기이고 (4a) 유형의 이두번역문은 번역으로 간주할 수 있다.

4.2.3.3. 구결

앞서 이두에 대한 분석과 동일한 방식으로, 위의 4가지 기준을 구결 자료에 적용해 보자. 앞에서 구결을 음독구결과 석독구결로 구분해서 논의한 바 있듯이, 양자를 구분해서 검토하기로 한다.

먼저 음독구결부터 점검해 보자. 음독구결이 쓰인 텍스트에 위의 네 가지 기준을 적용해 본 결과는 다음과 같다.

첫째로 원천언어와 목표언어는 중국어와 한국어(원문에 구결자가 덧붙은 구결문)이 되고, 양자는 서로 다른 언어이다. 둘째로 원전은 해당 구결문에서 구결자를 제외하고 남은 부분이다. 셋째로 목표언어 텍스트는 한국어의 완전한 구조를 담고 있다고 보기 힘들다. 일단 어순부터 일반적인 한국어 어순과 다른 불완전한 문장이기 때문이다. 넷째로 원전의 생산자는 중국어를 사용하는 사람이고, 번역문의 소비자는 한국어를 사용하는 사람이다. 이상의 논의에서 볼 때, (5)와 같은 유형의 음독구결문은 셋째 기준을 충족시키지 못하므로 번역이 될 수 없다는 결론에 도달하게 된다. 다만, 번역의 이전 단계인 원전의 독해 정도로 간주할 여지는 있다.

다음에는 석독구결문을 점검해 보자. 석독구결이 쓰인 텍스트에 위의 네 가지 기준을 적용해 본 결과는 다음과 같다.

첫째로 원천언어와 목표언어는 음독구결문과 마찬가지로 중국어와 한국어가 되고, 양자는 상이한 언어이다. 둘째로 원전은 해당 구결문에서 구결자를 제외하고 남은 부분이다. 셋째로 목표언어 텍스트는 완전한 한국어의 구조를 담고 있는 것으로 판단된다. 여기서 목표언어 텍스트는 한국어 문어일 수도 있고, 한국어 구어일 수도 있다. 환언하면 한문 원문과 함께 쓰인 구결자와 역독점 등을 표기 수단으로 인정한다면 목표언어 텍스트가 글이 되지만[65], 그렇지 않고 이들을 단순히 한문 텍스트를 한국어로 읽는 '보조 수단'으로 간주한다면 목표언어 텍스트가 말이 된다. 후자의 경우에는 통상적인 번역 자료에서 제외되겠지만, 글에서 말로 넘어가는 시역(視譯) 내지 독본구역의 사례가 된다.[66] 넷째로 원전의 생산자는 중국어의 사용자이고, 번역

65 본고는 구결자와 역독점을 문자 체계의 일종으로 이해하고자 한다.

문의 소비자는 한국어의 사용자이다.

논의를 종합해 본다면, 석독구결문은 일단 번역 자료로 간주할 수 있다. 그렇지만 이러한 결론에는 약간 문제의 소지가 있다. 안병희(1976: 153-161)에 의하면, 훈독과 번역은 읽는 대상이 완전히 달라서, 전자는 한문의 원문을 읽는 것이고 후자는 번역문을 읽는 것이 된다. 다시 말해서 훈독은 구결자와 역독점의 도움을 받아서 원전 텍스트(한문)를 읽는 것이고, 후자는 완전히 백지에 새로 작성된 번역문을 읽는 것이다. 우리도 이와 같은 논리를 받아들여 석독구결문을 번역의 직전 단계, 곧 의사 번역(擬似飜譯)으로 간주하기로 한다.

4.2.4. 요약

이두, 구결, 향찰을 번역으로 볼 수 있는가에 대한 답변을 마련하기 위해, 먼저 번역에 대한 정의를 확인하면서 번역의 외연을 확정했다. 이를 근거로 하여 우리는 어떤 자료가 번역이 되기 위한 기준을 다음과 같은 네 가지로 정리해 보았다.

(7) 번역 여부의 판단을 위한 기준
- a. 원천언어와 목표언어의 존재, SL≠TL
- b. 원천언어 텍스트의 존재
- c. 목표언어에 고유한 통사 구조의 충족성
- d. 원천언어 텍스트 생산자와 목표언어 텍스트 소비자의 존재 및 싱이싱

---

66 이희재 역(2001)에서도 한자를 고유 일본어로 읽는 일본의 훈독 전통을 번역의 일종으로 보고 있다.

위의 네 가지 기준을 차자표기 자료에 적용해본 결과는 다음과 같았다. 이두문은 목표언어인 중국어의 구조가 목표언어 텍스트에 반영되어 있지 않으며, 원천언어 텍스트의 생산자와 목표언어 텍스트의 소비자가 둘 다 한국어 사용자로 일치한다는 점에서, 번역이 아닌 단순 표기라는 결론을 내렸다. (논리의 연장선상에서 이두 체계의 확장인 향찰 역시 번역이 아닌 표기이다.) 다만, 이두를 번역에 활용한 이두번역문은 위에서 제시된 네 가지 기준을 충족하므로 번역 자료가 될 수 있다.

구결문은 음독구결문과 석독구결문으로 나누어 검토해 보았는데, 음독구결문은 목표언어 텍스트가 한국어의 완전한 문장 구조를 담고 있지 않다는 점에서, 번역이 아닌 원전 독해 자료로 간주할 수 있고, 석독구결문은 위의 네 가지 기준을 충족한다는 점에서 번역 자료로 간주할 수 있다. 그렇지만 기본적으로는 한문 원전을 읽는 것과 번역문을 읽는 것이 다르다는 점을 감안하여, 의사 번역 자료로 간주했다.

결과적으로 이두와 향찰은 번역이 될 수 없는 단순한 표기이고, 이두번역문은 번역이 될 수 있다. 구결 중에서 음독구결은 번역의 이전 단계인 독해이고, 석독구결은 번역과 거의 유사한 번역 직전 단계인 의사 번역으로 간주할 수 있다.

4.3. 언해 자료의 번역학적 의의

4.3.1. 문제의 제기

번역의 유형에 대한 논의는 이론의 제안자가 속한 학파의 관점이나 분류 기준에 따라 다양한 각도에서 다양한 방식으로 이루어져 왔다. 예를 들면 야콥슨(Roman Jakobson: 1959)에서 제안된 '언어 내 번역'과 '언어 간 번역', '기호 간 번역'이나 유진 나이다(Eugene Nida: 1964)에서 제안된 '형식적 대응'과 '역동적 등가' 혹은 피터 뉴마크(Peter Newmark: 1988)에서 제안된 '의미-중심 번역'과 '소통-중심 번역' 등이 번역의 유형을 분류한 대표적인 사례라고 말할 수 있다.[67] 위에서 제기된 분류 체계를 수립하는 데에는 SL과 TL 상호간의 관계라든가, 원문 의미의 재현 방식 혹은 번역의 주된 목적(skopos) 등이 그 기준으로 적용되었다. 이들 가운데서 가장 널리 알려진 동시에 또 가장 많은 연구에서 언급되는 것은 야콥슨(1959)의 3분법 분류 체계이다. 일반적인 이해에 의하면, '언어 내 번역'은 SL과 TL이 동일한 경우에 이루어지는 번역이고, '언어 간 번역'은 SL과 TL이 상이한 경우에 이루어지는 번역이며, '기호 간 번역'은 서로 다른 기호들 사이에서 이루어지는 번역을 가리킨다. 야콥슨(1959)에서는 '언어 간 번역'을 진정한 번역으로 보았는데, 이는 번역학 연구자들 사이에서 광범위하게 수용되고 있는 내용이다.

한편 한국이 근대화를 겪는 과정에서 번역이 끼친 영향력을 육하원칙[68]에 따라 역사적 관점에서 기술한 김욱동(2010: 261~70)에서도 '번

---

67 이들 이외에 번역 유형을 나누는 분류 체계는 정호정(2007: 153~60)에 비교적 상세하게 정리되어 있다. 한편 '형식적 대응'과 '역동적 등가'는 번역의 유형이라기보다 번역의 전략에 해당한다고 볼 수도 있지만, 결과의 관점에서 본다면 번역의 유형으로 포함시킬 수 있을 것으로 생각된다.

68 '왜, 누가, 무엇을, 어떻게' 번역했는가를 논의했다는 의미이다. 육하원칙 중에서 '언제'와 '어디서'는 한국의 근대화라는 상위 명제에 이미 드러나 있기 때문에 제외되었다.

역의 세 갈래'라는 제목 아래 야콥슨(1959)의 3분법 체계에 대해 언급하고 있다. 그런데 같은 자리에서 "『훈민정음 언해』는 진언 번등이나 언어 내 번역의 또 다른 예로 꼽을 만하다."(*ibid.*, 264)라는 주장이 눈길을 끈다. 지금까지 우리는 보통『훈민정음 언해』를 '언어 간 번역'으로 이해해 왔기 때문이다.[69]

우리는『훈민정음 언해』를 '언어 내 번역'으로 보는 김욱동(2010: 264)의 이러한 견해가 타당한가를 검증해 보고자 한다. 논의의 진행 과정에서 김욱동(2010)에서 제기된 다른 주장들에 대해서도 본고의 주제와 관련된 범위 안에서 언급하게 될 것이다.

4.3.2.『훈민정음 언해』의 성격

앞에서 연구의 목표로 설정한 내용, 즉 김욱동(2010: 264)에서 제기된 주장의 타당성 여부를 검증하는 작업은 위의 주장을 긍정적 서술문으로 다시 쓴 "『훈민정음 언해』는 '언어 내 번역'이다"라는 명제로 환치하고, 그 명제의 타당성을 검증하는 것과 동일하다. 위의 명제를 전반과 후반으로 나누어 각각 양쪽의 성격을 규정하고 그 결과에 근거하여 양쪽이 등가가 될 수 있는가를 판단하면, 그것이 바로 연구의 목표를 달성하는 방법이 된다. 우선 전반부에 속한 '훈민정음 언해'부터 살펴보자. 여기서 '훈민정음'은 일종의 고유명사이므로 그 성격 규명을 역사적인 맥락에 의지하기로 하고[70], '언해'의 성격에 대해서만 검토

69 연구사는 별도로 논의하지 않는다. 대표적 연구로는 유명우(2004)를 참고할 수 있다.

해 보기로 하자.

언해란 통상적으로 한문으로 적힌 서적을 한글로 옮긴 결과물을 가리킨다. 대개 언해는 한문 원문에 토를 달고 그 뜻을 다시 한글(한국어)로 풀이하는 형식을 취하고 있다. 초기에는 불경을 번역한 언해가 주류를 이루었지만, 시간이 흐르면서 유교 경전을 번역한 언해도 등장했다. '언해(諺解)'라는 용어의 뜻을 조금 더 천착해 보자. 당시 사람들은 중국의 말과 글(한문)을 각기 '화어(華語)'와 '진서(眞書)'로 숭상해서 부르고 우리의 말과 글을 각각 '이어(俚語)' 내지 '언어(諺語)'와 '언서(諺書)' 내지 '언문(諺文)' 등으로 낮추어 부르던 언어관습이 있었는데, 이 용어도 이러한 태도에서 비롯된 것으로 생각된다.[71] 그러므로 언해란 진서인 한자로 된 원문을 언문으로 해석한 것이라는 뜻이다. 그런데 중국의 말과 글에 대한 한국어식 해석만을 언해라 지칭하고, 다른 이웃의 말들, 예를 들어 일본말, 만주말, 몽골말 등에 대한 한국어식 해석은 언해라고 지칭하지 않았다.[72]

결론적으로 언해는 중국어 문어(한문)를 한국어로 옮긴 번역(혹은 해석)을 가리키는 개념으로 이해할 수 있다. 이는 조선시대의 번역 개념을 어의론적(語義論的)으로 분석한 이영훈(2011)에서 언해를 '언문으로

---

70 '훈민정음'에는 두 가지 뜻이 있는데, 하나는 세종 25년(1443년)에 창제되어 세종 28년(1446년)에 반포된 문자 체계를 가리키는 이름이고, 다른 하나는 새로 창제된 문자 체계의 운용법을 해설한 책의 이름(흔히 '해례본'으로 약칭함)이다. 이 밖에 『언해본 훈민정음』을 가리키기도 한다.

71 이와 관련된 내용은 주로 최현배(1940/1982: 97-101)의 논의에 의지했다.

72 예를 들어 중국어 회화서의 책명은 『노걸대언해』이지만, 만주어 회화서의 책명은 『신번노걸대』(新飜老乞大)이다.

의 번역(번역서, 번역 행위, 번역문)'으로 규정한 기술 태도와도 동일한 맥락이다. 따라서 『훈민정음 언해』는 중국어 문어로 된 『訓民正音』을 한국어로 옮긴 번역서로 규정할 수 있다.

4.3.3. '언어 내 번역'의 내포와 외연

'언어 내 번역'이란 일반적으로 SL과 TL이 동일한 경우에 일어나는 번역 현상을 가리킨다. 통상적으로 언급되는 '언어 내 번역'의 사례로는 고어(古語)로 된 고문을 현대어로 옮기는 번역과 방언으로 된 자료를 표준어로 옮기는 번역 등이 있다. 방언 자료를 표준어로 옮긴 번역의 양상을 알아보기 위해 다음 예문을 살펴보자.

(1) 이상화 <가장 비통한 기욕>
아, 가도다 가도다 쫓아가도다.
잊음 속에 있는 간도와 요동벌로
주린 목숨 움켜쥐고 쫓아가도다.
자갈을 밥으로 햇채물을 마셔도
마구나 가졌더라면 단잠은 얽맬 것을

(2) 이육사 <청포도>
내 고장 칠월은
청포도가 익어가는 시절
이 마을 전설이 수서리주서리 열리고
먼 데 하늘이 꿈꾸려 알알아 들어와 박혀

위에 제시된 두 예문은 공히 작가 특유의 지역 방언이 적절히 구사된 시이다. 그런 까닭에 두 시인과 같은 방언을 사용하지 않는 독자가 문면 그대로 시를 읽게 되면 시상의 전개를 따라가면서 시인이 표현하고자 했던 내용을 제대로 간취해 내기가 힘들게 되어 있다. 바로 여기서 표준어로 번역할 필요성이 생긴다. 이러한 '작업' 과정[73]에서 방언에 대한 인식이 미흡하면 결정적 오독이나 오류를 범할 위험이 높다. 이상규(2012: 30)에 의하면, 상당수의 시집에서 예문 (1)의 밑줄 그은 어휘를 '海菜물'로 교열하여 '햇채'를 '바다의 채소', 즉 '미역'으로 보고 있지만, 이 어휘는 실상 '더러운 하수구의 물'을 뜻하는 대구 방언이라고 한다. 결국 대구 방언에 대한 교열자의 미숙한 인식 탓에 '시궁창물'이 '해조류로 만든 국물'이 되고 말았다.

이와 같은 오독 내지 오역은 결과적으로 시의 감상에 커다란 혼란을 초래하게 된다. 마찬가지로 예문 (2)의 밑줄 그은 어휘에 대해서도 '주절이주절이'로 고치고 '포도송이가 여럿 매달린 장면을 묘사한 표현'으로 이해했지만, 원작자 이육사의 고향인 안동 방언에서 '주저리'는 수량을 표시하는 의존명사로 '송이'의 뜻이어서 첩어 '송이송이'가 된다고 한다.

이상과 같은 경우에 방언이 구사된 원시와 표준어로 번역된 시는 둘 다 동일한 언어(한국어) 안에서 일어난 의미의 해석(변환) 과정이며, 따라서 '언어 내 번역'의 사례가 되기에 충분하다. 위의 용례에서 보듯이 방언을 표준어로 옮기는 '언어 내 번역'에서는 SL과 TL이 동일한 언어이므로 언어 구조의 변개가 일어나기보다는 어휘 차원의 변개가

73 일반적으로 편집자에 의한 교열 내지 교감 과정이라고 불리지만, 본고의 주제와 관련시켜 본다면 이것이 바로 '언어 내 번역' 과정이다.

일어나는 것이 보통이다. 물론 제주 방언처럼 다른 지역들의 방언과 확연하게 다른 모습을 보이는 경우라면 언어 구조와 어휘를 비롯한 전반적 영역에 걸쳐 상당한 변개가 일어날 수도 있다. 여기서는 지역 방언의 표준어 번역만 다루었지만, SL이 사회 방언이더라도 마찬가지 맥락에서 '언어 내 번역'이 될 수 있다.[74] 다음에는 고어 자료에 대한 현대어 번역을 알아보기로 한다. 아래의 예문을 검토해 보자.

(3) 월인천강지곡 三
阿僧祇前世劫에님금位ㄹᄇᆞ리샤精舍애안잿더시니
五百前世怨讐ㅣ나랏쳔일버ᅀᅡ精舍ᄅᆞᆯ디나아가니

위의 예문 (3)은 1459년에 『월인천강지곡』과 『석보상절』을 합쳐서 발간한 『월인석보』의 일부이다. 한자로 된 어휘를 모두 한글로 바꾼다고 해도 표기상의 다양한 문제(띄어쓰기, 소실 문자의 존재, 문장부호 등)와 문법상의 다양한 문제(선어말어미의 위치 차이, 소멸된 주격조사의 존재 등)로 인해 현대의 독자는 의미를 올바르게 파악하기 어렵다. 여기서 이 텍스트를 현대국어로 번역할 필요성이 있다.

(4) 『월인천강지곡 3』
(세존이 전생에서) 아주 먼 옛날에 왕위를 버리시고 정사에 앉아 계시더니.

---

74 이것은 방언을 표준어로 번역한 사례이지만, 이와 반대로 표준어를 방언으로 번역한 경우도 있다. 정춘근이라는 시인은 표준어로 시를 쓴 다음에 평북 정주 토박이 화자인 어머니의 도움을 받아 평북 지역어로 10여 년에 걸쳐 자신이 쓴 시를 번역해서 『황해』라는 시집을 출간했다고 한다. 이상규(2012)의 발표에 대한 정일근의 토론문(미간행 유인물) 참고.

전생의 원수 오백 명이 나라의 재물을 훔쳐서 정사 곁을 지나가니.

위의 예문 (3)을 (4)로 번역하는 과정을 보면, 사어(死語)가 된 어휘를 다른 어휘로 바꾸었고(쳔→재물, 일벗다→훔치다), 시제와 관련된 선어말어미의 위치를 바꾸었으며(-더시-→-시더-), 후대의 음운변화가 반영된 변개도 보이고(디나아→지나-), 예문 (3)에 없던 띄어쓰기가 도입되고 문장부호도 추가되었다. 이러한 경우에 15세기 중반에 나온 예문 (3)과 이를 현대국어로 옮긴 예문 (4)는 모두 동일한 언어(한국어) 안에서 일어난 의미의 해석 과정이며, 따라서 '언어 내 번역'의 사례가 된다. 이 밖에도 북한에서 만들어진 언어 자료를 남한의 표준어로 옮기는 작업도 '언어 내 번역'의 사례로 간주할 수 있다. 아래의 예문을 검토해 보자.[75]

(5a) 대수기하강좌에 들리니 교원들이 책상마다에 참고서들을 무둑히 쌓아놓고 열렬한 토론을 벌리고 있었다.
(5b) 앞으로 여기서는 공업적방법으로 무비루스화된 잔알감자를 생산하게 될 것이다.
(5c) 우리는 뜻깊은 올해를 옹군애민사상 만세소리가 높이 울려퍼지는 군민대행진의 해로 되게 하여야 한다.

위의 예문을 남한의 독자인 우리가 이해하기에는 적잖은 어려움이 따른다. 일단 띄어쓰기 방식이 상이할 뿐만 아니라, 중간에 '무둑히' 등의 난해어가 출현하여 이해하기 어려울 뿐만 아니라, '옹군애민사

75 예문은 전수태(2002)에서 인용했다. 심심한 사의를 표한다. 앞에서 언급된 일종의 사회 방언 차원의 번역으로 볼 수 있다.

상' 등 생소한 이념적 단어도 눈에 뜨여 독서를 방해하기 때문이다. 여기서 남한의 표준어로 번역할 필요성이 요구된다.

(6a) 대수기하 강좌에 들르니 교원들이 책상마다 참고서를 두둑하게 쌓아놓고 열렬한 토론을 벌이고 있었다.
(6b) 앞으로 여기서는 공업적 방법으로 바이러스가 없는 알이 잔 감자를 생산하게 될 것이다.
(6c) 우리는 뜻깊은 올해를 군을 옹호하고 인민을 사랑하는 사상의 만세소리가 높이 울려 퍼지는 군민 대행진의 해로 되게 하여야 한다.

북한 자료 (5)를 남한의 표준어로 옮긴 예문 (6)에 대해 밑줄 그은 어구를 중심으로 살펴보자. 예문 (6a)에서는 어형이 약간 바뀐 단어가 보이고(들리니→들르니, 벌리고→벌이고), 복수를 나타내는 표지 '-들'이 사라졌으며(참고서들→참고서), 남한에서 사용되지 않는 단어 '무둑하다'가 '두둑하다'로 대치되어 있다. 예문 (6b)에서는 띄어쓰기가 보다 엄격하게 적용되어 있고(공업적방법으로→공업적 방법으로)[76], 외래어의 표기도 달라졌다(비루스→바이러스). 예문 (6c)에서는 생소한 이념을 표현하는 어휘('옹군애민사상')가 알기 쉬운 어구로 대체되어 있다. 이러한 경우에 북한 문화어로 표기된 예문 (5)와 이를 남한의 표준어로 옮긴 예문 (6)은 모두 동일한 언어(남북한 공통어=한국어) 안에서 일어난 의미의 해석 과정이며, 따라서 '언어 내 번역'의 좋은 사례가 된다. 물론 남과 북이 분단되기 이전에는 남한과 북한 양쪽에서 동일한 조선어(한국어)를 사용했

76 북한의 문화어 규범에서는 '-적' 다음에 오는 단어를 전부 붙여서 표기한다.

으며, 따라서 문화어와 표준어의 뿌리도 사실상 동일하다.

그러면 '언어 내 번역'은 왜 일어날까? 우리는 위에서 검토한 세 가지 '언어 내 번역' 사례에서 SL과 TL 사이에 의사소통을 어렵게 하는 모종의 간극이 존재한다는 사실을 확인할 수 있다. 위의 예문 (1)과 (2)의 원천 텍스트 생산자는 대구 방언의 사용자이므로 공간적/지리적 간극을 사이에 둔 표준어 사용자는 (원천) 텍스트의 의미를 제대로 읽어낼 수 없었고, 이에 따라 일부 방언 어휘를 표준어로 옮기는 번역(해석)이 필요했던 것이다. 마찬가지 이유에서 예문 (3)의 원천 텍스트 생산자는 15세기 중반의 중세국어 사용자이므로 500년이 넘는 시간적 간극을 사이에 둔 현대국어 사용자는 원천 텍스트의 의미를 온전히 읽어낼 수 없고, 이에 따라 예문 (4)와 같은 현대국어로 옮기는 번역(해석)이 필요했던 것이다. 북한 문화어 텍스트의 남한 표준어 번역에는 지리적 간극 이외에도 정치사회적 간극이 양자 간의 의사소통을 어렵게 하는 요인으로 작용했다고 볼 수 있다.

4.3.4. 『훈민정음 언해』와 '언어 내 번역'의 관계

우리는 이제 모두에서 제시한 "『훈민정음 언해』는 '언어 내 번역'이다"라는 명제에 대해 논의할 준비를 마친 셈이다. 향후에 진행되는 논의의 정확성을 기하기 위해 우리는 김욱동(2010: 261-270)에서 언급된 관련 내용을 전부 가감 없이 추출할 필요가 있다. 논증하고자 하는 명제를 둘러싼 주변의 문맥을 빠짐없이 검토해야만 그의 주장에 담긴 핵심 의미를 정확하게 파악할 수 있기 때문이다.

(7) '언어 내 번역'에 대한 김욱동(2010)의 견해

(7a) "번역이란 흔히 한 언어로 쓴 글을 다른 언어의 글로 옮기는 것을 뜻한다. 좀더 전문적인 용어를 빌려 말한다면 '기점언어'로 된 텍스트를 '목표언어'의 텍스트로 옮기는 과정을 가리킨다. 자국어가 아닌 다른 나라 언어로 쓴 텍스트의 메시지를 그것에 상응하는 자국어로 전달하는 것이 곧 번역이다. <중략> 동양어의 경우도 마찬가지여서 번역자는 중국어나 일본어로 쓴 문헌이나 작품을 한국어로 옮기거나, 한국어로 쓴 문헌이나 작품을 일본어나 중국어로 옮긴다." (261-262)

(7b) "언어내 번역이란 기점언어와 목표언어가 동일한 경우에 일어나는 번역을 말한다. 언어간 번역이란 서로 다른 두 언어 사이에서 일어난다. <중략> 기호간 번역을 접어두고라도 번역은 동일한 언어 안에서 일어나는 번역과 서로 다른 언어 사이에서 일어나는 번역의 두 가지로 크게 나누는 것이 보통이다." (262-263)

(7c) "조선시대 숙종[77]은 백성들이 언문(한글)으로 써서 올린 상소문을 읽지 못하여 한문으로 번역시킨 뒤에야 읽었다고 한다. 그로부터 50년 뒤 연산군 때에는 병조정랑 조계형에게 명하여 언문으로 역서(曆書)를 번역하도록 하였다. 그로부터 다시 50여 년이 지난 선조 무렵에는 언문으로 교지를 쓰고 비석문을 만드는 단계에 이르렀다. 이렇게 진서를 언문으로 번역하여 베끼거나, 이와는 반대로 언문을 진서로 번역

77 50년 뒤의 연산군 때 사건을 언급한 것을 보면 '숙종'은 '성종'의 오류로 보인다. 숙종(재위 1674년-1720년)은 17세기 중엽부터 18세기 초기까지 살았던 인물이기 때문이다.

하여 베끼는 것을 진언번등(眞諺翻謄)이라고 부른다. 그리고 이러한 행위는 바로 언어내 번역의 좋은 예가 된다." (273-274)

(7d) "『훈민정음 언해』는 진언번등이나 언어내 번역의 또 다른 예로 꼽을 만하다." (264)

(7e) "언어내 번역은 이러한 진언번등 말고도 지역에 따른 방언이나 사회 계층에 따른 방언, 오랜 시간이 지나면서 그 뜻이 달라진 표현이나 문장을 현대 독자들에게 뜻이 통하도록 새롭게 옮겨야 할 때도 나타난다. 예를 들어 경상북도 산골 지방 아낙네들의 '나이가 천지개락이라 고마 항정도 없재?'(냉이가 천지에 지천으로 있어 그만 한정도 없지?)라는 말은 다른 지방 사람들한테는 외국어와 다름없다. 그렇기 때문에 누군가가 이 문장을 '번역'해 주지 않으면 제대로 그 뜻을 이해하기가 무척 힘들거나 아예 불가능하다." (264-265)

(7f) "특히 아직 우리 문자가 없던 신라시대 한자의 음과 뜻을 빌린 향찰로 표기한 향가는 언어내 번역의 더할 나위 없이 좋은 예이다. 향가의 번역과 해석을 두고 학자들 사이에 의견이 서로 크게 엇갈리는 것은 바로 그 때문이다." (265)

(7g) "근대 계몽기에 이루어진 번역은 상당 부분 로만 야콥슨이 말하는 언어내 번역과 크게 다름이 없었다. 이 무렵 번역은 세계 번역사에서 좀처럼 그 유례를 찾아보기 어려울 만큼 몇 가지 점에서 아주 독특하다. 19세기 말엽과 20세기 초엽 목표언어로서 한국어는 흥미롭게도 하나가 아니라 그 이상이었다. 이 무렵 기점언어를 한국어로 번역할 때 번역자들은 ①한문, ②국한문 혼용, ③순국문(한글) 이 세 유형 가운데 어느 하나를 선택하였다. <중략> 세계 번역사에서 이렇게 목표 언어가 세 가지 종류나 있는 경우란 여간 드물지 않다." (265)

(7h) "이 세 유형의 목표언어 중에서 한문이란 두 말 할 나위 없이 유학자들과 지식인들이 사용하던 언어를 말한다. 사대모화주의자들은 이 한문을 '언문'에 빗대 진짜 글이라고 하여 '진서'라고 부르며 떠받들었다." (265~266)

(7i) "그런데 남의 나라 문헌을 중국의 문자와 언어인 한문으로 번역한다는 것이 언뜻 이상하게 보일지 모른다. 그러나 엄밀히 말하자면 한자를 단순히 중국의 문자나 언어라고만 볼 수도 없다. 그동안 한국에서 사용해 온 한자는 중국에서 사용하는 것과 조금 다르다. 한국에서 사용하는 한자를 흔히 '한국어 한자' 또는 '한문 한자'라 일컫고, 중화권에서 '조선 한자'로 부르는 까닭이 여기에 있다. 오랫동안 한자를 빌려 한국 사람의 사상과 정서를 표현해 왔다는 특수한 사정을 고려한다면 한자로 표기된 어휘라 하더라도 모두 한자어로 보는 데는 무리가 따른다. <중략> 어찌 되었든 근대 계몽기와 그 직후 한자는 서양 문헌을 옮기는 데 중요한 목표언어 가운데 하나였다." (266~267)

이제 김욱동(2010: 261~70)에서 제기된 다양한 위의 언급을 한 가지씩 분석해 보자. 먼저 예문 (7a)는 번역에 대한 정의이다. '다른 나라 언어로 쓴 텍스트의 메시지를 그것에 상응하는 자국어로 전달하는 것이 곧 번역'이라고 기술한 내용은 '언어 간 번역'을 의미하는 서술로 이해된다. 이러한 견해는 '언어 간 번역'에 대한 일반적인 정의와 크게 다르지 않다. 예문 (7b)는 '언어 내 번역'과 '언어 간 번역'의 관계에 대한 기술인데, 전자가 동일한 언어 안에서 일어나는 번역이고 후자가 서로 다른 언어들 사이에서 일어나는 번역이라고 말하고 있다. 이 언급 역시 '언어 내 번역'에 대한 일반적 이해와 크게 다르지 않다.

예문 (7c)는 '언어 내 번역'의 사례에 대한 언급인데, 언문을 진서(한문)로 옮기거나 진서를 언문으로 옮기는 소위 '진언 번등'을 '언어 내 번역'의 대표적 사례로 제시했다. 예문 (7d)에서는 『훈민정음 언해』를 진언 번등 혹은 '언어 내 번역'의 사례로 보고 있다. 위의 예문 (7c)에서 보았듯이 한문을 언문으로 옮기는 것을 '언어 내 번역'으로 보는 김욱동(2010)의 입장에서는 한문본 『訓民正音』을 언문으로 옮긴 『훈민정음 언해』도 '언어 내 번역'으로 보는 것이 당연한 논리적 귀결이다. 예문 (7e)에서도 '언어 내 번역'의 사례가 소개되었는데, 지역 방언이나 사회 방언 및 고문에 대한 번역 과정을 '언어 내 번역'의 사례로 제시하고 있다. 이는 본고에서 확인한 '언어 내 번역'의 내용과 동일하다. 예문 (7f)도 '언어 내 번역'의 사례에 대한 기술인데, 주목할 것은 '향가는 언어 내 번역의 더할 나위 없이 좋은 예'라고 서술한 대목이다. 이와 같은 언급은 '언어 내 번역'에 대한 일반적 이해와 상충된다. 고대국어 시기에 창작된 향가를 현대국어로 옮기는 것은 '언어 내 번역'이 되지만, 향가 자체를 '언어 내 번역'으로 본 주장에는 문제가 있다.

우리는 이미 4.2절에서 이 문제에 대한 견해를 밝힌 바 있지만, 논지의 전개상 간략하게 그 대강의 내용을 가져와 보자. 만약에 향가를 '언어 내 번역'으로 본다면, SL과 TL의 존재를 상정할 수 있고, 또한 양자가 동일하다는 사실이 밝혀져야 한다. 이와 같은 경우에 향가의 SL은 입말 혹은 구어이고, TL은 한자로 표기된 향찰이 될 수밖에 없다. 그런데 바로 여기서 분제가 발생한다. 향찰이 언어인가? 주지하다시피 향찰은 한자의 음과 훈을 빌려 한국어를 표기하는 차자표기 방식의 집대성이다. 그러므로 향가에 드러난 한자의 존재는 한문을 구성하는 요소가 아니라 한국어를 구성하는 요소이다. 결국 향가는 구어를 문어(=향찰)로 고정시킨 표기이지 번역이 아니다. 향가에 나타난 차자표기가 한문의 고유 어순을 따르지 않고 한국어의 어순과 형태 구조를 따른다는 사실은 향찰이 언어 대 언어의 번역이 아니라, 구어 한국어의 문어화이고 표기라는 점을 뒷받침해 준다. 향가가 번역이 아닌 표기라는 것은 번역의 일반적인 성격을 고려해 보아도 자명하다.

우리는 앞에서 '언어 내 번역'을 언급하면서 텍스트의 생산자와 소비자 사이에 벌어져 있는 의사소통의 간극 해소가 '언어 내 번역'의 발생 이유라고 했다. 향가의 생산자와 소비자 사이에는 이와 같은 시간이나 공간적 간극이 존재하지 않는다. 텍스트의 생산자와 소비자가 모두 신라 당대의 사람들이었기 때문이다. 물론 이 향가를 현대국어로 옮기는 것은 누차 언급했듯이 앞에서 제시한 예문 (3)→(4)의 과정과 마찬가지로 고어를 현대어로 옮기는 '언어 내 번역'의 사례가 될 수 있다. 결론적으로 향가를 '언어 내 번역'의 사례로 언급한 것은 논리적 오류이다.[78] 예문 (7g)는 근대 계몽기에 이루어진 번역 현상에 대해 말하면서 자신이 생각하는 '언어 내 번역'의 개념을 확인할 수 있는 중요한 단서를 제공하고 있다. 이 무렵에 TL로서의 한국어가 한문과 국한문 혼용 및 순국문의 셋이라고 언급하고 있기 때문이다. 예문 (7h)에서는 (7c)에서 언급한 진서를 언어로 보면서 유학자들과 지식인들을 진서의 향유 계층으로 규정하고 있다. 예문 (7i)에서는 선행 논의를 연장하여 근대 계몽기와 그 직후에 한자가 서양 문헌을 옮기는 중요한

78 이 오류는 다행스럽게도 김욱동(2011: 39~40)에서 수정되었다.

TL의 하나라고 주장했다.

그렇다면 "『훈민정음 언해』가 언어 내 번역"이라고 주장한 김욱동(2010)의 전후 문맥을 파악한 만큼, 이 주장에 대한 논의를 시작할 준비를 마친 셈이다. 가장 먼저 해결해야 할 문제는 김욱동(2010)이 모든 언해를 '언어 내 번역'으로 본 것인지, 아니면 다수의 언해 자료 중에서 유독 『훈민정음 언해』만을 '언어 내 번역'으로 간주한 것인지를 확인해야 한다. 이에 대한 답변은 '언어 내 번역'의 사례를 든 예문 (7c)에 잘 드러나 있다. 진서를 언문으로 번역하거나 언문을 진서로 번역하는 것을 진언번등이라 하고, 다시 진언번등을 '언어 내 번역'으로 보고 있기 때문이다. 다시 말해 한문 텍스트를 언문으로 옮긴 모든 번역(진언번등)이 '언어 내 번역'이라는 의미로 이해할 수 있다. 그리고 앞서 언급했듯이 언해란 한문 원전을 언문으로 옮긴 것을 가리키므로 "『훈민정음 언해』는 '언어 내 번역'이다"라는 명제는 다시 "언해는 '언어 내 번역'이다"라는 명제로 일반화할 수 있다.

언해는 SL이 한문이고 TL이 한글이다.[79] 또한 '언어 내 번역'이란 SL과 TL이 동일한 경우에 일어나는 번역 현상으로, 이러한 논의는 예문 (7b)에서 보듯이 김욱동(2010)에서도 동의하고 있는 내용이다. 이와 같은 맥락에서 언해가 SL과 TL이 동일한 '언어 내 번역'이 되려면, 한문과 언문이 동일한 언어가 되어야 논리적으로 타당하다. 그렇지만 유감스럽게도 한문과 언문이 동일한 언어라는 것은 상식과 어긋나는 진술이다. 그렇다면 김욱동(2010: 261-270)에서는 어떠한 근거로 한문과

79 예문 (7h)에서는 한문을 분명하게 언어로 간주하고 있다.

언문이 동일한 언어라는 주장을 펼치게 된 것인가? 그에 대한 답변은 예문 (7g)에 있다. 여기서 김욱동(2010)은 당시의 TL을 한문과 국한 혼용문 및 순국문의 셋이라고 기술했다.

여기에 보이는 오류는 표면상으로 드러나는 문체의 문제(한문체, 국한문 혼용체, 국문체)를 언어의 종류(유형) 문제로 오해한 데서 비롯된다. 한문체와 국한문 혼용체 및 순국문체가 근대 한국어에 존재했던 문체의 유형이라는 사실은 받아들일 수 있지만, 당시에 공존한 문체라고 해서 이들이 모두 동일한 언어라는 주장은 범상치 않은 논리의 비약이 아닐 수 없다.[80] 한문체는 조선의 근대에 존재했던 문체의 하나이고, 한문은 중국어를 표기한 언어(문어)의 일종이다. 김욱동(2010)의 이와 같은 논리적 오류는 예문 (7i)에 이르러 글자와 글의 개념 구분에서도 반복적으로 일어나고 있다. "근대 계몽기와 그 직후 한자는 서양 문헌을 옮기는 데 중요한 TL 가운데 하나였다"라고 하면서, 한자(글자)를 언어(문어)와 동일한 위상에 두고 논지를 전개하고 있기 때문이다.

우리는 언해를 '언어 내 번역'으로 본 김욱동(2010)의 주장이 언어(한문, 중국어 문어)와 문체(한문체), 글자(한자)와 언어(한문)의 차이를 개념적으로 혼동한 데서 비롯된 것으로 파악하고자 한다.[81] 한문은 중국어 구조를 반영한 중국어(문어)로 외국어이고, 국한문 혼용체와 순국문체는 한국어의 문체 유형이라는 것이 현재 저자의 입장이다.[82] 언어 구조

80 그러므로 당시의 사람들은 세 가지 언어로 글을 쓴 것이 아니라, 세 가지 문체로 글을 썼다고 해야 올바른 진술이 될 것이다.

81 예문 (7i)를 잘 읽어 보면 한자어와 한문의 용법에 대해서도 개념상의 혼란이 일부 보인다.

라는 관점에서 볼 때 언해의 원전은 중국어, 곧 외국어이다. 언해 과정에서 어순 등이 변개되는 등 언어 구조의 변화가 발생한다는 사실이 이에 대한 직접적 증거이다. 다음 예문 (8)에서도 구조의 변화 과정이 잘 나타나고 있다.

(8a) 國之語音異乎中國 與文字不相流通
(8b) 나라의 말이 중국과 달라 문자와 서로 통하지 않으므로

더욱이 '나라의 말이 중국과 달라서 문자와 통하지 않는다'는 언급은 한국어와 한문을 서로 다른 언어로 보고 있다는 방증이 된다. 물론 언어 구조의 변화라는 개념만이 한문의 언해가 동일한 언어 안에서 일어나는 번역이 아니라는 유일한 논거는 아니다. 텍스트의 생산자와 소비자 개념도 간접적인 보강 증거가 될 수 있다. 우리는 앞서 '언어 내 번역'의 발생 이유를 시간적(고어의 현대어 번역)이거나 공간적(지역이나 사회 방언의 표준어 번역) 간극에 의한 SL 생산자와 TL 소비자의 의사소통 장애로 상정한 바 있었다. 다시 말해서 '언어 내 번역'에서는 텍스트의 생산자와 소비자가 서로 다른 시간, 서로 다른 공간에서 언어생활을 영위하는 한국인이다. 그렇지만 중국에서 간행된 문헌을 언해한 경우라면 텍스트의 생산자가 중국인이고 소비자가 조선의 백성(한국인)이어서 '언어 내 번역'이 될 수 없다. 혹시 『훈민정음 언해』는 텍스트

---

82 서강선(2012)도 문체의 '습합'이라는 개념을 원용하여 이와 유사한 주장을 했다. 서강선(2012)에서는 "(조선시대) 구어의 제1 언어(또는 제1 모국어)는 조선어이지만, 문어의 제1 언어는 한문이었던 것이다."라고 기술하고 있다. 그러나 중국에서 간행된 언해의 원전은 중국어의 구조를 반영하고 있으며, 따라서 중국어이지 결코 한국어가 될 수 없다.

의 생산자와 소비자가 동일한 조선인이라는 주장도 나올지 모르지만, 이는 사실이 아니다.

여기서 원전 텍스트의 생산자는 한문을 자유롭게 구사하는 지식층이고 언해 텍스트의 소비자는 세종 스스로 언급했듯이 한문을 모르는 '어리석은 백성'(愚民)이다. 중국어 구조를 반영한 한문을 자유롭게 구사한다는 점에 주목한다면, 텍스트의 생산자는 중국어 문어의 사용자로 볼 수밖에 없다. 그러한 측면에서 본다면 조선시대에 한문 구사 능력을 갖춘 사대부 지식층은 중국어 문어와 한국어 구어를 모두 사용할 줄 아는 일종의 이중언어 사용자로 보아야 한다.

사실상 세계의 번역사를 일별해 보면, 조선시대의 언어 상황과 유사한 사례를 간간이 만날 수 있다. 중세 페르시아의 지식층에서는 8세기부터 근 200여 년 동안 이란 지역으로 밀려든 이슬람 문화와 아랍어의 도래에 따라, 페르시아어로 작성된 이전 문헌을 대부분 아랍어로 번역해서 보존했는데, 10세기부터는 다른 여러 언어로 작성된 문헌들과 함께 아랍어로 번역된 문헌의 상당수를 다시 페르시아어로 번역했다고 한다.[83] 이와 같은 경우에 발생한 번역 현상은 상이한 두 언어의 접촉으로 보아야 하고, 결코 동일한 언어 내부의 문제로 보아서는 안 된다. 이러한 사례에서 보듯이 한문을 조선어(한국어)의 하나라고 말하는 것은 마치 아랍어를 페르시아어의 하나라고 말하는 것과 유사한 논리적 모순이다.

---

83 이에 대해서는 한국번역학회 역(2009) 『라우트리지 번역학 백과사전』의 738~740쪽이 참고가 된다.

한문은 여전히 중국어 문어로서 외국어이다. 이는 마치 라틴어가 구어로는 사라졌지만 문어로는 여전히 유럽의 지식층에서 사용되고 있는 현상과도 흡사하다. 실제로 근대 유럽에서 그랬던 것처럼 예를 들어 프랑스의 지식인이 프랑스어로 된 문헌을 라틴어로, 혹은 라틴어로 된 문헌을 프랑스어로 옮겼다면 이것은 두 언어 사이에서 일어난 번역, 곧 '언어 간 번역'이지 '언어 내 번역'이 될 수 없다. 만약 김욱동(2010)의 주장대로 한문과 국문이 동일한 언어이며 따라서 모든 언해를 '언어 내 번역'으로 간주한다면, 중국인이 쓴 원전 『小學』이나 『孟子』를 언문으로 번역한 『소학언해』나 『맹자언해』 등도 모두 '언어 내 번역'이라고 해야 된다. 이런 논리의 연장선상에서 김욱동(2010)의 주장을 보다 직설적으로 표현한다면 『小學』과 『孟子』의 원저자가 한국어를 사용했다고 주장해야 하지만, 그것은 상식적으로나 논리적으로 타당하지 않다. 결론적으로 말해서 "언해는 '언어 내 번역'이다"라는 명제는 성립하지 않으며, "언해는 '언어 간 번역'이다"라는 명제로 수정되어야 한다.

4.3.5. 요약

우리는 "『훈민정음 언해』가 '언어 내 번역'이다"라고 주장한 김욱동(2010: 261-70)의 견해가 참으로 성립하는가를 논리적으로 검증해 보았다. 관련된 전후 문맥에 대한 검토를 통해서 그러한 견해의 타당성을 검토해 보았는데, 이에 대한 우리의 답변은 부정적이었다. 그 이유를 요약하면 아래와 같다.

언해는 SL이 한문이고 TL이 한글이다. '언어 내 번역'이란 SL과 TL이 동일한 경우에 일어나는 번역 현상이다. 그러므로 언해가 SL과 TL이 동일한 '언어 내 번역'이 되려면, 한문과 언문(한글)이 동일한 언어가 되어야 하지만 이것은 일반적 상식과 어긋난다. 사실상 김욱동(2010: 261~70)에서 발견되는 오류는 문체의 문제(한문체, 국한문 혼용체, 국문체)를 언어의 문제로 오해하고, 언해가 이루어질 당시에 조선에 세 가지 유형을 가진 동일한 언어가 존재했다고 보는 관점에서 비롯되었다. 그렇지만 당시에 공존했던 문체라고 해서 이들이 동일한 언어라는 주장은 논리상의 비약이다.

한문체는 조선의 근대에 존재했던 문체의 하나이고 한문은 중국어를 표기한 언어의 일종이기 때문이다. 또한 김욱동(2010)의 주장은 "근대 계몽기와 그 직후 한자는 서양 문헌을 옮기는 데 중요한 TL 가운데 하나였다"라고 하여 글자를 언어와 동일한 위상에 두고 논의를 전개하는 논리적 오류도 범하고 있다. 결론적으로 본고에서는 언해를 '언어 내 번역'이라고 한 김욱동(2010: 261~70)의 주장이 언어(한문, 중국어 문어)와 문체(한문체), 글자와 언어의 차이를 개념적으로 혼동한 데서 비롯된 오류로 파악했다. 한문은 중국어 구조를 반영한 중국어 문어로 외국어이고 국한문 혼용체와 순국문체는 한국어의 문체 유형이라는 것이 저자의 현재 입장이다. 언어 구조라는 관점에서 볼 때 언해의 원전은 중국어, 곧 외국어이다. 이러한 사실은 언해 과정에서 어순 등이 변개되는 등 언어 구조 변화가 발생하는 데서도 충분히 이해할 수 있다. 결론적으로 "언해는 '언어 내 번역'이다"라는 명제는 참으로 성립하지 않으며, "언해는 '언어 간 번역'이다"로 수정되어야 한다.

4.4. 전 근대 시기의 번역가

그동안 번역학 연구는 번역 이론의 개발, 원문과 번역문의 비교, 번역 비평 등의 논의에 집중되면서 정작 번역에서 가장 중요한 번역자에 대한 관심이 상대적으로 미흡했다. 이러한 맥락에서 최근 들어 번역자들을 연구 대상으로 하는 '번역가학'(translator studies)이 등장한 것은 상당한 의미가 있다고 말할 수 있다. 여기서는 조선시대 초기에 문화적 발달을 비약적으로 성취한 세종과 세조를 번역가라는 관점에서 조명하여, 이들의 번역관 혹은 번역 태도를 밝히고 실제로 이룩한 번역 관련 업적을 정리해 보고자 한다.

4.4.1. 번역가로서의 세종

잘 알려져 있듯이 세종은 선왕이 강화해 놓은 절대적 왕권을 바탕으로 정치와 경제, 사회, 문화 등 거의 전 분야에 걸쳐 통치의 기반을 확고하게 수립했다. 집현전에서는 학문의 진흥을 이룬 인재들이 다수 배출되었고, 조정에서는 유교 정치의 기반이 되는 각종 의례가 제정되었으며, 관련 기관에서는 다양한 책들이 쏟아져 나와 문화 발전의 밑거름이 되었다. 문화 창조의 정화라고 할 수 있는 훈민정음의 창제와 보급, 농업과 과학기술의 발달, 각종 제례 음악의 정리, 의학의 발달, 두만강과 압록강 부근을 경계로 하는 국토 확장 등 그야말로 모든 분야에 걸쳐 국가의 기틀을 확실하게 다졌다고 말할 수 있다. 이와 같이 화려한 세종의 업적 가운데서 우리가 번역과 관련하여 특히 주목하는 것은 훈민정음의 창제와 번역 사업이다. 훈민정음의 창제란 당시까지 존재하지 않았던 번역의 수단이 마련된 획기적인 사건이며, 백성의 교화를 통한 왕권의 안정화와 과학기술의 발달은 세종이 적극 추진한 번역 작업에서 힘입은 바 크기 때문이다.

먼저 훈민정음 창제의 의미부터 짚어보자. 앞서도 언급했듯이 훈민정음의 창제는 일반 백성의 차원에서 보면 물론 새로운 문자의 창제라는 의미를 갖지만, 번역의 관점에서 본다면 번역 수단의 개발이라는 의미를 갖는다. 즉, 당시까지는 외국어(주로 중국어 문어인 한문) 텍스트에 대한 독해의 수준이 아무리 제고되어 있더라도 TL 텍스트를 표현하는 문자가 없었기 때문에 번역 자체가 이루어질 수 없었다.[84] 훈민정음의 창제로 인해 바야흐로 진정한 번역이 가능해진 시대가 열린 것이다. 송태효(2012: 151)에서는 훈민정음 창제의 의미에 대해, "정음에 의한 언해 글쓰기 체계는 출발언어를 도착언어로 옮기되, 기존 문자가 아니라 전혀 새로운 자국 문자로 옮기는 과정에서 발생하는 이중적 낯섦을 수용해야 하는 독특한 상황에 직면하게 되었다."라고 말하고 있다. 여기서 '이중적 낯섦'이라는 지적이 신선하다. 즉, 번역의 속성상 SL 텍스트는 기본적으로 '낯섦'의 대상이 되지만, 당시의 번역자들에게는 이것 말고도 새로 창제된 문자가 주는 인상 역시 '낯섦'의 대상이 될 수밖에 없었다는 것이다.

이 지점에서 송태효(2012: 147)는 언해 번역이 갖는 체재상의 특성에 주목한다.[85] ST인 한문 원문에 구결을 달고, 설명을 요하는 한자나 한

---

84 물론 고려시대의 석독구결 자료 등이 의사 번역의 성격을 갖는다는 사실은 앞에서 지적한 바 있다.

85 언해 번역의 체재에 대해서는 앞서 4.1절에서도 다룬 바 있다.

자어에 대해 협주로 새김을 더하면서, 최종적으로 정음(한자어 포함)으로 완성된 번역문을 제시하는 언해 번역의 체재는 그 자체로 "철저히 문자의 독립성을 포용하면서 문자들 간의 의미 연계를 이루어낸" '역동적 수용'과 '문자 번역'의 조화가 이상적으로 실현된 현장이라는 것이다. 그렇다면 세종 자신은 번역에 대해 어떠한 생각을 가지고 있었을까? 번역자의 번역관은 스스로 드러내지 않는 한 번역의 결과를 놓고 간접적으로 추론하는 수밖에 없다. 스스로 번역에 대해 언급한 번역론이 없는 세종의 경우도 이에 해당한다. 우리는 여기서 잘 알려져 있는 아래와 같은 『훈민정음언해』의 서문에 주목한다.[86]

(1) 『훈민정음언해』 서문

우리나라 말이 중국과 달라 한자와는 서로 통하지 않으므로 어리석은 백성이 말하고자 하는 바가 있어도 끝내 제 뜻을 펴지 못하는 사람이 많으니라. 내가 이것을 가엾게 여겨 새로 스물여덟 글자를 만드니, 모든 사람들로 하여금 쉽게 익혀서 날마다 쓰는 데 편하게 하고자 할 따름이니라.

위의 서문을 보면 세종이 직접 훈민정음이라는 문자 창제의 목적을 천명하고 있는데, 중국 한자를 모르는 백성들에게 자기 생각을 표현할 수 있는 문자를 제공하는 것이 그 목적임을 밝히고 있다. 그 맥락에는 중국의 한자(한문)를 외국어로 인식하고 외국어가 주는 불편함에 대한 인식이 분명하게 드러나 있다.[87] 흔히 민본주의 정신으로 요약

---

86 이 번역은 김슬옹(2011: 259)의 표준 공역 시안에서 제안된 것이다. 기존의 교과서 등에 알려진 내용과 크게 다르지 않다.

87 '외국어가 주는 불편함'이야말로 번역의 출발점이자 가장 확실한 동기이다.

되는 훈민정음 창제의 목적에서 흔히 간과되기 쉬운 것은 세종 자신이 설계한 이중적 언어 정책이다. 즉, 세종은 언어 정책을 수립하고 실행할 때 그 대상을 하나로 보고 있지 않으며, 한자를 익히 잘 아는 사대부 식자층과 한자를 몰라서 자신의 뜻을 펴지 못했던 일반 백성들로 구분해서 보고 있다는 사실이다. 달리 말하면 세종이 계획했던 조선의 언어생활(특히 문자생활)은 한자와 정음이 공존하는 이원적인 구조였다는 것이다.[88]

그렇다면 여기서 식자층과 일반 백성들 사이의 의사소통 문제가 제기된다. 저자는 이에 대한 세종의 해결책이 바로 앞에서 언급된 언해 번역의 독특한 체재로 구체화된 것으로 이해한다.[89] 한문 원문에 구결을 단 것은 식자층을 위한 배려였고, 한자나 한자어에 협주를 단 것이나 최종적으로 정음을 이용하여 풀어쓴 것은 일반 백성을 위한 배려였다. 하나의 번역물(언해)이 이처럼 기본적으로 상이한 배경을 가진 두 가지 유형의 독자층을 모두 아우르는 체재를 갖추고 있다는 것은 세종이 적어도 세 가지의 현대적 번역 이론을 체득하고 있었다는 의미로 이해해도 무리가 없다. 첫째는 나이다가 말하는 '역동적 등

---

88 이러한 명제는 후술하듯이 실제 언해 자료에서도 드러나지만, 『해례본』에 한자와 정음을 섞어 사용하는 <합자해>라는 내용이 있었다는 사실로도 충분히 입증된다.

89 실제로 『훈민정음언해』의 번역자가 누구인지는 밝혀져 있지 않다. 그러나 이 서문에 '내가 이것을 가엾게 여겨'라는 어구가 나온다는 점은 세종이 직접 서문을 번역했을 가능성을 알려준다. 한 발 양보하더라도 당대 최고의 언어학 이론가였던 세종 자신이 직간접적으로 번역과 체재 결정에 관여했을 것임은 짐작하기 어렵지 않다. 이 서문의 번역에서 선보인 언해 번역의 체재는 후대에도 거의 그대로 유지되고 있다.

가' 이론이다. 기본적으로 한자를 모르고 문자가 없어서 자신의 의사를 표현하고 다른 사람들과 소통할 수 있는 기회를 박탈당했던 일반 백성들에게 생각을 소통할 수 있는 기회를 제공했다는 점에서 세종이 주도한 정음의 창제와 아울러 정음을 활용한 언해는 '역동적 등가' 이론의 수용과 적용이었다고 말할 수 있다. 이러한 이해는 언해 번역에 나타나는 소자 협주와 정음 번역문의 존재로 정당화될 수 있다.

둘째는 '형식적 등가' 혹은 '문자 번역' 이론이다. 이러한 이해는 언해 번역에 한문 원문이 구결이 달린 상태 그대로 제공된다는 점에서 역시 정당화될 수 있을 것이다. ST가 제공된다는 것은 현대의 번역물에서는 상상하기 힘든 상황이다. 앞서 언급했듯이 언해 번역에 이러한 체재가 있는 것은 한자를 잘 아는 식자층을 위한 배려로 볼 수 있다. 앞서 일반 백성을 위한 배려라고 했던 소자 협주 체재도 또 다른 한편으로 보면 '형식적 등가'의 적용으로 볼 수 있다. 글자나 단어 하나하나의 적확한 의미를 추적해서 풀어주고 있기 때문이다. 셋째는 '언어 내 번역' 이론이다. 식자층과 일반 백성들 사이의 소통을 염두에 두고 있었다는 점에서, 이러한 이해는 정당화될 수 있을 것이다. 다시 말해서 한자를 잘 아는 식자층과 한자를 모르고 정음만 아는 일반 백성들을 문자언어라는 관점에서 본다면, 이들은 각기 다른 사회 방언(일종의 계급 방언)의 화자들이라고 말할 수 있다. 언해 번역 체재에서 양쪽 계층을 모두 반영한 글쓰기 방식이 보인다는 것은 번역자가 이들 두 계층 사이의 의사소통을 염두에 두고 있었다는 방증이 될 수 있다.

번역 이론가로서의 세종의 면면은 『훈민정음언해』 서문 이외의 다른 곳에서도 유감없이 나타나고 있다. 자신의 명을 받아 수양대군이 석가모니의 일대기를 번역하여 지어 올린 『석보상절』(1447년)을 본 세종이 이를 크게 칭찬하면서 악장 『월인천강지곡』(1447년)을 지었다는 사실은 익히 알려져 있다. 이미 기왕의 분석을 통해서 『석보상절』의 번역 문체가 지닌 특징은 여타의 언해에서 보이는 직역투와 달리 비교적 자연스러운 산문체로 알려져 있다. 세종이 이러한 『석보상절』을 칭찬했다는 것은 이른바 '자유 번역' 내지 '의역' 개념에 대한 인식으로도 볼 수 있다. 실제로 적지 않은 서적들은 초기에 의역의 양식으로 번역되었다가 후대에 직역투의 축자번역 양식으로 바뀌게 된다.[90]

한편 세종에게는 번역 정책의 입안자로서의 모습도 있다. 『조선왕조실록』, 『필원잡기』, 『증보문헌비고』 등을 근거로 한 최현배(1940/1982: 101-4)에 의하면 세종은 지금 전하지는 않지만 경서의 음달기(音解), 뜻뒤침(音譯), 토달기(懸吐) 작업을 활발하게 진행한 것으로 짐작되고, 성삼문과 신숙주를 시켜 『예기대문언독(禮記大文諺讀)』[91] 6책을 펴냈는데 한문에 정음으로 토(구두, 구결)가 달려 있다. 그리고 수양대군으로 하여금 『석보상절』을 찬술하게 하거나 여러 권의 불경을 번역하거나 구결을 달도록 명을 내렸다. 또한 이 시기에는 『홍무정운역훈』(1455년)[92]과 『동국정운』(1448년) 등과 같은 운서도 간행되었다.[93]

---

90 결국은 세종이 직역과 의역이라는 두 가지 번역 양식을 모두 인식하고 있었다는 뜻이다. 이러한 상황은 한글의 표기 문제에서 세종이 음소적 표기 원리와 형태음소적 표기 원리를 모두 인식하고 있었다는 사실과도 일맥상통한다. 당대에 간행된 다른 문헌들과 달리 유독 세종이 관여한 『용비어천가』와 『월인천강지곡』에서만 후자의 표기 원리가 나타난다는 점은 매우 시사적이다.

91 이 책은 숙종 대인 1707년에 교서관에서 간행되었다. 세종이 한문 원전 『예기』에 토를 달도록 명한 것이다.

4.4.2. 번역가로서의 세조

계유정난(1453년)을 통해 권력의 중심으로 급부상한 수양대군은 이어서 어린 조카를 몰아내고 스스로 왕위에 오르게 되니, 이 왕이 세조이다. 세조는 즉위한 다음에 반대파를 척결하고 왕권 강화에 노력했으며, 왕권이 확립된 이후로는 통치의 기반이 되는 각종 법제를 마련하는 데 힘을 쏟고 민생 안정과 변방 강화책을 도모했다. '문치'와 '대화'의 정치 대신에 '무력'을 사용했다는 점에서 후대의 비판을 받는 세조가 문화 분야에서 유독 관심을 보인 것이 있었는데, 그것은 불교의 진흥이었다. 불교를 융성시킨 것은 왕위 계승 과정에서 약화된 유교적 명분에 대한 보상이었을 것으로 생각된다. 바로 이 지점에서 우리는 번역가로서의 세조를 만나게 된다. 그런데 세종에게서 번역 이론가와 번역 정책 입안자로서의 면목이 두드러졌다면, 세조에게서는 번역의 실행자로서의 면목이 두드러진다.[94] 세조는 실제로 많은 번역 작업을 주도했기 때문이다.

일단 세조는 번역에 대한 확고한 인식을 소유하고 있었다. 송태효(2012: 153)에 따르면, 『월인석보』에 담긴 『석보상절』의 서문에서 '飜譯'이라는 말을 처음으로 사용했다고 한다. 원래 이 말은 산스크리트어

---

92 편찬 작업이 시작된 것은 세종 대이고 간행된 것은 단종 대의 일이다.

93 신숙주와 황찬을 시켜 성운학과 역학을 연구하도록 한 일은 익히 알려진 사실이다.

94 이 시기에 신숙주는 문화 통치의 귀감이 될 『국조보감』을 편찬했고, 국가 운영의 기본을 담은 『국조오례의』를 교정하고 출간했다. 그리고 『사서오경』의 구결을 새롭게 달았으며, 많은 불경을 언해했다. 신숙주를 등용한 것을 보면 세조에게도 번역 정책의 입안자로서의 면모가 조금은 있었던 것으로 볼 수 있다.

로 된 불교 경전을 한문으로 옮기는 과정을 지칭했다고 하는데, 여기서는 정음으로 한문 등의 외국어를 옮겨 새기는 활동을 가리키고 있다.

번역가라는 관점에서 세조의 활동을 이야기하려면, 그 출발점은 부왕의 명으로 세종 때부터 참여했던 불경 번역 혹은 현토 작업의 경험으로 보지 않을 수 없다. 정제된 불경 언해 번역 시스템은 대체로 9단계[95]를 거친다고 알려져 있는데, 그 첫 단계는 한문 원문에 구결을 다는 작업이다. 이 구결 작업은 번역 과정에서 가장 중요한 단계이다. 첫 단계에서 확정한 구결이 그대로 최종적인 번역이 되는 것은 아니지만, 번역의 결과에 결정적인 영향을 미치는 것은 사실이다. 한문 원문에 구결(토)을 다는 작업은 번역자가 원문의 구조와 의미를 어떻게 파악하고 있는가를 알 수 있는 가장 확실한 단서가 된다. 다시 말해서 한문 원문에 붙은 구결은 번역자의 머릿속에서 일어나는 원문 독해와 변환 과정을 실증적으로 보여주는 증거이기 때문이다. 이처럼 중요한 구결 작업에 참여했던 현장 실무 경험에 힘입어 세조는 유능한 번역가로서의 역량을 갖추게 되었던 것이다. 세조의 탄탄한 번역 역량은 그가 『고금운회거요』(1434년)와 『홍무정운역훈』(1455년)의 주음을 관장한 인물이었다는 사실로도 뒷받침된다. 한문 원문에 대한 구결 작업과 한자음의 확정 작업으로 단련된 세조의 번역 능력은 중국에서 간행된 『석가보(釋迦譜)』를 정음으로 옮긴 『석보상절』의 번역 편찬으로 구체화되었다.

95 송태효(2012: 153) 참고. 유교 경전의 번역 시스템에 대해서는 이충구(1990)를 참고할 수 있다.

최현배(1940/1982: 104~21)에 의지해 세조의 구체적인 번역 활동을 살펴보면 다음과 같다. 세조는 『사서』, 『오경』, 『좌전』의 구결을 지었고, 불경에 구결을 달아 『어정구결원각경』(1465년)을 간행하기도 했다. 직접 번역하거나 부분적으로 번역에 관여한 서적도 많다. 우선 『초학자해』[96]의 언해를 꾀했는데 이 작업이 완성되었는지는 알려져 있지 않다. 다음으로 신하들에게 편찬을 명한 서적으로는 『능엄경언해』(1461년)와 『묘법연화경언해』(1463년), 『선종영가집언해』(1464년)[97], 『반야바라밀다심경언해』(1464년), 『원각경언해』(1465년)[98], 『금강경삼가해』(1483년), 『증도가남명계송언해』(1483년)[99], 『지장경언해』(1762년)[100]등이 있고, 직접 번역에 참여한 서적으로는 『불설아미타경언해』(1463년)가 있다.

이상에서 보듯이 세조는 한문 원문에 구결을 직접 달기도 하고 한문 경전을 직접 번역하기도 했다는 점에서 번역의 실행자로서의 면모가 부각된다고 하겠다. 번역가로서의 세조를 종합적으로 논의하려면 세조의 역경 사업에서 실제 언해 번역 작업에 참여한 혜각존자 신미 등의 역할에 대한 연구도 중요한 의미를 가질 것으로 생각된다.

4.4.3. 요약

본고에서는 조선시대 전기에 문화 창조와 왕권 강화에 뚜렷한 업적

96 실물은 현전하지 않는다.

97 이 언해의 구결도 세조가 직접 달았다.

98 앞에서 언급했듯이 언해에 앞서 구결을 단 사람은 세조이다.

99 이 두 서적의 간행 시기는 성종 때이지만, 번역은 세조 때 이루어졌다.

100 세조 때 번역되었지만 원간본은 전하지 않고 중간본만 전한다.

을 남긴 두 군왕 세종과 세조를 번역가라는 관점에서 조망해 보았다.

번역가로서의 세종을 바라볼 때, 두드러지는 것은 번역 이론가와 번역 정책 입안자의 면모이다. 먼저 번역 이론가로서의 측면은 다음의 세 가지로 정리된다. 첫째는 나이다가 말하는 '역동적 등가' 이론의 수용이다. 한자를 모르고 문자가 없어서 자신의 의사를 표현하고 다른 사람들과 소통할 수 있는 기회를 박탈당했던 일반 백성들에게 생각을 소통할 수 있는 기회를 제공했다는 점에서 세종이 주도한 정음의 창제와 아울러 정음을 활용한 언해는 '역동적 등가' 이론의 수용과 적용이었다고 말할 수 있다. 이러한 이해는 언해 번역에 나타나는 소자 협주와 정음 번역문의 존재로 정당화될 수 있다. 둘째는 '형식적 등가' 혹은 앞에서 언급한 '문자 번역' 이론의 적용이다. 이러한 이해는 언해 번역에 한문 원문이 구결이 달린 상태 그대로 제공된다는 점에서 역시 정당화될 수 있을 것이다. (ST가 제공된다는 것은 현대의 번역물에서는 상상하기 힘든 상황이다.) 언해 번역에 이러한 체재가 있다는 것은 한자를 잘 아는 식자층을 위한 배려로 볼 수 있다. 일반 백성을 위한 배려로 보았던 소자 협주 체재도 또 다른 한편으로 보면 '형식적 등가'의 적용으로 볼 수 있다. 글자나 단어 하나하나의 적확한 의미를 추적해서 풀어주고 있기 때문이다. 셋째는 '언어 내 번역' 이론의 이해이다. 식자층과 일반 백성들 사이의 소통을 염두에 두고 있었다는 점에서, 이러한 논리는 정당화될 수 있을 것이다. 한자를 잘 아는 식자층과 한자를 모르고 정음만 아는 일반 백성들을 문자언어라는 관점에서 본다면, 이들은 각기 다른 사회 방언(일종의 계급 방언)의 화자들이라고 말할 수 있다. 언해 번역 체재에서 양쪽 계층을 모두 반영한 방식이 보인다는 것은 번역자가 이들 두 계층 사이의 의사소통을 염두에 두고 있었다는 방증이 된다. 그리고 세종은 현대의 직역(축자번역)과 의역(의미 번역)이라는 대립적 개념도 확고하게 인식하고 있었던 것으로 생각된다.

세조는 무엇보다도 번역에 대한 확고한 인식을 소유하고 있었다. 그것은 세조가 '飜譯'이라는 말을 최초로 사용했다는 사실에서 잘 드러난다. 번역가라는 관점에서 세조의 활동을 이야기하려면, 그 출발점은 부왕의 명으로 세종 때부터 참여했던 불경 번역 혹은 현토 작업의 경험으로 보지 않을 수 없다. 정제된 불경 언해 번역 시스템은 대체로 9단계를 거친다고 알려져 있는데, 그 첫 단계는 한문 원문에 구결을 다는 작업이다. 이 구결 작업은 번역 과정에서 가장 중요한 단계이다. 첫 단계에서 확정한 구결이 그대로 최종적인 번역이 되는 것은 아니지만, 번역의 결과에 결정적인 영향을 미치는 것은 사실이다. 한문 원문에 구결(토)을 다는 작업은 번역자가 원문의 구조와 의미를 어떻게 파악하고 있는가를 알 수 있는 가장 확실한 단서가 된다. 다시 말해서 한문 원문에 붙은 구결은 번역자의 머릿속에서 일어나는 원문 독해와 변환 과정을 실증적으로 보여주는 증거이기 때문이다.

이처럼 중요한 구결 작업에 참여했던 현장 경험으로 말미암아 세조는 유능한 번역가로서의 역량을 갖추게 되었다고 말할 수 있다. 세조의 탄탄한 번역 역량은 그가 『고금운회거요』(1434년)와 『홍무정운역훈』(1455년)의 주음을 관장한 인물이었다는 사실로도 뒷받침된다. 한문 원문에 대한 구결 작업과 한자음의 확정 작업으로 단련된 세조의 번역 능력은 중국에서 간행된 『석가보』를 정음으로 옮긴 『석보상절』의 번역 편찬으로 구체화되었다.

제5장

기타

5.1. 번역과 한국어 어문규범

5.1.1. 번역과 어문 정책

2015년 문화체육관광부에서는 '공공 용어 번역 표준화'의 일환으로 국토교통부, 문화재청, 서울시, 관광공사 등과 함께 '도로·관광 표지판, 지도 등에 대한 영문 번역 통일안'(이하 '통일안'으로 표기함)을 발표했는데, 당시에 마련된 통일안은 크게 두 가지 측면에서 중요한 의미를 갖는다. 그 하나는 문자 정책과 관련하여 '통일안' 자체가 갖는 내용상의 의미이고, 다른 하나는 '통일안'을 마련하기 위한 의견 수렴 절차에 담긴 과정상의 의미이다.

우선 내용상의 의미부터 짚어보자. 이번 '통일안'에서 예컨대 '남산'의 영문 번역 표기는 'Namsan Mountain'이다. 이는 지명 전체를 로마자로 표기하고 지명이 갖는 구체적인 속성을 병기하는 방식을 취한다는 것인데, 말하자면 지명은 우리말 발음을 로마자로 음역하고 그 속성은 영문으로 의역한 것이다. 이에 따라 이러한 표기를 읽는 (영어를 아는) 외국인 독자들은 지명에 대한 발음 정보와 함께 그 의미 정보도 획득할 수 있게 되었다. 이처럼 발음 정보와 의미 정보를 동시에 제공하는 표기 방식이 갖는 장점은 이러한 일련의 영문 표기 과정을 일종의 한-영 번역으로 파악할 때 자명해진다.

번역의 성패는 무엇보다 그 번역의 결과를 향유하는 소비자, 즉 도착언어 사용자의 이해 여부에 달려 있기 때문이다. 사실, 발음 정보와 의미 정보를 아우르는 표기 방식은 또 다른 한국어 어문규범의 하나인 <외래어 표기법>에서도 이미 실행하고 있다. 즉, 지명에 산과 강 등의 뜻이 들어 있는 것은 '산'과 '강' 등을 겹쳐 적도록 되어 있어서, Mont Blanc은 '몽블랑 산'으로, Rio Grande는 '리오그란데 강'처럼 표기된다. 이와 같이 인명이나 지명의 원래 의미에 대한 부가적 설명을 번역학 이론에서는 '화용적 명시화'(pragmatic explicitation)로 설명하고 있다(Mona Baker 1998: 83). 즉, 출발언어 공동체가 가진 문화적 배경 지식과 도착언어 공동체가 가진 문화적 배경 지식이 다를 때 번역자가 '화용적 명시화'를 통해 이러한 간극을 중재하여 도착언어 독자들의 이해도를 제고하게 된다는 것이다. (다만, 이번 '통일안'에서 인공 지명의 경우에는 명칭의 전반부만 로마자로 표기한다든가 도로 표지판 등의 경우에는 속성 번역을 생략하거나 속성의 약어를 허용한다든가 하는 대목은, 깔끔한 원칙의 수립과는 다소 멀어졌지만, 그 나름대로 합의 주체들이 고심한 흔적이 엿보인다.)

다음 과정상의 의미를 두 마디로 요약하면 합리적 대안 마련과 각 이해 주체들의 타협 정신이다. '통일안'을 마련하기 위해서 한국 방문 외국인 및 주한 외국공관 직원을 대상으로 각종 영문 표기 방식의 선호도를 조사했다는 것은 그 자체만으로도 높이 평가할 일이다. 번역의 목표가 번역 소비자의 이해 도모에 있다면, 각종 표지판의 영문 번역에 있어서 일차적으로 고려할 대상은 당연히 우리나라를 방문하거나 우리나라에 주재하는 외국인의 이해도 파악에 있을 것이기 때문이다. 따라서 외국인을 대상으로 선호도 조사를 했다는 것은 이미 합리적인 대안 마련의 중요한 토대를 구축한 것과 다름없다. 그렇지만 아무리 합리적인 대안이 도출되었더라도 각 이해 주체들이 조금씩 양보하는 정신을 보이지 않았더라면 합의안 마련은 요원했을 것이다. 제각기 다른 영문 번역 체계를 수립하고 운영해왔던 행정 부처들

(문화체육관광부, 국토부, 문화재청 등)과 민간부문(관광공사 등) 및 지방자치단체들이 기존에 보유하고 있던 번역 체계를 고집하지 않고 '통일안'에 합의하는 대승적 자세를 보인 것은 각 이해 주체들 사이의 갈등 조정과 타협에 모범적인 선례를 남긴 것이라 할 수 있다.

이번 '통일안'은 음성 정보와 의미 정보를 동시에 제공하는 표기방식의 채택으로 외국인의 입장에서 표지판 독해에 혼란과 불편을 해소한 것도 커다란 의미가 있지만, 국내적으로도 기관별 번역 기준의 불일치에 따른 각종 표지판의 번역 표기 차이로 발생하게 되는 불필요한 행정 비용의 낭비를 최소화할 수 있는 계기를 만들었다는 것도 대단히 중요한 의미가 있다. 아울러 각종 표지판은 그 나라의 얼굴이다. 그동안 각종 표지판의 불일치로 인해 우리나라를 방문하는 외국인들에게 우리의 국가 이미지가 어느 정도 산만하게 각인되었음은 부인할 수 없을 것이다. 그런 만큼 이번 '통일안' 마련이 국가 이미지 개선에 긍정적으로 일조할 것임은 더 말할 나위가 없다. 그 '통일안'은 우리의 어문 정책 가운데 하나로 번역과 관련된 것이다. 그러한 맥락에서 본 절에서는 한국어 어문규범 중에서 번역과 관련된 것으로 생각되는 <외래어 표기법> 및 <국어의 로마자 표기법>에 대해 논의해 보기로 한다.

한국어의 어문규범에는 <한글 맞춤법>과 <표준어 규정> 및 <외래어 표기법>과 <로마자 표기법> 등 네 가지가 있다.[1] <한글 맞춤법>은 한글 자모로 주어진 단어를 올바르게 표기하는 방법이고, <표준어 규

---

1 이들 어문 규범을 통틀어 한국어의 어문 4법이라고 지칭하기도 한다.

정>은 동일한 지시의미를 가진 두 개 이상의 단어 가운데서 어느 하나를 표준으로 결정하는 표준어 사정의 원칙과 표준 발음법을 체계화한 규칙 집합이다. 다음으로 <외래어 표기법>은 역시 한글 자모를 표기 수단으로 하여 한국어에 들어온 외래어를 올바르게 표기하는 방법이고, <국어의 로마자 표기법>은 한국어 단어를 로마자 자모로 올바르게 표기하는 방법이다.

이들 4가지 어문규범 중에서 <한글 맞춤법>과 <표준어 규정>은 전적으로 한국어와 관련된 어문규범인 반면에, <외래어 표기법>과 <국어의 로마자 표기법>은 표기의 대상과 표기의 수단이 서로 다르다는 점에서 앞의 두 가지 어문규범과 차별화된다. 다시 말해서 <한글 맞춤법>은 표준어를 한글 자모로 표기하는 방법을 지시하므로 표기의 대상도 한국어(발음 상태의 표준어)이고 표기의 수단도 한국어(한글)이며, <표준어 규정>은 표준어 사정의 대상과 결과가 모두 한국어이다. 이들에 비해 <외래어 표기법>은 외국어 단어 가운데서 한국어의 어휘 체계에 편입되어 사용되는 외래어를 한글 자모로 표기하는 방법이므로 표기의 대상이 근원적으로 외국어이고 표기의 수단이 한국어(문어)이며, <국어의 로마자 표기법>은 한국어 단어를 로마자로 표기하는 방법이므로 표기의 대상이 한국어이고 표기의 수단이 외국어(로마자, 문어)가 된다.[2]

<외래어 표기법>과 <국어의 로마자 표기법>에서 나타나는 표기

---

2 이어지는 논의를 통해서 밝혀지겠지만, 위에서 언급한 표기의 대상과 표기의 수단이 직접적으로 원천언어와 목표언어에 대응되는 것은 아니다.

대상과 표기 수단의 이러한 차이는, 우리에게 SL의 텍스트를 TL의 텍스트로 옮기는 번역 과정을 연상시킨다. 나아가서 양자 사이의 이러한 유연성(有緣性)을 이론화할 수 있다면, 우리는 <외래어 표기법>과 <국어의 로마자 표기법>을 단순히 한국어 어문규범의 하위 집합으로만 간주해왔던 기존의 접근 태도를 넘어서서, 번역과 관련된 새로운 관점을 도입할 필요성에 대해 동의하게 될 것이다.

결과적으로 <외래어 표기법>과 <국어의 로마자 표기법>은 거시적 관점에서 본다면 한국어의 4개 어문규범에 속하지만, 미시적으로 본다면 번역 과정 혹은 결과와 관련된 특수한 표기 규범에 속한다고 말할 수 있다. 그러므로 <외래어 표기법>과 <국어의 로마자 표기법>을 온전하게 이해하고 이에 대한 정당한 평가를 내리려면, 거시적 관점과 미시적 관점을 적절히 조화시키지 않으면 안 된다.

5.1.2. <외래어 표기법>과 <국어의 로마자 표기법> 논의의 쟁점

5.1.2.1. <외래어 표기법>

현행 <외래어 표기법>에 대한 인상적[3] 비판은 크게 다음 두 가지 주장으로 요약된다. 그 하나는 현재의 표기법이 원음 내지 원지음[4]을 제대로 반영하지 못하고 있다는 비판이고, 반대로 다른 하나는 현재의 표기법이 원음 내지 원지음을 지나치게 추종한다는 비판이다. 전자는

3 이성과 지식에 근거한 합리적인 논쟁이 아니라는 의미로 사용했다.

4 국어로 들어오기 이전의 발음, 즉 외국어 상태로서의 발음을 의미한다.

이들 단어가 분명히 외국어에서 기원한 것인데도 불구하고 그 표기가 외국어답지 않다는 비판이고, 반대로 후자는 이들 단어가 한국어의 일부인데도 불구하고 한국어답지 않다는 비판이다. 현행 <외래어 표기법>을 둘러싼 이와 같은 핵심 쟁점은 '원어의 발음에 충실하게 표기해야 한다'는 원칙과 '한국어의 발음에 충실하게 표기해야 한다'는 두 가지 원칙의 대립과 갈등 양상으로 요약할 수 있다.[5]

<외래어 표기법>을 두고, 언뜻 서로 모순되는 주장처럼 들리는 이런 반응이 나오는 이유는 무엇인가? 그것은 거시적으로 볼 때 한국어의 어문규범 체계 안에서 <외래어 표기법>의 위상이 분명하게 정립되어 있지 않다는 사실에서 그 원인을 찾을 수 있고, 미시적으로 볼 때 <외래어 표기법> 자체의 목표와 대상, 방식 등에 대한 규정이 효율적이지 못하다는 점에서 그 원인을 찾을 수 있다. 그러므로 이와 같은 비판에 대한 수용 여부는 <외래어 표기법> 자체에 대한 분석과 아울러, <외래어 표기법>을 둘러싸고 있는 어문 4법 체계 전반에 대한 분석이 이루어져야만 합리적 판단이 가능해질 것으로 생각된다.

5.1.2.2. <국어의 로마자 표기법>

<국어의 로마자 표기법>에 대한 논란은 비교적 뚜렷하게 다음 두 가지로 요약된다. 하나는 표기의 대상을 한국어 발음으로 할 것(→전사법)인지 아니면 한글 표기로 할 것(→전자법)인지의 문제이고, 다른 하나는

---

5 김세중(1996: 167)에서 지적하고 있듯이 '외국어답게'를 주장하는 논자들이 음성학과 거리가 있는 비전문가인 반면에 '국어답게'를 주장하는 논자들이 음성학 전문가라는 사실은 대단히 흥미롭다.

표기 수단의 유형을 로마자로 볼 것(Romanization)인지 아니면 영문자로 볼 것(Englishization)인지의 문제이다. 이를 다른 각도에서 말하면 전자는 <국어의 로마자 표기법>에 담긴 효용성, 곧 외국인들에게 한국어의 무엇을 보여줄 것인가의 문제이고, 후자는 <국어의 로마자 표기법>이 결국 누구를 위한 것인가의 문제이다. 사실상 이 두 문제는 서로 다른 것처럼 보이지만 실제로는 서로 밀접하게 관련되어 있다고 말할 수 있다. <국어의 로마자 표기법>의 효용성이나 목표는 둘 다 <국어의 로마자 표기법>의 존재 의의와 관련된 것이기 때문이다. 이런 맥락에서 이들 문제에 대한 접근 방식도 <국어의 로마자 표기법>의 성격에 대한 분석에서 그 길을 찾아야 할 것이다.

현재 이들 표기법을 둘러싼 논쟁은 해결의 단서가 보이지 않을 뿐만 아니라, 얼핏 지루한 소모전 양상까지 노정하고 있는 실정이다. 이와 같은 논쟁의 교착 상태를 극복하고 해결의 돌파구를 마련하기 위해서는 이들 쟁점을 대하는 관점의 변화가 필요하다. 그러므로 우리는 '번역'이라는 개념을 논의의 장에 끌어들여 문제에 접근하는 관점의 변화를 도모하고자 한다.

5.1.3. <외래어 표기법>과 <국어의 로마자 표기법>의 성격

5.1.3.1. 언어의 상호 접촉과 번역 양상

여기서 <외래어 표기법>과 <로마자 표기법>을 번역의 관점에서 접근한다는 것은 다음과 같은 의미를 갖는다.[6]

---

6 앞으로 이루어지는 논의를 통해서 구체적으로 드러나겠지만, <외래어 표기법>

첫째로 이 두 가지 표기법을 한국어 어문규범의 관점에서만 논의하던 기존의 연구 방법론에 대한 반성이다. 앞서도 언급했듯이, 이 두 표기법이 한국어의 어문규범에 속한다는 것은 이론의 여지가 없지만, 이러한 접근 태도는 이 두 표기법과 관련된 문제를 해결하는 데 결코 충분치 못하다. 이 두 표기법 특유의 사정을 오롯이 이해하기 위해서는 표기의 대상과 표기의 결과를 (번역의 관점에서) 각각 SL과 TL로 나누어서 관찰하고 분석해야 한다는 것이다.

둘째로 이 두 표기법의 효용성은 통역이 아닌 번역에 있다. <외래어 표기법>과 <국어의 로마자 표기법>의 결과는 근본적으로 구어와 구어 사이에서 이루어지는 통역이 아니라, 문어와 관련된 표기 규범이라는 의미이다.

셋째로 일반적 번역 행위와 마찬가지로 이 두 표기법도 일정한 의도를 지니는 목표 지향적 행위이다. 그러므로 이 두 표기법에 대한 비판과 평가에도 구체적인 독자층 내지 사용자 계층 등 실제 표기법의 사용 현장에 대한 고려가 반드시 있어야 한다. 이는 이 두 표기법에 대한 논의가 이론 지향적 관점에서 실용 지향적 관점으로 전환을 시도해야 한다는 의미이기도 하다.

상업상의 교역이나 종교의 확산 등으로 인해 두 언어가 접촉하게 되면, 이 두 언어 상호 간에 번역 현상이 발생한다.[7] 이때 우선은 자기

자체는 번역 현상으로 보기 어렵다. 여기서는 두 가지 주제를 포괄하는 용어로 사용되었다.

7 여기서 말하는 외래어는 소위 필요적 동기에 의해 수용된 단어로 한정한다. 위세적 동기 혹은 권위적 동기에 의한 수용은 언급하지 않는다.

언어와 접촉한 대상 언어(이하 외국어로 지칭)의 단어를 그대로 들여와서 사용할 수 있는데, 이는 단순한 차용에 해당하며 번역의 개념으로 본다면 영(零) 번역이 된다.[8] 다음에는 외국어 단어를 자국어로 표기하는 단계를 생각할 수 있는데, 이는 외국어 단어의 음성 번역이 된다. 중요한 것은 외국어 단어가 이 단계에 들어서야 비로소 자국어의 언어 환경(맥락)에서 사용되기 시작한다는 사실이다. 이 단계와 동시에 혹은 이 단계 이후에 외국어 단어를 자국어 단어로 대체하는 현상이 종종 발생하는데, 이는 외국어 단어의 의미 번역이 된다. 그러나 이 단계에 들어서면 그 외국어 단어의 원래 발음 정보는 소멸되고 만다. 이와 같이 의미 번역의 방식으로 외국어 단어를 대치한 자국어 단어에는 이 단어의 기원(발음, 형태 등)에 대한 여하한 정보도 남아 있지 않기 때문이다.[9]

그런데 외국어 단어 중에서 인명이나 지명 등 고유명사는 의미로 번역할 수 없기 때문에, 의미 번역 단계로 나아가지 못하고 음성 번역 단계에 그치게 된다.

5.1.3.2. <외래어 표기법>의 성격

5.1.3.2.1. 번역 관점의 도입

앞에서 언급한 바와 있듯이 미시적 관점에서 <외래어 표기법>을 번

8 형태론의 영 파생(zero modification) 개념을 번역(학)에 원용한 것으로 보면 된다.

9 예를 들어 'sports'라는 영어 단어의 발음이나 철자를 그대로 사용하는 단계가 영 번역 단계이고, '스포츠'처럼 한국어 발음이나 철자를 사용하는 단계가 음성 번역 단계이며, '운동'으로 그 의미를 옮겨서 사용하는 것이 의미 번역 단계이다.

역의 과정 내지 결과로 본다면, 이와 같은 경우에 이루어지는 번역은 보통 외국어 단어(발음, 구어)를 SL로 하고 외래어 표기법에 의거한 해당 단어의 표기(철자, 문어)를 TL로 하는 음성 번역으로 간주되기도 한다. 그러나 이와 같은 견해는 외래어의 표기 정착 과정에 대한 사실적 관찰과 다르다. 외래어의 표기가 정착되는 다음 과정을 잘 살펴보자.[10]

(1) 외국어 원어(단어) 발음[a] → 해당 외래어 발음[b] → 해당 외래어 표기[c]

우리는 대체로 [c]를 번역의 결과로 생각하는 경향이 있는데, 언어 상호 간의 접촉에 의한 실제적 번역 현상은, 한국어 화자가 (외국어를 사용하는) 외국어 화자를 만나서 어떤 단어(구어, 발음)를 귀로 직접 듣거나, 외국어로 된 텍스트를 읽으면서 어떤 단어(문어, 철자 표기)를 눈으로 보고 나서 처음으로 한국어 사용 환경(문맥)에서 재생한 [a]→[b] 단계에서 이미 발생한 것으로 보아야 한다.[11]

이 지점에서 우리는 외래어와 외국어의 개념적 차이에 주목하게 된다. 일반적으로 외래어는 외국어 중에서 한국어 어휘의 일부로 수용이 끝난 단어를 가리키는데, 이러한 개념을 따른다면 <외래어 표기법>의 표기 대상이 되는 단어는 [b]이지 [a]가 될 수 없다. [a]의 발음과 표기는 번역 작용이 발생하기 이전 단계, 즉 한국어와 무관한 외국어

---

10 이홍식(2001: 136~144)에서는 현행 <외래어 표기법>의 특징을 '원음 중심주의'와 '표기 중심주의'라는 적절한 용어로 설명하고 있다. 본고의 논의가 일정 부분 여기에 의존하고 있는 것은 사실이지만, 이 문제의 논의에 번역이라는 관점을 도입한 것은 전적으로 저자의 독창적 발상이다.

11 다시 말하면 [a] → [c] 혹은 [b] → [c] 단계는 번역 과정이 아니라는 뜻이다.

의 체계 내부적 문제이므로, 한국어 어문규범의 일종인 <외래어 표기법>에 관한 논의에서 아무런 역할도 수행하지 못한다. 지극히 당연한 논리가 되겠지만, <외래어 표기법>은 '외래어'를 한글로 표기하는 규범이지 '외국어'를 한글로 표기하는 어문규범이 아니기 때문이다. 그러면 [b]→[c]의 과정은 무엇인가? 그것은 발음의 철자화 내지 문자화 과정이다. 따라서 <외래어 표기법>은 발음 상태의 외래어를 문자로 표기하는 표기의 규범일 뿐 외래어의 발음을 규정하는 발음의 규범이 결코 아니다.[12]

이제 우리는 <외래어 표기법>을, B(외국어)→A(자국어) 번역 현상의 결과를 문자로 표기하는 (표기) 규칙의 집합으로 파악했다. 이러한 중간 결론에 입각해서 <외래어 표기법>과 관련된 세부적인 사항을 차례대로 정리해 보자.

첫째로 이 표기법에 나타난 번역 현상의 본질 문제이다. 여기서 SL은 외국어 단어인데, 이때 이 외국어 단어는 문어(철자)도 될 수 있고 구어(발음)도 될 수 있다. 우리는 외국어의 수용 과정에서 외국어 단어의 발음을 받아들이는 경우만 생각하기 쉽지만, 실제 언어 현상을 잘 관찰해 보면 외국어와 접하면서 (발음보다) 표기를 매개로 하는 경우도 꽤 빈번하게 목격할 수 있다.[13] 이는 한국어의 언중이 그 나름대로 외국

12 앞서 '외국어답지 못한 표기'라는 비판도 결국은 이와 같은 인식의 오류에 기인하는 것이다. <외래어 표기법>은 용어 그대로 '외래어' 표기법이지 '외국어' 표기법이 아니기 때문이다.

13 이런 언어 사용 맥락까지 감안할 때, 이홍식(2001: 138)에서 외국 배우의 인명 '디캐프리오'(<외래어 표기법>에 입각한 표기)와 '디카프리오'(언중의 일반적 표기)의 공존에 대해 지적한 것은 흥미롭다.

어 단어의 철자를 읽는 발음 규칙을 묵시적으로 내재화하고 있다는 의미이다.[14] 이와 같은 현상은 특히나 외래어 사용 빈도가 비교적 높은 식자층의 언어생활을 관찰해 보면 잘 알 수 있는데, 자신에게 요구되는 외국의 지식이나 문물을 접할 때 직접적으로 외국인과 만나는 경우보다 문자 매체를 통해서 접할 확률이 높을 수 있다. 이런 맥락에서 외래어 문제의 논의에서 원어 단어의 발음과 함께 원어 단어의 철자도 중요한 고려의 대상이 되어야 한다. 다음에 TL은 한국어 구어(발음 상태)이다. 예컨대 어떤 번역자가 외국어 텍스트를 읽고 한국어로 옮기면서 외국 인명과 지명을 문자화했다 하더라도, 이러한 표기는 근본적으로 그 단어의 한국어 발음(이 경우에는 묵독이 됨)을 전제로 한 것이기 때문에, TL을 한국어 구어로 간주하는 현재의 논의에 지장을 주지는 않는다.

둘째로 이 번역 행위의 목표 문제이다. 이 번역 행위의 목표는 한국어의 화자들 사이에서 해당 외국어 단어를 사용하여 달성하고자 하는 의사소통 욕구의 성공적 수행이다. 번역을 거치지 않은 외국어 단어가 서로 다른 다양한 등급의 언어 능력(외국어 구사력)을 가진 한국어 화자들 사이에서 원활하게 소통이 되리라는 것은 기대하기 어려운 일이기 때문이다. 그렇다면 발음 상태의 외래어를 최종적으로 문자화하는 <외래어 표기법>은 표기의 생산자와 표기의 소비자(=독해자)가 모두 한국어 화자가 될 수밖에 없다. 이러한 맥락에서 본다면 지금

14 <국어의 로마자 표기법>에 제시된 한국어 음소와 로마자 자모의 대응 체계도 일정 부분 이러한 사용 양상에 영향을 끼치고 있다. 여기서 <외래어 표기법>과 <국어의 로마자 표기법>의 연관성을 확인하게 된다.

까지 <외래어 표기법>에서 한국어 화자의 사용상 편의를 위해 표기의 간결성과 체계성을 추구한 것(임동훈: 1996)은 기본적으로 온당한 태도였다고 말할 수 있다.

셋째로 <외래어 표기법>이 관여하는 표기 대상(단어)의 범위 문제이다. 구체적으로 이것은 인명과 지명 등의 고유명사 포함 여부인데, 이에 대해서 한국어화하지 않은 외국 인명과 지명은 외래어가 될 수 없다고 보는 입장(김하수: 1999)과, 현실적으로 한국어 환경(문맥)에서 사용되는 외국 인명과 지명을 외래어로 보아야 한다는 입장(임홍빈: 1996, 이홍식: 2001)이 대립되고 있다. 여기서는 외국 인명과 지명을 필요적 동기에 의해 한국어로 받아들인 외래어로 보고자 한다.[15] 이는 번역의 경험이 있는 번역자라면 쉽게 수긍할 수 있는 문제이다. 지금 이 순간에도 외신을 전하는 기사나 뉴스의 원고에는 외국 인명과 지명이 빈번히 등장한다. 이런 맥락에서 저자는 인명과 지명 등의 고유명사를 잠재적 외래어로 간주한 이홍식(2001)의 주장에 동의한다.

넷째로 <외래어 표기법>을 포함하는 한국어 어문규범의 전반적 체계 문제이다. 현재 <외래어 표기법>은 <한글 맞춤법>의 하위 규정으로 자리매김 되어 있다.[16] 이러한 상관관계 자체에는 별다른 문제가 없다. 표준어의 발음을 일정한 규칙에 따라 문자화하는 규정이

---

15 이러한 입장은 기본적으로 "국어 문맥에서 외국어 단어를 우리가 말하거나 우리의 글로 적는 것으로 이미 동화의 단계는 시작된다."라고 언급한 임홍빈(1996)과 맥을 같이 한다. 그렇지만 여기서 원어의 발음이나 철자 자체는 정상적으로 실행되는 번역의 이전 단계로 간주한다. 이 단계의 어형은 유동적 특징을 보이기 때문이다.

16 <한글 맞춤법> 총칙 제3항 "외래어는 외래어 표기법에 따라 적는다." 참고.

<한글 맞춤법>이듯이, 외래어의 발음도 <외래어 표기법>에서 규정한 일정한 규칙에 따라 문자화하면 그만이기 때문이다. 오히려 <한글 맞춤법>의 표기 대상이 되는 표준어의 발음이 <표준어 규정>의 제2부 <표준 발음법>에 규정되어 있는 반면에, <외래어 표기법>의 표기 대상이 되는 외래어의 표준 발음은 그렇지 않다는 데 문제의 핵심이 있다. <표준 발음법> 조항의 어디에도 외래어의 표준 발음과 관련된 규정이 별도로 나와 있지 않기 때문이다. 만약 (고유어나 한자어와 마찬가지로) 외래어를 한국어에 완전히 동화된 한국어 단어로 보아서 별도의 발음 규정을 마련하지 않았다면, "외래어는 별도로 사정한다."라고 규정한 <표준어 사정 원칙> 제2항도 삭제해야 마땅하다. 기원을 불문하고 현재 한국어에서 사용되는 한국어 단어라면 "교양 있는 서울 사람들이 두루 쓰는 현대 서울말로 한다."라는 표준어 사정의 원칙에 굳이 어휘 종별(기원)에 따른 차별을 둘 필요는 없기 때문이다.[17]

5.1.3.2.2. <외래어 표기법> 검토

현행 <외래어 표기법>은 제1장에서 표기의 기본 원칙을 다섯 가지로 제시한 다음, 제2장에 국제음성기호(IPA)와 한글 대조표를 비롯하여 [표 2] 에스파냐어와 한글 대조표에서부터 [표 19] 러시아어와 한글

---

17 단, 완전히 한국어에 동화하기 이전까지, 소위 '잠재적 외래어'에 대해서는 잠정적으로나마 (외래어의) 표준 발음을 규정해 둘 필요가 있다. 특히 한국어의 음운 규칙이 외국어와 다른 경우, 예를 들어 영어의 음성 연쇄로 허용되는 /n/과 /l/의 계기적 출현이 한국어에서는 허용되지 않는데, 이런 경우라면 양 언어에서 나타나는 음운 규칙의 차이를 처리하는 방안에 대한 규정이 필요하다는 것이다.

대조표에 이르기까지 18개국 언어의 자모[18]와 한글 대조표를 일람표로 제시하고 있다. 제3장에서는 [제1절] 영어의 표기에서부터 [제21절] 러시아어의 표기에 이르기까지 21개 언어의 표기 세칙을 제시하고, 제4장에서는 인명과 지명 표기의 원칙을 제시하고 있다. 앞선 논의를 바탕으로 이 규정들에 대해서 검토해 보자. 논의의 편의상 기본 원칙을 제시한 조항을 아래에 인용해 본다.

(2) <외래어 표기법> 제1장 표기의 기본 원칙

제1항. 외래어는 국어의 현용 24자모만으로 적는다.

제2항. 외래어의 1음운은 원칙적으로 1기호로 적는다.

제3항. 받침에는 'ㄱ, ㄴ, ㄹ, ㅁ, ㅂ, ㅅ, ㅇ'만을 쓴다.

제4항. 파열음 표기는 된소리를 쓰지 않는 것을 원칙으로 한다.

제5항. 굳어진 외래어는 관용을 존중하되, 범위와 용례는 따로 정한다.

제1항은 외래어의 표기에 한글 자모 이외에 다른 문자를 추가로 사용하지 않는다는 규정으로, 언어와 언어의 접촉으로 인한 번역의 결과를 외래어로 보는 우리의 입장[19]에서는 당연한 논리적 귀결이 된다. 다시 말해 외래어란 이미 번역(B→A) 과정을 거쳐 생성된 것이므로 한국어화한 단어이고, 한국어의 음소 체계와 음운 규칙에 따르지 않을 수 없다. 제2항은 <외래어 표기법>의 일반적 원리를 선언한 규정으로 이해되는데, 그 위상을 외래어 표준 발음을 문자화하는 규칙 체계로

18 이들 언어는 철자가 곧 음성기호를 표시하는 셈이다.

19 5.1.3.2.1항 (1)의 [b] 참고.

간주하는 우리의 관점에서는 불필요한 조항이다. 제3항은 외래어가 한국어화한 단어라는 사실을 다시 환기시키는 규정으로 소위 어말 자음중화 규칙의 적용과 관련된 것이다.[20] 제4항은 표기의 체계성과 간결성을 위해 파열음 표기에 일률적으로 된소리(경음)를 사용하지 않는다는 규정인데, 제2항에서 제시된 바와 동일한 논리로 다소 불합리한 조항으로 보인다. 한국어 화자가 해당 단어를 발음할 때 된소리를 사용하고, 또 그런 된소리를 적을 수 있는 부호가 현행 한글 자모에 구비되어 있는 이상 된소리(경음) 표기를 막을 이유가 없다. 개인적인 견해로는 언어에 따라 된소리의 표기를 허용하는 방향으로 개선되어야 한다고 생각된다.[21] 제5항은 외래어의 표기가 실제적 사용 양상을 감안해서 결정되어야 한다는 취지로 이해되며, 따라서 합리적인 조항이라고 말할 수 있다.[22]

다음으로 <표기 일람표>와 <표기 세칙>에 대해서는 두 가지만 언

---

20 어말 자음중화 규칙이 한국어의 모든 단어에 일률적으로 적용된다는 사실을 고려하면, 이 조항도 제2항처럼 불필요한 것으로 간주할 수 있다. 그렇지만 여기에는 외래어 나름의 특수성이 있다. <한글 맞춤법>에서는 어말 자음중화 규칙의 존재에도 불구하고 '밭'-'밭에서'-'밭만'에서 보듯이 받침의 기본형을 고정하여 표기하지만, <외래어 표기법>에서는 '커피숖'-'커피숖에'-'커피숖만'이 아니라 '커피숍'-'커피숍에'-'커피숍만'처럼 받침의 기본형(원어의 /p/에 대응되는 'ㅍ')이 아닌 중화된 발음형을 적는다. 이것은 외래어의 생성 과정에서 이미 이 단어의 받침이 /ㅍ/에서 /ㅂ/으로 변한 것으로 간주했기 때문이다.

21 언어에 따라 된소리(경음) 표기를 허용한다는 것은 SL의 유형에 따라 된소리(경음) 표기를 허용한다는 의미이다. 실제로 동남 아시아 언어의 외래어 표기에 일부 허용되어 있다.

22 이러한 맥락에서 외래어 발음에 대한 전반적 실태 조사는 '표준' 외래어의 결정에 매우 중요하다.

급하기로 한다. 여기에 나오는 표기 용례를 보면 의미 번역이 가능한 단어를 일부 발견할 수 있는데, 이 단어들은 외래어가 아닌 외국어이므로 용례에서 제외해야 한다. 그리고 합성어 표기에서 단어 구조를 표기에 반영하도록 되어 있는데, 이것도 불필요하다.[23] 중요한 것은 원어의 단어 구조가 아니라 외래어가 되는 과정에서 획득된 발음 정보이기 때문이다. 인명과 지명 등 고유명사를 표기하는 원칙에서는 일부 개선해야 할 것으로 생각되는 사항이 눈에 뜨인다. 먼저 중국과 일본의 인명과 지명을 원지음과 가깝게 표기하도록 규정되어 있는데, 지금까지 실행해왔던 표기 관행에 비추어 한국 한자음[東音]에 기초한 표기도 인정해야 한다. 아무리 원지음에 가깝게 표기한다고 해도, 성조를 반영하지 못하는 한글 표기의 한계를 고려한다면 최소한 한국 한자음을 병기하는 방향으로 개선되어야 할 것으로 판단된다.[24] '태평양'(←Pacific Ocean)의 표기 관행을 인정하면서 한국식 한자음 표기의 관행을 인정하지 않는 것은 선뜻 납득하기 어려운 태도이기 때문이다. 한국 한자음식 표기는 의사소통의 원활한 수행이라는 번역 고유의 기능에 비추어 봐도 문제가 없다.

다음으로 생각할 것은 화용적 명시화의 문제이다. 이것은 TL을 사용하는 독자에게 익숙하지 않은 SL 문화권의 강이나 산 등 자연 지형

---

23 이 조항은 불필요할 뿐만 아니라, '헤드라이트'(← head-light)에서 보듯이 '어중에 오는 영어 음소 /l/을 한글 /ㄹㄹ/로 표기하도록 규정한 제6항과 상충되어 부적절하기도 하다.

24 최근 관련 학계에서도 이러한 문제를 둘러싼 학술적 논쟁이 있다고 한다. 2007년 10월 23일자 <연합뉴스> 보도 기사 '어째서 집안(輯安)이 아닌 지안(集安)인가?'를 참고할 수 있다.

지물의 명칭을 번역할 때 관련된 정보를 번역어에 덧붙여주는 표기 방식이다.[25] 현행 <외래어 표기법>에서도 지명에 포함된 일반 의미 정보를 다음에서 보듯이 잉여적으로 표기하는 규정이 있다.[26]

(3a) 주장 강[珠江], 도시마 섬[利島]
(3b) 리오그란데 강[Rio Grande], 몬테로사 산[Monte Rosa]

5.1.3.3. <국어의 로마자 표기법>의 성격

5.1.3.3.1. 번역 관점의 도입

앞에서 언급한 바 있듯이 미시적 관점에서 <국어의 로마자 표기법>을 번역의 과정 내지 결과로 간주한다면, 이 경우에 번역은 한국어 단어(발음, 구어)[27]를 SL로 하고 로마자로 표기된 형태(철자, 문어)를 TL로 하는 음성 번역으로 이해된다.

(4) 한국어 단어(발음, 구어)→로마자 표기(철자, 문어)

로마자 표기 과정에 대한 위와 같은 성격 규정은 비교적 무난하여 별다른 이의가 없을 것으로 보인다. 그러나 우리는 무엇보다 이와 같은 과정이 과연 진정한 번역인가를 자문해 보아야 한다. 우리는 국어사에서 이와 대단히 유사한 사례를 찾을 수 있기 때문이다. 그것은 바로

25 이에 대해서는 본 절의 서두에 언급한 '영문 번역 표기 통일안'의 내용을 참고할 수 있다.

26 <외래어 표기법> 제4장 인명, 지명 표기 원칙의 제3절 바다, 섬, 강, 산 등의 표기 세칙, 특히 제4항과 제5항을 참고할 수 있다.

27 전자법을 주장하는 입장에서는 SL을 한국어 문어(철자)로 볼 것이다.

다음과 같은 한자 차자표기이다.

(5a) 善花公主主隱(선화공주님은)[28]

(5b) Gyeongsangnam-do(경상남도)

위에 제시된 용례 중에서 (5a)는 한자를 빌려서 괄호 안의 한국어를 표기한 것으로 보이는 자료이고, (5b)는 로마자를 빌려서 한국어 단어를 표기한 자료이다. 위의 두 자료는 모두 외국(어) 문자를 빌려서 한국어 단어를 표기하고 있다. 그런데도 (5a)는 번역이 아닌 표기이고, (5b)는 번역이 된다. 이 차이는 어디서 비롯된 것일까? 양자 사이의 가장 큰 차이는 이들 표기가 통용되는 사용 환경에 있다. 전자는 한국어를 말하는 언어 환경(맥락)에서 사용된 반면에, 후자는 외국어를 말하는 언어 환경(맥락)에서 사용된다. 즉, (5a)는 한국어의 맥락에서 한국어 화자들 혹은 독자들 사이의 의사소통을 위해 사용된 반면, (5b)는 로마자가 표기 수단으로 통용되는 외국어의 맥락에서 외국어 화자들 혹은 독자들 사이의 의사소통을 위해 사용된다. 그러므로 전자는 한자를 빌린 한국어 표기이지만, 후자는 로마자를 빌린 한국어 번역이 되는 것이다. 위에서 A→B 번역 과정으로 정의한 <국어의 로마자 표기법>에 대해 논의된 내용을 차례대로 정리해 보자.

첫째로 여기에 나타난 번역 현상의 본질 문제이다. 이때 SL은 한국어 단어(발음/구어, 철자/문어)이고 TL은 로마자 표기 형태(철자, 문어)이다. ST가 구어인 경우는 이 어문규범이 <국어의 로마자 표기법>이 되고,

---

28 향가 <서동요>의 일부이다. 앞의 네 글자 '善花公主'는 음독으로, 다음 한 글자 '主'는 훈독으로, 마지막 한 글자 '隱'은 음독으로 읽었다.

SL이 문어인 경우는 <한글의 로마자 표기법>이 된다. 익히 알려져 있듯이, 이것은 <로마자 표기법>의 기본 체재를 전자(<국어의 로마자 표기법>)와 같은 전사법으로 할 것이냐, 아니면 후자(<한글의 로마자 표기법>)와 같은 전자법으로 할 것이냐를 결정하는 문제이다. 이 결정에 중요한 영향을 끼치는 인자는 후술되는 번역의 목표와 관련되어 있다. 둘째로 이 번역 행위의 목표 문제이다. 그것은 통상적으로 로마자가 표기 수단인 언어권의 화자들이나 독자들 사이에서, 로마자로 표기된 한국어 단어를 사용하여 달성하려는 의사소통 욕구의 성공적 수행이다.[29] 이때 이들 외국인 화자들이나 독자들에게 필요한 정보는 해당 한국어 단어의 음성 정보인데, 그것은 표기의 대상이 되는 한국어 단어가 주로 인명이나 지명 등의 고유명사이기 때문이다. 이런 맥락에서 한국어의 로마자 표기 과정은 한국어의 화자가, 한국어(주로 철자)를 모르는 외국어 화자들에게, 그네들이 보편적 표기 수단으로 사용하는 로마자를 사용하여, 그 단어의 음성 정보를 알려주는 체계로 규정할 수 있다. 그런데 이와 같이 로마자 표기를 활용해서 한국어를 알리는 경우에는 두 가지가 있다.

하나는 수동적이고 소극적 방식의 한국어 알리기로, 도로교통 표지판이나 관광 안내문 혹은 문화재 안내문 등에 들어 있는 로마자 표기에서 만날 수 있다. 이때 로마자 표기의 수혜자(독자)는 한국에 관광 등의 목적으로 들어온 외국인들이 된다. 다른 하나는 능동적이고 적

---

29 교통 표지판에 나타난 한자의 병기 양상(예: 世界盃體育場[월드컵 경기장])을 보면, 음성 정보에 대한 고려는 전혀 보이지 않는다. 애초에 표의문자인 한자가 사용되었기 때문이다.

극적 방식의 한국어 알리기로, 한국 문화를 외국에 홍보하는 책자에 들어 있는 로마자 표기에서 만날 수 있다.[30] 이때 로마자 표기의 수혜자(독자)는 외국 현지에 거주하는 외국인들이 된다. 이 대목에서 우리는 <로마자 표기법>의 두 가지 특징을 확인하게 된다. 하나는 어느 쪽을 택하든 외국어 화자(=독자)에게 필요한 정보는 한국어 음성 정보라는 사실이다. 그 이상의 정보, 예컨대 형태 정보나 의미 정보 등은 한국어와 한글을 학습하여 스스로 획득해야 한다. 다른 하나는 두 가지 경우 공히 표기자와 독해자가 서로 다른 언어권 화자(=독자)에 속한다는 사실이다.[31] 이상에서 언급한 두 가지 특징은 <로마자 표기법>의 체계를 결정할 때 중요한 고려 인자가 된다.

셋째로 <로마자 표기법>의 표기 대상이 되는 한국어 단어의 범위 문제이다. 예를 들어 한국어와 한글, 한국 문화 등을 외국어 화자(=독해자)들에게 소개하는 비교적 특수한 경우를 제외하면, <로마자 표기법>의 표기 대상 단어는 일차적으로 의미 번역이 안 되는 인명과 지명 따위의 고유명사로 한정된다.

5.1.3.3.2. <국어의 로마자 표기법> 검토

현재 사용되는 <국어의 로마자 표기법>[32]은 제1장 표기의 기본 원칙,

---

30 이익섭(1997: 9-10)을 보면, 한국에서 활동하던 초기에 선교사들이 한글을 전혀 사용하지 않고 로마자만을 사용하여 한국어 문법서를 기술한 사실이 지적되어 있다.

31 정태충(2005: 31-34)에서는 표기자와 독해자를 '생산자'와 '소비자'로 부르고 있다.

32 현재 준용되고 있는 <국어의 로마자 표기법>은 2000년 7월 7일 문화관광부 고시 제2000-8호로 공포되었다. 로마자 표기법 개정의 역사와 경위에 대해서는

제2장 표기 일람 및 제3장 표기상의 유의점 등으로 구성되어 있다. 먼저 표기의 기본 원칙을 보면 다음 두 가지이다.

(6) 표기의 기본 원칙

제1항. 국어의 로마자 표기는 국어의 표준 발음법에 따라 적는 것을 원칙으로 한다.

제2항. 로마자 이외의 부호는 되도록 사용하지 않는다.

위의 제1항에서는 현행 <국어의 로마자 표기법>이 한국어의 표준 발음과 로마자 자모 사이의 대응 체계인 전사법을 기반으로 한다는 점을 밝히고 있다. 이 문제는 표기의 복원력이라는 개념과 맞물려 있는 중요한 쟁점이다. 전사법을 택한다면 한국어를 모르는 외국인들에게 한국어 단어의 실제 발음에 가까운 음성 정보를 제공할 수 있는 장점이 있지만, 그 단어의 원래 철자로 복원하기란 대단히 어렵다. 반대로 전자법을 택한다면, 원래의 한글 철자로 복원하기는 쉽지만, 한국어 음운 규칙과 다른 체계를 가진 외국인들에게 경우에 따라 그 단어의 실제 발음과 동떨어진 음성 정보를 제공할 위험성이 있다. 이와 같이 서로 대립되는 두 가지 원리에 대해 평가할 수 있는 기준을 마련해야 하는데, 그렇다면 그 기준은 무엇인가?

그것은 <로마자 표기법>의 실제적 효용성이다. 우리는 앞서 이 번역 행위의 목표를 논의하면서, 외국인들에게 필요한 정보가 한국어

김완진(2007), 정희원(1997), 김세중(2000)에 소상하게 기술되어 있다. 이전에 사용되거나 혹은 제안되었던 다양한 로마자 표기법의 장단점에 대한 논의는 유만근(2000)을 참고할 수 있다.

음성 정보에 관한 것임을 확인한 바 있었다.[33] 그렇다면 전자법을 버리고 전사법을 취한 현행 <국어의 로마자 표기법>의 기본 원칙은 근본적으로 합리적이었다고 판단할 수 있다.[34]

위의 제2항은 표기의 간결성을 위한 표기 원칙으로, 현행 표기법에서 붙임표(-) 이외에 다른 부호를 사용하지 않는 것으로 드러나 있다. 이 원칙은 반달표와 어깻점을 각각 모음과 자음의 표기에 사용했던 이전 표기법과 차이를 드러낸다.[35] 이는 정보화 시대에 컴퓨터 사용의 편의성을 고려한 것으로 언어 정책에 사회언어학적 요인, 즉 사회, 정치, 경제, 역사 현상 등이 영향을 미칠 수 있다는 이론(양병선 2000: 147~148)의 한 사례로 간주할 수 있다.

다음으로 표기 일람표에서는 한국어 모음과 자음 음소 대 로마자

33 예컨대 전홍식(2004: 220)에서는 '속리산'을 현행 로마자 표기법대로 적으면 'Songnisan'이 되고 말아 원래의 한글 철자 '속리산'과 멀어져서 불편하다고 주장한다. 그렇지만 외국인들에게 필요한 정보가 정말 [송니산]이라는 발음인지, 아니면 '속리산'이라는 철자인지는 자명한 일이다. 적어도 외국인들 입장에서는 철자의 복원 가능성이 전혀 중요한 문제가 아니다. 철자의 복원 가능성은 오히려 우리나라 사람들이 성명을 로마자로 표기하는 경우 등에서 문제가 된다.

34 일부에서는 <국어의 로마자 표기법>을 일반인용과 전문가용으로 나누어 제정해야 한다고 주장하기도 한다(양병선 2000: 146 각주 2). 그렇지만 원론적으로 말해서 어문규범은 전체 국민을 대상으로 해야 한다. 현행 <국어의 로마자 표기법>(제3장의 8항)에서도 학술 논문 등의 특수한 경우에 전자법 표기가 가능하도록 허용되어 있다.

35 이전 <로마자 표기법>에서는 이들 구분기호를 인쇄의 편의상 생략할 수도 있다고 규정되어 있었다. 그 결과로 구분기호가 생략되면 대립 음소들이 대립을 유지하지 못하는 부작용을 낳기도 했다.

자모의 대조표가 제시되어 있다. 이 대조 일람표의 특징은 크게 두 가지로, 하나는 유성음과 무성음의 구분을 없앴다는 점이고, 다른 하나는 한국어에 필수적인 음소 대립을 유지하여 한국어의 음운 체계를 최대한 드러내고자 했다는 점이다. 먼저 유성음과 무성음의 구분 문제부터 알아보자.

앞에서 언급했듯이 <국어의 로마자 표기법>이 외국인들에게 한국어 단어의 음성 정보를 제공하는 것이라고 규정할 때, 외국인들이 지각할 수 있는 유성음과 무성음의 구분이 일단 필요하다고 말할 수 있다. 그러나 이 문제는 외국인들의 시각에서만 다룰 수 없는 사정이 있다. 그것은 이 <국어의 로마자 표기법>을 사용하는 사람(=표기자)과 그 표기를 읽는 사람이 다르다는 점이다. 다시 말해서 <국어의 로마자 표기법>의 표기자는 한국어를 사용하는 한국인이므로, 한국인 표기자가 인식하지 못하는 유성과 무성의 구분에 따른 음성 변이형까지 표기에 반영하기란 구체적 실행 환경을 고려할 때 어려운 일이다.[36] 이런 사정을 고려해 볼 때 유성과 무성의 변이형을 표기하지 않는 현행 <국어의 로마자 표기법>의 표기 태도는 불가피한 선택이었다고 말할 수 있다.

다음으로 한국어 음운 체계를 최대한 보여주고자 했다는 표기 태도에 대해 알아보자. 이 문제에 대한 해답은 앞에서 논의된 번역 행위의 목표에 담겨 있다. 우리는 그 자리에서 한국어를 알리는 데에 소극

36 통상적인 표기법에서는 변이음(allophone)을 표기하지 않는다. 이 문제에 대해서는 이익섭(1997: 18)을 참고할 수 있다.

적인 방식과 적극적인 방식이 있다고 언급했다. 그 중에서 특히 적극적인 방식으로 한국어를 외국인들에게 알리고자 한다면, 한국어 음운 구조와 음운 체계를 최대한 보전하는 방향으로 로마자의 표기가 이루어져야 한다. 그러므로 소극적인 방식과 적극적인 방식을 구분하여 각각에 대해 별도의 표기법을 마련해 두지 않는 한, 두 가지 경우에 모두를 포괄하는 방안을 고려해야 하며, 따라서 현행 <국어의 로마자 표기법>에서 한국어의 음운 구조와 음운 체계를 최대한 반영하여 표기하고자 한 태도는 타당하다고 말할 수 있다.

다음으로 표기상의 유의점에서는 음운 변동의 처리와 붙임표의 용법 및 행정구역 단위와 자연 지형지물명, 문화재명, 인공 축조물명 등에 대한 표기법을 규정하고 있다. 두 가지 문제만 지적하고자 한다. 먼저 붙임표의 기능부담량이 과도해 보인다는 점이다.[37] 현행 <국어의 로마자 표기법> 체계 안에서만 본다고 해도 붙임표는 음절 구분(예: Hae-undae, 해운대), 행정구역 단위(예: Jongno-gu, 종로구), 인명(예: Song Na-ri, 송나리) 등에 사용되고, 일반 표기에서도 합성어(복합어) 정보 표시(예: double-date)에 사용되고 있다. 로마자 표기의 수요가 가장 높은 행정구역 단위에만 붙임표를 쓰도록 하고, 기타의 경우에는 다른 방도[38]를 찾아서 이 붙임표의 기능부담량을 줄여야 할 것으로 생각된다. 다음

---

37 전홍식(2004: 228)과 정태충(2005: 153-155)을 참고할 수 있다.

38 로마자 표기에서 기능부담량이 별로 높지 않은 가운뎃점을 대안으로 제안해 본다. 이 문제의 해결책에는 기계화에 소요되는 정보 처리 비용도 고려해야 한다. 음절을 단위로 하는 전자법 체계를 제안한 정태충(2005: 14)에서는 음절의 첫 자소(字素)를 대문자로 표시하고 있다.

으로 자연 지형지물명과 문화재명, 인공 축조물명에 대한 표기 문제인데, 표기법에서는 이 이름들에 담긴 추가적 의미 정보(강, 산, 탑 등)를 무시하고 이름 전체를 고유명사로 간주하여 표기하고 있다. 외국인에게 일차적으로 필요한 것이 한국어의 음성 정보라 해도, 의미 정보까지 추가로 알려줄 수 있다면 일부러 무시할 필요는 없다. 우리는 서두와 <외래어 표기법>에 대한 논의에서 '화용적 명시화'라는 번역학의 개념을 원용한 표기 방식을 제안한 바 있다. 이 개념이 로마자 표기에도 유효하게 적용될 수 있을 것으로 판단된다.[39]

(7) Namsan *Mountain*, Hangang *River*

아직 쟁점이 하나 남아 있다. 그것은 현재와 같은 <로마자 표기법>의 철학을 버리고, 이것을 '영문자 표기법'으로 대체하자는 주장이다. '영문자 표기법'을 주장하는 사람들은 영어가 이미 지구촌의 국제어로 자리를 잡았다는 사실을 주된 논거로 내세우고 있다. <로마자 표기법>의 기본 정신은 세계인을 상대로 그들이 가장 많이 사용하는 로마자(라틴 문자)를 이용하여 한국어의 발음 정보를 보여주기 위한 것이므로, 영어가 비록 국제어로서 위상을 차지했다 하더라도 영어권 사용자만을 <로마자 표기법>의 소비자로 간주하는 처사는 온당하지 못하다. 실제로 로마자의 사용 영역에 비해 영어의 사용 영역은 상대적

---

39 본문 자료 (7)의 표기에서 부가적 의미 정보를 이탤릭체로 표시한 것은 로마자 표기와 영문자 표기를 구분하여 혼란을 막기 위한 것이다. 이 문제도 일반인들이 '로마자 표기'를 '영문자 표기'로 오해하는 빌미를 제공하고 있는 표기 체계의 난맥상(전홍식 2004: 222)이라고 말할 수 있다. 최근에 공표된 <영문 번역 통일안>(2015)에 이러한 방식이 실제로 수용되고 있다.

으로 협소하다. 로마자의 음가가 한글처럼 일률적으로 고정되어 있지 않은 관계로 그 독법이 각 언어권마다 다르다는 것은 주지의 사실이다. 로마자 표기를 영문자 표기로 대체한다면 이와 같은 논리로 영어 이외의 언어 사용자들은 로마자 표기를 읽을 때 상당한 어려움을 겪게 될 것이다.[40] 예를 들어 한국어를 외국어로 옮기는 번역 현장에서도, 영어 이외의 언어가 TL이라면 영문자 표기법을 한국어 발음 표기에 그대로 적용할 수 없음이 자명하다.

5.1.3.4. <외래어 표기법>과 <로마자 표기법>의 상호 관련성

우리는 앞서 <외래어 표기법>과 <국어의 로마자 표기법>의 성격을 번역이라는 개념과 관련하여 논의해 보았다. 그렇다면 양자 사이에는 어떠한 공통점과 차이점이 있을까?

첫째로 양자는 두 가지 언어의 접촉 현상이 관련되어 있다는 공통점을 가지기 때문에 일종의 번역 현상과 관련되어 있다. 그러나 <외래어 표기법>은 번역의 결과(=외래어)에 대한 문자화 규칙 체계인 반면, <국어의 로마자 표기법>은 그 자체가 한국어 구어의 로마자 번역 과정이자 결과이다. 둘째로 양자에 개입된 번역 현상은 모든 번역 현상이 그러하듯이 TL 권역에서 이루어지는 의사소통 수행이라는 목표를 가진다. 이와 같은 목표를 고려할 때, <외래어 표기법>은 표기자와 독해자가 둘 다 한국어 화자로 동일하지만, <국어의 로마자 표기법>

---

40 영어의 표기법을 보면 철자와 발음의 불일치가 심각하여, '형태소적 표기법'이라고 불릴 정도이다. 그런 관계로 만일 영문자 표기법을 채택할 경우, 김복문(1996)에서 제안된 것처럼 표기 체계가 일반인들이 사용할 수 없을 만큼 복잡해진다.

은 표기자와 독해자가 각각 한국어 화자와 외국어 화자로 상이하다. 셋째로 두 표기법의 일반적 표기 대상은 인명과 지명 등의 고유명사가 된다. 이런 단어들은 의미 번역이 불가능하기 때문이다. 이때, 이름에 포함된 추가 의미 정보를 화용적 명시화 기법으로 덧붙여 주면 의사소통의 효율성을 높일 수 있다. 이와 같은 화용적 명시화 기법은 <외래어 표기법>과 <국어의 로마자 표기법>에 두루 적용될 수 있다. 넷째로 두 표기법은 한국어 어문규범의 하위 집합이다. <외래어 표기법>은 <한글 맞춤법>의 하위 규범이면서 <표준어 규정>의 '표준어 사정 원칙'과 밀접한 관련을 맺고 있는 반면, <국어의 로마자 표기법>은 오로지 <표준어 규정> 중에서 '표준 발음법'과만 밀접한 관련을 맺고 있다.

5.1.4. 의의와 전망

우리는 지금까지 번역이라는 개념을 도입해서 <외래어 표기법>과 <국어의 로마자 표기법>의 성격을 음미해 보았다. 그렇다면 이 두 표기법을 두고 작금에 이르기까지 벌어져 왔던 논쟁의 해결을 위해 우리의 논의가 기여한 것은 무엇인가? 논의의 결과가 갖는 포괄적 의의를 정리하면서, 아울러 이들 두 표기법의 향후 개선 방향에 대해 언급해 보기로 한다.

5.1.4.1. <외래어 표기법>의 발전적 축소

외국어가 한국어에 들어와서 외래어 표기로 정착되는 과정을 관찰한 결과, <외래어 표기법>의 본질은 번역 결과(=외래어)의 문자화 규범이었다. 구어든 문어든 한국어의 사용 환경(맥락)에서 외국어 단어를 사용할 때 한국어 화자는 의사소통의 성공적 실현을 위해 해당 외국어 단어를 한국어에 맞게 한국어의 어휘 체계 안으로 받아들이게 된다. 외래어는 바로 이러한 번역 과정을 통해 산출된 단어이며, <외래어 표기법>은 발음 상태로 존재하는 이 외래어를 문자화하는 표기 규범으로 규정할 수 있다.[41] 그러므로 <외래어 표기법>에 대한 논의에서 중요한 것은 외래어의 발음 형태를 결정하는 문제이다. 이 발음 형태만 결정되면 문자화는 <외래어 표기법> 규정에 따라 자동적으로 이루어지기 때문이다.

이런 맥락에서 보면 번역을 거친 외래어의 표준 발음을 조사하고 결정하는 과정이 우리의 주된 관심사로 부각된다. 외래어 발음의 실태 조사를 기초로 한 <국어심의회> 관련 분과에서 외래어의 표준 발음에 대한 사정을 벌이는 일이 중요하다는 것이다. 아울러 <한글 맞춤법>과 <표준어 규정> 및 <외래어 표기법>의 상호 관계가 효율적으로 재정립되어야 한다. 이때 <외래어 표기법>이 차지하는 위상은 표준어 발음과 <한글 맞춤법>의 관계에서 유효한 암시를 얻을 수 있다. 결과적으로 현행 <외래어 표기법>은 아직 형태(발음)의 고정이 완료되지 않은 잠재적 외래어의 표기 형태를 한시적으로 결정하는 역할만 하면 된다.

5.1.4.2. <국어의 로마자 표기법>의 사용자 편의성 제고

<외래어 표기법>이 번역을 거친 외래어의 발음 형태를 문자화하는

41 물론 문어 텍스트에서 해당 외국어를 처음 보고 역시 문어로 옮겨온 경우, 곧 처음부터 문자 대 문자 번역인 경우는 문자화 과정이 잉여적이다.

단순한 표기 규범이라면, <국어의 로마자 표기법>은 그 자체가 번역의 과정 혹은 결과로 볼 수 있다. <국어의 로마자 표기법>에서 이루어지는 번역 과정은 한국의 말과 글을 모르는 외국인들에게 한국어 단어의 음성 정보를 알려주는 과정이므로, 현행 표기법이 채택한 전사법의 원칙은 근본적으로 온당하다고 말할 수 있다. 또한 <국어의 로마자 표기법>의 실제 운용 양상을 고려하면, 표기의 소비자(=독해자)는 외국인이지만 표기의 생산자(=표기자)는 한국인이므로 한국인의 언어 감각에 맞지 않는 유성음과 무성음의 구분 등이 폐지된 것도 불가피한 조처였다.

이 밖에 정보화와 국제화 시대를 맞이하여 전산화 처리에 부담이 되는 구분기호를 없앤 것도 시대의 추세에 부응한 유연한 태도였다. 붙임표의 용법이나 영문자 표기와의 분명한 구별 등 사용상의 편의를 위해 손을 보아야 할 사항이 한두 가지 눈에 뜨이지만, 현행 <국어의 로마자 표기법>은 대체로 최선의 결론이었던 것으로 생각된다. 다만, 향후에 전개될 고도의 정보화 혹은 기계화의 흐름을 고려한다면, 표기 자료의 전산화 처리가 수월하고 한글의 장점을 살릴 수 있는 전자법에 대한 미래지향적 고민은 필요할 수도 있다.

5.1.5. 요약

우리는 학계를 비롯한 일반 사용자들에게서 크고 작은 비판을 받아온 <외래어 표기법>과 <국어의 로마자 표기법> 문제의 발전적 해결 방안을 모색하기 위해, 이 두 표기법을 한국어 어문규범이라는 틀 안에서만 보던 기존의 관점을 재검토하여, 이 두 표기법이 기본적으로 번역과 관련된 현상이라는 점에 초점을 맞추고 논의를 진행해 보았다. 물론 이들 표기법을 대하는 관점이 변했다고 해서, 기존에 제기되었던 이 두 표기법을 둘러싼 문제가 단숨에 해결되리라고는 생각하지 않는다. 다만 이 두 표기법과 관련된 다양한 견해를 집약하여 보다 합리적이고 효율적인 합의를 도출하는 과정에 기여할 수 있기를 기대할 따름이다. 지금까지의 논의를 요약해 보자.

1) <외래어 표기법>과 <국어의 로마자 표기법>은 한국어 어문규범에 속하면서도, 표기의 대상이 되는 언어와 표기의 수단이 되는 언어가 다르다는 특수성으로 인하여 번역 현상으로 조망할 수 있는 측면이 있다.
2) 이 두 표기법의 성격을 규명하는 논의에 번역이라는 개념을 도입한다는 것은, SL과 TL의 개념을 원용하여 표기의 대상과 표기의 결과를 분리하여 관찰하고, 이때의 표기를 일정한 의도 하에서 이루어지는 목표지향적 행위로 파악한다는 의미이다.
3) 두 언어가 접촉하면, 이 두 언어 상호 간에 번역 현상이 발생한다. 그 단계는 영 번역과 음성 번역 및 의미 번역으로 구분할 수 있는데, 이 중에서 이 두 표기법의 역할과 관련된 것은 음성 번역이다. 음성 번역의 대상이 되는 단어는 주로 의미 번역이 불가능한 인명과 지명 따위의 고유명사이다.
4) <외래어 표기법>은 외국어 단어가 한국어에 들어와서 번역을 거친 형태(발음 상태의 외래어)를 문자화하는 표기 규범일 뿐이다. 철자를 통한 번역의 경우에는 문자화 과정이 잉여적이다.
5) <외래어 표기법>의 표기자와 독해자는 모두 한국어 화자이며,

표기 대상 단어의 범위에 잠재적 외래어인 고유명사가 포함되어야 한다.

6) 현재 <표준 발음법>에는 외래어의 표준 발음에 관한 규정이 별도로 마련되어 있지 않다. 고유어와 한자어에 적용되는 표준어 사정 원칙이 외래어의 경우에도 적용될 수 있도록 관련 규범 체계를 보완해야 한다.

7) 현행 <외래어 표기법>의 기본 원칙 가운데서 제2항과 제4항은 불필요하거나 불합리하다.

8) 지명 표기에서 지명에 포함된 의미 정보를 표기에 덧붙여주면 독자의 이해도를 증진시킬 수 있다. 이것은 '화용적 명시화'의 개념으로 이해할 수 있다.

9) <국어의 로마자 표기법>은 발음 상태의 한국어 단어를 로마자로 옮기는 음성 번역의 과정과 결과이다.

10) <국어의 로마자 표기법>과 한자 차자표기법은 외국어 문자를 빌려서 한국어를 표기했다는 공통점이 있지만, 전자는 외국어 문맥(환경)에서 사용되고 후자는 한국어 문맥(환경)에서 사용된다. 그러므로 <국어의 로마자 표기법>은 번역이지만, 한자 차자표기법은 언어와 언어 사이에서 일어나는 번역이 아니라 동일한 언어 안에서 일어나는 표기에 불과하다.

11) 로마자 표기를 보고 외국인들이 획득하는 가장 중요한 정보는 한국어 단어의 음성 정보이므로, 전사법을 채택한 현행 표기법의 기본 태도는 온당하다.

12) <국어의 로마자 표기법>의 생산자(=표기자)는 한국어 사용자이

고, 소비자(=독해자)는 외국어 사용자이다. 그러므로 <국어의 로마자 표기법> 체계를 구성할 때, 한국인의 언어 감각을 존중하는 태도는 불가피하다.

13) 한국어를 알리는 데에는 소극적 태도와 적극적 태도가 있을 수 있는데, 이 가운데서 후자의 경우를 고려하면 <로마자 표기법> 체계를 결정할 때 한국어의 음운 구조와 체계를 반영하는 것이 타당하다.

14) 현행 <국어의 로마자 표기법>에서는 붙임표를 행정구역 단위와 음절 구분 및 이름 표기 등에 사용하고 있어서 기능부담량이 과도하다.

15) <외래어 표기법>에서 논의된 바와 같이, '화용적 명시화' 기법을 도입하여 지명에 포함된 일반 의미 정보를 덧붙여주면 독해자의 이해에 도움이 된다. 그리고 로마자 표기와 영문자 표기는 시각적으로 구분되는 것이 바람직하다. 현재의 교통 안내 표지판 등에는 영문자 표기와 로마자 표기가 뒤섞여 혼란을 자초하고 있다.

5.2. 전문용어의 번역

5.2.1. 전문용어와 번역

번역자는 번역 작업을 수행하기에 앞서 원전 텍스트를 포함한 제반 여건을 분석하여 ST의 번역에 적용할 기본적인 번역 전략을 수립하게 된다. 이때 번역의 목적이나 예상 독자층 등도 중요한 분석 요인이지만, 무엇보다도 가장 큰 영향을 끼치는 것은 ST 자체, 즉 ST의 내용이 될 것이다. 이런 의미에서 ST가 예컨대 (과학기술 분야의 하나인) 의학과 관련된 내용을 다루고 있다면, 번역자는 의학과 관련된 지식과 정보를 가능한 한 정확하게 독자들에게 전달하는 일에 초점을 맞추어야 한다. 이것은 독자들의 정감에 호소하기 위해 번역자의 문장력에 상당 부분 의지하는 문학 작품의 번역과 달리, 자연과학 텍스트의 번역자는 오히려 주관적 감정 이입을 최대한 자제하고 객관적 자세를 견지해야 하기 때문이다. 이러한 자연과학 텍스트의 번역에서 우선적으로 중요한 것은 전문용어의 처리 문제이다. 전문용어는 특정한 분야의 지식이 집약적으로 응축된 결정체이자, 텍스트의 서술을 이끌어가는 주된 동력이 되기 때문이다.

전문용어란 일반인들이 일상생활에서 사용하는 일상어와 대립되는 개념을 갖는데, 사용자가 해당 분야의 전문인들로 제한되어 있고 특수한 목적을 가진 언어를 지칭한다.[42] 전문용어는 다의성을 가질 수 있는 일반(일상) 단어와 달리, 개념과 일 대 일로 대응되므로, 명칭과 개념 사이의 항상성과 안정성을 전제로 한다. 이와 같은 전문용어의 특징을 구체적으로 말한다면, 전문용어와 개념 사이에 일의성, 투명성, 명시성, 간결성, 일관성 등의 관계가 성립한다는 사실을 지적할 수 있다.[43] 또한 언어의 형태에 초점을 맞추어 일반(일상) 언어와 비교

---

42 전문용어의 정의와 일반적 특징에 대한 논의는 국립국어원(2007)을 참고하면 된다.

43 이들 특성은 국제표준화기구(ISO)의 규범인 ISO 1087-1에 따른 것이다. 이에

해보면, 전문용어는 그 품사가 대개 명사 혹은 명사구이며, 구조도 단일어가 아니라 합성어[44] 구성을 보인다. 전문용어는 무엇보다도 개념 전달의 수단이므로, 개념적 속성은 물론 다른 개념과의 관련성이 투명하게 드러나는 합성어야말로 이런 맥락에서 다량의 전문용어 생성 수단이 되는 데 유리하기 때문이다.

일반(일상) 언어와 구분되는 이러한 특징을 고려 사항에 넣는다면, 전문용어는 번역학자에게 다음과 같은 두 가지 과제를 던져준다. 먼저 대부분의 학술 분야에서 전문용어가 외국어를 옮긴 번역어 형태로 되어 있다는 점에서, 전문용어는 번역의 결과이고, 번역학 연구의 대상이 된다. 그리고 번역의 결과인 전문용어는 개념과의 관계에서 일의성, 투명성, 간결성, 일관성 등을 가져야 한다는 점에서, 일반(일상) 용어와 다른 전문용어만의 특성이 어휘 형태에 드러나야 한다. 이를 번역 과정에 맞추어서 달리 표현한다면 다음과 같다. 즉, 외국어로 된 전문용어는 ST이고, 이것을 한국어로 옮기는 과정은 번역이며, 한국어로 번역된 전문용어는 TT가 된다. 이때 번역의 결과인 전문용어(=TT)는 상응하는 개념과 일정한 관계를 만족시킬 수 있도록 표현되어야 한다. 단, 일반적 번역 과정과 다른 점이 하나 있다면, 그것은 전문용어의 번역 단위가 (통상적인 텍스트가 아니라 그보다 작은) 단어로 되어 있다

관한 상세한 설명은 국립국어원(2007: 14-5)을 참고할 수 있다.

44 한국어의 조어법은 연구자에 따라 일차적으로 단일어와 복합어를 나누고 복합어를 다시 파생어와 합성어로 나누기도 하고, 반대로 일차적으로 단일어와 합성어를 나누고 합성어를 다시 파생어와 복합어로 나누기도 한다. 여기서는 학교 문법의 체계를 준용하여 전자의 체계를 취한다.

는 사실뿐이다.

우리는 영어-한국어 대역 형태로 되어 있는 『의학 전문 용어집』의 번역 양상을 조사하여, 원어와 번역어의 구조가 어떻게 대응되는가(→번역의 유형)와 이 번역 과정에 어떠한 번역 기법이 적용되었는가(→번역의 방법론)를 밝히고자 한다.

5.2.2. 연구사 검토

전문용어의 번역에 관한 연구는 적어도 번역학 분야에서는 크게 주목받지 못한 상태로, 문헌정보학 분야에서 전문용어 표준화와 관련하여 부분적으로만 다루어졌을 뿐이다. 번역학 분야에서 이 주제를 처음으로 다룬 김정우(2003)에서는 자연과학 텍스트의 번역 방안을 논의하면서 『정신과학 교과서』의 전문용어를 검토하여 번역어와 관련된 문제를 점검했는데, 체계성과 음성 번역의 일관성, 중의적 표현 처리, 한자어 병기 등에 초점을 맞추었다. 검토 대상이 된 전문용어의 수효가 적고 문제 제기와 해결 방안이 나열식으로 되어 있으며, 전문용어의 특성을 심도 있게 고려하지 못했다는 한계를 갖는다. 결과적으로 김정우(2003b)는 논의의 두 기본축인 '전문용어'와 '번역' 가운데서 '번역'에 초점을 맞추었으면서도, 전문용어의 번역과 관련된 일반 이론을 체계적으로 이끌어내지 못했다는 근본적 한계가 있다.

다음으로 전문용어의 표준화와 관련시켜서 이 주제를 다룬 연구로는 최기선(2007)과 고석주 등(2007)[45]이 있다. 최기선(2007)에서는 'ISO

45 고석주 등(2007)은 책 말미의 참고문헌에 제시된 국립국어원(2007a)와 동일한

704' 및 '2002년도 남북 용어통일 표준화 원칙'을 소개하면서, 여기에 기초한 '영어 용어 한국어 대역 심의지침'으로 1)원어와 대역어의 수준 일치화, 2)순 우리말화, 3)일관성, 4)정확한 개념 표현, 5)고빈도 (용어) 선호, 6)사전 등록 용어 선호, 7)기능어 삭제 등에 이르는 7개 항목을 제시했다. 이 항목들을 세부적으로 살펴보면, 음차를 지양하고 의미 번역을 해야 한다는 둘째 항목을 빼면, 나머지는 대역어 선정의 지침으로 이해해도 무방하다. 사실, 이들 지침은 제목만 '영어 용어 한국어 대역 심의지침'으로 되어 있을 뿐, 내용상으로는 SL에 대한 분석과 번역 과정에 대한 고려가 없이 TL(한국어)의 표현 과정(대역어 선정)에서 적용해야 하는 원칙만 담겨 있다.[46] 이는 연구자 스스로도 언급하고 있듯이(최기선: 2007), 위 7개 항목이 사실상 'ISO 704'와 '2002년도 남북 용어통일 표준화 원칙'을 한국어 전문용어의 실정에 맞게 수정하고 보완한 것이기 때문이다.

용어의 표준화란 기본적으로 용어와 개념 사이의 관계를 표준화하는 절차이지, 원어와 번역어를 표준화하는 절차가 아니다. 이런 까닭에 최기선(2007)에 제시된 '영어 용어 한국어 대역 심의지침'은 제목과 달리 '한국어 전문용어의 표준화'에 논의의 초점이 맞춰져 있으며, 따라서 우리의 관심사인 번역 과정과 번역 방법(기법)에 대한 논의로

것이다. 여기서는 지은이의 이름을 밝혀서 표기했다.

46 이어지는 한국어 전문용어와 띄어쓰기 문제 등도 궁극적으로 한국어 표현, 즉 대역어의 선정과 관련된 것이다. 번역학 연구자로서 관심을 갖는 것은 물론 대역어 선정이나 표현 자체보다, 대역어 선정에 이르는 과정 혹은 대역어 선정과 관련된 구체적인 번역 기법 등이다.

보기에는 미흡한 측면이 없지 않다.

고석주 등(2007)에서는 전문용어 정비의 현황과 문제를 파악하고 이를 근거로 관련된 연구방법론의 기초를 마련하자는 취지에서, 전문용어의 정의와 전문용어 표준화 개념, 각국의 전문용어 정비 사례, 한국의 전문용어 정리 사례, 전문용어 정리 방법론 등을 두루 기술하고 있다. 이 중에서 전문용어의 사례 분석을 다룬 제3장에서 원어 용어 번역의 유형(2.4절)과 원어 용어 차용 시 대역 기준(2.5절)을 설명하고 있는데, 먼저 원어 용어 번역의 유형에 대해서는 1)일 대 일 대응[47], 2)축소 번역, 3)확대 번역 등의 세 가지 유형을 제시하고 있다. 이러한 유형 분류는 원어의 형태[48]가 번역어의 형태에 어느 정도나 반영되었는가를 기준으로 이루어진 것으로 보인다.

다시 말해서 일 대 일 대응은 원어의 형태를 번역어에 온전하게 반영한 것이고, 축소 번역은 원어의 형태 가운데 일부를 생략한 것이며, 확대 번역은 원어에 없는 형태를 덧붙인 것이다. 이어서 원어 용어 차용 시의 대역 기준에 대해서는 쉬운 어휘를 쓰고, 한국어 어휘를 쓰며, 형태론적 변형을 용인할 수 있다는 등 7개의 기준을 제시했는데, 주로 번역어의 표현 문제로 생각된다. 결과적으로 고석주 등(2007)은 원어와 번역어의 형태(의미 포함) 대응 양상을 번역의 유형으로 분류하고, 번역어의 표현에 적용되는 원칙을 제시한 것이다. 번역의 유형을 일

47 이 부류는 원어가 한 단어로 된 경우, 원어가 파생어인 경우, 원어가 두 개 이상의 어휘 단위인 경우 및 원어를 음차한 경우로 나뉘고 있다.

48 의미 반영 여부로 보아도 무방하다. 형태의 축소나 확대는 결과적으로 보면 의미의 축소나 확대가 되기 때문이다.

부 제시했다는 점에서 진일보한 연구로 보이지만 번역 과정과 관련된 논의가 없다는 점에서 아쉬울 뿐만 아니라, 용어의 이해와 사용에서 일부 개념상의 혼란이 노정되어 있다.[49] 이상과 같은 연구사의 개괄에서 보았듯이 전문용어의 번역 과정에 초점을 맞춘 연구는 여전히 미흡한 실정이다.

5.2.3. 전문용어 번역의 유형과 방법

5.2.3.1. 자료

우리가 분석 대상으로 삼은 것은 대한의사협회에서 2006년에 발간한 『필수의학용어집』의 영한 대역어 자료이다. 이 용어집은 황건(2007)에 밝혀져 있듯이, 의학계와 국어학계 및 용어학 혹은 사전학계의 전문가들이 편찬에 참여했기 때문에[50], 상당히 정제된 대역어 자료로 간주할 수 있다. 여기서는 이 가운데 일부(영어 r 표제어 항목)를 분석 대상으로 삼았다. 대역어의 수효는 원어 표제어 419개와 동일한 표제어 하에 관련어 형식으로 배열된 부표제어 258개까지 합쳐서 총 677개이다. 이 용어집의 <일러두기>를 보면 올림말 선정 기준과 작업 원칙 등

---

49 예를 들어 번역의 유형을 다룬 2.4절에 보면, 일 대 일 대응의 사례에서 원어의 구조 분석 결과(단일어, 파생어, 구형 합성어)과 번역 방법(음차)이 혼재되어 제시되어 있다. 또한 대역 기준을 다룬 2.5절의 소제목이 '원어 용어 차용 시 대역 기준'으로 되어 있어서 '차용'과 '번역'을 동일 개념으로 사용하고 있는 듯한 오해를 불러일으키고 있다. ('차용'은 일반적으로 '번역'의 한 방식이다.)

50 번역학자가 참여하지 않은 것은 아쉬운 점이지만, 용어 선정에 인접한 학문 분야의 전문가 집단이 거의 참여했다는 점은 이 용어집이 우리의 연구와 관련하여 대표성을 갖기에 충분하다.

이 기술되어 있는데, 아쉽게도 번역과 관련된 내용은 거의 눈에 뜨이지 않는다.

용어집 체재를 보면, 아래 용례 (1)에서 보듯이 표제어를 왼쪽에, 대역어를 오른쪽에 배치한 전형적인 대역집 형태이다.

(1a) **rachischisis** 척추갈림증
(1b) **rabies** 광견병, 미친개병
(1c) **radiation** 1.방사선, 2.방사, 부챗살
ionizing r. 이온화방사선
scattered r. 산란방사선
whole-body r. 전신조사
(1d) radical 근치-
acid r. 산기

위의 용례에서 (1a)는 보편적인 표제어(=원어)와 대역어(=번역어) 제시 양식이고, (1b)는 두 가지 대역어가 엇비슷하게 통용된다고 보고 나란히 배열해 둔 양식이다. (1c)와 (1d)는 표제어를 다의어로 보고 번호 다음에 각 대역어를 제시하고[51], 그 아래 관련된 원어(합성어 혹은 구)를 부표제어로 나열하고 각 대역어를 제시하고 있다.[52]

51 (1c)의 2에 제시된 대역어 가운데서 '부챗살'이 전문용어로 적합한지는 의문이다.

52 (1c)의 마지막 부표제어 'whole-body r(adiation)'이 '전신조사'로 번역된 것은 여타 항목과 균형이 맞지 않는다. '전신조사'만으로 원어의 뜻을 반영할 수 있더라도 '전신조사방사선'으로 표현해야 부표제어의 위상에 걸맞다. 이렇게 되면 '조사(照射)'라는 표현이 더 들어가 이른바 '비대칭 번역'의 하나인 '확대 번역'의 용례가 된다.

5.2.3.2. 번역의 유형

번역의 유형이라고 하면 ST와 TT의 방향성을 기준으로 A→B 번역이나 B→A 번역으로 나누거나, 혹은 ST에 대한 충실성 여부에 따라 직역과 의역으로 나누거나, ST와 TT의 상호 관계에 따라 행간 번역과 발췌 번역 등으로 나눌 수 있지만, 이는 번역의 단위가 문장을 넘는 텍스트의 경우에나 적용될 수 있는 개념이다. 여기서는 분석의 대상이 되는 번역 단위가 대개 단어나 구를 넘지 못하므로 이와 같은 분류 체계가 적용되기 힘들다. 이런 의미에서 우리는 번역의 단위가 단어인 경우에 한하여, 번역의 깊이(형태/의미 번역의 정도)와 폭(구조 변화의 범위)을 번역의 유형으로 제안하기로 한다. 번역의 깊이와 폭이 의미하는 바는 다음과 같다.

(2) 번역의 유형
- 1.1. 번역의 깊이
  - a. 영 번역
  - b. 음성 번역
  - c. 의미 번역
  - d. 혼용 번역
- 1.2. 번역의 폭
  - a. 대칭 번역
  - b. 비대칭 번역
    - ㄱ. 축소 번역
    - ㄴ. 확대 번역

번역의 깊이를 보면, (2-1-1a) 영 번역은 외국어 형태를 그대로 가져오는 것이고(예: computer), (2-1-1b) 음성 번역은 외국어의 음성을 한글로 표기한 것이며(예: 컴퓨터), (2-1-1c) 의미 번역은 외국어를 의미로 번역해서 한글로 표기한 것이고(예: 전산기), (2-1-1d) 혼용 번역은 음성 번역과 의미 번역이 혼재된 것이다(예: 아미노산←amino acid).[53] 번역의 폭을 보면, (2-1-2a) 대칭 번역은 원어의 형태(의미) 구조가 번역어에 그대로 반영되는 것이고(예: absolute space→절대 공간), (2-1-2b) 비대칭 번역은 원어의 형태 구조가 변하는 것으로, 이 중에서 (2-1-2bㄱ) 축소 번역은 원어의 형태(의미)가 번역어에서 줄어든 것이며(예: one-shot color camera→원숏 카메라), (2-1-2bㄴ) 확대 번역은 원어의 형태(의미)가 번역어에서 늘어난 것이다(예: information network→정보 처리망).[54]

번역의 깊이에 대해 조사해 보자. 분석 대상이 된 677개의 전문용어 가운데, 아예 번역을 거치지 않고 외국어를 그대로 가져온 영 번역은 단 하나도 나타나지 않았다. 음성 번역은 모두 31건이 나타났는데, (3a)처럼 대역어가 음성 번역 형태로만 표기된 것(24건)과 (3b)처럼 음성 번역[55]과 의미 번역 형태가 병기 형식으로 표기된 것(5건), (3c)처럼

53 표의문자인 한자를 가진 중국인들은 음성 번역을 하면서도 그 안에 정교하게 의미를 담아놓는 혼용 번역을 즐기지만, 표음문자인 한글을 사용하는 입장에서는 거의 불가능한 방식이다. 예를 들어 원어 'Buddha'를 받아들이면서 처음에는 발음을 비슷하게 음성 번역해서 '浮屠', '浮圖' 등으로 표기하다가 나중에는 여기에 의미를 담아 '佛陀'로 표기했다. 이런 표기에 따르면 'Gautama Buddha'는 한사 '불'(人+弗)에 드러나듯이 '사람이면서도 이미 사람의 경지를 초월한 각자(覺者)'가 된다.

54 용례는 고석주 등(2007: 199-201)에서 취했다. 심심한 사의를 표한다. 그리고 어휘 수효를 기준으로 삼아도 결과는 마찬가지이다.

55 프랑스어 발음에서 비롯되었으므로, 영어의 입장에서 보면 프랑스어에서 들어온 외래어인 셈이다.

음성 번역과 혼용 번역 형태가 병기 형식으로 표기된 것(2건) 등 세 가지 유형이 있었다.

(3a) **reovirus** 레오바이러스
(3b) **rapport** 라포, 친밀관계
(3c) **RNA** ⇒ ribonucleic acid 리보핵산, 알엔에이[56]

음성 번역과 의미 번역이 혼재된 아래 (4)와 같은 혼용 번역은 19건[57]으로 조사되었다. (4a)에서는 '에스테르'가 음성 번역 형태이고 접두사 '재(再)-'와 접미사 '-화(化)'는 의미 번역 형태로 되어 있으며, (4b)에서는 '류마티스'가 음성 번역 형태이고 '모양'이 의미 번역 형태로 되어 있다.

(4a) **reesterization** 재에스테르화
(4b) **rheumatic** 류마티스모양

기타로 잡힌 627건은 대역어가 모두 의미 번역 형태로 표기되어 있었다. 번역의 깊이라는 측면에서 대다수가 의미 번역(92.6%)이었고, 음성 번역(4.6%)과 혼용 번역(2.8%)이 뒤를 이었으며, 영 번역은 발견되지 않았다.

다음에는 번역의 폭에 대해서 조사해 보자. 앞서 언급한 바 있듯이 대칭 번역과 비대칭 번역은 원어의 형태(의미) 구조가 번역어에서 변

---

56 두자어(acronym) 구성으로 형성된 원어를 철자대로 읽은 '알엔에이'와 혼용 번역의 형태를 취한 '리보핵산'이 나란히 있다.

57 (3c)는 음성 번역과 혼용 번역의 두 가지 유형에 모두 포함되었지만, 비율 계산에서는 음성 번역 쪽에 넣었다.

화했느냐, 아니냐의 여부로 구분되는 개념이므로, 논리적으로 본다면 대개의 표제어는 대칭 번역이 되고 합성어나 구로 이루어진 항목만이 번역의 대칭성 여부를 논의할 대상이 된다. 표제어[58] 중에는 합성어나 구가 없어서 258개의 부표제어들이 직접적 논의의 대상이 되었다. 조사 결과, 분석 대상인 258개의 부표제어 중에서 22건만이 비대칭 번역이고 나머지는 대칭 번역이었다. 다음의 용례(5)에 비대칭 번역의 용례를 보이기로 한다.

(5a) **rale** 거품소리, 수포음 → moist rale 거품소리, 수포음
(5b) **rate** 1.속도, 2.율, 3.정도, 4.양 → case fatality rate 치명률
(5c) **relationship** 관계 → doctor-patient relationship 의사환자관계
(5d) **rest** 1.안정, 2.받침, 3.잔류물 → absolute bed rest 절대 안정

위의 용례에서 (5a)는 주표제어의 번역어가 '거품소리, 수포음'으로 되어 있고 부표제어 'moist rale'의 번역어도 주표제어와 동일하게 '거품소리, 수포음'으로 되어 있다. '수포음'이라는 단어를 보면 개념상으로 '거품소리'와 '젖은거품소리'가 동의어가 되는 관계로 'moist'(젖은, 습성)를 번역어에 반영하지 않은 것으로 보이지만, 관련된 부표제어인 'dry rale'은 또 '마른거품소리, 건성수포음'으로 되어 있다. 그렇다면 '마른거품소리'(건성수포음)를 대역어로 인정한 이상, '젖은거품소리'(습성수포음)도 인정해야 균형을 취할 수 있다. (5b)는 번역에서 'case'(환자, 증례)가 반영되지 않았는데, 이는 의학에서 운위되는 비율 관계가 증례를 기반으로 하므로 잉여적 의미로 보았기 때문으로 생각된다.[59]

58 굵은 글자로 표기된 주표제어를 말한다. 조사 대상이 된 r-항목의 주표제어는 모두 단일어(simple word)여서 대칭 번역의 유형을 보인다.

(5c)는 원어에 있는 부호(-)가 번역을 하는 과정에서 누락되었는데, 간단한 부호라도 구조의 비대칭성을 유발한 것이 분명하므로 8건의 용례에 포함시켰다. (사실, 번역어에서 이 부호를 살려주는 것이 이해도 제고에도 일정 부분 도움이 된다.) (5d)도 '침대에 누운 상태로 절대 안정을 취하는 상태'와 '절대 안정'이 의미상으로 차이가 없다고 판단해서 부표제어의 일부인 'bed'를 번역하는 과정에서 생략한 것으로 보이지만, 이것도 어떤 방식으로든 살려주는 것이 낫다.[60]

한편 비대칭 번역의 용례로 조사된 22개 항목 중에서 17개 항목은 축소 번역이었고, 4개 항목만이 확대 번역이었으며, 1개 항목은 축소 번역과 확대 번역이 동시에 나타났다. 다음 (6)에 확대 번역의 용례를 보이기로 한다.

(6a) **rate** 1.속도, 2.율, 3.정도, 4.양 → cardiac rate 심장박동수
(6b) **retraction** 뒷당김 → lid retraction 눈꺼풀뒷당김
(6c) **resistance** 내성, 저항, 저항성 → total pulmonary resistance 폐혈관 저항

위의 (6a)에서는 번역을 하는 과정에서 독자의 이해를 돕기 위해 표제어 'rate'에 원래 없었던 의미 [박동]을 덧붙였고, (6b)에서도 'lid'(꺼풀)를 'eyelid'(눈꺼풀)로 이해하여 번역어에 확대된 의미 [눈]을 반영했다.[61]

---

59 부표제어 'pregnancy rate'의 번역어가 '임신률', 'relaxation rate'가 '이완률'로 되어 있는데, 현행 <한글 맞춤법>에 따르면 '임신율'과 '이완율'이 맞다.

60 이와 유사한 용례로 **reflex**(반사)의 부표제어로 제시된 'eyelid closure reflex'도 '눈감음반사'로 되어 있다. '눈을 감는 것'과 '눈꺼풀을 닫는 것'을 의미상으로 동일하게 처리하고 있는데, 이 부표제어가 사용되는 현장이 일상적 담화 상황이 아니라는 점을 감안한다면 원어의 형태 의미가 온전하게 반영되는 것이 바람직해 보인다.

(6c)에서는 'total'의 번역이 누락되고 'pulmonary'[폐]의 의미가 '폐혈관'으로 확대되어 번역어에 반영되었다.

이상으로 번역의 유형을 조사해 보았는데, 번역의 깊이에서는 대다수(92.6%)가 의미 번역이었고 음성 번역(4.6%)과 혼용 번역(2.8%)이 일부 나타났다. 그리고 번역의 폭에서는 대체로 8.5%(22/258) 정도의 비대칭 번역이 나타났는데 대부분(17/22)은 축소 번역이었다. 축소 번역의 경우는 일부 사례를 제외하면 대개 원어의 형태(의미) 구조를 살려주는 편이 번역의 정확성이라는 측면에서 바람직하다.

5.2.3.3. 번역의 방법

번역의 방법론에 대한 논의에서 우리는 비네와 다르벨네의 비교문체론을 이론적 개념틀로 원용할 수 있다. 여기에 제안된 7개 번역 기법을 정리해 보면 다음과 같다.[62]

먼저 차용은 SL의 단어를 그대로 빌려와서 TL 텍스트에 사용하는 번역 절차이다. 모사는 SL의 표현(합성어 혹은 구)을 옮길 때 조어 방식이나 통사 구조 등을 그대로 모방해서 TL 텍스트에 사용하는 번역 절차이다. 차용이 단어 형태를 빌려오는 방식이라고 한다면, 모사는 단어와 단어(혹은 구)의 통합관계 내지 의미연결 관계를 빌려오는 방식이라

61 영어 원어 'lid'의 의미에 'eyelid'의 뜻도 있지만, 이 용어집에 'eyelid'라는 표제어가 별도로 등재되어 있기 때문에 확대 번역의 용례로 간주한 것이다. (용어집의 편찬에 의학 전문가도 참여했으므로 번역의 정확성 여부는 검증되었으리라고 본다.)

62 비교문체론의 번역 기법에 대한 논의는 구정연(1999)과 전성기 역(2003) 등을 참고할 수 있다.

고 말할 수 있다. 축자번역은 SL과 TL 사이의 문체적 변용 가능성을 고려하지 않고 간단한 문법 규칙에 따라 수행되는 번역을 가리킨다. 전위는 SL에서 TL로 넘어오면서 품사가 바뀌는 번역으로, 번역의 결과로 SL 단어의 문법적 지위가 TL에서 달라지는 경우라고 말할 수 있다. 변조는 번역자가 SL 텍스트에 투영된 시점 내지 관점을 TL에서 바꾸는 번역으로, 현상적으로 보면 표현 방식의 변화를 가리킨다. 등가는 동일한 상황이 SL과 TL 텍스트에서 상이한 문장이나 문체 형식으로 나타나는 경우를 가리킨다. 번안은 SL 텍스트의 상황을 TL 텍스트에서 재현할 수 없을 때, 유사한 상황으로 대체해서 번역하는 절차를 가리킨다.

이상에서 언급된 번역 기법들 중에서 전반의 세 가지는 직접번역이고, 후반의 네 가지는 간접번역이다. 그런데 현재 관심사는 단어(혹은 구) 단위의 번역이므로 적용할 수 있는 번역 기법은 직접번역 세 가지(차용과 모사 및 축자번역)와 간접번역의 전위가 전부이다. 변조는 문장의 서법(mood)이나 표현 방식의 변화를 의미하고, 또 등가와 번안은 ST의 언어 형식을 크게 파괴하는 절차라는 점에서, 현재의 관심사에 걸맞은 번역 기법으로 간주하기 어렵다.

일단 대다수의 용례에 적용될 것으로 생각되는 번역 방법은 단어 대 단어 번역, 즉 축자번역이다.[63] 이것은 원래 기본적인 문법 규칙만 적용해서 수행되는 번역 기법을 말하는데, 단어를 번역 단위로 하는 경우에는 원어 단어에 담긴 의미를 그에 상응하는 의미를 가진 번역

---

63 (6a)에서 'cardiac/heart rate'를 '심장박동수'로 옮긴 것은 명시화를 동반한 축자번역으로 분류할 수 있다.

어로 재현해 놓는다는 의미이므로 특별히 번역 기법이라고 할 만한 내용도 없다. 그러므로 본고에서는 나머지 번역 기법, 즉 차용과 모사 및 전위가 적용된 용례의 조사에만 관심을 기울이기로 한다.

표제어와 부표제어를 아울러 포함하는 677개 항목을 조사한 결과, 축자번역을 제외하고 가장 높은 출현 빈도를 보인 번역 방법은 전위(140건)이고, 다음으로 차용(50건)[64]이었으며, 모사는 전혀 발견되지 않았다. 그런데 전위에서는 두 가지 상이한 범주가 눈에 띄었다. 하나는 통상적으로 텍스트의 번역 기법에서 말하는 품사의 변화이고(135건), 다른 하나는 합성어 구성 요소의 자리바꿈[65]이었다(5건). 품사 변화는 전부 영어 원어의 형용사가 한국어에서 명사로 번역된 것이었다(135/135). 다음의 (7)~(8)에 용례를 보이기로 한다.

(7a) **radiation** 방사선 → ionizing radiation 이온화 방사선
(7b) **radiation** 방사선 → scattered radiation 산란 방사선
(7c) **radiosensitive** 방사선민감[66]
(7d) **receptor** 수용체, 수용기 → sensory receptor 감각수용체

64 이 결과는 번역의 깊이에서 논의한 음성 번역과 혼용 번역의 용례를 전부 합친 것이다.

65 이것은 원어 'A-B'로 구성된 합성어를 '[B]-[A]'로 번역한 형태를 말한다. ([A]와 [B]는 각각 원어 A와 B의 의미를 가리킴) 전위를 가리키는 술어를 고려하면 이런 유형이 오히려 품사의 변화보다 (전위의) 본래 의미에 어울린다고 하겠다.

66 권장할 만한 번역이 아니다. 바로 아래를 보면 'radiosensitization'이라는 표제어가 보이는데, (7c)와 동일한 '방사선민감'이라는 번역어가 제시되어 있다. 원어는 다른데 번역어는 동일하다.

앞의 (7)을 보면 전부 형용사 원어를 번역어에서 명사로 옮긴 용례인데, (7a)와 (7b)는 현재분사와 과거분사로 이루어진 둘째 구성요소를 한국어 번역에서 '이온화'와 '산란'이라는 명사로 처리했다. 이와 같은 품사 변화는 명사와 명사가 병치될 때 선행 명사가 자연스럽게 후행 명사를 수식하는 형용사적 기능을 수행할 수 있다는 한국어의 구조적 특성에서 비롯된 것이다. (7c)는 원어의 형용사적 기능을 하이픈으로 처리하고 있는데, 합성어(구)의 선행 요소로만 사용된다는 표시로 보인다. (7d)는 형용사 원어를 한국어에서도 명사로 옮긴 전형적 용례이다.

(8) **rigidity** 경직 → decorticate rigidity 겉질제거경직

위 (8)의 용례를 보면 형용사로 된 원어의 첫째 구성요소를 명사로 옮기고 있는데, 이 단어는 동사와 형용사로 사용된다. 형용사로 사용될 때는 [박피된]의 의미를 갖는다.

(9a) **rate** 1.속도, 2.율, 3.정도, 4.양 → scatter-maximum rate 최대산란비
(9b) **reaction** 반응 → adverse drug reaction 약물부작용
(9c) **respiration** 호흡 → labored respiration 호흡곤란
(9d) **rigor** 1.떨림, 2.경직 → rigor mortis 사후경직
(9e) **rhinoplasty** 코성형술 → augmentation rhinoplasty 코높임술

위의 (9a)에서는 원어의 배열 순서가 번역되는 과정에서 뒤바뀌어 나타났으며[67], 원어가 세 단어로 된 (9b)에서는 이 세 단어의 위치가 엇

67 원어 'scatter-maximum'은 <서술어+객어>의 구조였는데, 이것이 하나의 명사구

바뀌어 번역되고 있다. 다음의 (9c)와 (9d)도 원어의 구성요소 순서를 번역에서 바꾸어 놓은 용례이다. (9e)도 이와 유사하지만 원어의 일차적 의미인 '코성형술'의 가운데('성형')를 절단하고 접두어 '높임'의 의미를 집어넣은 특이한 용례이다. 이들은 한국어의 자연스러운 연어(collocation) 관계를 고려한 번역으로 판단된다.

한편 다음의 (10)은 전위의 용례와 조금 다른 측면이 있는 용례이다. 원어 'closed'의 의미 [폐쇄]를 역으로 [비개방]처럼 파악한 데 주목하면 언뜻 텍스트 번역에서 평서문을 의문문으로, 의문문을 평서문으로 바꾸어서 표현하는 변조의 기법과 유사해 보이기도 하지만, 용례가 하나밖에 없고 관점의 변화로 해석하기에는 무리한 측면도 있어서 그냥 큰 틀에서 축자번역의 범주에 넣어 처리했다.[68]

(10) **reduction** 1.맞춤, 교정, 2.환원, 축소 → closed reduction 비개방 교정(술)

지금까지 살펴본 번역의 방법(기법)을 요약하면 아래와 같다. 조사 대상 번역 자료 중에서 축자번역을 제외하면, 가장 많이 발견된 것은 전위의 기법(140/677건)이고, 다음으로 차용의 기법(50/677건)이었지만, 직접번역 기법의 하나인 모사의 용례는 하나도 발견되지 않았다. 전위의 기법을 다시 분석해보면, 품사 변화가 대부분이었고(135/140건), 단

로 전성된 것이다. 이러한 어순은 한국어에서 당연히 <객어+서술어>의 어순으로 뒤바뀌게 된다.

68 이는 아래에 나오는 'open reduction'(개방교정술)과의 계열 관계를 고려한 의미 있는 번역으로 생각된다.

어의 자리바꿈도 일부 있었다(5/140).

5.2.4. 요약

우리는 영어-한국어 대역 체재로 된 의학 전문용어집의 번역 양상을 조사하여, 원어와 번역어의 구조가 어떻게 대응되는가(→번역의 유형), 이들 각각의 번역에 어떠한 번역 기법(방법)이 적용되었는가(→번역의 방법)를 밝히고자 했다. 그 내용은 다음과 같이 요약된다.

조사 대상 자료의 번역 단위가 단어라는 사실에 주목하여 번역의 깊이(→의미 번역의 정도)와 폭(→구조 변화의 정도)을 번역의 유형으로 제안했다. 번역의 깊이에서 영 번역은 외국어 형태를 그대로 가져오는 것이고(예: computer), 음성 번역은 외국어의 음성을 한글로 표기한 것이며(예: 컴퓨터), 의미 번역은 외국어의 뜻을 한글로 표기한 것이고(예: 전산기), 혼용 번역은 음성 번역과 의미 번역이 혼재된 것이다(예: 아미노산←amino acid). 번역의 폭에서 대칭 번역은 원어의 형태(의미) 구조가 번역어에 그대로 반영되는 것이고(예: absolute space→절대 공간), 비대칭 번역은 원어의 형태 구조가 변하는 것인데, 비대칭 축소 번역은 원어의 형태(의미)가 번역어에서 줄어든 것이며(예: one-shot color camera→원숏 카메라), 비대칭 확대 번역은 원어의 형태(의미)가 번역어에서 늘어난 것이다(예: information network→정보 처리망). 실제 자료를 조사한 결과, 번역의 깊이에서는 대다수가 의미 번역(92.6%)이었고 음성 번역(4.6%)과 혼용 번역(2.8%)이 소수 나타났으며, 번역의 폭에서는 8.5%(22/258) 정도의 비대칭 번역이 나타났는데 대부분(17/22)은 축소 번역이었다.

번역의 방법을 조사하는 기준으로는 비교문체론에서 논의되는 7

개 번역 기법을 원용했는데, 조사 결과는 다음과 같았다. 조사 대상 번역 자료 가운데 축자번역을 제외하면, 가장 많이 발견된 것은 전위 기법(140/677건)이고, 다음으로 차용 기법(50/677건)이 뒤를 이었지만, 직접 번역 기법의 하나인 모사는 발견되지 않았다. 전위 기법을 다시 분석해 보면, 품사 변화가 대부분이었고(135/140건), 단어의 자리바꿈도 일부 보였다(5/140).

이상의 조사 결과를 총체적으로 정리해 본다면, 원어의 음성 정보를 차용한 음성 번역(차용)의 용례가 전체 표본에서 점유하는 비율이 한국어 어휘 가운데서 외래어가 점유하는 비율보다 낮은 10% 미만으로 나타난 점이 주목된다. 이는 전문용어 번역에 참여한 전문가들이 한국어 번역 표현에 상당한 관심을 가졌음을 방증하는 결과로도 볼 수 있기 때문이다.[69] 품사를 다르게 처리하거나 어순을 바꾼 전위의 용례가 20%(140/677건) 이상 나타났다는 점도 이러한 추론을 지지해 주는 결과로 보인다.

지금까지 의학 전문용어의 번역에 나타난 양상을 번역의 유형과 방법(기법)이라는 측면에서 살펴보았는데, 표본의 수효가 한정된 관계로 전문용어의 번역에 유효한 처방적(규범적) 논의에는 미치지 못했다. 다만 일반 텍스트의 번역과 전문용어의 번역 양상이 다를 수 있다는 일반론과 관련된 하나의 사례로 제시하는 차원에서 만족하고자 한다.

69 물론 이러한 결과를 다르게 해석할 수도 있다. 일본어 전문용어의 영향(수입, 간접번역)으로 볼 여지도 있기 때문이다.

참고문헌

강수언(1989), 『한국어와 영어의 비교연구』, 서울: 한신문화사.
강신항(2000), 『한국의 역학』, 서울: 서울대출판부.
곽성희(2000), "텍스트성과 번역전환-영한번역을 중심으로", 『번역학연구』 1(1), 한국번역학회.
______(2001), "정보성과 번역전환", 『번역학연구』 2(1), 한국번역학회.
______(2002a), "영한번역에 나타난 결속구조 전환양상", 『번역학연구』 3(1), 한국번역학회.
______(2002b), "Intertextual Mediation in English-Korean Translation", 『번역학연구』 3(2), 한국번역학회.
______(2012), 『번역의 이해』, 서울: 한국문화사.
구정연(1999), 『비교문체론적 번역방법에 관한 연구: 프랑스어의 한영 번역 텍스트의 대조 분석을 중심으로』, 서울대학교 언어학과 석사학위 논문.
구희산 외(2001), 『음성과학 용어 번역 사전』, 서울: 한국문화사.
국립국어원(2007a), 『남북 교과서 학술 용어 비교 연구』, 서울: 국립국어원.
__________(2007b), 『전문 용어 연구, 정리 현황과 과제』, 서울: 태학사.
__________(2008), 『남북 교과서 학술 용어 비교 연구 2』, 서울: 국립국어원.
김광수(2009), "남북한 생물학용어의 사용 실태와 통일 방안", 『인문논총』 24, 경남대학교 인문과학연구소.
김광해(1995), "조망-국어에 대한 일본어의 간섭", 『새국어생활』 5(2), 국립국어연구원.
김기혁 역(2008), 『언어 유형론: 언어의 통일성과 다양성』, 서울: 소통. (Lindsay J. Whaley(1997), *Introduction to Typology: The Unity and Diversity of Language, Sage Publications),* Sage Publications)
_________(2009), 『언어 유형론: 형태론과 통사론』, 서울: 보고사. (Jae Jung Song (2001), *Linguistic Typology: Morphology and Syntax,* Pearson Education Ltd)
김남희(2012a), "통역의 역사 개관-고려시대까지", 『통번역학연구』 16(1), 한국외국어대 통번역연구소.
______(2012b), "통역의 역사 개관 Ⅱ(조선 전기)", 『통번역학연구』 16(4), 한국외국어대 통번역연구소.
______(2014), "통역의 역사 개관 Ⅲ (조선 후기)", 『통번역학연구』 18(1), 한국외국어대 통번역연구소.

김도훈(2009), “영한 번역시 발생하는 번역투에 대한 고찰”, 『통역과 번역』 11(2), KSCI.

______(2010), “대시와 줄표의 비교 및 영한 번역 전략”, 『번역학연구』 11(3), 한국번역학회.

김병철(1975), 『한국근대번역문학사연구』, 서울: 을유문화사.

______(1998), 『한국현대번역문학사연구』(상/하), 서울: 을유문화사.

김복문(1996), 『한글의 영어발음 기준 로마자 표기법 이론과 실제』, 서울: 무역출판사.

김성주(2013), “신라 점토석독구결 시탐”, 『배달말』 53, 배달말학회.

김세중(1996), “외래어 표기법에 대한 비판 분석”, 『새국어생활』 6(4), 국립국어연구원.

______(2000), “국어의 로마자 표기법 개정 경위”, 『새국어생활』 10(4), 국립국어연구원.

김순영(2005), “Evidence of Explicitation in Texts Translated from English into Korean: A Corpus-based Pilot Study”, 『번역학연구』 6(1), 한국번역학회.

김슬옹(2011), 『세종대왕과 훈민정음학』, 서울: 지식산업사.

김완진(1972), “세종대의 어문정책에 대한 논의”, 『성곡논총』 3, 성곡학술문화재단.

______(1980), 『향가 해독법 연구』, 서울: 서울대학교출판부.

______(2007), “표기법 반생-국어심의회 활동 회고” (제2회 언어정책 토론회 발표, 6월 29일), 국립국어원.

김욱동(2010), 『번역과 한국의 근대』, 서울: 소명출판.

______(2011), 『번역의 미로』, 서울: 글항아리.

김윤경 편(1996), 『응용언어학과 통계학』, 서울: 한국문화사.

김정아(1984), “15세기 국어의 대명사에 관한 연구”, 『국어연구』 62, 국어연구회.

김정우(2002), “번역의 관점에서 본 국어 외래어 표기법”, 『국제어문』 25, 국제어문학회.

______(2003a), “국어 교과서의 외국어 번역투에 대한 종합적 고찰”, 『배달말』 33, 배달말학회.

______(2003b), “자연과학 텍스트의 번역 방법론 시론”, 『번역학연구』 4(1), 한국번역학회.

______(2005a), “한국 번역사의 기술과 자료”, 『통번역교육연구』 3(1), 한국통번역

교육학회.
______(2005b). “한국 번역사 논의의 전제”, 『우리말연구』 제16집. 우리말학회.
______(2007), “번역투의 성격 규명을 위한 다차원적 접근”, 『번역학연구』 8(1), 한국번역학회.
______(2008a), “한국 번역사의 시대 구분”, 『번역학연구』 9(1), 한국번역학회.
______(2008b), “이두, 향찰, 구결은 번역인가?”, 『통번역교육연구』 6(2), 한국통번역교육학회.
______(2009a), “영-한 번역과 시점의 이동”, 『통번역교육연구』 7(1), 한국통번역교육학회.
______(2009b), “조선 시대 번역의 사회문화적 기능”, 『번역학연구』 10(1), 한국번역학회.
______(2010), “번역투 문제 연구의 동향과 과제”, 『통번역교육연구』 8(2), 한국통번역교육학회.
______(2011a), “한국어 번역문의 중간언어적 특성”, 『번역학연구』 12(1), 한국번역학회.
______(2011b), “영어 번역 한국어의 문체와 어휘”, 『한국어학』 53집, 한국어학회.
______(2013a), “국어의 특징과 번역상의 함의 -시점과 사건성을 중심으로”, 『통역과 번역』 15(2), KSCI.
______(2013b), “영어 복수 표현의 한국어 번역에 관한 종합적 고찰”, 『번역학연구』 14(4), 한국번역학회.
______(2013c), “훈민정음 언해는 언어 내 번역인가?”, 『통번역교육연구』 11(3), 한국통번역교육학회.
김정우 역(2015), 『언어』, 창원: 경남대출판부. (Edward Sapir (1921), *Language -An Introduction to the Study of Speech*, New York: Harcourt, Brace and Company)
김지원(2000), “번역 연구의 발전과 번역학의 현황”, 『번역학연구』 1(1), 한국번역학회.
______(2004), “번역학의 어제와 오늘”, 『번역학연구』 5(1), 한국번역학회.
김하수(1999), “한국어 외래어 표기법의 문제점”, 『배달말』 25, 배달말학회.
김혜영(2009), 『국어 번역 글쓰기의 연구』, 고려대학교 국어국문학과 박사학위논문.
김효중(1998), 『번역학』, 서울: 민음사.
______(2000), “번역의 역사와 이론-독일의 전통을 중심으로”, 『번역학연구』 1(창

간호), 한국번역학회.

______(2006), "박용철의 블레이크 시 번역 고찰", 『번역학연구』 7(1), 한국번역학회.

남풍현(1986), 『차자표기법연구』, 서울: 단국대출판부.

______(1999). 『국어사를 위한 구결 연구』, 서울: 태학사.

류현주(2009), "번역투와 번역자투", 『번역학연구』 10(3), 한국번역학회.

마쓰모토 아이린 외(2007), 『영어 번역을 하려면 꼭 알아야 할 90가지 핵심 포인트』, 서울: 창문사.

문 용(2000), "번역과 번역 문화", 『국어생활』 21(여름호), 국어연구소.

민현식(1999), 『국어 정서법 연구』, 서울: 태학사.

박상현(2009), "김억의 <선역 애국백인일수> 연구", 『통번역교육연구』 7(2), 한국통번역교육학회.

박소동(1995), 『퇴계 사서석의의 경학적 특성에 관한 연구』, 성균관대 석사학위논문.

박소영(2013), "서한 번역 평가와 번역투", 『스페인어문학』 68, 한국스페인어문학회.

______(2015), "식민지 여성 통역사: 말린체와 배정자", 『통번역학연구』 19(1), 한국외국어대 통번역연구소.

박여성(2003), "텍스트언어학의 입장에서 고찰한 '번역투'의 규명을 위한 연구-귄터 그라스의 '양철북'과 한국어 번역본을 중심으로", 『텍스트언어학』 14, 텍스트언어학회.

백두현(2005), 『석독구결의 문자 체계와 기능』, 서울: 한국문화사.

백미현(2002), "한국어 복수 의미 연구", 『담화와 인지』 9(2), 담화와 인지학회.

변광수(1993), 『세계 주요 언어』, 서울: 한국외국어대학교출판부.

복거일(1998), 『국제어 시대의 민족어』, 서울: 문학과 지성사.

서강선(2012), "번역과 문체의 습합 및 변용", 『우리말글』 56, 우리말글학회.

서정수(2006), 『국어 문법』(수정 3판), 서울: 한세본.

성배환(2000), "번역 속도 제고와 순차번역", 『번역학연구』 1(1), 한국번역학회.

______(2003), "심층적 순차번역의 방법과 의의", 『번역학연구』 4(2), 한국번역학회.

송 민(1988), "국어에 대한 일본어의 간섭", 『국어생활』 14(가을호), 국어연구소.

송태효(2012), "초기 언해본의 번역인문학적 탐구-훈민정음언해, 석보상절, 월인석보의 서문들을 중심으로", 『통번역학연구』 16(2), 한국외국어대 통번역연구소.

안동환 역(2008), 『코퍼스기반 번역학』, 서울: 동인. (Sara Laviosa (2002), *Corpus-Based Translation Studies: Theory, Findings, Applications,* Amsterdam: Radopi)

안병희(1973), “중세국어 연구자료의 성격에 대한 연구-번역양식을 중심으로 하여-”, 『어학연구』 9(1), 서울대 어학연구소.

______(1976), “口訣과 漢文 訓讀에 대하여”, 『진단학보』 41호, 진단학회.

양병선(2000), “국어의 영문표기 및 로마자표기에 관한 제언”, 『번역학연구』1(1), 한국번역학회.

______(2001), “언어간 음차번역으로서의 국어의 로마자표기법 연구: 음절단위 영자표기법”, 『언어학』 9(3), 대한언어학회.

여찬영(2003), “조선조 언해서의 번역비평적 연구”, 『배달말』 33, 배달말학회.

______(2004), “언해서 ‘여훈언해’의 번역학적 연구”, 『어문학』 86, 어문학회.

오경순(2010), 『번역투의 유혹』, 서울: 이학사.

오미영 옮김(2004), 『대조언어학』, 서울: 제이앤씨. (石綿敏雄· 高田誠 (1990), 對照言語學, 東京: おうふう社)

원영희(2003), 『일급 번역교실』, 서울: 한언.

유만근(2000), “종전 로마자 표기법의 이론과 실용상 문제점”, 『새국어생활』 10(4), 국립국어연구원.

유명우(2000), “한국의 번역과 번역학”, 『번역학연구』 1(1), 한국번역학회.

______(2002), “한국 번역사 정리를 위한 시론”, 『번역학연구』 3(1), 한국번역학회.

______(2004), “한국 번역사에서 본 조선조 언해 번역”, 『번역학연구』 5(2), 한국번역학회.

유영난(1991), 『번역이란 무엇인가-박완서의 『엄마의 말뚝 1』 영역을 중심으로』, 서울: 태학사.

유정화(2014), “조선시대 통번역 교육 연구”, 『번역학연구』 15(3), 한국번역학회.

유창균(1979), 『신고국어학사』, 대구: 형설출판사.

윤성우(2013), “번역철학-그 계보학적 탐구”, 『통역과 번역』 15(1), KSCI.

이광호(2001), “국어사의 시대구분, 그 실상과 문제점”, 『국어문법의 이해 2』, 서울: 태학사.

이규호(2005), 『언어 철학』(단계 이규호 전집 3), 서울: 연세대학교 출판부.

이근희(2005a), 『영-한 번역에서의 번역투 연구』, 세종대학교 영문과 박사학위 논문.

______(2005b),『이근희의 번역 산책』, 서울: 한국문화사.
______(2007), "번역과 한국 및 일본의 근대화",『번역학연구』 8(2), 한국번역학회.
______(2008), "번역투 관점에서 본 번역 텍스트의 품질 향상 방안",『번역학연구』 9(4), 한국번역학회.
이기문(1988), "飜譯體의 問題",『꼭 읽어야 할 국어학 논문집』(이동림 외), 서울: 집문당.
______(1998),『국어사 개설』(신정판) 서울: 태학사.
______(2001), "고대 삼국의 언어 표기관",『새국어생활』 11(3), 서울: 국립국어연구원.
이남순(1982), "단수와 복수",『국어학』 11, 국어학회.
이도윤(1997), "첩해신어에 있어서의 번역어에 대한 일고찰",『통번역학연구』 1, 한국외국어대 통번역연구소.
이동은(1999), "<천일야화>의 번역본에 관한 소고",『통번역학연구』 3, 한국외국어대 통번역연구소.
이미경(2007), "번역투 배제를 위한 교육수단으로서 시역의 유용성에 대한 연구",『통번역교육연구』 5(1), 한국통번역교육학회.
이상규(2012), "시 속에 배어 있는 방언의 향기" ,『언어로 보는 지역의 역사와 문화』, (경남대 인문과학연구소 가을학술대회 발표, 미간행).
이영옥(2000), "한국어와 영어간 구조의 차이에 따른 번역의 문제 -수동구문을 중심으로",『번역학연구』 1(2), 한국번역학회.
______(2001), "무생물 주어 타동사구문의 영한번역",『번역학연구』 2(1), 한국번역학회.
______(2002), "한국어와 영어 간 언어구조 차이에 따른 번역의 문제 -인용문의 번역을 중심으로",『번역학연구』 3(1), 한국번역학회.
______(2003), "한영 간 장소이동 구문 번역의 문제",『번역학연구』 4(1), 한국번역학회.
______(2004), "영어 관계절 구문 번역의 문제",『번역학연구』 5(1), 한국번역학회.
______(2012), "영어 분사파생부사의 한국어 번역",『번역학연구』 13(2), 한국번역학회.
이영훈(2011), "한국에서의 번역개념사 연구-조선왕조실록에서 본 飜譯",『통번역학연구』 15(1), 한국외국어대 통번역연구소.

______(2012), “한국어 번역개념사의 명칭론적 접근-조선왕조실록 탐구(2)”, 『번역학연구』 13(1), 한국번역학회.
______(2014), “번역과 국어: 개념사적 고찰”, 『통번역학연구』 18(3), 한국외국어대통번역연구소.
이익섭(1997), “로마자 표기법의 성격”, 『새국어생활』 7(2), 국립국어연구원.
이익섭·이상억·채완(1997), 『한국의 언어』, 서울: 신구문화사.
이익섭·임홍빈(1983), 『국어 문법론』, 서울: 학연사.
이창수(2011), “엔그램 분석을 통한 번역한국어와 비번역한국어 간의 어휘묶음 유형 차이 사례연구”, 『통번역학연구』 15, 한국외대 통번역연구소.
______(2012), “영한 번역에서 「프로세스 속성+사물」 패턴의 번역 실태와 번역투 문제”, 『통번역학연구』 16(4), 한국외대 통번역연구소.
이충구(1990), 『경서언해 연구』, 성균관대 국문과 박사학위 논문.
이현주(2007), “외국 사례를 통해서 본 전문 용어”, 『새국어생활』 17(1), 국립국어원.
이현희(1996), “중세국어 자료”, 『국어의 시대별 연구 1 중세국어』, 국립국어연구원.
이홍식(2001), “외래어 표기법에 대하여”, 『성심어문논집』 23집, 성심어문학회.
이희재(2009), 『번역의 탄생』, 서울: 교양인.
이희재 역(2001), 『번역사 산책』, 서울: 궁리. (Yumi Tsuji(1993), 飜訳史のプロムナード, Tokyo: MISUZU SHOBO.)
임동훈(1996), “외래어 표기법의 원리와 실제”, 『새국어생활』 6(4), 국립국어연구원.
임홍빈(1996), “외국어 표기의 역사”, 『새국어생활』 6(4), 국립국어연구원.
______(2000), “복수 표지 ‘들’과 사건성”, 『애산학보』 24, 애산학회.
임홍빈 외(2001), 『바른 국어생활과 문법』, 서울: 한국방송통신대학교 출판부.
장경준(2011), “석독구결의 번역사적 의의에 대한 시론”, 『번역학연구』 12(4), 한국번역학회.
장민호(2004), “영화 번역 전략과 언어의 경제”, 『통번역교육연구』 2(2), 한국통번역교육학회.
장인식(2004), “영역 고시조에 나타난 번역상의 문제점”, 『번역학연구』 5(2), 한국번역학회.
전성기(1996), 『불한 번역 대조 분석』, 서울: 어문학사.
______(2002a), “번역과 현대 한국어”, 『텍스트언어학』 12, 텍스트언어학회.
______(2002b), “La traduction et la formation de la langue : le cas du coréen” 『불어불문

학연구』 49, 한국불어불문학회.

______(2008), "우리 번역 글쓰기의 지형도",『텍스트언어학』 24, 텍스트언어학회.

전성기 역(2003),『불어와 영어의 비교문체론』(번역학 총서 10), 서울: 고려대학교 출판부.

전수태(2002),『북한 신문 용어 조사 연구』, 서울: 국립국어연구원.

전영철(2004), "한국어의 복수성과 총칭성/한정성",『언어와 정보』 8(2), 언어와 정보학회.

전홍식(2004), "국어 로마자 표기 원칙의 언어 어문적 문제점과 사용 실태 연구",『언어과학』 11(2), 한국언어과학회.

정 광(1988),『사역원 왜학 연구』, 서울: 태학사.

______(1995), "일본어투 문장 표현",『새국어생활』 5(2), 국립국어연구원.

정 국(1988), "외국어투의 우리 말과 글",『국어생활』 12(봄호), 국어연구소.

정경은(2011), "해방 전 교지 소재 서구 번역시의 특징 고찰",『번역학연구』 12(1), 한국번역학회.

정정호(2007), "개화기 개신교의 번역사역과 한국 어문의 근대화",『번역학연구』 8(2), 한국번역학회.

정태충(2005),『음절 위주의 정음로마자 표기법』, 서울: 경희대학교출판국.

정호정(2003), "코퍼스 중심의 번역학 연구",『번역학연구』 4(2), 한국번역학회.

______(2007),『제대로 된 통역 번역의 이해』, 서울: 한국문화사.

정희원(1997), "역대 주요 로마자 표기법 비교",『새국어생활』 7(2), 국립국어연구원.

______(2000), "새 로마자 표기법의 특징",『새국어생활』 10(4), 국립국어연구원.

조규태(2007), "배달말이란 무엇인가?",『배달말, 진단과 전망』(학술대회 초록집), 배달말학회.

조숙희(2007), "영한 번역에 나타난 영어 복수 명사의 변환 연구: 유정성을 중심으로",『통번역교육연구』 5(2), 한국통번역교육학회.

조의연(2012), "사람명사 복수표현의 영한 번역전략에 대한 비판적 소고",『번역학연구』 13(1), 한국번역학회.

조재룡(2009), "번역사를 바라보는 한 관점: 앙리 메쇼닉의 경우",『번역학연구』 10(1), 한국번역학회.

조재범(2008), "코퍼스를 통한 After All의 용례 분석 및 번역교육에의 적용",『통번역교육연구』 6(1), 한국통번역교육학회.

조준형(2012), “병렬코퍼스에서의 맥락 탐색의 의미와 한계”, 『번역학연구』 13(5), 한국번역학회.

조항범(1997), 『다시 쓴 우리말 어원 이야기』, 서울: 한국문원.

주진국(2013), “한국어의 서술성과 영-한 번역”, 『통번역교육연구』 11(3), 한국통번역교육학회.

최경옥(2005), “메이지기 일본의 서양 문명 수용과 번역”, 『번역학연구』 6(2), 한국번역학회.

______(2007), “일본 근대 번역한자어의 성립과 한국 수용: Right의 번역어 ‘권리’를 중심으로”, 『번역학연구』 8(1), 한국번역학회.

최규수(1993), “시점과 문형의 관계”, 『우리말 연구』 3, 우리말학회.

______(1994), “시점과 안은 겹월의 격 실현”, 『한글』 224, 한글학회.

최기선(2007), “전문 용어의 표준화”, 『새국어생활』 17(1), 국립국어원.

최동주(1994), “현대국어 선어말 {-더-}의 의미에 대하여 마침법의 경우”, 『어학연구』 30(1), 서울대학교 어학연구소.

최정아(2003), “병렬 말뭉치를 통한 한국어-영어의 번역 단어 수 연구”, 『번역학연구』 4(2), 한국번역학회.

최현배(1940/1982), 『고친 한글갈』, 서울: 정음사.

한국번역학회 역(2009), 『라우트리지 번역학 백과사전』, 서울: 한신문화사.

한동완(1996), 『국어의 시제 연구』, 서울: 태학사.

한유석·설근수(2004), 『한국어 시소러스 연구』, 서울: 한국문화사.

한재영(1986), “중세국어 시제 체계에 대한 관견 -선어말어미 {더}의 위치 정립을 중심으로”, 『언어』 11(2), 한국언어학회.

허 준·표경현(2014), “번역투를 이용한 한영 번역방법의 효율성에 관한 실행연구”, 『현대영어교육』 15(2), 한국현대영어교육학회.

홍윤표(1997), “근대국어 자료”, 『국어의 시대별 연구 2 근대국어』, 국립국어연구원

황 건(2007), “의학 용어의 순화와 미래”, 『새국어생활』 17(1), 국립국어원.

황경자(2011), “최초의 한국어 성서번역의 역사 -천주교 전교사를 중심으로-”, 『통번역교육연구』 9(1), 한국통번역교육학회.

황찬호(1988), “외국어식 구문”, 『국어생활』 14(가을호), 국어연구소.

Baker M.(ed)(1998), *Routledge Encyclopedia of Translation Studies*, London & New York:

Routledge.

Catford, J. C.(1965). *A Linguistic Theory of Translation*, London: Oxford University Press.

Jacobson, R.(1959), On Linguistic Aspects of Translation, in R. A. Brower, (ed) *On Translation*, Massachusettes: Harvard University Press.

Joseph H. Greenberg (ed.)(1963), *Universals of Language*, The MIT Press.

Kuno, S. & Kaburaki, E.(1977), Empathy and Syntax, in *Linguistic Inquiry* 8-4.

Newmark, P.(1988), *A Textbook of Translation*. London: Prentice Hall.

Nida, E.(1964), *Towards a Science of Translation*. Leiden: E. J. Brill.

Nida, E. A. & C. R. Taber(1969), *The Theory and Practice of Translation*, Leiden, Brill.

Pym, Anthony(1998), *Method in Translation History*, Manchester: St. Jerome, UK.

Randolph Quirk & Sydney Greenbaum(1985), *A Comprehensive Grammar of the English Language*, Longman Inc.: New York.

Song, Yo-In(1975), *Translation: Theory and Practice*. Seoul: Dongguk U P.

Toury, G.(1995), Descriptive *Translation Studies and Beyond*, Amsterdam and Philadelphia: John Benjamins.

찾아보기